国家级一流本科专业建设点精品教材

首届辽宁省优秀教材

实用篮球运动教程

崔鲁祥 ◎ 编写

辽宁人民出版社

图书在版编目（CIP）数据

实用篮球运动教程 / 崔鲁祥编写 . —沈阳：辽宁
人民出版社，2023.3
　ISBN 978-7-205-10638-6

　Ⅰ . ①实… Ⅱ . ①崔… Ⅲ . ①篮球运动—教材
Ⅳ . ① G841

中国版本图书馆 CIP 数据核字（2022）第 217975 号

出版发行：辽宁人民出版社
　　　　地址：沈阳市和平区十一纬路 25 号　邮编：110003
　　　　电话：024-23284321（邮　购）024-23284324（发行部）
　　　　传真：024-23284191（发行部）　024-23284304（办公室）
　　　　http：//www.lnpph.com.cn
印　　刷：沈阳海世达印务有限公司
幅面尺寸：185mm×260mm
印　　张：24.25
字　　数：485 千字
出版时间：2023 年 3 月第 1 版
印刷时间：2023 年 3 月第 1 次印刷
责任编辑：张天恒　王晓筱
装帧设计：李　媛
责任校对：吴艳杰
书　　号：ISBN 978-7-205-10638-6
定　　价：88.00 元

本书编写人员

崔鲁祥

（以下按姓氏笔画为序）

甘荔桔　　由世梁　　李成梁　　李杰凯　　任纪飞　　刘　宁　　刘光宇
刘　排　　辛艮伟　　佟　瑞　　杨尚千　　张云鹏　　荣　霁　　秦　聪
袁　野　　徐立武　　崔鲁祥　　魏晓磊

前　言

  篮球运动历经 100 多年的发展，现已成为全世界最受人们喜爱的运动项目之一。人们在欣赏篮球运动的同时，越来越多的爱好者参与其中，体验打篮球的无穷乐趣。篮球运动是体育专业院校的必修课程，为适应新时代青少年多元化的篮球内容需求，沈阳体育学院篮球课程一直致力于创新改革，课程以"讲好篮球故事、回归游戏本质、享受篮球乐趣、引领篮球教育"为宗旨，通过传播篮球知识，提高篮球技能，塑造学生品格，培养爱篮球、懂球道、会打球、能教球、能裁球、尊规则、知合作，坦然面对挫折的中小学篮球教师和业余篮球教练员。课程获批国家级线下一流本科课程，建成在线开放课程。

  《实用篮球运动教程》自 2013 年出版以来一直是体育教育专业和运动训练专业篮球必修课程使用教材，2020 年获批辽宁省优秀教材。为了使教材更加适应社会转型和时代发展需求，打造与篮球在线课程融合的立体化精品教材，对教材内容和展现形式进行了升级改造。

  新修订的教材以学生篮球兴趣培养为宗旨，以教会学生"打篮球、教篮球"为基本目标，结合社会需求，融合在线篮球课程对教材内容进行充实，进一步优化了教学设计、体能训练、赛事运作、比赛赏析、球队训练和科学研究等内容，并配备二维码链接。全书内容丰富、简练，插图直观形象，语言通俗易懂，便于读者自学和实践。

  新修订的教材与体育与健康课程标准相适应，注重理论与实战有机结合，在练习方法选择上，突出趣味性、对抗性练习的运用，努力使教材内容贴近中小学篮球教学训练的实际。

  本书由沈阳体育学院篮球教研室教师结合多年实践经验，在学习、领会、总结不同时期各类篮球教材的基础上，集思广益、群策群力、分工合作并最终完成。崔鲁祥、刘排和荣霁负责本书的总体设计、列目、修改和串稿。参加本教材编写的成员有（按姓氏笔画排序）：由世梁（第二章、第十三章）、李成梁（第八章）、李杰凯（第四章）、任纪飞（第四章）、刘宁（第五章）、刘光宇（第八章、第九章）、刘排（第六章）、辛艮伟（第二章）、杨尚千（第十二章）、张云鹏（第四章、第十章）、荣霁（第十一章）、秦聪（第一章）、袁野（第三章）、徐立武（第七章）、崔鲁祥（第一章、第三章、第四章、第六章）、魏晓磊（第五章），他们在完成本书的过程中付出了大量心血。

本书的技术示范者为沈阳体育学院祝小周和王喜涵同学，图片由张琳琳老师处理，在此，谨向多年来给予我们友好合作的同学们，以及所有对本书出版过程中给予大力支持的部门和个人表示真诚谢意和美好祝福。同时也希望得到同人的批评、检验，期待有同路人并肩前行，更期冀能为学校篮球教学产生有价值的实例借鉴或理论参考，并奢望能为深化篮球课程改革尽绵薄之力。

尽管执着努力，但水平有限，文笔拙劣，错误难免，望尊敬的读者海涵作者的不足，斧正本书的观点，赐教宝贵的意见！

沈阳体育学院篮球教研室编写组

2022 年 9 月 13 日

目　录

第一章

篮球运动发展

【导读】自 1891 年篮球发明以来，篮球运动由一项简单的球类游戏，发展为深受人们喜爱的竞技体育运动，期待读者能够了解篮球运动起源地、发明人，明晰篮球场地、器材、规则和技术的演变过程，世界篮球发展现状及国内外重大篮球赛事，通晓篮球传入中国的历史背景、新中国成立前后中国篮球运动发展演变历程以及中国男女篮曾取得的辉煌成绩，并能为中国篮球未来发展提出合理化建议。

篮球运动发展至今已有 100 多年的历史。从青涩到成熟，从少人问津到炙手可热，发生了翻天覆地的变化。其中，规则的演进起到了极为重要的作用，在无数次被修改的过程中，更多人接受并参与进来，从而促进了这项运动的发展。

目前，篮球运动已经成为世界性的体育项目，五大洲 200 多个国家和地区数以亿计的篮球爱好者参与这项运动或热心观赏篮球比赛，篮球运动已成为现代社会的一种文化现象，通过参加篮球运动，人们不仅可以健身益智，提高人的竞争力、创造力，还可以提高其团体意识和互助精神，培养其良好的品质和高尚的道德情操，塑造完美的人格。

第一节　世界篮球运动发展简史

一、世界篮球运动起源与演进

（一）世界篮球运动的起源

19 世纪中叶以后，随着欧洲工业革命的发展，生产劳动技术的不断创新，促进了生产力的提高，随之人们的社会思想观念也逐步转变。此时希望通过坚定信仰和推动社会服务活动来改善青年人精神生活和社会文化环境的基督教青年会创立，并逐渐发展成为以"德育、体育、智育、群育"四育为宗旨的社会活动机构。因此许多属于现代体育活动范畴的各种活动性游戏应运而生，流行于世界各国，成为社会文化形态的活动形式。其中有些活动性游戏则经过实践，从理论到具体活动方式方法不断创新、完善和发展，形成了现代竞技体育运动项目，篮球运动便是在这种社会发展进步的大环境下，在人类追求文明、进步、健康和富裕的总要求背景下产生并逐步完善起来的。与此同时，更多球类运动相继产生，形成了交织影响和共同发展的时代（见表 1-1）。

表 1-1　世界主要竞技球类运动的起源

运动项目	项目起源国	起源时间	运动项目	项目起源国	起源时间
篮球	美国	1891 年	羽毛球	英国	1873 年
棒球	美国	1839 年	垒球	美国	1887 年
冰球	加拿大	1858 年	乒乓球	英国	1890 年
曲棍球	英国	1861 年	排球	美国	1895 年
足球	英国	1863 年	手球	丹麦	1898 年
水球	英国	1869 年	橄榄球	英国	1823 年
网球	英国	1873 年	高尔夫球	苏格兰	15 世纪

图 1-1　体育部主任卢瑟·古利克

　　美国是现代篮球运动的发源地。为了培养大批信奉教义和精通专业的体育教师，1885 年由马萨诸塞州春田竞技场的里德创建了一所基督教传教士学校，最初命名为"青年会干事学校"，1886 年增设了体育部，培训受过专业训练的师资和教练员，1890 年更名为"基督教青年会培训学校"，1891 年更名为"国际基督教青年会培训学校"（1954 年改名为春田学院）。当时的体育部主任卢瑟·古利克（Luther Halsey Gulick）为了解决美国东部冬天天气寒冷、参加青年会活动的人明显减少的问题，组织教师研讨希望能设计一项室内体育项目，以吸引更多的青年人参加教会活动。最终将任务委托给詹姆斯·奈史密斯，奈史密斯借鉴当时已有的足球、长柄曲棍球、古代玛雅人的场地球以及儿时玩过的"打小鸭"等游戏，于 1891 年设计发明了一种适宜冬季在室内进行的体育项目——篮球游戏。

图 1-2　詹姆斯·奈史密斯

1861 年 11 月 6 日，詹姆斯·奈史密斯出生于加拿大的安塔威，8 岁时父母双亡，跟随叔叔长大。1887 年他在蒙特利尔大学获神学学位，毕业后到美国马萨诸塞州斯普林菲尔德市基督教青年会训练学校学习体育，1890 年被卢瑟·古利克推荐留校担任体育教师；1895—1898 年到丹佛的基督教青年会担任体育教师；从 1898 年开始到美国堪萨斯大学工作，并成为该大学第一位篮球教练员，后来被评为体育教授，直到退休。1936 年第十一届奥运会他被邀请为首场篮球比赛开球，并被授予"国际篮球联合会名誉主席"称号。1939 年 11 月 28 日病逝，享年 78 岁。为了永远纪念他，1949 年 10 月—1968 年 2 月，奈史密斯篮球纪念堂在春田学院内建造落成，1985 年 6 月 30 日，名人堂迁至斯普林菲尔德市区，2002 年 9 月 28 日，在旧址不远的地方新建了全新的名人堂，美国最杰出的篮球运动员和篮球界著名人士的事迹陈列在馆内，至今墙上还刻着他生前的座右铭："我的一生中，留给世界的东西应比得到的多。"国际篮联在 1950 年第一届世界男子篮球锦标赛期间，决定把世界男子篮球锦标赛的金杯命名为"奈史密斯杯"。

（二）世界篮球运动的演进

1. 篮球场地的演进

篮球游戏发明的最初两年，比赛场地只有假想的界线，只要在体育馆两侧栏杆上挂一个桃筐就可以比赛，由于体育馆场地大小不一，就造成了篮球游戏场地大小不等（如图 1–3）。从 1893 年开始出现两种形式的篮球场地：一种是三区九人制篮球比赛场地（如图 1–4），每区三人，不得越区攻防，女子比赛一直沿用这种场地，直到 1938 年改成两区；另一种是两区五人制篮球比赛场地（如图 1–5），1893 年设立罚球线为 20 英尺，1895 年缩减到 15 英尺，并规定场地必须有界线限制，离墙至少 3 英尺。1897 年增加了罚球区，将场地统一规定为 100 英尺 ×50 英尺、90 英尺 ×45 英尺和 70 英尺 ×35 英尺三种。

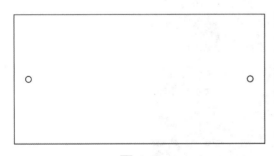

图 1–3

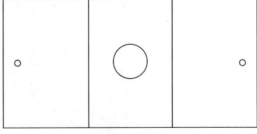

图 1–4

1910 年，为改变篮下激烈混战的状况，增加了 5.8 米 ×1.8 米电灯泡式罚球区（如图 1–6、1–7）；1932 年，国际业余篮球联合会成立，篮球场地面积确定为 26 米 ×14 米，增加了 3 秒钟规则。随着乔治·迈肯等高大运动员的出现，20 世纪 40 年代末 50 年代初，进攻限制区扩大为 5.8 米 ×3.6 米（如图 1-8）。1956 年后，因威尔特·张伯伦等高大巨星表现，进攻限制区进一步扩大为 5.8 米 ×6 米的梯形（如图 1-9），并取消中线。1961—1964 年，取消中场线，在边线中点处画 10 厘米的短线，取消 60 厘米的小圆圈。

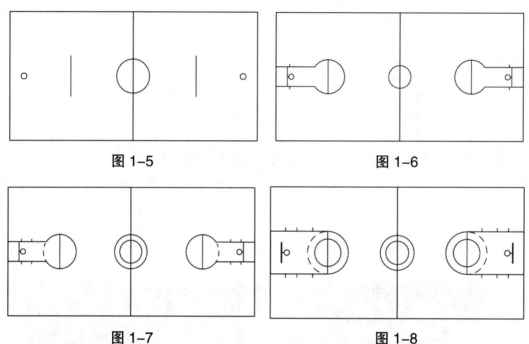

图 1-5　　　　　　　　　　　　　　图 1-6

图 1-7　　　　　　　　　　　　　　图 1-8

为了鼓励外线队员投篮，防止比赛都密集在篮下致使比赛失去活力，1984 年增加了三分投篮区，球场面积扩大为 28 米 ×15 米，球场上空高度增加为 7.50 米（如图 1-10、1-11）。2010 年三分投篮区域进一步扩大，由原来的半径 6.25 米扩大到 6.75 米；进攻限制区扩大为 5.8 米 ×4.9 米，并在限制区内设立无撞人半圆区域（如图 1-12）。

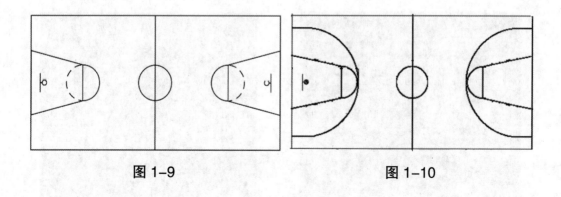

图 1-9　　　　　　　　　　　　　　图 1-10

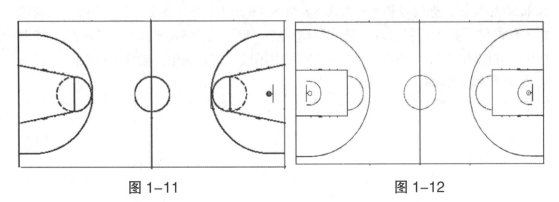

图 1-11   图 1-12

2. 球篮的演进

　　最初的球篮是用装桃子的篮子，大小 15 英寸，钉在高 10 英尺的墙上，篮子有底（如图 1-13、1-14）。每次投中，都要有人搬梯子爬上去把球拿出来，才能重新进行比赛。从 1893 年开始设计了圆形的桶，桶底为铁丝网（如图 1-15），以方便把球捅出。1897 年出现铁制篮圈，用装有拉绳的有底线网，拉动绳子使球滚出来（图 1-16），直到 1906 年将网底切开，使球通过篮圈从篮网直接落下。

图 1-13

图 1-14

图 1-15

图 1-16

3. 篮板的演进

奈史密斯创造篮球运动时，篮筐后面是没有篮板的。后来因为投不进去的球常常飞落到观众席，从而经常影响比赛的正常进行，于是就用铁丝网遮在篮筐后面，这是最早出现的篮球"遮网"。

1894 年，开始出现形状各异的木制遮板，没有统一规格；1896 年统一采用 4 英尺 ×6 英尺的木制篮板。1909 年美国大学生规则委员会开始批准使用玻璃篮板，为了防止队员借助球馆墙壁的反冲力占据一些不公正的优势，篮板于 1920 年被从墙壁向场内挪动了 2 英尺，并于 1939 年向端线内挪近 4 英尺以便队员在篮下的活动。1940 年美国曾批准使用扇形篮板，1946 年透明的篮板被引入了比赛。1954 年国际业余篮联统一规定篮板厚度为 3 厘米，大小为 1.20 米 ×1.80 米的长方形。篮圈内径为 45 厘米，篮板与篮圈内沿的最近点为 15 厘米，篮圈与地面距离为 10 英尺。1990 年为了保护运动员和规范球场，规则将篮板下沿提高至距离地面 2.9 米，篮板大小为 1.05 米 ×1.80 米，这些规定直到今天都没有变动。

4. 篮球的演进

篮球运动初创时期，以当时流行的英式 A 式足球作为统一比赛用球。1894 年，用皮革缝制成一种比英式足球稍大的篮球，一直沿用了半个世纪。1937 年皮制全封闭篮球问世（如图 1-17、1-18），1940 年国际业余篮联批准用这种球比赛。20 世纪 40 年代末 50 年代初，出现了模压橡皮篮球。现代篮球比赛用球是由皮、合成皮革、橡胶或合成物质制成，球是圆形的、单纯的橙色并带有 8 瓣黑色的接缝，球的接缝宽度不得超过 0.635 厘米，球的圆周不得小于 74.9 厘米、不得大于 78 厘米（7 号），重量不得少于 567 克、不得多于 650 克。

图 1-17

图 1-18

5. 规则的演进

1892年1月，奈史密斯制定了13条篮球规则，主要内容包括"五项原则"和"十三条规则"，1893年增加到21条。

五项原则：第一，采用不大的、轻的可用手控制的球。第二，不准持球跑。第三，严格限制队员之间身体接触。第四，球篮安装在高处，应该是水平面。第五，任何时候都不限制两队任何队员获得正处于比赛中的球。

十三条规则：第一，可用单、双手向任何方向扔球。第二，单、双手向任何方向拍球，但不准用拳击球。第三，不准带球跑、不能运球，接球队员可以在快速跑动中做急停接球，但必须在接球地点把球掷出。第四，必须用手持球，不准用胳膊或身体夹、停球。第五，不准用肩、手、脚等向对方队员做撞、推、拉、绊、打等动作。如违反此项规则，第一次是犯规，第二次再犯规就令其停止比赛，直到投中下一个球才允许其上场。如果是故意犯规伤害对方，则取消参加整场比赛的资格。第六，用拳击球算犯规。第七，如果任何一方连续犯规三次，就算对方命中一球（连续是指在这期间内对方队员未犯规）。第八，当防守者未接触到球或干扰球，球投入筐内就算命中，如球停留在篮筐边而对方队员移动了篮筐，也算得分。第九，当球出界，由对方一名队员掷入场内。若有争议，由裁判员在靠近出界的边线外将球掷入场内。掷界外球时，应在5秒内掷入场内。超过5秒，则判给对方发球，如故意拖延时间，则判犯规，连续三次违反规则取消比赛资格。第十，副裁判是运动员的仲裁者，他要注意犯规情况，当某队已三次犯规时，他要报告正裁判，他有权根据规则第五条取消队员比赛资格。第十一，正裁判是球的仲裁者，他可以判定什么时候（球）处于比赛状态，球在界内属于哪一队和计时、记录得分，还有其他通常由正裁判执行的职责。第十二，比赛分两个15分钟进行，中间休息5分钟。第十三，比赛时间到，以中球多者为胜。如平局，经双方队长同意，比赛可延至谁先命中一球为止。

1892年以前，规则对人数没有限制。1893—1897年规定人数有5人、9人两种，由中圈跳球开始比赛，增加犯规罚球规定，进攻队员投中一球得2分，罚中一球得1分。1901年允许运动拍1次球，并可以连续使用"拍1次球"规则，其间曾规定拍球队员不能投篮。1909年，连续运球和运球后投篮的规则被正式确立，二次运球被彻底禁止，此时期主要采用双手投篮。

1932年，比赛共分两节，每节时间为20分钟，增订3秒、10秒和球回后场的规则；增加后场持球队员被严密防守5秒判为争球的规定。1936年，正式确定每队上场人数为5人，取消投中后在中圈跳球的规定，改由对方在端线外发球继续比赛，并规定队员累计犯规4次将被取消比赛资格。在此期间，就读于斯坦福大学的汉克·路易塞蒂因使用单手投篮而成为著名投手，单手投篮技术开始被广泛使用。1956年，增加了一次进攻时间限定为30秒和持球队员在前场被严密防守达5秒应判争球的规定。1972 年，增加球回后场和全队 10 次犯规的规则；增加控制球队的犯规，规定对投篮队员犯规时投中有效再追加一次罚球，如未投中则实行"三代二"罚球，并将"垂直原则"和"合法防守位置"等身体接触的原则正式列入规则。1980 年，全队每半场犯规次数由 10 次改为 8 次，1984 年全队每半时犯规由 8 次改为 7 次，增加全队每半时 7 次犯规后执行 1+1 罚球的规则。1994 年，国际业余篮联将 7 次后执行 1+1 罚球改为两次罚球。1998 年，为适应篮球运动技、战术迅速发展，对抗强度加剧和商业化、职业化的需求，国际业余篮联允许选择 4×10 分钟或 4×12 分钟的比赛时间，增加了违反体育道德犯规的规定。2000 年，一次进攻时间修改为 24 秒；后场推进到前场的时间由 10 秒改为 8 秒；每队每节犯规 4 次以后所有的犯规都要执行两次罚球（进攻犯规除外）。从 2000 年奥运会开始，比赛时间一律改为四节制，每节 10 分钟，并采用三人制裁判。

1905 年，停表概念引入规则。但在那时，只有裁判员决定何时停表，其他任何死球情况包括出界和罚球都不停表。直到 1925 年，规定由裁判员判定的受伤、换人、罚球以及暂停情况予以停表，其他情况不予停表，包括球出界。1947 年，比赛最后 3 分钟的所有死球情况得以停表。到 1963 年，为了避免对比赛的不合理拖延，违例停表被引入规则。到 1993 年，新规则规定了全场比赛以及加时赛的最后一分钟内进球之后停表，此项规则一直被沿用到了今日。

暂停和替换暂停在篮球规则的发展过程中从无到有，从最开始只有受伤情况的暂停到后来有了清晰的条款。规定只有队长可以请求暂停且每队每场有 3 次暂停机会。在 1999 年，20 秒短暂停被增加到 30 秒。篮球诞生之初，其换人规则引用了足球规则，即替换下场的队员不能再次返回球场。到 1920 年，替换下场的队员可以重新返回球场一次，到 1933 年增加为两次。从 1944 年开始，无限制地换人规则开始执行。

跳球和交替拥有在最初的篮球规则中，每一次中篮得分之后都由双方在中场跳球恢复比赛。1905—1906 年，活球时请求的暂停都通过跳球来恢复比赛。从 1931 年开始，跳球开始成为争球之后恢复比赛的方式，到 1937 年，得分之后的中场跳球被取消。从 1981 年开始，跳球正式成为了比赛开场及每个加时赛开始的方式，交替拥有箭头开始为争球情况指示球权方向。如今，国际篮协组织的比赛只有开场一次跳球，其余都采用交替拥有原则。

二、世界篮球运动现状与发展趋势

现代篮球运动已成为一种世界性文化，国际篮球联合会会员已达到 200 多个，全球各类形式的篮球人口已超 25 亿，成为国际体育组织中单项运动人口最多的运动项目之一。然而，篮球运动的普及和全球性整体水平的发展并不平衡，从世界性最高级别比赛（奥运会篮球赛、世界篮球锦标赛、篮球世界杯）优胜名次透视，冠军宝座始终由欧洲、美洲国家轮换占据。

（一）世界篮球运动现状

从 2016 年、2021 年奥运会篮球比赛和 2014 年、2019 年篮球世界杯的成绩看，美国队综合实力仍是当今世界篮球运动第一强国，欧洲各队实力迅速提高，其中塞尔维亚、法国、西班牙等国实力接近，均能与美洲区的阿根廷展开前四名的争夺，与美国的差距逐渐减小。亚洲成绩最好的是澳大利亚，实力可与欧美抗衡。亚、非区整体水平在第三层次，成绩在 8~16 名徘徊。亚洲女队经过一个时期的特殊训练，中、澳、日等国能够进入到世界前四名决赛行列；男子则少有队伍能突破前六名。若中国队通过努力，可保持 8~12 名的位置，在一定特殊条件下有可能进入更靠前的名次。

从洲际区域技战术特点看，美洲作为现代篮球运动起源地，整体水平最高，各国打法基本相似。将技巧与特殊的身体体能条件相结合，形成以个体作战和几个人简单配合为主体的打法，体现了高、快、准、巧，基础技术好，个体水平高，整体实力强等特点。其中以美国队为代表，阿根廷、巴西、乌拉圭、波多黎各、加拿大、古巴和智利等国名次虽有更迭起伏，但实力均衡，是不同时期内世界性比赛前十名的抗衡对象。欧洲受美洲影响较大，普及面广，整体运动水平接近，是美洲队最大的威胁者，基本趋向是以粗犷、凶悍、整体作战为主体，体现了高、狠、准，富于力量性，讲究整体实力，其中俄罗斯和西班牙最具典型和抗衡实力，而法国、立陶宛、克罗地亚、希腊、德国、意大利、捷克、保加利亚等都具有较高水平，在不同时期内曾分别获得世界两大赛事前八名。亚洲区除东亚外，西亚已有明显提高，但普及面有局限，实际水平与美、欧国家相比有较大差距，在国际大赛中成绩起伏较大。中国、韩国、日本、伊朗等队实力均衡，其打法日趋学习欧美，但受传统篮球观念、身体条件与训练水平所限，整体实力不均衡，名次不稳定。澳大利亚篮球运动较为普及，为篮球水平较高的国家，具有争夺世界两大赛事前四名的实力，其基本打法类似欧洲型和美洲型的结合。非洲区篮球运动发展较为滞后，普及面不广，运动水平较低，与欧美各国有明显差距，其基本打法尚未显出明显特征；但个体攻击意识强，其中安哥拉、塞内加尔、尼日利亚、埃及各国正在日益普及提高，未来某些国家球队会成为与亚洲区国家抗衡的对象。

从历届世界男子篮球锦标赛和篮球世界杯前三名国家名次排列看（见表1-2），男子从 1950 年第 1 届开始到 2019 年第 18 届为止，共产生冠、亚、季军 54 块奖牌，除亚洲区菲律宾队在早期获 2 次季军外，其余奖牌均被欧美区国家包揽。美洲区的美国队获 5 次冠军、3 次亚军、4 次季军；巴西队获 2 次冠军、2 次亚军、2 次季军；阿根廷队获 1 次冠军、2 次亚军；智利队获 1 次季军，美洲区获奖国 4 个，共获奖牌 22 块。欧洲区的俄罗斯（苏联）队获 3 次冠军、5 次亚军和 2 次季军；南斯拉夫队获 5 次冠军、3 次亚军、3 次季军；西班牙队获 2 次冠军；希腊和土耳其、塞尔维亚各获得 1 次亚军；法国队获 2 次季军；克罗地亚队获 1 次季军；德国队获 1 次季军，欧洲区获奖国 5 个，共获 30 块奖牌。

表 1-2　历届世界男子篮球锦标赛、世界杯前三名国家名次排列

时间	届次	地点	第一名	第二名	第三名	备注
1950 年	1	阿根廷	阿根廷	美国	智利	
1954 年	2	巴西	美国	巴西	菲律宾	
1958 年	3	智利	巴西	美国	菲律宾	
1963 年	4	巴西	巴西	南斯拉夫	苏联	
1967 年	5	乌拉圭	苏联	南斯拉夫	巴西	
1970 年	6	南斯拉夫	南斯拉夫	巴西	苏联	
1974 年	7	波多黎各	苏联	南斯拉夫	美国	
1978 年	8	菲律宾	南斯拉夫	苏联	巴西	中国第十一名
1982 年	9	哥伦比亚	苏联	美国	南斯拉夫	中国第十二名
1986 年	10	西班牙	美国	苏联	南斯拉夫	中国第九名
1990 年	11	阿根廷	南斯拉夫	苏联	美国	中国第十四名
1994 年	12	加拿大	美国	俄罗斯	克罗地亚	中国第八名
1998 年	13	希腊	南斯拉夫	俄罗斯	美国	中国未入围
2002 年	14	美国	南斯拉夫	阿根廷	德国	中国第十二名
2006 年	15	西班牙	西班牙	希腊	美国	
2010 年	16	土耳其	美国	土耳其	立陶宛	
2014 年	17	西班牙	美国	塞尔维亚	法国	
2019 年	18	中国	西班牙	阿根廷	法国	

表 1-3　历届世界女子篮球锦标赛、世界杯前三名国家名次排列

时间	届次	地点	第一名	第二名	第三名	备注
1953 年	1	智利	智利	美国	法国	
1957 年	2	巴西	美国	苏联	捷克斯洛伐克	
1959 年	3	苏联	苏联	保加利亚	捷克斯洛伐克	韩国第八名
1964 年	4	秘鲁	苏联	捷克斯洛伐克	保加利亚	韩国第八名
1967 年	5	捷克斯洛伐克	苏联	韩国	捷克斯洛伐克	日本第五名
1971 年	6	巴西	苏联	捷克斯洛伐克	巴西	韩国第四名
1975 年	7	哥伦比亚	苏联	日本	捷克斯洛伐克	韩国第七名
1979 年	8	韩国	美国	韩国	加拿大	日本第五名
1983 年	9	巴西	苏联	美国	中国	韩国第四名
1986 年	10	苏联	美国	苏联	加拿大	中国第五名
1990 年	11	马来西亚	美国	南斯拉夫	古巴	中国第九名
1994 年	12	澳大利亚	巴西	中国	美国	韩国第十名
1998 年	13	德国	美国	俄罗斯	澳大利亚	中国第十二名
2002 年	14	中国	美国	俄罗斯	澳大利亚	中国第六名
2006 年	15	西班牙	西班牙	俄罗斯	美国	
2010 年	16	捷克	美国	捷克	西班牙	
2014 年	17	土耳其	美国	西班牙	澳大利亚	中国第六名
2018 年	18	西班牙	美国	澳大利亚	西班牙	中国第六名

　　从历届世界女子篮球锦标赛和女篮世界杯前三名国家名次排列（见表1-3）看，女子自1953年第1届开始到2018年第18届为止，共产生冠、亚、季军54块奖牌，美洲区的美国队获10次冠军、2次亚军、1次季军；巴西队获1次冠军、1次亚军；智利队获1次冠军；加拿大队获2次季军；古巴队获1次季军，美洲区获奖国5个，共获奖牌21块。欧洲区的俄罗斯（苏联）队获6次冠军、5次亚军；西班牙获1次冠军、1次亚军、2次季军；捷克获3次亚军、4次季军；保加利亚队获1次亚军、1次季军；南斯拉夫队获1次亚军；法国队获1次季军，欧洲区获奖国5个，共获奖牌28块。亚洲区的韩国队获2次亚军；中国队获1次亚军、1次季军；日本队获1次亚军，亚洲区获奖国3个，共获奖牌5块。澳大利亚获1次亚军、3次季军。可见女子篮球运动的优势依然在欧美国家，但亚洲中国队和澳大利亚队具有冲击决赛的实力。

　　从历届奥运会男子篮球比赛前三名国家名次排列看（见表1-4），1936—2021年男

子篮球共进行20届奥运会篮球赛，产生冠、亚、季军60块奖牌。美洲区的美国队获16次冠军、1次亚军、2次季军；阿根廷队获1次冠军、1次季军；加拿大队获1次亚军；巴西队获3次季军；乌拉圭队获2次季军；墨西哥队和古巴队各获1次季军。美洲区获奖国7个，共获奖牌29块。欧洲区的俄罗斯队（苏联）获2次冠军、4次亚军、4次季军；南斯拉夫队获1次冠军、4次亚军、1次季军；法国队获3次亚军；西班牙队获3次亚军、1次季军；意大利获2次亚军；克罗地亚和塞尔维亚队获1次亚军；立陶宛队获3次季军。欧洲区获奖国8个，共获奖牌30块。澳大利亚队获1次季军。可见，奥运会男子篮球赛前三名均被欧美区国家包揽，成对抗态势。

表1-4　历届奥运会男子篮球比赛前三名国家名次排列

时间	届次	地点	第一名	第二名	第三名	备注
1936年	11	德国	美国	加拿大	墨西哥	
1948年	14	英国	美国	法国	巴西	
1952年	15	芬兰	美国	苏联	乌拉圭	
1956年	16	澳大利亚	美国	苏联	乌拉圭	菲律宾第七名
1960年	17	意大利	美国	苏联	巴西	
1964年	18	日本	美国	苏联	巴西	
1968年	19	墨西哥	美国	南斯拉夫	苏联	
1972年	20	联邦德国	苏联	美国	古巴	
1976年	21	加拿大	美国	南斯拉夫	苏联	
1980年	22	苏联	南斯拉夫	意大利	苏联	
1984年	23	美国	美国	西班牙	南斯拉夫	
1988年	24	韩国	苏联	南斯拉夫	美国	澳大利亚第四名
1992年	25	西班牙	美国	克罗地亚	立陶宛	
1996年	26	美国	美国	南斯拉夫	立陶宛	中国第八名
2000年	27	澳大利亚	美国	法国	立陶宛	中国第十名
2004年	28	雅典	阿根廷	意大利	美国	中国第八名
2008年	29	北京	美国	西班牙	阿根廷	中国第八名
2012年	30	伦敦	美国	西班牙	俄罗斯	
2016年	31	里约	美国	塞尔维亚	西班牙	中国第十二名
2021年	32	东京	美国	法国	澳大利亚	

从历届奥运会女子篮球比赛前三名国家名次排列看（表1-5），女子篮球自1976年第21届奥运会被列为正式项目，到2022年第32届为止共进行了12届奥运会篮球赛，产生冠、亚、季军36块奖牌。美洲区的美国队获9次冠军、1次亚军、1次季军；巴西队获1次亚军、1次季军，美洲区获奖国2个，共获奖牌13块。欧洲区俄罗斯队（苏联）获3次冠军、3次季军；保加利亚队获1次亚军、1次季军；南斯拉夫获1次亚军、1次季军；法国得1次亚军、1次季军；西班牙1次亚军；塞尔维亚1次季军。欧洲区获奖国6个，共获奖牌13块。亚洲区中国获1次亚军、1次季军；韩国队和日本队各获1次亚军。亚洲区获奖国3个，共获奖牌4块。澳大利亚队获3次亚军、2次季军。

表1-5　历届奥运会女子篮球比赛前三名国家名次排列

时间	届次	地点	第一名	第二名	第三名	备注
1976年	21	加拿大	苏联	美国	保加利亚	日本第五名
1980年	22	苏联	苏联	保加利亚	南斯拉夫	
1984年	23	美国	美国	韩国	中国	
1988年	24	韩国	美国	南斯拉夫	苏联	澳大利亚第四名
1992年	25	西班牙	独联体	中国	美国	
1996年	26	美国	美国	巴西	澳大利亚	中国第九名
2000年	27	澳大利亚	美国	澳大利亚	巴西	韩国第四名，中国未入围
2004年	28	雅典	美国	澳大利亚	俄罗斯	中国第九名
2008年	29	北京	美国	澳大利亚	俄罗斯	中国第四名
2012年	30	伦敦	美国	法国	澳大利亚	中国第六名
2016年	31	里约	美国	西班牙	塞尔维亚	中国第十名
2021年	32	东京	美国	日本	法国	中国第五名

另外，2021年东京奥运会首次将三对三男、女篮列为比赛项目。男子前三名分别是拉脱维亚、俄罗斯奥委会、塞尔维亚；女子前三名为美国、俄罗斯奥委会、中国队。

综上可见，现代篮球运动中欧洲和美洲具有传统优势，而亚洲队只有澳大利亚成绩较好。但历届奥运会和世界男子篮球锦标赛成绩表明，美国是当今世界篮球运动的第一强国。第二层次强国欧洲队居多数，如塞尔维亚、法国、俄罗斯、西班牙、克罗地亚、立陶宛、德国。亚、非区整体水平在第三层次；女子篮球队中，个别队伍在第二层次上，中国女篮近年来成绩有所提高，但不稳定。

（二）世界篮球运动发展趋势

现代篮球运动发展趋势表现为：队伍大型化、队员技术全面、位置趋于模糊、进攻速度和攻守转换速度快、更加注重进攻节奏、防守凶狠、身体接触频繁、防守阵型变换多、中锋活动范围大、战术打法更加灵活。世界篮球运动职业化和产业化的发展方向使篮球运动员的技术、战术、体能、智能条件与要求逐步向篮球运动专项特征靠拢；篮球规则围绕"智、高、壮、快、准、悍、全、巧、变"不断地完善与补充，激励攻守技术、战术的不断创新发展，推动攻守对抗的速度、力量、准确性、技巧性的全面提高和拼争强度更加凶悍激烈，篮球运动更具魅力。

认识与把握篮球运动趋势与潮流的前提是基于对篮球运动本质特征、规律的深刻认识和理解。美国、西班牙、塞尔维亚等世界篮球强队之所以能始终处于世界最高水平，其根本原因之一就是能深刻认识和把握篮球运动的专项特征及基本规律，认为篮球运动主要特征就是在特定时间限制条件下，在凶悍的拼抢对抗中将球准确地投进高空中的篮圈。因此，篮球训练必须抓住"高"字，突出"准"字，强调"悍"字，重视"对抗"二字，并围绕着"高""准""悍""对抗"进行深入研究，制定训练指导思想，从而形成进攻要"快"，拼斗要"悍"，技术要"全"，战术要"精"，打法要"变"，队伍有"星"，身材要"高"，体能要"强"，球场上的一切行动要"准"的执教理念。

总之，无论男子和女子篮球运动都将继续沿着一个共同发展方向：智博谋深、身高体壮、凶狠顽强、积极快速、机敏多变、全面准确，不同流派与风格的打法融合、创新发展，充分体现智勇、高壮、全面、快巧、精准、多变的发展趋势。高智慧、高身材、高体能、高速度、高强度、高技术、高比分将仍是新世纪高水平球队比赛的特点，呈现出智在充实、狠在凶悍、高在制空、快在敏捷、特在绝招、全在拓宽、巧在技艺、准在提高、精在扎实、变在机动，它们的外延和内涵都将更加丰富，体现出新时代的世界篮球运动发展的新趋势。

三、世界重大篮球赛事介绍

目前世界最大篮球赛事主要有奥运会篮球比赛、世界篮球锦标赛、各大洲篮球锦标赛和NBA职业篮球联赛。

（一）奥运会篮球比赛

1936年柏林奥运会上，男子篮球被列为奥运会比赛项目，截至2022年已举行了20届奥运会男篮比赛。1976年蒙特利尔奥运会上，女子篮球被列为奥运会比赛项目，截至 2022 年已举行了 12 届奥运会女篮比赛。

（二）世界篮球锦标赛（篮球世界杯）

1950 年首届世界男子篮球锦标赛在阿根廷举行，1953 年首届世界女子篮球锦标赛在智利举行，截至 2013 年男女篮均已举行 16 届篮球比赛。历届比赛某些情况下间隔时间不同，一般是四年一届。从 1986 年起，男子和女子的比赛都在同一年进行，时间间隔为四年一届。2012 年 1 月 28 日，国际篮联宣布，每四年举行的篮球世界锦标赛将更名为篮球世界杯（Basketball World Cup），首届男篮世界杯于 2014 年在西班牙举行。2019 年国际篮联篮球世界杯暨第 18 届国际篮联篮球世界杯（世界男子篮球锦标赛更名为篮球世界杯后的第二届世界杯），于 2019 年 8 月 31 日至 9 月 15 日在中国 8 座城市举行。

（三）欧洲篮球锦标赛

欧洲篮球锦标赛是由欧洲篮协主办的国家队之间每两年一次的锦标赛，为欧洲地区最高水平的篮球比赛。自 1935 年首次举办，第 4 届在 1946 年举办后，从 1947 年起改作逢奇数年举办，截至 2022 年已举行 39 届。

（四）亚洲篮球锦标赛

亚洲篮球锦标赛是由亚洲篮球联合会主办，国家队之间每两年进行一次的锦标赛，为亚洲地区最高水平的篮球比赛，也是奥运会和世锦赛亚洲区资格赛，锦标赛冠军获奥运参赛资格，冠、亚、季军获世界男篮锦标赛参赛资格。该项赛事于 1960 年在菲律宾首次举办，每两年举办一届，截至 2022 年已举办 27 届。

（五）NBA 职业篮球联赛

1946 年 4 月 6 日，由美国波士顿花园老板沃尔特·阿布朗发起成立了"美国篮球协会"（英文简称 ABA），由 11 家冰球馆和体育馆的老板组成。1949 年，美国两大篮球组织 ABA 和 NBL 合并为"国家篮球协会"（简称 NBA），截至 2022 年已经举办 73 年。

第二节　中国篮球运动发展简史

一、中国篮球运动的起源

现代篮球运动于 1895 年由来会理（David Willard Lyon）博士带入我国。来会理于 1870 年出生于中国杭州，少年时代随父去美国。1891 年他到芝加哥麦克密神学院学习期间掌握篮球运动。1895 年 9 月回到中国，在天津创办了中华基督教青年会并担任总干事，开始普及推广篮球运动。天津青年会于 1896 年 1 月 11 日举行了第一次正式篮球比赛。随后，篮球运动又传入北京、上海的青年基督教会。到 1900 年以后，全国一些大城市的教会学校逐渐把篮球运动作为课外体育活动的内容之一。1914 年中国现存的第一个室内篮球馆在天津基督教青年会东马路会所落成。

图 1-19　来会理博士

二、中国篮球运动的演进过程

篮球运动在我国传播分为三个阶段：1949 年新中国成立前篮球运动发展阶段；1949 年新中国成立后篮球运动发展阶段；1995 年篮球职业化改革后发展阶段。

（一）1949 年新中国成立前篮球运动的发展

篮球运动传入中国初期，主要在天津、上海及北京等几个城市基督教青年会组织和某些中等以上学校少数学生中开展。1901 年后，国内几个大城市的教会学校将篮球作为课外活动的体育锻炼手段。1908 年，上海青年会举办的体育训练班，正式将篮球编入教科书。1910 年男子篮球列为第一届全国运动会表演项目，1914 年列为正式比赛项目，1930 年女子篮球在杭州举行的第四届全运会上被列为正式比赛项目。至 1948 年共举办 6 届全运会篮球比赛，国际交流仅限于 1913 年以后的 10 次远东运动会篮球比赛和两次奥运会篮球比赛。我国男篮仅在 1921 年上海举行的第五届远东运动会获得冠军。1936 年中国加入国际业余篮球联合会，男篮参加第 11 届奥运会，仅战胜法国；1948 年男篮参加第 14 届奥运会，先后取得 5 场比赛胜利，获得第十八名。在国民党政府统治下的旧中国，广大人民群众生活贫苦，群众性篮球运动根本不可能开展，所以发展是非常缓慢的。旧中国的篮球运动员，缺乏全面和系统的训练，身体素质差，技术动作缓慢，战术变化少。虽然也出现过基本技术较好的运动员，但整体水平很低。在中国共产党领导下的革命根据地为活跃军民文化生活，经常组织篮球比赛，当时，贺龙同志领导的八路军第一二〇师"战斗"篮球队和陕甘宁边区"东干"篮球队，在革命根据地负有盛名，这对开展体育活动、增强军民体质、鼓舞抗日士气起着积极的作用。

（二）新中国成立后中国篮球运动的发展

1949年，中国大学生篮球队参加在匈牙利布达佩斯举行的第10届世界大学生夏季运动会的篮球比赛。这是新中国成立后我国篮球队的首次国际交往，对我国篮球运动的普及与提高起到了推动作用。新中国成立初期，我国篮球运动处于低水平状态。1950年12月，新中国成立后第一支来访的外国强队——苏联国家男子篮球队，带来了新技术、新战术、新打法、新经验，对促进我国篮球运动水平的提高有较大的影响。为了迅速提高我国篮球运动技术水平，1951年全国篮、排球比赛大会后，选拔成立了男、女篮球国家队。1952年全军运动会后成立了八一男、女篮球队。随后几年，全国各省、自治区、直辖市和部分行业先后组建了篮球队，进行有计划的正规训练。

1954年，我国篮球界就篮球战术问题展开了讨论，认为快攻和紧逼盯人防守是提高我国篮球运动水平的有效途径，进一步明确了训练指导思想和我国篮球运动的发展方向。1955年，确定了我国篮球运动应坚持"积极、快速、灵活、准确"的训练方针。1956年建立了全国联赛的竞赛制度，并开始试行运动员、教练员、裁判员的等级制度。这些制度的实施，对我国篮球运动的促进和提高具有深远意义。1959年，在北京举行的新中国成立后的第一届全运会篮球比赛，四川男队和北京女队分别获得冠军。当时我国篮球在技术和战术上逐步形成了以"快攻""跳投""紧逼防守"为制胜法宝的独特风格。1963年我国男、女篮在新兴力量运动会上双获冠军。

至1966年"文化大革命"前夕，我国篮球运动已接近世界先进水平，战胜了不少欧洲强队，后因十年动乱影响而处于停滞状态，从而拉大了与国际强队的距离。1972年国家体委在北京召开了篮球训练工作会议，提出了"积极主动、勇敢顽强、快速灵活、全面准确"的技、战术风格。1974年国际业余篮球联合会通过决议，恢复中国篮球协会的合法席位，1975年中国篮球协会在亚洲业余篮球联合会取得了合法席位，中国男、女篮首次参加亚洲篮球锦标赛，双双获得冠军。

1981年，国家体委、中国篮球协会在杭州召开全国篮球训练工作会议。提出了"冲出亚洲、走向世界、勇攀高峰、为国争光"的口号，确立了"以小打大""以快制高""以巧胜大"的指导思想，制定了"女篮先上，男篮跟着上"的战略方针。

我国女篮在1983年第9届世界女篮锦标赛中获得第三名，1984年在第23届奥运会篮球比赛中获得第三名，在1992年第25届奥运会和1994年第12届世界锦标赛上分获亚军，也是至今中国篮球运动在世界大赛中的最佳名次，涌现出了郑海霞、宋晓波等优秀女子篮球运动员。这一时期我国男篮在世界大赛上取得了历史性突破，在1986年第10届世界男子篮球锦标赛上获得第九名，1994年第12届世界男子篮球锦标赛上获得第八名，涌现了巩晓彬、阿的江等优秀男子篮球运动员，中国男、女篮进入辉煌时期。

（三）1995年职业化以来篮球运动的发展

1995年我国男子篮球进行竞赛体制改革，全面推进职业化进程，CBA联赛逐步走向市场化，有力地推动了中国篮球运动与世界篮球运动的接轨。1996年中国男篮在第26届奥运会篮球比赛中获得第八名，取得了奥运会参赛史上最好成绩。1997年我国男篮在亚洲篮球锦标赛上失利，未能取得世界篮球锦标赛的入场券。1999年我国女篮在亚洲篮球锦标赛上失利，获第四名，跌入50年最低谷，未能取得悉尼奥运会的参赛资格；我国男篮在日本亚洲篮球锦标赛上获得冠军，取得2000年悉尼奥运会篮球比赛的入场券。2002年2—4月，首届WCBA女篮联赛举行，这是中国首次实行女篮联赛主客场制。中国女篮在2002年10月第14届亚运会女篮比赛中获得了近16年来的第一块亚运会女篮金牌，再次站上了亚洲篮球的最高领奖台。男女篮双双获得2004年雅典奥运会篮球比赛的入场券。

2004年，中国篮协对多年来的工作进行全面总结，认为中国男篮要想在世界大赛中取得优异成绩，必须树立"向世界水平"冲击的勇气和信心，加强队伍的教育和管理，提高全队的凝聚力和战斗力，明确训练指导思想和技、战术风格，学习和掌握世界最先进的篮球理念、训练方法和手段，加强与世界强队的交流，并借鉴其他运动项目的成功经验，以尽快提高中国男篮的技战术水平和运动成绩，从而推动中国篮球运动整体水平的提高。2月20日，男篮聘请了NBA达拉斯小牛队教练戴尔·哈里斯担任国家男篮主教练，原立陶宛国家队主教练尤纳斯担任助理教练，与阿的江、闵鹿磊共同组成教练员队伍。在雅典奥运会篮球比赛上，年仅24岁的姚明大显身手，带领中国男篮第二次打入奥运前八名，获得国际篮球历史总分最佳纪录。而中国女篮惨败于新西兰后无缘女子篮球奥运八强。为了备战2008年奥运会，2004年中国篮协聘请了汤姆·马赫担任女篮国家队主教练，2005年聘请了尤纳斯担任男篮国家队主教练，在他们的带领下，中国女篮实现了"保八争四"的目标，获得第四名，中国男篮第三次冲进奥运会八强。北京奥运会后，中国男篮更换教练员为郭士强，但因2009年亚洲篮球锦标赛上惨败给伊朗而下课。2010年4月美国人鲍勃·邓华德接任了主教练一职，在2011年武汉亚洲篮球锦标赛上夺取冠军，带领男篮国家队参加2012年伦敦奥运会，由于身体对抗上的劣势，最终五战全败，未能小组出线，而中国女篮在主教练孙凤武的带领下，最终取得第六名的成绩。2013 年希腊著名教练员扬纳基斯被聘任为国家男篮主教练，带领球队参加在菲律宾举办的第 27 届亚洲男篮锦标赛，最终成绩第五，创造了男篮一队自 1975 年以来的最差战绩。2016 年里约奥运会主教练为宫鲁鸣，最终取得了第十二名的成绩。2017 年 3 月起，许利民担任中国女篮主教练；2021 年，许利民率领中国女篮获得东京奥运会女篮第五名、女篮亚洲杯亚军的成绩。2017 年，中国篮球史上首次成立双国家队，中国篮协宣布李楠和杜峰分别担任两支男篮国家队主教练，共同备战 2019 年世界杯及 2020 年奥运会，但是很遗憾，中国男篮未获得直通东京奥运会资格，最终 37 年来首次无缘参加奥运会篮球比赛。

三、国内重大赛事介绍

（一）中国男子篮球职业联赛

中国男子篮球职业联赛（CBA）是由中国篮球协会主办的跨年度主客场制最高级别男子篮球赛事。中国篮球协会于 1995 年推出了与国际接轨的赛事——中国男子篮球甲 A 联赛，2005 年正式更名为中国男子篮球职业联赛，参赛队伍由原来的 12 支逐年扩展到 18 支，截至 2022 年已经扩大到 20 支球队。

（二）中国女子篮球联赛

中国女子篮球甲级联赛（WCBA）是由中国篮球协会主办的跨年度主客场制最高级别女子篮球赛事，该赛事于 2002 年拉开帷幕，共有 12 支球队参赛，截至 2022 年已有参赛球队 18 支。

（三）NBL 职业篮球联赛

NBL 联赛是我国除 CBA 篮球职业联赛之外的又一个职业篮球赛事，由中国男篮甲 B 联赛与乙级联赛合并而成。由于 NBL 的各支球队水平参差不齐，为了保证联赛的质量，NBL 会在比赛正式开打前，进行一个预选赛，最终选出实力最强的 10~12 支球队进行比赛。自 2010 赛季 NBL 改组后，正赛由 10 支球队组成。

（四）中国大学生篮球联赛

中国大学生篮球联赛（简称 CUBA）是由中国篮球协会主办的高校间篮球联赛，其宗旨"发展高校篮球，培养篮球人才"，模式参照美国的 NCAA 大学篮球联赛形式，中央电视台 CCTV5 等平台每年都会现场直播部分重要场次的比赛，联赛 1996 年开始酝酿，1997 年建立章程，1998 年开始正式推行，设男子组和女子组，历经多年的发展，已成为国内篮坛重大赛事之一。

思考题：

1. 请阐述篮球场地、器材和规则的演变对您从事少儿篮球教学训练有何启示？

2. 请对比阐述欧美篮球强队技战术风格的异同。

3. 您认为 CBA 联赛按照美国 NBA 模式发展是否可行？为什么？

4. 请结合最近举办的奥运会篮球比赛或篮球世界杯分析世界篮球发展现状。

5. 结合中国竞技篮球发展历程，请阐述中国竞技篮球发展的方向。

第二章

篮球比赛赏析

【导读】一场高水平篮球比赛的呈现离不开运动员、教练员、裁判员、记录台工作人员和管理人员等众多参与者共同努力和精诚合作。本章重点介绍了篮球比赛方法、竞赛规则和规则解释、裁判方法、记录台工作、篮球专业术语以及篮球队伍人员组成等内容，这些内容可以帮助读者从规则和裁判员的角度正确认识篮球比赛，提高篮球运动的欣赏和认知水平，更好地参与到篮球运动中来。读者在观赏篮球比赛过程中，可以针对比赛中出现的疑惑问题从本章中找到答案。

第一节　篮球比赛方法

篮球比赛是在特定的规则、特定的场地条件下所进行的投篮比准的游戏。正式篮球比赛分为五人制和三人制两种。五人制篮球比赛分为两队，每队上场 5 个人，双方在长 28 米、宽 15 米的篮球场上按照竞赛规则，运用各种攻守技术和战术相互拼抢球，努力将每次获得的球投入对方球篮，并阻止对方获得球得分，最后得分多的一方为获胜队。三人制篮球比赛也分为两队，每队上场 3 个人，两队在长 15 米、宽 11 米的半个篮球场上按照竞赛规则，运用各种攻守技战术努力将球投入球篮，并阻止对手获得球和得分，最后得分多的队为获胜队。

篮球规则和规则解释是篮球比赛的法，是篮球裁判员执裁和管理比赛的依据。为了确保比赛精彩、有序，结果公平、公正，篮球运动员、教练员、裁判员和记录台工作人员都要在比赛中认真地遵守规则或执行规则。记录台人员主要由记录员、计时员、进攻计时员和助理记录员组成，他们的工作职责是辅助临场裁判员的工作。

三人制裁判法就是 3 名裁判员执裁一场篮球比赛的工作方法，它会帮助裁判员在正确的位置在正确的时间做出正确的宣判。掌握好篮球规则和裁判法能够帮助我们更好地参与和欣赏篮球运动。

第二节　篮球比赛规则

一、球场器材

（一）场地的线

正式篮球比赛场地的界线，边线长 28 米；端线长 15 米（从界线的内沿丈量），场地的界线属于界外的部分。比赛场地上的线应由白色或其他能明显区分的颜色画出，宽度为 5 厘米。

中线是从两边线的中点画出并平行于两端线，它向每条边线外延伸 0.15 米。

罚球线应与每条端线平行。从端线内沿到它的最外沿应为 5.80 米，其长度为 3.60 米。

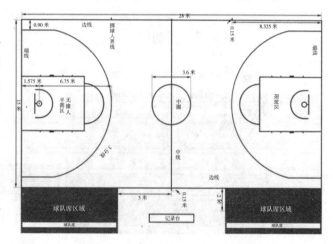

图 2-1　比赛场地的全部尺寸

掷球入界线是两条 0.15 米长画在记录台对侧、比赛场地外的边线上的线，其外沿距离最近端线内沿是 8.325 米。

三分投篮线是分别位于场地两侧的两条长的圆弧线，并由它的两端伸出的直线与端线相交。

（二）场地的区域

球场中央的圆圈叫中圈，直径是 3.60 米。比赛开始裁判员在中圈执行跳球。

中线把球场分成了前场和后场两个部分。某队前场是由对方的球篮、篮板的界内部分，以及对方球篮后面的端线、两条边线和距对方球篮最近的中线内沿所限定的比赛场地部分组成。场地的另外一部分加上中线是某队的后场。

某队限制区是某队前场的长方形区域，长 5.8 米、宽 4.9 米，如图 2-2 所示。

某队的二分投篮区域（如图 2-3）是包括大的圆弧形三分线和前场的端线所围

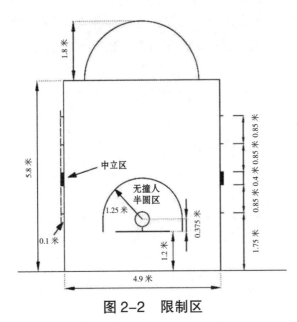

图 2-2 限制区

成的区域，三分线属于二分投篮区。二分投篮区域之外的整个比赛场地则是三分投篮区。

篮球比赛的记录台和替换椅子的位置以及球队席区域，如图 2-4 所示。

（三）篮球

球是圆形的，皮革制成，最多有 12 条接缝。充气到使球从大约 1800 毫米的高度（从球的底部量起）落到比赛地板上，反弹起来的高度在 1035~1085 毫米之间（从球的顶部量起）。正式男子篮球比赛采用 7 号球，

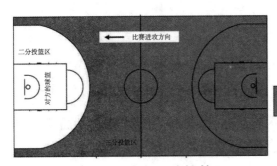

图 2-3　二分和三分投篮区

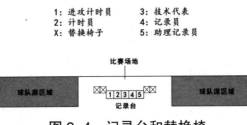

图 2-4　记录台和替换椅

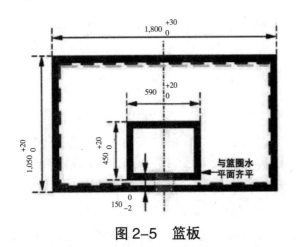

图 2-5　篮板

女子篮球比赛采用 6 号球。

（四）篮圈

篮圈的顶沿应水平放置，距地面 3050 毫米。

（五）篮板

篮板（如图 2-5）横宽 1800 毫米，竖高 1050 毫米，篮板下沿距离地面 2900 毫米。

（六）计时装置

进攻计时钟显示器（如图 2-6）和一个副比赛计时钟在一起，安装在每个篮板支撑构架上或悬挂在天花板上。

图 2-6 计时装置

二、球队

（一）球队的组成

球队是由不超过 12 名有资格参赛的球员，其中包括 1 名队长、1 名主教练和最多有 8 名球队随行人员组成。

比赛时间内，一名球员在比赛场地上有参赛资格时，是一名队员。一名球员如有参赛资格，但未在场地上，被视为一名替补队员。当场上裁判员招呼替补队员进场比赛时，替补队员成为队员，被替换的队员成为替补队员。在比赛时间内，当某队员已发生 5 次犯规，并且不再有资格参赛时，是一名出局队员。

（二）队长的职责与权力

队长（CAP）是由他的主教练员所指定的队员，在比赛场地上代表他的球队。在比赛期间，为了获取信息他只能在球成死球并且比赛计时钟停止时才可以有礼貌地与裁判员交流。队长如果抗议比赛结果，应在比赛结束后 15 分钟之内通知主裁判并在记录表上"球队申诉队长"签名。

（三）主教练员和第一助理教练员的职责和权力

至少在比赛开始之前 40 分钟，双方主教练或他的代表应提交本队参加本场比赛的队员姓名及对应号码，以及本队队长、主教练和助理教练姓名的名单。至少在比赛开始之前 10 分钟，主教练在记录表上签字确认这份名单，并指明首发上场的 5 名队员。

在比赛期间，队长离开比赛场地时，主教练员须将场上担任队长的队员号码通知裁判员。仅允许主教练员、助理教练员、替补队员、出局的队员和随队人员们坐在球队席上，并允许他们在球队席区域内逗留。主教练员或第一助理教练员只有在球成死球并且比赛计时钟停止时才可以到记录台去获得统计资料。比赛期间，主教练员或第一助理教练员只允许其中一人在比赛中保持站立。在所有规则没有限定的罚球中，由主教练指定罚球队员。

三、比赛通则

（一）比赛时间、比分相等和决胜期

正式的篮球比赛分四节，每节10分钟。第一节和第二节统称为"上半时"，第三节和第四节统称为"下半时"。常规比赛时间内比分相等，将进行若干个5分钟决胜期比赛，直至分出胜负。决胜期是下半时的一部分。

在预定的比赛开始之前应有20分钟的比赛休息期间。在上半时的第一节和第二节之间、下半时的第三节和第四节之间以及每个决胜期之前都应有2分钟的比赛休息期间。半场的比赛休息期间应是15分钟。

（二）一节、决胜期比赛的开始和结束

中圈跳球，当（抛）球离开主裁判员的手时，第一节比赛开始。如果某一队在比赛开始时场上队员不足5名，比赛不能开始。所有其他各节或每个决胜期，掷球入界的队员在记录台对侧骑跨中线执行掷球入界可处理球时比赛开始。当结束该节或该决胜期的比赛计时钟信号响时，此节、此决胜期或比赛结束。

在所有比赛中，秩序册上队名在前的"主队或A队"应坐在记录台（面对比赛场地）左侧的球队席进攻记录台左侧的球篮，也就是"坐左打左"。如果两队同意，两队可互换球队席和球篮；在第一节和第三节比赛前，球队有权在对方的球篮场地进行赛前热身运动；球队在下半时应互换球篮。在所有决胜期中，球队应继续进攻与第四节比赛方向相同的球篮。

（三）球的状态

球分为活球和死球两种状态。

1. 球成活球

主裁判将球抛出，离开自己手时；罚球中，裁判员将球交到罚球队员手中，罚球队员可以罚球时；掷球入界时，裁判员将球交到队员手中，队员可处理球时。以上三种情况球开始成活球。

2. 球成死球

球成死球的情况包括：投篮命中或罚球命中时；活球中，裁判员鸣哨时，包括之后球被任一队员触及时；在罚球时，球明显不会中篮，且接下来还有一次或多次罚球时或者接下来进一步罚则时；某队控制球，进攻计时信号响时，包括之后球被任一队员触及时；当投篮的球还在空中飞行，比赛计时信号响时，包括之后球被任一队员触及时。

但在以下情况球不成死球，球依然是活球：投篮的球在飞行中。裁判员鸣哨时；比赛计时钟信号响以结束每节时；24 秒钟装置信号响时；罚球的球在飞行中，裁判员除罚球队员之外的任何规则违犯而鸣哨时；进攻队员在做投篮动作并控制着球时，一名防守队员对任何进攻队员犯规，并且他以连续运动完成犯规发生前已开始的投篮动作。

（四）队员和裁判员的位置

一般情况下，一名队员的位置就是由他所接触的地面所决定的，当队员跳起在空中时，最后离开的地面就是他的位置，包括地面上的所有线。

确定一名裁判员的位置和确定队员的位置相同，当球触及裁判员时，如同触及裁判员所在的地面一样。

（五）跳球和交替拥有

1. 跳球程序

一名裁判员在任何两名互为对方的队员之间将球抛起，一次跳球发生。

跳球时，跳球队员的双脚应站在靠近他球队本方球篮一侧的中圈半圆内，并一脚靠近中线。如果一名对方队员希望占据圆圈上的一个位置，同队队员不能围绕圆圈占据相邻位置站立。裁判员应在两名互为对方队的队员之间将球垂直地向上抛起，其高度要超过任一名跳球队员跳起能达到的高度。如果球没有被任何一名跳球队员拍击到，应重新跳球。

2. 跳球违例

违反以下条款是跳球违例：

（1）跳球队员的双脚应站在靠近他球队本方球篮一侧的中圈半圆内，并一脚靠近中线。

（2）在球被合法拍击前，任何一名跳球队员都不得离开他的位置。

（3）在球接触非跳球队员或地面前，任何一名跳球队员不得抓住球或拍击球超过两次。

（4）主裁判在中圈跳球，抛起的球在上升尚未到达最高点时，跳球队员不得触及球。

（5）在球被拍击前，非跳球队员的身体部分不能在中圈的线上或越过中圈的线（圆柱体）。

3. 跳球情况

以下属于跳球情况：当宣判一次争球；球出界，裁判员们对是谁最后触球拿不准或有不同意见；在最后一次罚球不成功时，发生了双方罚球违例；活球停留在篮圈和篮板之间；除了第一节之外的所有其他各节和所有各决胜期开始。

4. 交替拥有程序

交替拥有是用掷球入界而不是用跳球来使球成为活球的一种方法。

跳球后，未获得控制活球的队应拥有第一次交替拥有的球权。记录台交替拥有箭头指向表明下次交替拥有球权的球队。在比赛随后发生的所有跳球情况中，双方球队应根据交替拥有的箭头方向交替在距离发生跳球情况地点最近的界外掷球入界。

交替拥有掷球入界开始：球被执行掷球入界的队员可处理时。

交替拥有掷球入界结束：球接触赛场上的任一队员或被赛场上的任一队员合法触及时；执行掷球入界的队发生了违例时；在掷球入界中，活球停留在篮圈和篮板之间时。

当交替拥有掷球入界结束时，交替拥有的箭头须立即反转。

在任一节或任一决胜期结束时享有下次交替拥有球权的队，将在下一节或下一决胜期开始时，在记录台对侧、中线的延长部分掷球入界，除非有进一步的罚球和球权罚则要执行。

（六）如何打篮球

比赛中，队员不能抱球跑，不能故意用脚踢或腿的任何部分阻挡或用拳击球。如果球意外地接触到腿的任何部分，或腿的任何部分意外地触及球，不是违例。

比赛中队员将球置于两腿之间假装传球，是违例。为了增加身高或扩展其能力，举起队友去打篮球是违例。

（七）控制球

某队的一名队员持着或运着一个活球，或在掷球入界或罚球中可处理一个活球时，该球队控制球开始。

一名对方队员控制球时；球成死球时；投篮或罚球中，球离开该队员手时，该球队控制球结束。

（八）队员正在做投篮动作

队员持球向对方球篮投、掷入空中，拍或扣认为是投篮。

在原地投篮中，队员朝向对方球篮做连续向上的动作，投篮动作开始。球已离开手时；队员在被犯规后做了全新的投篮动作或者传球，投篮动作结束。如果队员跳起投篮，他双脚落回地面时，投篮动作结束。

在突破投篮和移动投篮中，当一名队员运球结束后双手触球或球在手中停留，投篮动作开始。当球已离开投篮队员的手时；投篮队员在被犯规后做了全新的投篮动作或者传球，投篮动作结束。如果队员跳起投篮，他双脚落回地面时，投篮动作结束。

（九）球中篮和它的得分值

当一个活球从上方进入球篮并停留其中或完整地穿过球篮时是球中篮。

一次罚球中篮记1分；从二分投篮区域球离手，中篮记2分；从三分投篮区域球离手，中篮记3分；在最后一次罚球中，球触及篮圈后，在球进入篮圈前被任一队员合法地触及，中篮记2分。

如果队员意外地将球投入本方球篮，中篮记2分，并应在记录表上登记在对方队的场上队长名下。如果队员故意地将球投入本方球篮，这是违例，中篮不计得分。如果队员使球整体从下方穿过球篮，这是违例。

（十）掷球入界

1. 掷球入界的程序

当球被执行掷球入界的界外队员传入比赛场地时，掷球入界发生。

裁判员必须将球击地递交给执行掷球入界的队员或将球置于他可处理。裁判员距离执行掷球入界的队员不超过4米；执行掷球入界的队员须在裁判员指定的正确地点掷球入界。

2. 掷球入界的地点

队员应在最靠近发生违犯或比赛被停止的地点执行掷球入界，直接位于篮板后面的地点除外。

在第四节的最后2分钟和每一决胜期的最后2分钟期间，在后场拥有球权的队暂停之后，有权选择在记录台对侧该队前场的掷球入界线处掷球入界，也有权选择在其后场原掷球入界地点掷球入界。

取消比赛资格或违反体育运动精神的犯规罚球后的掷球入界在该队前场掷球入界线处掷球入界开始比赛。

每当球进入球篮，但该投篮或罚球无效，则随后的掷球入界应在罚球线延长线执行。

在一次成功投篮或最后一次罚球成功后，掷球入界队员可以在端线后向后或横向移动。同队队员可以在端线后相互传球，但是从第一个掷球入界队员控制活球开始，总时间不能超过5秒钟。

3. 掷球入界违例

执行掷球入界的队员不得：超过5秒钟球才离手；球在他手中时步入比赛场地内；掷球入界的球离手后，使球触及界外；球接触到另一队员前，触及在比赛场地上的球；使球直接进入球篮；在球离手前，从界线后面指定的掷球入界地点向一个方向或双向横移的全程超过1米。然而，只要环境允许，他从界线向后移动多远都可以。

其他队员不得在球被掷过界线前，将身体的任何部位越过界线；当掷球入界地点在界线和任何界外障碍物之间少于2米时，其他队员距离执行掷球入界的队员不得少于1米。

（十一）暂停

1. 暂停定义
暂停是由主教练员或第一助理教练员提出请求的一个中断比赛的时段。

2. 暂停时间和次数
每次暂停应足够持续1分钟。每队上半时两次暂停；每队下半时3次暂停，第四节最后2分钟最多两次暂停；每一决胜期1次暂停。

3. 暂停机会
一个暂停机会开始于：球成死球，比赛计时钟停止并且裁判员已结束了他和记录台的联系时；在成功的最后一次罚球后球成死球时；投篮得分时，非得分球队允许暂停。

一个暂停机会结束于：当掷球入界的队员或执行第一次罚球的队员可处理球时。

4. 暂停程序
只有主教练员或第一助理教练员有权请求暂停。他应与记录台建立目光接触，或者他应到记录台并用手做出正确的常规手势清楚地请求暂停。暂停的请求可以被撤销，但只有在计时员对该暂停的信号发出之前。

暂停开始于裁判员鸣哨并给出暂停手势时；结束于裁判员鸣哨并招呼双方球队回到比赛场地上时。

暂停机会一开始，计时员就要发出信号通知裁判员：某队已请求了暂停。如果球队已请求了暂停，在对方队投篮得分时，计时员就应立即停止比赛计时钟并发出信号。

每次暂停应持续1分钟。当裁判员在赛场上鸣哨并招呼球队后，球队必须迅速地回到比赛场地上。如果某队延长暂停超过规定的1分钟，用延长暂停来获得利益，造成了比赛的延误，裁判员应给予那个队的主教练一次警告。如果该主教练无视此警告，则应再登记那个队1次暂停。如果那个队没有剩余的暂停，则登记那个队主教练1次延误比赛的技术犯规，记作"B1"。如果有球队在半时的休息时段后没有迅速地返回比赛场地，则应登记那个队1次暂停。如此需登记的暂停不应是持续1分钟的，应立即重新开始比赛。

（十二）替换

1. 替换的定义
替换是由替补队员提出请求成为一名队员的一个中断比赛的时段。在一个替换机会期间，一个队可以替换一名或多名队员。

2. 替换机会

一个替换机会开始于：球成死球，比赛计时钟停止并且裁判员已结束了他和记录台的联系时；在成功的最后一次罚球后球成死球时；当比赛计时钟在第四节和每个决胜期中显示 2 ∶ 00 或更少时投篮得分，允许非得分队申请替换。

一个替换机会结束于：掷球入界的队员或执行第一次罚球的队员可处理球时。

3. 替换程序

只有替补队员有权请求替换，必须向记录台明确提出并做出正确换人手势，然后坐在替换椅子上，做好立即上场比赛的准备。替换的请求可以被撤销，但只有在计时员对该替换的信号发出之前。

替换机会一开始，计时员就要发出信号通知裁判员：已请求了替换。替补队员应逗留在界线外，直到裁判员鸣哨，给出替换手势并招呼他进入比赛场地。许可被替换的队员直接去他的球队席，无须向计时员或裁判员报告。

替换应尽可能快地完成。已发生了 5 次犯规或被取消比赛资格的队员必须立即（不超过 30 秒钟）被替换。据裁判员判断，如果有对比赛的延误，应登记该违犯的队一次暂停。如果该队没有剩余的暂停，可登记该队主教练员一次技术犯规，记作"B"。

如在暂停期间或在比赛休息期间请求替换（两个半时之间的比赛休息期间除外），替补队员在进入比赛前必须向计时员报告。

如果罚球队员因为受伤了、或已发生了 5 次犯规、或已被取消比赛资格，则必须被替换。罚球必须由替换他的替补队员来执罚，并且该替补队员在比赛的下一个计时钟运行时段前不能再次被替换。

（十三）比赛因弃权告负

比赛开始时间开始 15 分钟后，球队不到场或少于 5 名队员上场比赛；球队或队员的行为阻碍比赛继续进行；主裁判通知比赛后拒绝比赛，那么该队均判定为因弃权比赛告负。宣判对方球队获胜，比分为 20 ∶ 0，弃权球队在名次排列中得 0 分。

（十四）比赛因缺少队员告负

比赛中，某队在场地上比赛的队员少于 2 人时，该队判定为因缺少队员而告负。比赛停止时，如果判领先队获胜，保留比分；如果判落后队获胜，比分记录为 2 ∶ 0。此外，缺少队员的队在名次排列中应得 1 分。

四、违例

（一）违例的定义和罚则

违例是对规则的违犯。罚则是将球判给对方队在最靠近（发生）该违犯的地点掷球入界，直接位于篮板后面的地点除外；除非在本规则中另有规定。

（二）球出界

1. 球出界的定义

当球接触了界外的队员或界外的任何其他人员时，界线上或界线外的地面，或在界线上方、界线上或界线外的任何物体时，篮板支撑、篮板背面或比赛场地上方的任何物体时，是球出界。

2. 使球出界队员的判定

在球出界甚至球触及了除队员以外的其他物体而出界之前，最后触球或被球触及的队员是使球出界的队员。如果球接触了界线上或界线外的队员、或被这名队员触及而出界，则是该队员使球出界。在争球期间，如果队员移动到界外或他的后场，一次跳球情况发生。

（三）运球

1. 运球的定义

运球是队员把球掷、拍、滚、运或弹在地面上。如果队员故意地将球砸向篮板，而不是尝试投篮时，这不是在运球。

2. 漏接球

队员偶然地失掉球并接着在比赛场地上又重新获得控制活球，被认为是漏接球。

3. 运球开始和结束

一次运球开始于：一名在比赛场地上控制活球的队员将球掷、拍、滚或反弹在地面上，并在球触及另一名队员前再次触及球时。

一次运球结束于：运球队员双手同时触球或允许球在一手或双手中停留时。

4. 非法运球的判定

队员第一次运球结束后不能再运球，如果再次运球就是非法运球。

下述情况不是运球：连续的投篮；在一次运球的开始或结束时的漏接球；通过从其他队员附近拍击球的方式来尝试获得控制球；拍击另一名队员控制的球；拦截传球并获得控制球；只要不发生带球走违例，将球在两手之间抛接，并且在球接触地面前允许球在一手或两手中停留。将球掷到篮板上并又重新获得控制球。

（四）带球走

1. 带球走的定义

当队员在比赛场地上持一个活球时，他用一脚（称为"中枢脚"）始终接触着该脚与地面接触的位置，另一只脚可向任一方向踏出一次或多次，当他的一脚或双脚超出上述限制，向任一方向非法的运动，即为带球走违例。

2. 带球走违例的判定

当一队员正双脚站在地面上抓住球时：一脚抬起瞬间，另一脚就成为中枢脚；

队员正在行进中或结束运球时抓住球时对中枢脚的规定：

（1）当一队员正在行进中或结束运球时抓住球，他可以采用两步完成停步，采用在两步后传球或投篮球离手；

（2）如果队员是脚分先后落地完成（合法）停步时，他仅可以用那只先着地的脚作为中枢脚进行旋转；

（3）如果队员第一步停步是双脚着地，他的任一只脚都可以做中枢脚，一脚抬起的瞬间，另一脚就成为中枢脚；

（4）如果队员移动接球或运球结束后第一步单脚着地，随后第二步是双脚着地停步，他的任一只脚都不能做中枢脚；

（5）队员结束运球或获得控制球后，他不得用同一只脚或双脚连续地接触地面进行移动。

确定中枢脚后，队员开始运球时，在球离手前他的中枢脚不可抬起；该队员可以跳起中枢脚传球或投篮，但在球离手前他的任何一只脚都不可落回地面。当队员的任一只脚都不是中枢脚时，他只能先运球再抬脚，他也可以抬起一只脚或双脚传球或投篮，但在球离手前他抬起的脚都不可落回地面。

当一名队员持着球跌倒并在地面上滑行，或躺在地面上或坐在地面上时获得了控制球，这是合法的；如果随后该队员持球滚动或持着球尝试站起来，这是违例。

（五）3秒钟规则

1.3秒钟规则的规定

某队在前场控制球并且比赛计时钟正在运行，该队队员不得在对方限制区内连续停留超过3秒钟。当队员在端线处离开比赛场地来避免"三秒违例"，然后又重新进入限制区，这是违例。

2.3秒钟规则默许的情况

队员如果出现下面这些情况是规则默许的，不被判罚三秒违例：队员尝试离开限制区；队员在限制区内的时候，他或他的同队队员正在做投篮动作，并且球正离开或恰已离开投篮队员的手；队员在限制区内已接近持续的3秒钟时，他运球去投篮。

（六）被严密防守的队员

一名队员在比赛场地上正持着一个活球，一名对方队员距离他不超过 1 米处，并处于积极的、合法防守的姿态时，该持球队员是在被严密防守。一名被严密防守的队员必须在 5 秒钟内传球、投篮或运球。违反此规则将被判罚违例。

（七）8 秒钟规则

1. 8 秒钟违例的判定

某队队员在他的后场获得控制活球时；或在掷球入界中，球接触在后场的任何队员、或被在后场的任何队员合法触及，并且那名掷球入界队员的球队仍然在它的后场控制球时，该队必须在 8 秒钟内使球进入它的前场。

每当出现下列情况时，该队就已使球进入了前场：任何队员都不控制的球接触前场时；球接触双脚完全地接触他前场的进攻队员或被他合法触及时；球接触部分身体接触他后场的防守队员或被该防守队员合法触及时；球接触部分身体在控制球队前场的裁判员时；在从后场向前场运球中，球和运球队员的双脚完全与前场接触时。

2. 8 秒钟的计算

每当因为出现下列情况后，将球判给原先已控制球的那个队在后场掷球入界时，8 秒钟周期须从剩余的时间处连续计时：球出界了；一名控制球队的队员受伤了；原先的控制球队发生一起技术犯规；一次跳球情况；一起双方犯规；或判给双方球队的相等罚则相抵消了。

（八）24 秒钟规则

1. 进攻计时钟违例

一个队员在比赛场地上获得控制活球时，在掷球入界中，球接触在比赛场地上的任何队员或被在比赛场地上的任何队员合法触及，并且那名掷球入界队员的球队仍然控制球时，该队必须在 24 秒钟内尝试投篮。

所谓在 24 秒钟内构成一次投篮：球必须在进攻计时钟信号响前离开该（投篮）队员的手，并且在球已离开该（投篮）队员的手后，球必须触及篮圈或进入球篮。

在临近 24 秒钟周期结束时尝试了一次投篮，并且球在空中时进攻计时钟信号响时，如果球进入球篮，不发生违例，该信号不予理会并且中篮应计得分；如果球触及篮圈但没有进入球篮，不发生违例，该信号不予理会并且应继续比赛；如果球没有触及篮圈，一次违例发生。然而，如果对方队员已直接并清楚地获得了控制球，则该信号不予理会并且应继续比赛。

2. 进攻计时钟的设置

（1）比赛由于非控制球队违犯或任何与双方球队都无关的正当原因被裁判员停止时进攻计时钟的设置。

首先，球权应判给先前控制球的球队。如果掷球入界在其后场执行，进攻计时钟应复位到 24 秒。如果在前场执行，进攻计时钟应按照下述原则复位：进攻计时钟上显示 14 秒或更多，进攻计时钟不复位，显示剩余进攻时间；若进攻计时钟上显示 13 秒或更少，进攻计时钟应被复位至 14 秒。

（2）判给原控制球队掷球入界不复位进攻计时钟的情况。

如果判给原控制球队掷球入界是因为出现了球出界；一名同队队员受伤。该队被判技术犯规；一次跳球情况（球夹在篮圈和篮板之间时除外）。一次双方犯规。判给双方球队的相等罚则相互抵消等情况，进攻计时钟停止但不复位，显示剩余进攻时间。

当判给原控制球队在掷球入界，作为犯规或违例的结果进攻计时钟显示 14 秒或更多。进攻计时钟不复位，显示剩余进攻时间。

（3）每当在裁判员因为控制球队的犯规或者违例（包括球出界）停止比赛后，判给对方队掷球入界时，进攻计时钟的复位。

如果根据交替拥有程序新的进攻方拥有掷球入界权，进攻计时钟也应复位。如果在该队的后场掷球入界，进攻计时钟应复位到新的 24 秒。如果在该队的前场掷球入界，进攻计时钟应复位到 14 秒。

（4）在球已经触及对方球篮篮圈之后，进攻计时钟的复位。

如果对方获得控制球，进攻计时钟复位到 24 秒；如果球触及篮圈前的同一控制球队再次获得控制球，进攻计时钟复位到 14 秒。

（九）球回后场

1. 球回后场违例的判定

一个在前场控制活球的队，不可使球非法回到该队的后场，否则判定为球回后场违例。

如果在前场控制活球的球队，其队员在他的前场最后触球，并且球被该队有部分身体接触后场的队员首先触及，或球已触及该队后场后，被该队队员首先触及时，该队已使球非法回它的后场。这个限制适用于在该队前场的所有情况，包括掷球入界。

如果空中队员建立了一个新的球队控制，要等到他双脚落回地面，才能确立其位置是属于前场还是后场。

2. 球回后场违例的罚则

球回后场违例的罚则是将球判给对方球队在它前场最靠近发生该违例的地点掷

球入界，直接位于篮板后面的地点除外。

（十）干涉得分和干扰得分

1.干涉得分

以下情况发生干涉得分违例：

（1）在一次投篮中，当一名队员触及下落飞向球篮但还未接触篮圈或已经碰击篮板的完全在篮圈水平面之上的球时干涉得分发生。当球不再有进入球篮的可能性时或已接触篮圈时，干涉得分的限制就不适用了。

（2）在一次罚球中，当一名队员触及飞向球篮的、触及篮圈前的球时，干涉得分发生。

2.干扰得分

以下情况发生干扰得分违例：

（1）投篮后，或是最后一次罚球后，球接触着篮圈时队员触及球篮或篮板（如图2-7）；

（2）一次罚球后（并随后还有进一步的罚球），球仍有进入球篮的可能性时，队员触及球、球篮或篮板；

（3）队员从下方伸手穿过球篮并触及球；

（4）球在球篮中，防守队员触及球或球篮，并以这样的方式阻止球穿过球篮（如图2-8）；

图2-7　球与篮圈接触

（5）队员使球篮晃动或抓住球篮，根据裁判员的判定，这种手段已妨碍球进入球篮或者使球进入球篮时；

（6）队员抓住球篮打球。

3.干涉得分和干扰违例的罚则

如果进攻队员发生了违例，不可判给得分。将球判给对方队员在罚球线的延长部分掷球入界，除非在本规则中另有说明。

如果防守队员对下述情况的球发生了违例，应该判给进攻队：从罚球出手的球，得1分；从二分投篮区域出手的球，得2分；从三分投篮区域出手的球，得3分。判给

图2-8　球在篮圈里

的得分就如同球已进入球篮一样。如果防守队员在最后一次罚球中发生干涉得分违例，则判给进攻队得1分，随后执行防守队员的技术犯规罚则。

五、犯规

（一）犯规的定义

犯规是对规则的违犯，含有与对方队员的非法身体接触和/或违反体育运动精神的举止。分为侵人犯规、技术犯规、违反体育运动精神的犯规、双方犯规、取消比赛资格的犯规。

犯规的记录可宣判一个队任何数量的犯规，不管罚则是什么，每一次犯规都要登记在记录表并且根据这些规则进行处罚。

（二）侵人犯规

1. 侵人犯规的定义

侵人犯规是：无论在活球或死球的情况下，一名队员与一名对方队员非法接触的犯规。

队员不得通过伸展他的手、臂、肘、肩、髋、腿、膝、脚或将他的身体弯曲成"不正常的姿势"（超出他的圆柱体），也不得放纵任何粗野或猛烈的动作去拉、阻挡、推、撞、绊对方队员，或阻止对方队员的行进。

2. 侵人犯规的罚则

应登记犯规队员一次侵人犯规。

如果对没有做投篮动作的队员犯规，球权判给对方，在最靠近发生该违犯的地点掷球入界重新开始比赛；如果该违犯的球队处于全队犯规处罚状态，应由被侵犯的队员执行两次罚球。

如果对正做投篮动作的队员发生犯规，应按下列顺序判罚：如果中篮，计得分追加一次罚球；如果不中篮，根据投篮区域，罚球两次或三次；比赛或进攻计时钟信号响时或恰好响之前，投篮队员被犯规，如果球仍在该队员手中，并且随后投篮成功，则中篮无效，判给两次或三次罚球。

掷球入界时的犯规是在第四节和每一决胜期比赛计时钟显示 2：00 分钟或更少时，当掷球入界的球在界外并且仍在裁判员手中或被掷球入界队员可处理时，一名防守队员在比赛场内对一名进攻队员发生的侵人犯规。如果发生了一起掷球入界时的犯规，无论违犯队是否已处于全队犯规处罚状态，应判给被犯规的队员执行 1 次罚球。比赛由非违犯队从最靠近违犯的地点执行掷球入界重新开始。

3. 判罚身体接触的一般原则

（1）圆柱体原则

圆柱体原则被定义为：一名（站立）在地面上的队员占据在一个假想的圆柱体

空间内。这些圆柱体的大小，以及队员两脚间的距离将根据队员的身高和形体大小而改变，它包括该队员上方的空间。

防守队员或无球进攻队员所在圆柱体的范围被限定为：前面是手部的双掌；后面是臀部；两侧是双臂和双腿的外缘。在合法的防守占位中，双手和双臂可以伸展到躯干的前面但不超出双脚和双膝的位置，双臂在肘部处弯曲，以便俩前臂和双手举起。当持球的进攻队员在他的圆柱体内正在做着正常的篮球动作时，防守队员不得进入该进攻队员的圆柱体内并与其发生非法接触。

持球的进攻队员所在圆柱体的边际按如下限定：前面至双脚、弯曲的膝盖和手臂，持球在臀部以上；后至是臀部；以及两侧至双肘和双腿的外侧。持球的进攻队员在其圆柱体内必须有足够的空间去做正常的篮球动作。该正常的篮球动作包括：开始运球、旋转、投篮和传球。进攻队员不能为了获得额外的空间而将他的腿或手臂伸到圆柱体之外，从而导致与防守队员的非法接触（如图2-9）。

图 2-9　球员的圆柱体

（2）垂直原则

在比赛期间，每一名队员都有权占据未被对方队员占据的比赛场地上的任何位置（圆柱体）。这个原则保护队员所占据的地面空间，以及当他在此空间垂直跳起时的上方空间。一旦队员离开他的垂直位置（圆柱体）并与已建立自己垂直位置（圆柱体）的对方队员发生了身体接触，则须由离开垂直位置（圆柱体）的队员对该接触负责。

防守队员在他的圆柱体内垂直离开地面，或在他的圆柱体内将双手和双臂伸展在他的上方，则不必判罚。

无论是在地面上还是腾起在空中的进攻队员不应通过下列方式与处于合法防守占位的防守队员发生接触：用他的上臂去扩展他自己更多的空间（清开障碍）；在投篮中或投篮后扩展他的腿和臂去造成接触。

（3）合法的防守位置

当一名防守队员正面对他的对手，并且双脚着地时，他已确立了他最初的合法防守占位。

这个合法的防守占位从地面到天花板，垂直地伸展在他的上方（圆柱体）。他可以把他的手臂和手举在他头的上方或垂直地跳起，但他必须在该假想的圆柱体内将手臂和手保持垂直的姿势。

（4）防守控制球的队员

在防守控制（持着或运着）球的队员时，时间和距离的因素不适用。每当防守队员在持球队员面前确立了一个最初的合法防守占位（甚至是在瞬间完成的），持球队员必须料到被防守，并且必须准备停步或改变他的方向。

防守队员要确立一个最初的合法防守占位，必须在占据他的位置前不造成接触。一旦防守队员已确立了最初的合法防守占位，他可以移动去防守他的对手；但是他不得伸展他的臂、肩、髋或腿，去阻止从他身边通过的运球队员。

判断一起涉及持球队员的撞人／阻挡情况时，裁判员应该运用下述原则：防守队员必须面对持球队员并双脚着地来确立一个最初的合法防守占位；防守队员为了保持最初的合法防守占位，他可以保持静立、垂直跳起、横移或后移；在保持最初合法防守占位的移动中，其一脚或双脚可以瞬间离地；只要该移动是横向或是向后的，而不是朝向持球队员；接触必须发生在躯干上；在这种情况下，可以认为该防守队员是首先位于接触的地点；已经确立了一个合法防守占位的防守队员可以在他的圆柱体内转身以避免受伤。

在上述种种情况中，该接触应被认为是由持球队员造成的。

（5）防守不控制球的队员

一名不控制球的队员有权在比赛场地上自由地移动，并可取得任何未被其他队员占据的位置。在防守一名不控制球的队员时，时间和距离的因素应适用。

一名防守队员不能如此接近和／或如此快地在移动的对方队员行进的路径中获取一个位置，致使后者没有足够的时间和距离去停步或改变他的方向。该距离直接和对方队员的速度成正比，但绝不要少于正常的1步。

如果一名防守队员在确立他最初的合法防守占位的过程中不考虑时间和距离的因素并和对方队员发生接触，他对该接触负责。

一旦一名防守队员已经确立了一个最初的合法防守占位，他可以移动去防守对手。他不得在对方队员的路径中通过伸展臂、肩、髋或腿去阻止该对方队员从他身边通过。他可以在他的圆柱体内转身以避免受伤。

（6）队员腾空

从球场某地点跳起在空中的队员有权再落回同一地点。他有权落在场上的另外一点，只要在起跳时，起跳和落地点之间的直接路径上尚未被对方占据。

当队员已经跳起腾空时，对方队员不允许占据其下落的地点，一经发生接触，通常都是违反体育精神犯规，严重者可以判罚取消比赛资格的犯规。

（7）掩护犯规

当进攻队员给自己的同伴做掩护时，与防守队员发生的接触是静止的并将身体保持在自己的圆柱体内，同时双脚着地，这种情况下掩护是合法的。

非法掩护的情况包括：当进攻队员给自己的同伴做掩护与防守队员发生接触时正在移动；进攻给自己同伴做掩护时没有顾及在移动中的防守队员是否有足够的时间和距离做出判断和调整位置；当进攻队员给自己的同伴做掩护时，处于防守视野之外，且没有给防守队员留出足够的距离做出调整。进攻队员可在防守队员的视野范围内做前面或侧面的掩护，只要没有接触即可；如果在视野之外做掩护必须保证防守队员向掩护方向移动一步而不和做掩护的进攻队员发生接触。被合法掩护的队员（防守队员）与已建立该掩护的队员（去掩护的进攻队员）的任何接触，由被合法掩护的队员（防守队员）负责。

（8）用手和／或手臂接触对方队员

用手接触对方队员，其本身未必是犯规。裁判员应判定：造成接触的队员是否已获得了利益。如果造成接触的队员以任何方式限制对方队员的活动自由，这样的接触是一起犯规。

当处于防守姿态的防守队员将他的手或手臂放置在持球或不持球的对方队员身上并保持接触、以阻碍他的行进时，就发生了非法用手或非法伸展手臂。

反复地去触碰或"戳刺"持球或不持球的对方队员是犯规，因为该行为可能导致粗暴的比赛。

属于持球的进攻队员犯规情况：为了获得利益，用他的手臂或肘去"钩住"或缠绕防守队员时；为了阻止防守队员抢球或试图抢球，或为了扩展更多的个人空间而"清开"该防守队员时；在运球中，使用伸展的前臂或手去阻止对方队员获得控制球时。

属于不持球的进攻队员犯规情况：摆脱去抓球；阻止防守队员抢球或试图抢球，为他（自己）扩展更多的空间，而"清开"防守队员。

（9）中锋位置的攻防

垂直原则（圆柱体原则）适用于中锋攻防。

处于抢位状态的进攻队员和防守他的防守队员必须相互尊重彼此垂直位置的权利（圆柱体）。

处于抢位状态的进攻队员或防守队员用肩或髋将对方队员从占据的位置上挤顶出去，或使用伸展的手臂、肩、髋、腿或身体的其他部位去干扰对方队员的活动自由，是犯规。位于中锋位置的进攻队员或防守队员用肩或髋将对方队员挤出位置，或用伸展的肘、臂、膝或身体的其他部位去干扰对方队员的活动自由，是犯规。

（三）双方犯规

1. 双方犯规定义

一次双方犯规是两名互为对方球队的队员在大约同一时间彼此互相发生侵人的或违反体育运动精神的／取消比赛资格的犯规的一种情况。

2. 双方犯规应符合的条件

把两个犯规认定为一起双方犯规，必须符合下述条件：

（1）两个犯规都是队员犯规；

（2）两个犯规都包含有身体接触；

（3）两个犯规都发生在互为对方队的两名正在相互犯规的队员之间；

（4）两个犯规都属于同一种类（不是侵人的就是违反体育运动精神的犯规和取消比赛资格的犯规的组合）。

3. 双方犯规的罚则

应登记每一名违犯队员一次侵人的或违反体育运动精神的／取消比赛资格的犯规。不判给罚球，比赛应按下述原则重新开始：

如果双方犯规发生在大约同一时间：

一次有效的投篮得分，或最后一次的罚球计得分，则应将球判给非得分的队在其端线后的任一地点掷球入界；

有一队已控制球或拥有了球权，则应将球判给该队在最靠近发生该违犯的地点掷球入界；

既无哪个队已控制球，又无哪个队拥有了球权，一次跳球情况发生。

（四）技术犯规

1. 队员技术犯规的定义

队员技术犯规是一个行为性质的、无触碰的队员犯规。

2. 队员被判罚技术犯规的情况

（1）无视裁判员已给出过的警告；

（2）与裁判员、技术代表、记录台人员、对方人员或被允许在球队席就座的人员不礼貌地进行交涉和／或沟通；

（3）使用可能冒犯或刺激观众的粗话或手势；

（4）挑逗和戏耍对方队员；

（5）将手靠近对方队员的眼睛摇动／遮挡，以妨碍他的视线；

（6）过分挥肘；

（7）当球穿过球篮后，通过故意触球或阻止迅速开始执行掷球入界或罚球的方式来延误比赛；

（8）骗取犯规；

（9）悬吊在篮圈上，致使篮圈支撑了队员的全部重量；除非队员在扣篮后瞬间抓住了篮圈，或据裁判员判定，他这样做正是在防止自己受伤或防止使另一名队员受伤；

（10）在最后一次的罚球中防守队员干扰得分，应判给进攻队得1分，随后执行该防守队员的技术犯规罚则；

（11）当一名队员正在做投篮动作时，不允许对方队员将手靠近正在投篮队员的眼睛附近、大声喊叫、用力跺脚或靠近投篮队员拍手等行为。如果出现上述行为导致投篮不成功，则应立即判罚一次技术犯规；如果投篮成功，应进行一次警告。

3. 技术犯规的罚则

如果一起技术犯规是由：

队员发生的，应作为队员犯规，登记在该队员名下一次技术犯规，并把它计入全队犯规之中；

任何被允许在球队席中就坐人员发生的，应在主教练员名下登记一次技术犯规，并且不计入全队犯规之中。

应判给对方队员1次罚球。罚球后，应由宣判该起技术犯规时控制球或拥有球权的队在最靠近比赛停止时球所在位置的地点执行掷球入界。如果一次有效的中篮得分或最后一次罚球成功，比赛应在其端线后的任何地点掷球入界重新开始；如果既无哪个队已控制球，又无哪个队拥有了球权，一次跳球情况发生；第一节的开始时在中圈跳球。当宣判了一起技术犯规，应立即执行不占位的罚球罚则。

（五）违反体育运动精神犯规

1. 违反体育运动精神犯规的定义

据裁判员的判定，队员对其对手如犯有如下情况的接触，则发生的犯规是一起违反体育运动精神犯规。

（1）不是按规则的精神和意图去直接争抢球与对方队员发生的非法接触；

（2）一名队员在尽力抢球或在与对方队员的尽力争抢中，造成与对方队员过分的严重接触；

（3）在攻防转换中，防守队员为了中断进攻队的进攻，对进攻队员造成不必要的接触，这原则在该进攻队员开始他的投篮动作之前均适用；

（4）当队员正朝其对方球篮行进，并且在该行进的队员、球和球篮之间没有其他队员时，对方队员从其后面或侧面去非法接触该队员，该对方队员应被判罚违反体育运动精神犯规，这原则在该队员开始他的投篮动作之前均适用。

2. 违反体育运动精神犯规的罚则

应登记该违犯队员一次违反体育运动精神犯规。

应判给被犯规的队员执行罚球，并随后在该队前场的掷球入界线掷球入界；第一节的开始时在中圈跳球。

应按下述原则判给若干罚球：

如果对没有做投篮动作的队员发生犯规：两次罚球；

如果对正在做投篮动作的队员发生犯规并且球中篮：应计得分并附加给一次罚球；

如果对正在做投篮动作的队员发生犯规并且球未中篮：两次或三次罚球。

当一名队员被登记两次违反体育运动精神的犯规、或两次技术犯规、或是一次技术犯规和一次违反体育运动精神的犯规时，他将被取消在该场比赛剩余时间内的比赛资格。

六、一般规定

（一）队员 5 次犯规

一名队员已发生 5 次侵人犯规和 / 或技术犯规和 / 或违反体育运动精神犯规，裁判员应立即通知本人，并且他必须立即离开比赛，然后在 30 秒钟内被替换。

已发生了五次犯规的队员，被认为是一名出局的队员，如果他再次发生犯规，应该登记在教练员名下，记录表上记入 "B"。

（二）全队犯规处罚

某队在一节的全队犯规已发生了 4 次后，其中包括队员的侵人犯规、技术犯规、违反体育运动精神的犯规或取消比赛资格的犯规，该队处于全队犯规处罚状态。

所有发生在比赛休息期间的球队犯规应被认为是发生在随后一节或是随后决胜期比赛中的犯规。所有发生在每一个决胜期内的球队犯规应被认为是发生在第四节比赛中的犯规。

当球队处于球队犯规处罚状态时，所有随后对未做投篮动作的队员的侵人犯规应判两次罚球来替代掷球入界。发生犯规时被侵犯的队员应执行该罚球。

如果控制活球的球队队员或是拥有球权的球队队员发生了一次侵人犯规，这样的犯规应判给对方队一次掷球入界。

（三）罚球

一次罚球是给予一名队员从罚球线后面的半圆内的位置上，在无人争抢的情况下得 1 分的机会一次。

1.对罚球队员的规定

（1）在罚球线后面的半圆内站位；

（2）使用任何罚篮的方式，并以这样的方式使球从上方进入球篮或触及篮圈；

（3）在裁判员将球置于他可处理后的 5 秒钟内使球离手；

（4）在球已进入球篮前或球接触篮圈前不得触及罚球线或进入限制区；

（5）不得做假动作罚球。

2.对罚球抢篮板球分位区队员的规定

（1）罚球抢篮板球分位区队员的占位

队员们在分位区内需要交错站位，队员站在这些分位区内向后的深度应被看作是 1 米（如图 2-10）。

（2）对罚球抢篮板球分位区队员的规定

在罚球中，这些队员不应该：占据他们无权占据的分位区；在球离开罚球队员

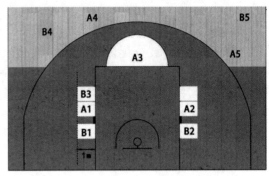

图 2-10　在罚球中队员的位置

的手前进入限制区、中立区或离开他的分位区；用他的行为扰乱罚球队员。

3.罚球中不在分位区内的队员们的规定

在罚球结束前，不在分位区内的队员们应留在罚球线延长线和三分投篮线后面。

4.罚球违例的罚则

（1）如果一次罚球成功，但罚球队员发生了违例

不计得分，将球判给对方队在罚球线的延长部分掷球入界，除非还有另外的罚球罚则或球权罚则要执行。

（2）如果一次罚球成功，但除罚球队员之外的任一队员发生了违例

应计得分，对发生的违例应不予理会。如果是最后一次罚球，应将球判给对方队在其端线后的任何地点掷球入界。

（3）如果一次罚球不成功，并且发生了违例

罚球队员或他的队友在最后一次的罚球中违例，应将球判给对方队在罚球线的延长部分掷球入界，除非该队还拥有进一步的球权；一名对方队员违例，应判给该罚球队员补罚一次；双方球队在最后一次的罚球中都违例，一次跳球情况发生。

第三节　三人制裁判法

三人制裁判法是目前篮球比赛中运用最广泛的裁判方法，也是恰当运用个人执裁技术的最佳方法。三人制裁判法提供了更多时间用以在做出宣判前确定场上发生

的情况，相比二人制裁判法，在弱侧增加了一名裁判员有效地解决了视野覆盖的问题，提高了裁判宣判准确率。

一、位置术语

（一）球侧

球场被两个篮筐假想连线一分为二，球所在的一侧称为"球侧"。

（二）裁判员

前导裁判（L）是落位在端线的裁判员，要尽可能保持在有球的一侧。

中央裁判员（C）是位于前场前导裁判对侧的裁判员，落位于罚球线延长线周围。根据球的位置，中央裁判可能会在前场的任意一侧。中央裁判标准的执裁区域应当在场地里面。

追踪裁判（T）是落位在球队席区域界线到中线之间的位置，与前导裁判位于同侧裁判员（永远是强侧）。

L和T是在场地的同一侧，而C是在另一侧。

（三）对侧

离记录台最远的一侧。

（四）弱侧

三人执裁中中央裁判所在的场地一侧。

（五）强侧

三人执裁中前导裁判和追踪裁判所在的场地一侧。

（六）轮转起始点位置

限制区的两条边线和端线的交点位置，也称为轮转起始点，轮转启动之前前导裁判员需提前抵达这个位置。

二、比赛开始

（一）赛前和半时前准备活动时裁判员的占位和观察（如图 2-11、2-12）

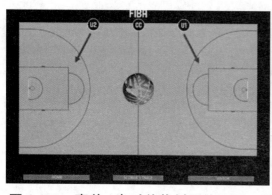 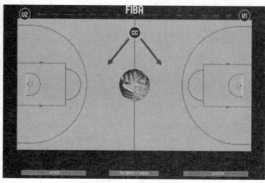

图 2-11　赛前 / 半时前裁判员的位置　　图 2-12　赛前两名裁判员热身时的可选位置

（1）主裁判员和两位副裁判员占据记录台对面的边线位置。

（2）主裁判员（CC）站立在中线和边线的交接处。

（3）副裁判员 1（U1）站在主裁判员左侧大约 3 米处，并在准备活动期间观察赛场左端的球队。

（4）副裁判员 2（U2）站在主裁判员右侧大约 3 米处，并在准备活动期间观察赛场右端的球队。

（5）比赛开始前 10 分钟，主裁判员应去记录台查看已被整齐填入记录表内的球队名单和首先上场的队员。

（6）如适当，比赛开始前 6 分钟，为了介绍双方球队，主裁判员应鸣哨，并确保所有运动员都回到球队席区域。

（7）介绍双方球队之后，主裁判员应鸣哨并做出距比赛开始还有 3 分钟的手势，随后开始介绍裁判员。

（8）比赛开始前 1 分 30 秒，主裁判员应鸣哨并确保所有运动员停止热身，立即回到各自的球队席区域。

（9）在下半时开始前的准备活动期间，裁判员们应采用观察赛前准备活动的同样位置。

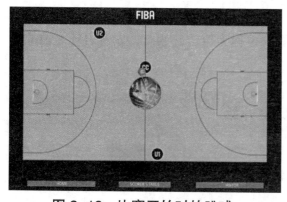

图 2-13　比赛开始时的跳球

（二）跳球开始比赛时，裁判员的占位和责任（如图 2-13）

（1）主裁判员 CC 面向记录台负责跳球中的抛球。

（2）副裁判员们在相对的边线占位。U1 在记录台一侧，球队席边界与中线之间位置。U2 与球队席区域边界相齐。

（3）U1 的责任：

①抛球不当，宣判重新跳球。或

宣判跳球队员违例。

②当球被合法拍着时，给出开动比赛计时钟的时间开始手势。

（4）U2 的责任：观察 8 名非跳球队员

（三）跳球开始比赛时裁判员的移动

1. 跳球开始比赛——比赛向记录台的右侧推进（如图 2-14）

（1）U2 成为 C。

（2）U1 成为 L。

（3）主裁判员移至 U1 在跳球时所在的边线处并成为 T。

2. 跳球开始比赛——比赛向记录台的左侧推进（如图 2-15）

（1）U1 成为 C。

（2）U2 成为 L。

（3）主裁判员移至 U2 在跳球时所在的边线处并成为 T。

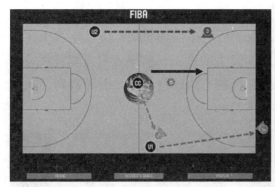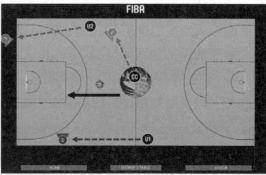

图 2-14　跳球——比赛向记录台的右侧　图 2-15　跳球——比赛向记录台的左侧
推进　　　　　　　　　　　　　　　推进

三、裁判员的占位和场地的区域分工

（一）三人裁判法中裁判员的基本的场地覆盖范围（如图 2-16）

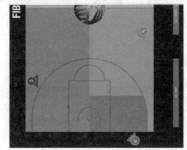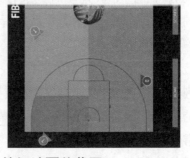

图 2-16　基本的场地覆盖范围

（1）当球在某裁判员的区域内，负责球周围的比赛。

（2）当球在另一裁判员的区域内，负责本区域内的无球队员们。

（3）C站在朝向球篮的罚球线延长部分以外2米处。如果必需的话，他在场上移动而不要移向端线。

（4）T在球队席区域的边线占位。如果必需的话，他在场上移动而不要移向端线。

（5）在掷球入界情况中，在把球递交给队员之前，执行裁判应核实两位裁判员是在球的同一侧。

（二）裁判员们在不同位置上的执裁和覆盖区域

1. 前导裁判的执裁位置和覆盖区域

前导裁判在端线面对篮圈，呈45度站位，站位地点不应该远离端线超过1米，并且应当在油漆区的外侧。前导裁判的移动范围应当在三分线到限制区之间。

前导裁判的具体站位要根据球的运转来决定，确保他们位于比赛的边缘。前导裁判的站位在场地外。

前导裁判应当能够判罚出强侧罚球线以下的所有违例和犯规，应杜绝发生在弱侧"前导的越区判罚（Leadcrosscall）"，在弱侧发生的违犯，前导裁判只能宣判发生在前导一侧的情况和违犯，因为此时中央裁判观察不到这些情况，前导裁判必须保证这些宣判都是开角做出的（如图2-17、2-18）。

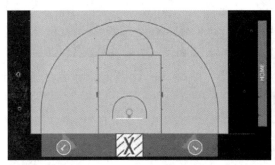

图2-17 前导裁判站位位于三分线到篮板边缘之间以能看到篮圈前沿为宜　图2-18 当球位于强侧低位时前导裁判侧向滑步获得更好的视角

当球在强侧时，前导裁判要时刻准备着向球篮的运球，此时应该向侧滑步，被称作"前导的滑步"，这能帮助前导裁判看清运球的过程，更好地观察防守，以及运用"距离和静止"的执裁原则。

2. 追踪裁判的执裁位置和覆盖区域

追踪裁判的工作区域位于球队席区域界线到中线之间。追踪裁判在场上要与队员保持适当的距离，保持清醒的头脑对比赛预判，因此他可以监控场上大多数状况，追踪裁判通常在比赛场地内执裁。

当球向追踪裁判负责的边线运行时，他应该向场内移动，并保持开角观察。当面前有运球队员时，追踪裁判应当积极预判运球队员可能前进的方向。当运球队员向一侧移动时，追踪裁判应当运用交叉步向另一侧移动。当这个比赛片段结束，追踪裁判应当回到他位于边线附近的站位地点（如图 2-19、2-20）。

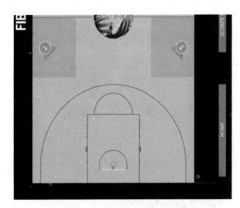

图 2-19　追踪裁判工作区域

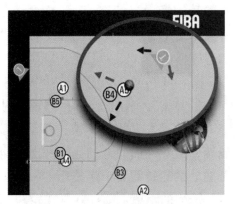

图 2-20　追踪裁判移动选择

3. 中央裁判的执裁位置和覆盖区域

中央裁判工作区域位于罚球线延长线到罚球区假想的弧线（上下）边缘，即罚球线延长线上下各两步的范围。中央裁判工作区域保持在场地内（如图 2-21）。任何弱侧朝向球篮的动作都属于中央裁判的职责，中央裁判要准确判罚职责内的违犯，否则，前导裁判将会承担巨大的压力。

当弱侧有队员突破时，中央裁判要向上线移动，这同样适用于追踪裁判，中央裁判的移动方向应当与运动员的突破方向相反，被称作"中央裁判的交叉步"。中央裁判与队员形成一条线的情况时有发生，这只是短暂的瞬间，可以通过微调脚步来调整（如图 2-22）。

（三）裁判员发动轮转的步骤和技巧

三人制执裁运用的成功与否，取决于前导和追踪裁判能够负责多少球侧的比赛情况，因此，三人制执裁才会有轮转，前

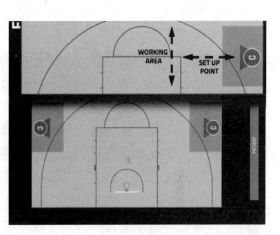

图 2-21　中央裁判的站位和移动范围

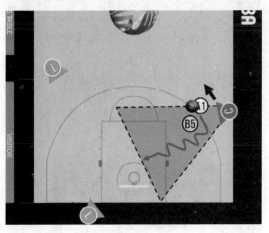

图 2-22　球位于弱侧中央裁判观察突破

导裁判从端线的一侧移动到另一侧（轮转），大多数轮转由前导裁判发起，前导裁判总是在不断寻找发动或中断轮转的理由，这种保持活跃的精神状态，得以使强侧和球侧尽可能地重合。

1. 轮转的步骤

（1）球位于靠近中场的位置：前导裁判位于轮转起始点。

（2）球移动到弱侧：①前导裁判轮转到弱侧；②追踪裁判变成新的中央。

（3）前导裁判已经完成轮转：中央裁判变成新的追踪裁判，轮转完成。

（4）当弱侧有快速投篮和运球切入时，前导裁判不需要发动轮转。

（5）当前导发动轮转，快速移动不要跑，这样他可以在弱侧迅速投篮的情况下终止轮转，或对迎面而来的比赛做出判罚。

2. 成功的轮转需要一定技巧

（1）恰当的距离：前导裁判在轮转起始点的位置稍作停留；

（2）恰当的时机：当球运行到弱侧，判断球是否会继续在弱侧发展；

（3）恰当的技巧：决定轮转就要快速移动（快走而不是跑），不要犹豫。

3. 轮转有三个阶段

（1）阶段1轮转起始点：当球运行到场地中央的2区时，前导裁判应当移动到轮转起始点的位置，如果球继续发展运行到弱侧，那么由前导裁判发动轮转（如图2-23）。

如果球又回到强侧区域，那么前导裁判回到正常的执裁位置。注意：轮转起始点不是裁判员执裁的工作区域。如果有朝向球篮的运球或投篮时，位于轮转起始点位置的前导裁判应当迅速离开，以获得更好的距离和视角观察比赛。

（2）阶段2由前导和追踪发动轮转：当球运行到弱侧，前导裁判尽快发动轮转，追踪裁判迅速移动到中央裁判的位置（如图2-24）。

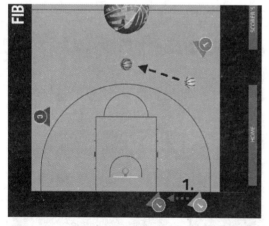

图2-23　球移动到2区，前导移动到轮转起始点位置

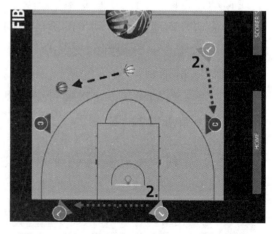

图2-24　球移动到弱侧3名裁判轮转

球移动到弱侧，前导裁判轮转时观察限制区和攻防矛盾。中央裁判马上接管球，追踪裁判接管新的弱侧攻防情况。

A.前导发动——观察限制区。前导裁判轮转要迅速，同时移动中不能脱离比赛，如果限制区有队员，则这些队员主要由前导裁判负责。

B.轮转中追踪到中央的位置——当球运行到弱侧时，前导裁判要迅速判断是否可能发生快速投篮或运球突破，如果弱侧队员快速投篮或运球突破，此时不要发动轮转，由中央裁判对弱侧有球区域观察。理由：宣判的距离原则和静止原则适用于此种情况，以此保证判罚质量。

C.中断轮转——前导未完成。当前导运用恰当的技巧进行轮转时，前导可以在任何时间中断轮转，并回到他的初始位置。

（3）阶段3前导裁判到达球侧，中央裁判成为新的追踪裁判。

当前导裁判完成轮转后，新的中央裁判是3个人中最后落位的（如图2-25）。

原来的中央最后移动到新的追踪位置后，轮转完成。

A.前导和中央覆盖的区域。中央裁判保持原来位置继续观察场上的有球区域，一直持续到前导完成轮转并进入新的监控状态，且比赛不再活跃的片段。如果前导在轮转过程中，有球区域的比赛十分激烈，那么中央裁判应当保持位置继续监控。我们首要目标是要保证对比赛的监控，然后再移动到相应的位置，这样做会使场上暂时性地出现两位中央裁判。

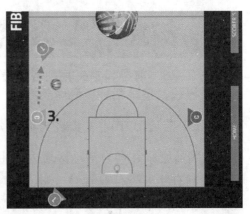

图2-25　中央保持观察，直到前导完成轮转并接管比赛

B.轮转完成后，中央移动到追踪的位置。当中央裁判移动到追踪的位置时，他应当使用后撤步，后退的同时始终面向篮筐（呈45°的开角）。

（四）球出界与掷球入界

判罚球出界违例时需要掌握必要的原则和方法：

（1）明确球出界的责任划分，三人制执裁可以监控到前场的每一条边线，只有追踪裁判需要负责两条线。基本法则是前导裁判监控端线，中央裁判监控弱侧区域边线，追踪裁判监控强侧区域边线及中线（球回后场违例）。

（2）球出界时只有一位裁判员鸣哨并结合口语宣判是很重要的，当宣判裁判没有看清楚谁使球出界，同伴应给予协助（有手势给出界外球方向），而不能替他宣判。

（3）宣判出界的裁判员应始终看着场内的比赛情况，避免发生另一起违犯而被漏掉。

（4）当掷球入界恢复比赛时，掷球入界一侧总有两名裁判员（前导裁判和追踪裁判）。不论球从哪个界线出界，裁判员按照相应的轮转位置，确保掷球入界时有球一侧是两名裁判员即可（如图2-26、2-27）。

图 2-26 前导和中央裁判各负责一条界线，追踪裁判负责两条界线　　图 2-27 掷球入界位于前场端线，前导裁判站位

（五）紧逼防守时 3 名裁判员的合作与分工

裁判员必须在各自活动区域内使用宽阔的三角形分工来覆盖比赛，一般情况下，追踪裁判有主要责任是计算 8 秒。在所有全场紧逼的情况下，中央裁判应该做好协助追踪裁判准备，中央裁判应在适当位置上协助追踪裁判观察后场和中线处的违例。追踪裁判同样对所有的球回后场违例有主要责任，有时当球在弱侧回场之前时，中央裁判同样可以协助可能的球回后场违例。位于中线附近的前导应注视快速突破或向球场底线的长传，所有的裁判员必须保持移动和警觉（如图2-28、2-29）。

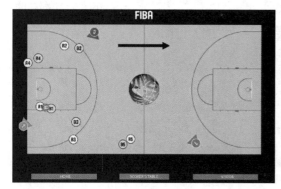
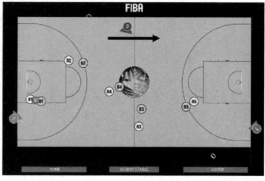

图 2-28 所有队员都在后场，追踪裁判和中央裁判监控后场的矛盾　　图 2-29 4 名以上非同队队员在后场，3名裁判员站位

（六）投篮时的区域分工

基本原则是前导裁判负责强侧的任何二分投篮，追踪裁判负责所有的三分投篮以及强侧的二分投篮，中央裁判负责弱侧的所有投篮。不管何时出现共管区，基本原则都是裁判员分别对各自的区域负主要责任（如图2-30）。

（七）暂停时的分工和职责

（1）记录台人员发出信号将暂停请求告知裁判后，通常由最靠近记录台的追踪裁判或中央裁判做出暂停信号，如果是一起犯规后的暂停，由换位后的追踪裁判或中央裁判做出暂停信号，而不是宣判裁判。

（2）暂停期间，裁判员有三种标准的站位（总是在记录台对侧），应选择他们感觉最适合的一种站位方法（注意：把球放置在比赛将要恢复的位置上）。

（3）当暂停时间剩余20秒时，两名裁判员移动到球队席区域5米线附近，这为准备在50秒信号响时提醒球员做好准备回到场上。

（4）最后两分钟暂停规定（球队有机会选择在前场发球）。

在第四节或决胜期中，计时钟显示2：00或更少时，从后场掷球入界的球队请求了暂停：

①裁判员有三种标准的站位，可以任意选择一种他们感觉最适合的站位方法。

②暂停期间，球应该在主裁判的手里。

③暂停时间还剩20秒时，主裁判和一名助理裁判员将移动到球队席区域。主裁判移动到有掷球入界球权的球队。

④当50秒信号响起时，裁判员提醒球员们回到比赛场地。

⑤主裁判询问主教练决定还在后场掷球入界还是在前场。主裁判会口头上确认

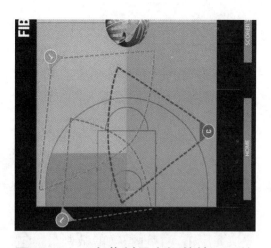

图2-30　3名裁判员在投篮情况下的区域分工

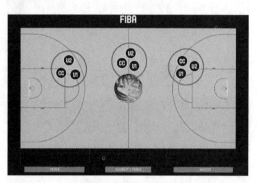

图2-31　暂停期间三种表中的站位，总是在记录台对侧

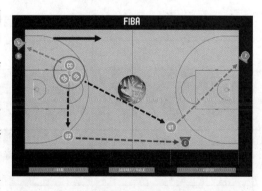

图2-32　当暂停时间剩余20秒时，两名裁判员移动到球队替补席区域附近

主教练做出的决定。主裁判将通过指向并移动到指定的掷球入界位置来传达此信息，同时伴随口语。

⑥通常由主裁判来管理这次掷球入界，其他两名裁判员据此调整各自的位置。

⑦裁判员们应在掷球入界前确认计时钟设置准确（重置/保留）。

（八）替换时的分工和职责

（1）靠近记录台的追踪裁判或中央裁判管理替换。所有替补应尽可能快地完成。一旦所有的替换完成了，管理替换的裁判员应确认场上正确的球员人数并与准备发球的裁判员用眼神沟通。负责发球的裁判一定要确认替换完成后再递交球。

（2）当宣判犯规的裁判员完成了向记录台的报告后，新的记录台侧的裁判员（追踪裁判或中央裁判）有责任管理替换。

图 2-33　追踪裁判完成了报号并移动到了新的位置准备罚球程序。新的中央裁判将管理替换

（九）宣判犯规与换位

1.图示信号说明

表 2-1　宣判犯规与移动信号说明

信　　号	说　　明
	追踪裁判 T，图示绿色；前导裁判 L，图示蓝色；中央裁判 C，图示红色，三角形的底线标识裁判员面向的方向
	代表追踪、前导和中央裁判之前的位置
	比赛方向
	3 名裁判的移动方向
	裁判员鸣哨

信　号	说　明
✹	动作发生地点——宣判犯规
	报告的裁判员

2. 宣判犯规后的换位

（1）换位的原则：

A. 向记录台报号的裁判，移动到记录台对侧位置。

B. 另外两名裁判员填补其余空位。

最短的距离——快步走，思考报号后移动的下一个位置，如果两名裁判员同时对一起犯规响哨，那么由记录台裁判宣判此犯规。

在所有情况下，裁判员应该尽量减少换位，为了实施以下的规则，有时裁判员无须换位，有时 3 名裁判都需要进行移动。

宣告时：A. 声音清楚响亮；B. 手势有力；C. 节奏分明。

（2）宣判犯规后，比赛继续在前场进行，继续掷界外球（如图 2-34 至图 2-39）：

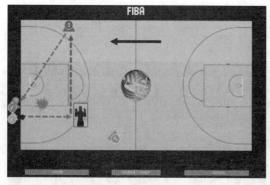 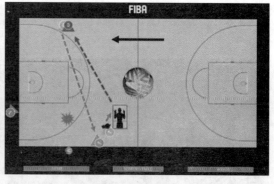

图 2-34　前场记录台侧，前导裁判鸣哨——球仍位于前场（掷球入界）　图 2-35　前场记录台侧，追踪裁判鸣哨——球仍位于前场（掷球入界）

実用篮球运动教程

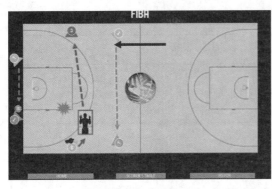

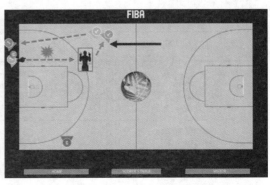

图 2-36　前场记录台侧，中央裁判鸣哨——球仍在前场（掷球入界）

图 2-37　前场记录台对侧，前导裁判鸣哨——球仍位于前场（掷球入界）

图 2-38　前场记录台侧，追踪裁判鸣哨——球仍在前场（掷球入界）

图 2-39　前场记录台对侧，中央裁判鸣哨——球仍在前场（掷球入界）

（3）宣判犯规后，比赛在新的后场继续进行，掷界外球（如图 2-40 至图 2-45）：

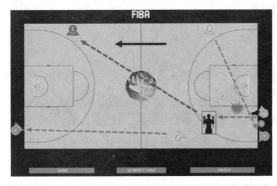

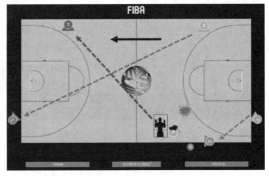

图 2-40　后场记录台同侧前导裁判鸣哨——球向新方向移动（掷球入界）

图 2-41　后场记录台同侧追踪裁判鸣哨——球向新方向移动（掷球入界）

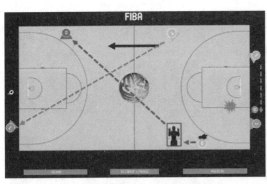

图 2-42　后场记录台同侧中央裁判鸣哨——球向新方向移动（掷球入界）

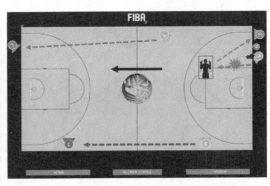

图 2-43　后场记录台对侧前导裁判鸣哨——球向新方向移动（掷球入界）

图 2-44　后场记录台对侧追踪裁判鸣哨——球向新方向移动（掷球入界）

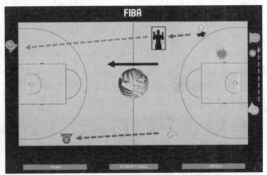

图 2-45　后场记录台对侧中央裁判鸣哨——球向新方向移动（掷球入界）

（4）宣判犯规后，比赛仍在前场，罚球恢复比赛（如图 2-46 至图 2-51）：

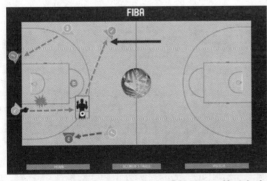

图 2-46　前场记录台同侧前导裁判鸣哨——球仍位于前场（罚球）

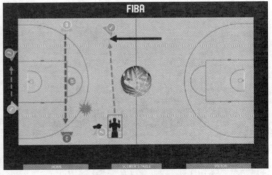

图 2-47　前场记录台同侧追踪裁判鸣哨——球仍位于前场（罚球）

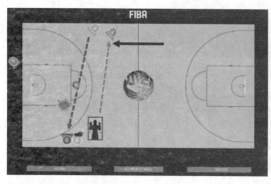

图 2-48　前场记录台同侧中央裁判鸣哨——球仍位于前场（罚球）

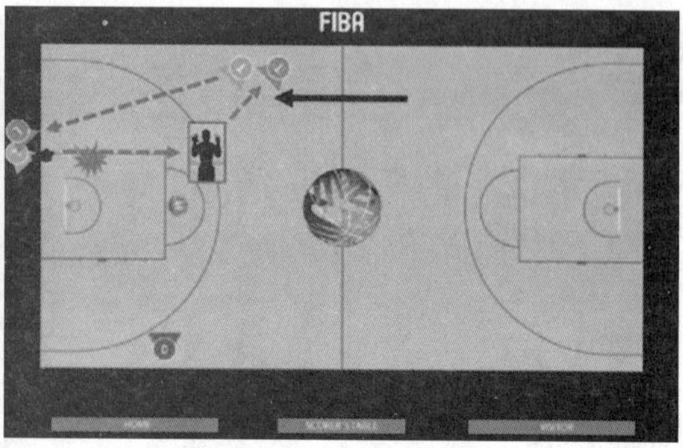

图 2-49　前场记录台对侧前导裁判鸣哨——球仍位于前场（罚球）

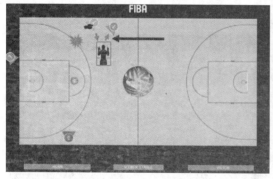
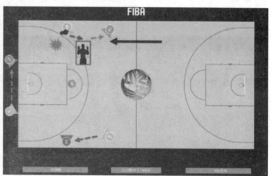

图 2-50　前场记录台对侧追踪裁判鸣哨——球仍位于前场（罚球）

图 2-51　前场记录台对侧中央裁判鸣哨——球仍位于前场（罚球）

（5）宣判犯规后，比赛在对面半场，罚球恢复比赛（如图 2-52 至图 2-57）：

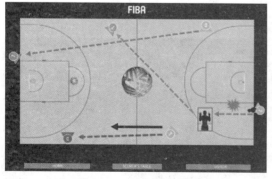
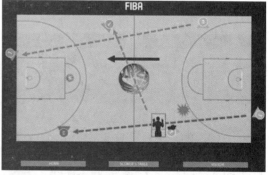

图 2-52　后场记录台同侧前导裁判鸣哨——球向新方向移动（罚球）

图 2-53　后场记录台同侧追踪裁判鸣哨——球向新方向移动（罚球）

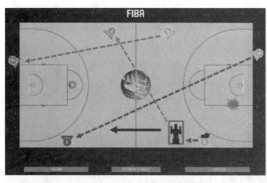

图 2-54　后场记录台同侧中央裁判鸣哨——球向新方向移动（罚球）

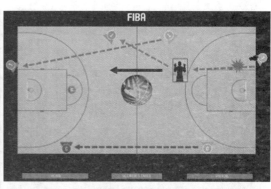

图 2-55　后场记录台对侧前导裁判鸣哨——球向新方向移动（罚球）

图 2-56　后场记录台对侧追踪裁判鸣哨——球向新方向移动（罚球）

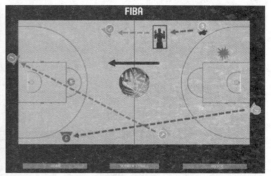

图 2-57　后场记录台对侧中央裁判鸣哨——球向新方向移动（罚球）

（6）罚球时裁判员的分工和职责：

在三人制执裁中，前导裁判在所有罚球的情况中都是执行裁判，前导裁判管理所有的罚球，在最后一次罚球中，前导裁判对记录台侧的限制区抢篮板的球员负有责任。

中央裁判做出罚球次数的手势，在所有的罚球中，中央裁判对罚球队员是否违例负有责任。在最后一次罚球中，中央裁判对对侧限制区抢篮板球员负有责任。在罚球中，中央裁判应站在靠近边线中央裁判的常规位置。

追踪裁判在罚球期间对站在罚球线延长线以外和三分线以外的球员负有责任。

在罚球期间出现了罚球违例并且球在空中时，裁判员应立即鸣哨宣判违例。

如果球进入了球篮：

A. 投篮队员违例——得分无效。

B. 其他队员违例——得分有效，哨声应被忽略，比赛应如同任何最后一次罚球成功掷球入界恢复比赛。

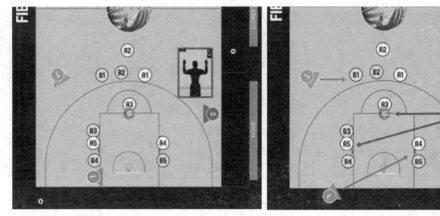

图 2-58　只有中央裁判做出罚球次数 图 2-59　最后一次或仅有的罚球中，
的手势　　　　　　　　　　　　　　　裁判员的主要责任

（十）官方裁判员手势

1. 比赛计时钟信号

停止计时钟　　　犯规停止计时钟　　　计时开始

单臂上举　　　　一拳握紧　　　　用手向下劈砍

2. 得分

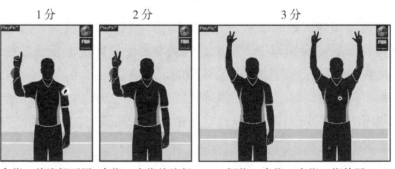

1 分　　　　2 分　　　　　3 分

食指，从腕部下屈　食指、中指从腕部　拇指、食指、中指三指伸展
　　　　　　　　下屈　　　　　三分试投：单臂侧上举
　　　　　　　　　　　　　　　三分投中：双臂侧上举

3. 替换和暂停

替换	招呼入场	暂停	媒体暂停

两臂胸前交叉	伸出手掌摆向身体	食指成T字形示意	张开双臂 握紧拳头

4. 提供信息

取消得分，中止比赛	可见的计数

两臂作剪的动作，胸前交叉一次	移动手掌计数

交流	计时钟复位	比赛方向和/或出界	争球/跳球情况

竖起拇指	伸出食指，并转动手	指向比赛方向 手臂与边线平行	两拇指向上然后根据 交替拥有箭头指向比 赛方

5. 违例

带球走　　　　非法运球，两次运球　　　　非法运球；携带球

  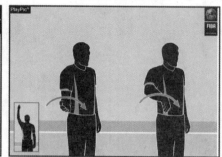

转动双拳　　　用手掌作轻拍动作　　　　半转手掌

3 秒　　　　　　　5 秒　　　　　　8 秒

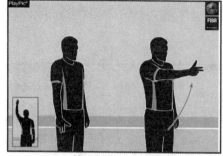  

伸出手臂示三指　　　　示五指　　　　示八指

24 秒钟　　　　　　球回后场　　　　故意脚球或阻拦球

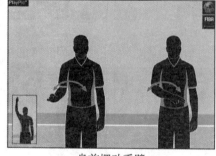  

手指触肩　　　　　身前摆动手臂　　　　手指指脚

干涉得分 / 干扰得分

旋转手指，将食指在
另一只手上画一个圆圈

6. 队员号码

00 号和 0 号

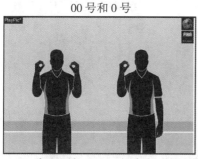

双手示 0 号　　　右手示 0 号

1 号 –5 号	6 号 –10 号	11 号 –15 号

 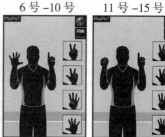

右手示号码 1~5　　右手示 5 号　　右手示握紧的拳头
　　　　　　　左手示号码 1~5　　左手示号码 1~5

16 号　　　　　　　　24 号

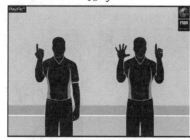 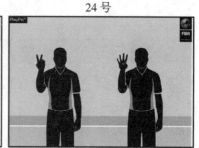

首先手背朝外示 1 号代表十位数，　首先手背朝外示 2 号代表十位数，
然后手掌朝外示 6 号代表个位数　然后手掌朝外示 4 号代表个位数

40 号　　　　　　　　62 号

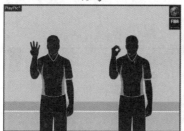 

首先手背朝外示 4 号代表十位数，　首先手背朝外示 6 号代表十位数，
然后手掌朝外示 0 号代表个位数　然后手掌朝外示 2 号代表个位数

7. 犯规类型

阻挡（防守）
拉人　　　非法掩护（进攻）　　推人或无球撞人　　用手推挡

向下抓住手腕　　双手置于髋部　　模仿推的动作　　抓住手掌向前移动

百法用手 — 击腕

带球撞人 — 握拳击掌

对手的非法接触 — 掌击另一只前臂

勾人犯规 — 向后移动前臂

过分挥肘 — 向后摆肘

击头 — 模仿拍击头部

控制球队的犯规 — 握拳指向犯规队球篮

非法侵犯圆柱体 — 双手垂直上下移动双臂

对投篮动作的犯规 — 单臂握拳举起，随后指示罚球次数

对非投篮动作的犯规 — 单臂握拳举起，随后指向地面

8. 特殊犯规

双方犯规 — 挥动握拳的双拳

技术犯规 — 成 T 形手掌示意

违反体育运动精神的犯规 — 向上抓住手腕

取消比赛资格的犯规 — 紧握双拳

骗取犯规　　　　掷球入界非法越线　　　调用即时回放系统

前臂上抬两次　　　平行于界线摆动手臂　　水平伸直食指转动手
　　　　　　　　　（第四节和决胜期最
　　　　　　　　　　　后2分钟）

主教练员挑战　　　主裁判员接受主教练员挑战后，
　　　　　　　　与主教练员同时做该手势

9. 罚则手势

没有罚球的犯规后　　　　控制球队犯规后

指向比赛方向，　　　　握拳指向比赛方向，
手臂与边线平行　　　　手臂与边线平行

一次罚球	两次罚球	三次罚球

竖起一指	竖起二指	竖起三指

10. 罚球管理手势

一次罚球	两次罚球	三次罚球

水平伸一指	水平伸二指	水平伸三指

一次罚球	两次罚球	三次罚球

伸食指	双手手指并拢	双手伸展三指

第四节 篮球队伍构成

一支球队是由不同的角色成员共同参与才能够顺利完成比赛任务，而且层级越高的球队分工越细，他们各自承担着球队的相关事务，相互协调合作，目的主要是最大程度保障球队在比赛中全身心投入，争取比赛胜利，一般而言，一支篮球队伍包括以下人员。

一、领队

篮球队伍领队是负责篮球队伍人员管理、思想教育、纪律作风、日常保障等工作的管理人员。一般职责包括：参与赛前的教练领队会议，日常督导教练训练，担任教练和球队老板的沟通桥梁，协助管理球员，协调教练员和球员关系，审核教练训练计划与执行，决定异地训练事项，球队经费申请与发放，球队各项行政业务协助处理，裁决奖金分配与发放，教练与助理教练考核以及球队管理等。

二、主教练

篮球队伍主教练是主要带队训练和比赛的教练员。一般职责包括：①负责球队日常训练及战术研究。②处理球队内球员之间矛盾，协调人际关系，形成良好的球队氛围。③在比赛中调配上场队员，掌控比赛节奏，根据对手战术变化做出人员及战术调整。④协助球队总经理进行球员交易及选秀等相关活动。

三、助理教练

助理教练主要工作为辅佐教练，统计球员训练数据，用数据来提醒主帅场上的情况，并且提供一些场上的意见，协调双方关系，帮助教练顺利运作等。

四、位置教练（战术教练）

根据球员的位置分类，安排各个位置上的教练，主要负责自己位置上球员的技战术训练。根据战术要求、数据特点对自己位置上的球员做出针对性训练安排。

五、体能教练

主要服务于球员的身体素质训练，负责针对比赛要求制订详细的体能训练计划，以便更好地服务于比赛内容，从而帮助运动员在比赛中获得更好的运动表现。

六、球队管理/球队总经理

为了球队管理更加规范化、专业化，主要负责处理球队组织、运营等外部事务的处理。大体上分为两类。

第一类属于职业经理人，主要负责做完整的俱乐部商务开发、商务运营、推广营销、组织球迷活动。

第二类做的事相对"保守"一些，属于商业管理层。主要负责球队工资体系、奖金的制定与分配，引进球员；另外还包括球队日常事务，诸如订机票、订宾馆等行政支出。

七、队医

负责球队队员的日常疾病和外伤的及时处置及日常康复保健工作。

八、视频分析师

一支视频分析师团队，由战术分析、数据分析、球探分析等组成。战术分析师负责分析敌我战术；数据分析师负责从敌我比赛数据中找出敌我双方的优势和弱点；球探分析师负责对球队长期或者短期引援进行分析。

九、翻译

负责球队内部外籍人员与国内球员及工作人员的语言交流工作。

十、科研人员

负责对球队各个方面的数据及现象进行深入研究，探究篮球训练规律和比赛制胜规律，以便在比赛中更加合理地制订针对性战术和在训练中指定的训练方案。

十一、心理辅导师

负责球员及教练员训练以及比赛中一些心理方面的建设，使其能够全身心地投入比赛及训练当中去。

十二、装备管理

负责与赞助商的协商沟通工作，对球员以及教练员等工作人员的服装、鞋子以及日常用品等的统一管理与保管工作。

第五节　记录台工作人员的职责和权利

一、记录员的职责

（一）记录员的职责

（1）登记记录表（如图2-59）。

（2）操作交替拥有箭头来指明下一次的交替拥有。

在上半时结束后，该记录员应立即反转交替拥有箭头的方向，如同球队在下半时应改变球篮一样。

FIBA

国际篮球联合会记录表

A队 _____ **B队** _____

竞赛名称 _____ 日期 _____ 时间 _____ 主裁判员 _____
比赛序号NO. _____ 地点 _____ 副裁判员1 _____ 副裁判员2 _____

A 队
暂停

全队犯规
节 ① 1 2 3 4　② 1 2 3 4
节 ③ 1 2 3 4　④ 1 2 3 4
决胜期

证件号码	队员	号	上场队员	犯规 1 2 3 4 5

主教练 _____
第一助理教练 _____

B 队
暂停

全队犯规
节 ① 1 2 3 4　② 1 2 3 4
节 ③ 1 2 3 4　④ 1 2 3 4
决胜期

证件号码	队员	号	上场队员	犯规 1 2 3 4 5

主教练 _____
第一助理教练 _____

记录员 _____
助理记录员 _____
计时员 _____
进攻计时员 _____

主裁判员 _____
副裁判员1 _____ 副裁判员2 _____

球队申诉队长签名 _____

累积分

A	B	A	B	A	B	A	B
1	1	41	41	81	81	121	121
2	2	42	42	82	82	122	122
3	3	43	43	83	83	123	123
4	4	44	44	84	84	124	124
5	5	45	45	85	85	125	125
6	6	46	46	86	86	126	126
7	7	47	47	87	87	127	127
8	8	48	48	88	88	128	128
9	9	49	49	89	89	129	129
10	10	50	50	90	90	130	130
11	11	51	51	91	91	131	131
12	12	52	52	92	92	132	132
13	13	53	53	93	93	133	133
14	14	54	54	94	94	134	134
15	15	55	55	95	95	135	135
16	16	56	56	96	96	136	136
17	17	57	57	97	97	137	137
18	18	58	58	98	98	138	138
19	19	59	59	99	99	139	139
20	20	60	60	100	100	140	140
21	21	61	61	101	101	141	141
22	22	62	62	102	102	142	142
23	23	63	63	103	103	143	143
24	24	64	64	104	104	144	144
25	25	65	65	105	105	145	145
26	26	66	66	106	106	146	146
27	27	67	67	107	107	147	147
28	28	68	68	108	108	148	148
29	29	69	69	109	109	149	149
30	30	70	70	110	110	150	150
31	31	71	71	111	111	151	151
32	32	72	72	112	112	152	152
33	33	73	73	113	113	153	153
34	34	74	74	114	114	154	154
35	35	75	75	115	115	155	155
36	36	76	76	116	116	156	156
37	37	77	77	117	117	157	157
38	38	78	78	118	118	158	158
39	39	79	79	119	119	159	159
40	40	80	80	120	120	160	160

得分
节 ① A _____ B _____
节 ② A _____ B _____
节 ③ A _____ B _____
节 ④ A _____ B _____
决胜期 A _____ B _____

最后比分　A 队 _____　B 队 _____
胜 队 _____

比赛结束时间（时：分）_____

图 2-60　经国际篮联技术委员会批准的记录表

（二）记录台如何填写记录表

1. 赛前 40 分钟记录员应准备记录表

（1）在记录表顶部的空格内登录两个队的名称。“A”队应总是当地（主）队或者在联赛中或在中立球场的竞赛日程表中列前的队，另一队应是“B”队。

（2）然后，应登入：竞赛的名称、比赛的序号、比赛的日期、时间和地点、主裁判员和副裁判员的姓名。

FIBA

We Are Basketball

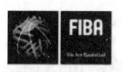

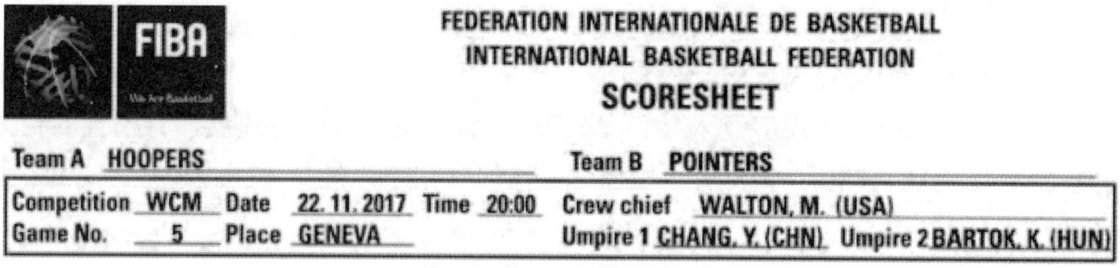

FEDERATION INTERNATIONALE DE BASKETBALL

INTERNATIONAL BASKETBALL FEDERATION

SCORESHEET

Team A HOOPERS　　Team B POINTERS

Competition WCM　Date 22. 11. 2017　Time 20:00　Crew chief WALTON, M. (USA)

Game No. 5　Place GENEVA　Umpire 1 CHANG, Y. (CHN)　Umpire 2 BARTOK, K. (HUN)

图 2–61　记录表顶部的记录

2. 赛前 10 分钟双方教练员和记录员填写记录表（如图 2–62）

（1）双方教练员应确认运动员名单，包括球队成员姓名和相应号码。

（2）双方教练员确认教练员和助理教练员的姓名。如果没有教练员和助理教练员，该队队长应为教练员，并在他的姓名后面填入（CAP）。

（3）双方教练员指明比赛开始时上场的 5 名队员，并在队员号码旁边的“上场队员”栏内画一小“×”。

（4）在记录表上签字。“A”队教练员应首先提供上述资料。

（5）在比赛开始时，记录员应在每一队比赛开始时上场的 5 名队员的“×”上圈上圆圈。

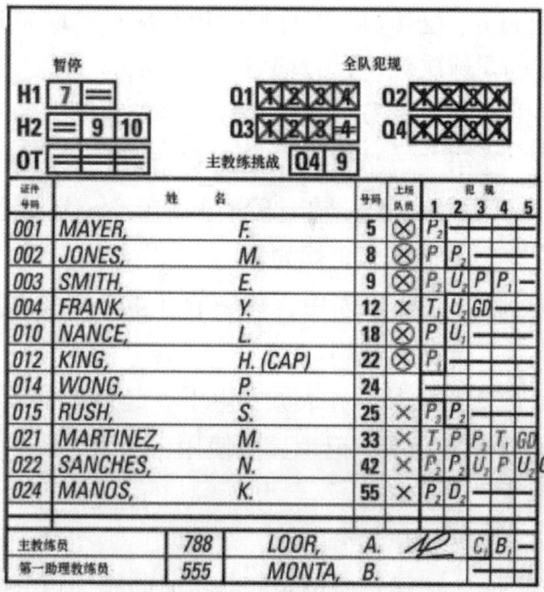

暂停　H1 7　H2 9 10　OT

全队犯规　Q1 1 2 3 4　Q2 1 2 3 4　Q3 1 2 3 4　Q4 1 2 3 4

主教练挑战 Q4 9

证件号码	姓名		号码	上场队员	犯规 1	2	3	4	5
001	MAYER,	F.	5	⊗	P_2	—	—	—	—
002	JONES,	M.	8	⊗	P	P_2	—	—	—
003	SMITH,	E.	9	⊗	P_3	U_2	P	P_1	—
004	FRANK,	Y.	12	×	T_1	U_2	GD	—	—
010	NANCE,	L.	18	⊗	P	U_1	—	—	—
012	KING,	H. (CAP)	22	⊗	P_1	—	—	—	—
014	WONG,	P.	24		—	—	—	—	—
015	RUSH,	S.	25	×	P_3	P_2	—	—	—
021	MARTINEZ,	M.	33	×	T_1	P	P_3	T_1	GD
022	SANCHES,	N.	42	×	P_2	P_2	U_3	P	U_2 GD
024	MANOS,	K.	55	×	P_2	D_2	—	—	—
主教练员	788	LOOR, A.				C_1	B_1	—	
第一助理教练员	555	MONTA, B.				—	—	—	

图 2–62　记录表中的球队

3. 比赛期间登记替补队员

在比赛期间，当替补队员第一次进入比赛时，记录员应在队员号码旁边的“上场队员”内画一个小“×”（不套圆圈）。

4. 登记暂停

（1）被准许的暂停应被登记在记录表上球队名称下适当的空格内，填入每节或决胜期的比赛时间的分钟。如第一节比赛比赛计时钟显示 3：09，记录员应在暂停相应的空格内填写 7。

（2）在每半时和决胜期结束时，未用过的空格用两条平行的横线标示。如果球队在第四节比赛计时钟显示 2：00 之前，如果某队没有准予它的第一次暂停，记录员应在球队下半时暂停的第一格内画两条平行的横线。

5. 登记犯规

（1）队员犯规可能是侵人的、技术的、违反体育精神的或取消比赛资格的，应登记在该队员的名下。

球队席人员的犯规可能是技术的或取消比赛资格的，应登记在教练员的名下。

（2）侵人犯规应登入"P"来表示。

（3）队员的技术犯规应登入"T"来表示。教练员因他自身违反体育精神的行为的技术犯规应登入"C"来表示。教练员因任何其他原因的技术犯规应登入"B"来表示。

（4）违反体育运动精神的犯规应登入"U"来表示。

（5）取消比赛资格的犯规应登录"D"来表示。

（6）包含罚球的任何犯规，应在"P""T""C""B""U"或"D"的旁边加上相应的罚球次数（1、2 或 3）来表示。

6. 在第二节结束和全场比赛结束时，填写记录表

在第二节结束和全场比赛结束时，记录员应在已经被用过的和还未被用过的方格之间画一粗线。在比赛时间结束时，记录员应用一粗横线将剩余的空格划掉。

7. 记录全队犯规如何

（1）在记录表中，每一节有 4 个空格（紧靠球队的名称下面，队员的姓名上面）供登入全队犯规用。

（2）每当一名队员发生了一起侵人的、技术的、违反体育运动精神的或取消比赛资格的犯规，记录员应使用一个大"×"依次在指定的空格内标示，对那名队员的球队记录犯规。

8. 登记累积分

（1）记录员应记录两队按时间顺序得分的累积分。

（2）记录表上有 4 个累积分栏。

（3）每一栏再被分成 4 行。左边的两行给"A"队，右边的两行给"B"队。中间行是给每个球队的累积分（160 分）。

（4）记录员应：

首先，在刚得分队所累积的新的得分总数上对任一有效的投篮得分画一斜线（/ 对惯用右手书写的或 \ 对惯用左手书写的）；对任一有效的罚球得分在新的累积分上涂一实圆"●"。

然后，在新的得分总数同一侧的空格内（在新的 / 或 ● 旁边）登入投篮或罚球得分的队员号码（如图 2-64）。

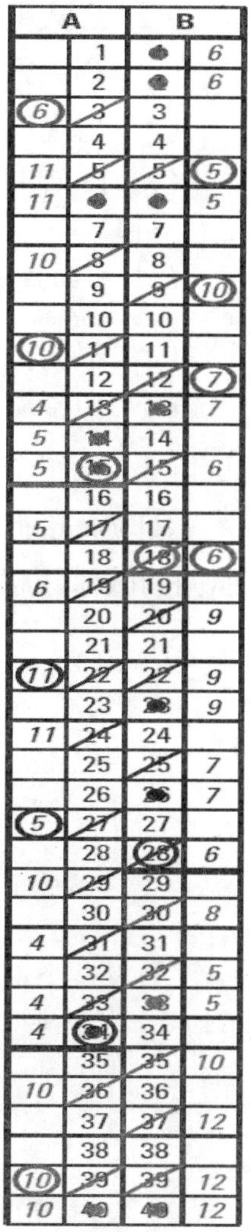

9. 累积分总结

（1）在每节结束时，记录员应在记录表下端的适当空格内登录该节的比分（如图 2-65）。

（2）在比赛结束后，记录员应在"比赛结束时间"栏内填入比赛结束时间，格式为时：分。

（3）在比赛结束时，记录员应在每一球队的最终得分数下面以及得这些最后分数的每一队员号码下面画两条粗横线。而且，为了划掉每一队的剩余数字（累积得分），他应画一斜线到该栏的底部（如图 2-63）。

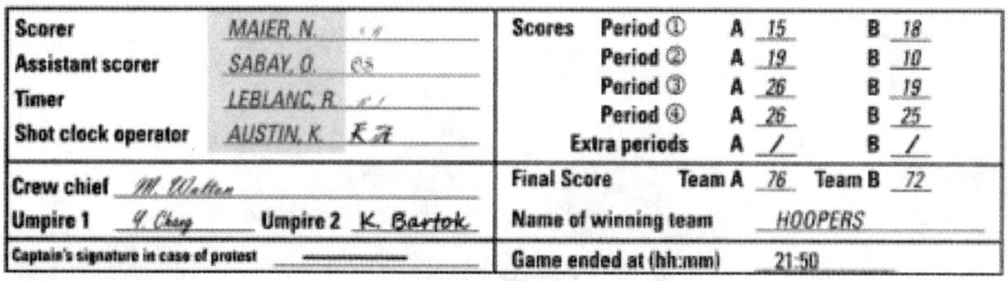

Scorer	MAIER, N.		Scores	Period ①	A 15	B 18
Assistant scorer	SABAY, O.			Period ②	A 19	B 10
Timer	LEBLANC, R.			Period ③	A 26	B 19
Shot clock operator	AUSTIN, K.			Period ④	A 26	B 25
				Extra periods	A /	B /
Crew chief	M. Walton			Final Score	Team A 76	Team B 72
Umpire 1 Y. Cheng	Umpire 2 K. Bartok			Name of winning team	HOOPERS	
Captain's signature in case of protest				Game ended at (hh:mm)	21:50	

图 2-63 记录表的底部

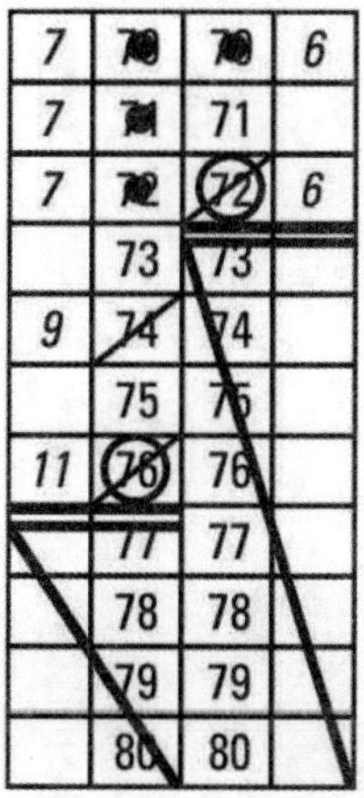

（4）比赛结束时，记录员应登录最后比分和胜队的名称。

（5）在助理记录员、计时员和进攻计时员在记录表上用印刷体字写入姓名后，记录员应在其上写入姓名。随后所有记录员人员应在他们的姓名旁边签字。

（6）一旦副裁判员签字，主裁判员应最后批准并在记录表上签字。这个举动结束了裁判员对比赛的管理和联系。

注：如果某队长在记录表抗议格内签字（使用标示"球队抗议队长签名"的空格），记录台人员和副裁判员应在主裁判员的处理中留下，直到他允许大家离开。

图 2-65 累积分总结

图 2-64 得分记录方法

二、助理记录员的职责

（一）供助理记录员使用的器材

（1）队员犯规标志牌（1~5号数字牌）。

（2）全队犯规次数指示器两个（即能指明全队犯规1~5次的装置）。

（3）全队犯规标志牌两个（规格：最小尺寸为宽20厘米、高35厘米）。

（4）犯规记录表。

（5）圆珠笔。按照篮球规则和竞赛规程的要求操控大屏幕。

（二）助理记录员的工作职责

（1）根据记录员的要求，协助记录员工作。

（2）记录操作板。

（3）操作个人犯规标志牌。

①应直接向前举出面向两队球队席的方向，然后旋转面向场地，最后再次举出面向两队球队席的方向。

图2-66　助理记录员举牌

②当一个队员达到个人的第5次犯规，记录员立即发出信号并举起5次犯规的标志牌。

图2-67　个人5次犯规助理记录员举牌

（4）操作全队犯规指示器。

在某队全队犯规次数达4次时，告知宣告员，在球再成活球并宣告后，将操纵装置按键，使指示器成全屏红色，同时将原来隐藏的数字恢复到0。一节结束后，将全队累计犯规指示器直接复位至0。

三、计时员职责

（一）计时员所需器材

计时员应配备一块比赛计时钟和一块秒表，分别计量比赛时间、暂停时间和比赛休息时间，保证每节比赛和加时赛时间结束时发出非常响亮的信号。如果信号器未发出声音或未被听到，应立即采取任何可能的办法通知裁判员停止比赛。

（二）计时员的职责

（1）计量比赛时间、暂停和比赛休息时间。

（2）确保比赛计时钟在一节或一个决胜期比赛结束时自动地发出非常响亮的声响信号。

（3）在信号失灵或未被听到时立即使用任何可能的办法通知裁判员。

（4）每一名队员发生犯规时，以举牌的方式显示犯规次数并让双方主教练员清楚地看到。

（5）队员5次犯规时，通知裁判员。

（6）一节中，在某队的第四次球队犯规后球成活球时，将球队犯规标志放置在最靠近已处于球队犯规处罚状态球队的记录台一端。

（7）发出替换信号。

（8）只有在球成死球后，然后球又成活球前的时段里发出他的信号。计时员的信号不停止比赛计时钟或停止比赛，也不使球成死球。

（9）计时员应按照以下要求计量比赛时间：

①何时开动比赛计时钟：

在跳球时，球被跳球队员合法地拍击时；在最后一次的罚球不成功之后球继续是活球，球接触了任一场上队员或被任一场上队员触及时；在掷球入界中，球接触了任一场上队员或被任一场上队员合法触及时。

②何时停止比赛计时钟：

如果一节和一个决胜期比赛结束的时间到时，比赛计时钟自身没有自动停止；活球中裁判员鸣哨；某队已请求暂停，对方投篮得分时；在第四节和每一节决胜期比赛计时钟显示2：00分钟或更少时投篮得分了；某队正在控制球，进攻计时钟信号响时。

（10）计时员应按照下列要求计量比赛暂停时间：

①当裁判员鸣哨并给出暂停手势时，应立即开动秒表计时。

②当暂停时间已经消耗50秒时，应发出第一次信号声，这时是提醒裁判员召唤比赛双方队员进入场地准备比赛。

③当暂停时间已到时发出信号声，这时就表示暂停时间已到，比赛将继续。

（11）计时员应按照下列要求计量比赛休息时间：

①当一节比赛或决胜期比赛结束，应立即开动秒表计量休息时间。

②在第一节和第三节以及决胜期比赛开始之前剩余3分钟和1分30秒时应通知裁判员。

③在第二节和第四节以及每一个决胜期比赛开始之前，距该节或该决胜期比赛开始还剩余 30 秒时发出信号。

④当比赛休息时间结束时发出的信号，同时立即停止秒表。

四、进攻计时员职责

开动或重新开动进攻计时钟

（1）某队在场上控制活球时。如果防守队员仅仅是触及球，并没有控制球，那么原控制球队依然控制球，则进攻时间应该继续累积。

（2）在掷球入界中球触及，或者被场上任何队员合法触及时。

（3）停止但不复位进攻计时钟。其剩余时间可见，当判给原控制球队掷球入界，因为：

①球出界。

②一名同队队员受伤。

③该队被判技术犯规。

④一起跳球情况。（不是球停留在篮圈和篮板之间时）

⑤一起双方犯规。

⑥判给双方球队的相等罚则相互抵消。

当原先的控制球队因为一起犯规或违例被判给在前场掷球入界，且此时进攻计时钟显示 14 秒或更多时，进攻计时钟停止，也不复位。

（4）停止进攻计时钟，并复位到 24 秒（无显示）的情况：

①球合法地进入球篮。

②球触及对方球篮的篮圈（球夹在篮圈和篮板之间除外）并且球权归球触及篮圈前未控制球的球队所控制。

③某队获得后场掷球入界球权：由于一次犯规或违例（不是因为使球出界的原因）；原先没有控制球的队由于一次跳球情况获得球权；不涉及控制球队行为的原因使比赛停止；不涉及任一球队的原因使比赛停止，但如果对方队将会被置于不利的情况，则除外；某队获得罚球。

（5）停止进攻计时钟，并复位到 14 秒且 14 秒可见的情况：

①判给原控制球队在前场掷球入界，并且进攻时间及时显示 13 秒或少于 13 秒。

作为一次犯规和违例的结果（球出界除外）；比赛因与控制球队无关的行为被停止；比赛因与双方都无关的行为被停止，除非对方会被置于不利。

②由于出现下列原因，原先不控制球的球队被判给了在前场掷球入界：

宣判了一起侵人犯规或一起违例（包括使球出界）；跳球情况；由于一起违反

体育运动精神的犯规或一起取消比赛资格的犯规而判给球队在其前场的掷球入界线掷球入界；在一次不成功的投篮中，当球已触及了篮圈后（包括球停留在篮圈和篮板之间时），或在最后一次不成功的罚球中，或在传球中，当球已触及了篮圈后，如果球被在它触及篮圈前是控制球的那个队再次控制球时；在第四节或决胜期中比赛计时钟显示 2：00 或更少时，在后场拥有球权的队获得一次暂停，此时比赛计时钟停止，在进攻计时钟上显示 14 秒或更多的时间，当暂停后，该队主教练员决定让其球队在它前场的掷球入界线掷球入界重新开始比赛时。

（6）关闭进攻计时钟：

在任一节或决胜期中，每当球成死球并且比赛计时钟停止时；任意方获得新的控制球，并且比赛计时钟少于 14 秒时，应关闭进攻计时钟。

进攻计时钟的信号既不停止比赛计时钟或比赛，也不使球成死球（某队正控制球除外）。

第六节　篮球术语解析

一、球员

中锋（5 号位）：一般都由队中最高的球员担任，主要落位于限制区周围位置，负责限制区域防守、抢篮板球和篮下得分等。

大前锋（4 号位）：一般由球队第二高度担任，主要落位在限制区周围或上提罚球线位置，负责中投和内线进攻、为同伴掩护和策应为主。

小前锋（3 号位）：一般是球队中最重要的得分者，落位于三分线两侧，偏重无球—接球进攻，接球后投篮、突破、空切。

得分后卫（2 号位）：一般是球队中最重要的得分者，主要落位于三分线两侧及弧顶位置，擅长持球进攻，如持球突破、投篮。

控球后卫（1 号位）：一般是全队进攻的组织者，主要落位于三分线弧顶位置，负责组织全队战术配合，具备较强持球进攻得分能力。

球队席（板凳）球员 / 替补球员：除了 5 名在比赛场上的剩余其他球员，但他们有资格参赛。

最有价值球员（MVP）：是一年一度对该赛季发挥突出球员颁发的奖项，此奖项授予常规赛综合表现最佳的球员，通常分为常规赛最有价值球员和总决赛最有价值球员。

第六人：是在篮球比赛中能在球队主力休息时可以继续保持这个得分点的重要

替补球员，或者是能在球队主力不在状态下可以挑大梁的球员。

新秀球员：在职业联盟的选秀大会上，如 NBA 或 CBA 等联盟，球队都可以挑选想加入联盟等年轻球员，被选中球员被称为新秀。

二、常用比赛技术统计

（一）投篮

一次试投（FGA）应被登记给一名队员，当他将活球向对方的球篮投、掷、拍以尝试一次得分。

一次投中（FGM）应被登记给一名队员，当他进行一次得分尝试，结果球中篮得分或者因防守队员发生干扰得分（干涉得分）致使得分算。

在球没有出手即被封盖的情况中，一次试投应被登记。球离手前被封盖，仍应登记一次试投。

当防守队员意外地使球进入球篮，得分应被登记给对方的场上队长。这名场上队长将同时被登记一次试投和一次投中。在一次进攻队不成功的试投后，抢篮板时发生了上述情况，还应登记进攻队一次篮板。

（二）罚球

当一名球员执行罚球时，登记他一次试罚（FTA），除非防守队员发生违例且球未中篮。即，当对方队员的非法动作行为影响到罚球队员时，他不应被登记一次试罚，除非罚中（FTM）。

无论何时，一名队员试罚成功得一分，要登记该队员一次罚中（FTM）。

如果在罚球中出现违例，技术统计员应清晰地观察到裁判员的判罚，谁发生违例以及判罚的结果是什么，以裁判员判罚作为统计依据。

（三）篮板球

除发生例外，在一次未成功的试投或最后一次试罚后，都会形成一次篮板。当一次试投或最后一次试罚球未中篮后，某队队员恢复控制活球或者某队获得掷球入界的球权，是一次篮板球。

篮板球分为进攻篮板球和防守篮板球。当球权被试投或最后一次试罚不中的队重新获得，登记进攻篮板球；当球权被试投或最后一次罚球不中队的对方队获得，登记防守篮板球。

对球恢复控制（篮板）可通过以下形式获得：

·第一个控制球，即使球已经触及了多个队员的手、从地面弹起或者在地面滚动，通过可控制的拍击球尝试得分；

· 以可控制的方式将球拍击或拦截给队友；

· 和对方队员争抢篮板球，最终以交替拥有判定该队获得球权。

一次球队篮板球登记给获得球权的队，当：

· 在一次试投或试罚不中后，任何队员获得控制球前球出界；在一次试投或试罚不中后，任何队员获得控制球前发生犯规。

· 在一次试投或试罚不中后，两名或更多同队队员涉及抢篮板时发生的"争球"；球卡在篮圈和篮板之间或停留在支架上。

· 争抢篮板时，球进入本方球篮（防守队员意外地将球拍入本方的球篮）。

以下情况不登记篮板球：

· 在任何试罚不中时，球不再是活球；

· 在临近一节比赛结束时，一次试投或试罚不中后，球被某队控制前，蜂鸣器响起；

· 一次试投不中且未触及篮圈时，球员获得控制球前，24秒计时装置响起且裁判员鸣哨示意24秒违例。

在一名球员获得篮板球但随后该名队员立即发生违例的情况下（如一名球员在空中获得控制篮板后落到界线外），应给对方队一次球队篮板球。

（四）失误

失误是指进攻队员或球队发生过失，致使防守队获得了球权，包括：

· 一次传球失误；

· 控球或漏接球失误；

· 任何类型的违例或者进攻犯规。

如果进攻队由于防守队的积极防守发生争球，交替拥有球权将决定技术统计员如何进行登记：

· 如果进攻队获得交替拥有球权，不登记任何数据；

· 如果防守队获得交替拥有球权，登记发生形成争球时的进攻队员一次失误，同时登记造成这次失误的防守队员一次抢断。

（五）助攻

助攻是指一次致使队友直接得分的传球。

· 传球给限制区内的队员，该队员在限制区内得分，总被视作助攻。

· 传球给限制区外的队员，该队员未运球即得分，总被视作助攻。

· 传球给限制区外的队员，该队员运一次或多次球，只要他不需要突破防守队员，要记录助攻。但如果在一对一的情况下，防守队员已在进攻队员和球篮之间占位，并在他前方正面对他（进攻队员运一次或多次球），不记助攻。协防侧的防守队员与此无关，在一对一情况下，当进攻队员突破防守要记助攻：只要他拿球后立刻向篮下运球，而且他的防守队员失去重心。此种情况适用于在快攻中，给一名在中场位置的球员传球。

得分包含罚球得分。如果接到传球的队员在做投篮动作时被犯规，并且至少罚中一次，如同投中一样登记给传球队员一次助攻。

只有投篮前最后一次传球能算助攻（即使倒数第二次传球创造了这个机会）。投篮的距离和方式以及队员得分的难度与助攻没有关系。

当一名球员在自己的半场接到传球后快攻，不登记助攻。如果传球被清晰地阻拦，最终传至另一名队员手中，而并非最初的目标，不记助攻。

（六）抢断

当一名防守队员的行为使对方发生失误时，要登记防守队员一次抢断。一次抢断必须触及球，但是不必控制球。

· 截获或拦截传球；

· 从一名持球或运球的对方队员手中抢得球；

· 进攻队员发生失误后，捡到失控的球。

如果球成死球且防守队获得掷球入界球权，不登记抢断，即使这起失误是防守队员的行为引起的。唯一在球成死球时登记抢断的情况是：当防守球员的行为致使场上发生争球，且交替拥有的结果是他所在队获得了球权。

如果登记防守队员一次抢断，一定会有一名进攻队员对应地被登记失误。

在所有超过一名防守队员参与的情况中，抢断应登记给最先拦截球或者最初造成对方失误的队员。

（七）封盖

封盖是指任何时候，一名队员明显地触及球，改变了球的飞行，并使投篮不中。防守队员必须对投篮的球进行清晰地盖帽或拦截，球是否离开投篮队员手不是判定封盖的标准。

对于技术统计而言，投篮动作应该是以得分为目的，朝向球篮的向上和／或向前的运动。在所有球尚未离手即被拍掉的情况中：

· 如果球在球员肩部以上，登记一次试投、封盖和篮板；

· 如果球在球员肩部以下，且防守队员获得球，登记一次失误和抢断；相同情况下如果进攻队依然控制球，不登记任何数据。

在任何未中篮的试投中，一次封盖之后一定紧随着一次篮板，除非在封盖后，该节比赛结束或者发生 24 秒违例。

（八）犯规

队员被裁判员宣判犯规。队员可判给侵人犯规、技术犯规、违犯体育精神的犯规和取消比赛资格的犯规。技术犯规和取消比赛资格的犯规也可能被判给教练员或球队席人员。区分犯规的类型十分重要，技术计软件应该达到：判给教练员或球队席人员的技术犯规和取消比赛资格的犯规登记给教练员，但不计入队犯规。

（九）被侵

任何时候，一名队员被其他队员犯规，应登记一次被侵。在一次取消比赛资格犯规中，如果犯规是对一名队员的身体接触，被犯规的球员应被登记一次被侵。

三、投篮类型

（一）跳投

跳投是起跳空中并在最高点出手的投篮方式，通常在中远距离包括三分试投时使用。

（二）上篮

近距离的投篮、打板或空篮。通常是单手在下方，通过手臂向上的动作，尽可能靠篮筐出手。上篮也可以是进攻球员在篮下接球后快速地投篮。

（三）运球上篮

当对方已退防落位或快攻时，近距离的投篮、打板或空篮。

（四）扣篮

当进攻球员单手或双手持球跃起超过篮筐并将球扣进，且手可能触碰到篮筐的投篮方式。

（五）补扣

当进攻球员抢下进攻篮板球并单手或双手立刻大力将球扣进篮筐，且手可能触碰篮筐的投篮方式。

（六）补篮

当进攻队员获得篮板球，并在篮下立刻投篮。通常还包括进攻球员抢篮板球时在空中用一只手将球点进篮筐这种方式。

（七）空中接力

进攻队员在空中接到传球，并在落地之前上篮或将球扣进篮筐的投篮方式。

（八）勾手投篮

投篮队员侧向篮筐使投篮手远离篮筐，以肩关节为轴通过伸直手臂，以弧形的轨迹在最高点将球拨进篮筐的单手投篮方式。

（九）抛投

类似于持球上篮但是出手点更远的投篮方式，可以是跑投，接球投篮。可以是打板或者空心入网，抛投通常弧线很高所以很难被盖帽。

（十）后仰跳投

在跳起出手的同时身体远离篮筐的投篮方式。投手为了在防守队员之间制造空间时使用，后仰跳投可以发生在场上任何位置，投手可以径直向后起跳也可以侧向起跳。

（十一）转身跳投

当进攻队员背向篮筐接球时，起跳并转向篮筐进行投篮，通常投手出手时并不能够完全面对篮筐而只能侧对篮筐。

（十二）后撤步跳投

进攻球员通常使用一个向前的假动作，停下并突然后撤一步来获得出手空间的投篮方式。

四、附加数据

（一）上场时间／分钟

所有场上的替换都会被登记在软件中，所以对每名队员可以自然算出他们的上场时间。如果上场时间只能显示为分钟（比如，没有秒），下列规则可以被应用：

· 秒数少于30秒的时间应被舍去；

· 秒数多于30秒的时间应记1分钟；

· 不管上场多少秒，如果分钟数是0，均计为1分钟；

·任何上场时间与全场时间相差不足 1 分钟的（比如对于 4×10 分钟的比赛上场 39 分钟），其秒数应被忽略以表示他没有打满全场；

·比赛中没有出场的球员应被标记"DNP"（未出场），而不是分钟和秒数值。

（二）对方失误后得分

某队在对方失误后获得球权，并得分的总和。这里不考虑失误的类型，无论失误后球是否出界，且得分可以来自投篮或来自罚球。

（三）二次进攻得分

某队在抢得进攻篮板球后，对手获得控制球前，完成得分的总和。这里不考虑球是否出界，并且，得分可以来自投篮或来自罚球。

（四）替补队员得分

某队除首发 5 名队员外的其他队员得分的总和。

（五）得分领先

比赛中，球队得分领先的次数。

（六）得分相等

除了 0∶0 外，比赛过程中两队得分相等的次数。

（七）最大分差

每队在比赛中领先的最大分差，以及是何时发生的（时间点和持续时长）。

（八）最长连续得分

某队连续得分而另一队没有得分的最长时间段。

思考题：

1. 画出国际标准篮球场地的界线长、宽多少米？从界线的内沿还是外沿量起？

2. 正式的篮球比赛时间是如何规定的？

3. 简述什么是交替拥有？如何执行交替拥有程序？

4. 简述暂停和替换机会何时开始、何时结束？

5. 请简要说明什么是违例和犯规的区别，并列举违例的类型？

6. 请简要说明什么是侵人犯规，并列举犯规的类型？

7. 简述侵人犯规的罚则是什么?

8. 请图示记录员如何登记累计分?

9. 请阐述三人制裁判法中裁判员如何进行轮转和转换?

10. 简述裁判员宣判犯规后,如何执行犯规程序?

11. 简述篮球队伍由哪些人员组成?

第三章

篮球比赛策略

【导读】篮球比赛是各种不同复杂情境的集合，运动员需要根据比赛中出现的不同情境及时做出合理正确反应，因此比赛决策是技术运用的先导，本章重点介绍篮球比赛进攻、攻守转换和防守阶段不同情境下经常采用的比赛策略，以使读者对比赛中出现的不同攻防情境有一个基本认识和理解，培养读者逐步形成良好的打篮球意识和习惯。

篮球比赛自发明伊始就是两队通过拼抢球争夺球权而进行的投准比多的团队游戏，游戏中双方采取的任何行为，都是以决策为前提，以技术为支撑，以战术为保障。篮球比赛过程分为进攻、攻守转换和防守三个阶段，不同阶段有不同的攻防策略。篮球比赛从跳球开始，获得球权队首先进攻，球队进攻策略选择既有预设移动和配合，包括进攻落位、移动路线、配合方式等，更多需要队员根据场上情境做出自我决策反应，包括持球移动、无球移动选择等，防守方对持球队员和无球队员选择针对性的防守策略，奋力抢获球权。当对手获得球权，比赛进入攻守转换阶段，获得球权队分散、接应、快下按预定方案反击，力争最短时间内得分，失去球权队则快速封挡、堵截、退防，采用合理的防守策略阻止对手在短时间内得分。

第一节　篮球比赛进攻策略

篮球比赛进攻策略是篮球比赛中队员依照一些特定进攻原则组织球队进攻的策略，这些原则明确限制或鼓励球员做出某些进攻行为，在球队统一思想过程中给球员自由发挥的空间，包括球员场上位置选择、持球移动和无球移动以及相互之间合作配合，是队员个人技术的合理运用和队员之间相互协同配合的组织形式。其目的是更好地发挥本方队员的技术与特长，制约对方，力争掌握比赛的主动权。篮球进攻遵循的原则是通用的，适用篮球比赛中出现的多数情况，同时讲究灵活多变，根据对手防守策略，判定对手防守弱点，选择合理的站位，采取恰当的持球和无球进攻行为，通过掩护、切入、策应和突分等配合与同伴协同，让球队不同球员发挥出自身的优势。

一、篮球运动员场上进攻站位策略

篮球比赛中，不同队员有不同的位置分工，担任不同的职责。一般分为 1 号位组织后卫也叫控球后卫、2 号位得分后卫、3 号位小前锋、4 号位大前锋和 5 号位中锋 5 个位置，随着场上队员位置模糊化发展趋势，不同位置运动员均具备两个及以上位置的攻守职能：后卫具备组织和得分功能，例如火箭队哈登；前锋具备得分和组织功能，例如詹姆斯。他们利用自身突出的得分能力和组织技巧，成为球队进攻的主要发起者，既可以通过发动个人进攻直接得分，也可以通过突破、组织破坏对手防线，助攻队友得分。中锋队员既能内线强攻得分，还能外线远投得分，同时又是篮板球的有力保护者。在进攻到前场时，不同位置球员根据教练员的要求落位到

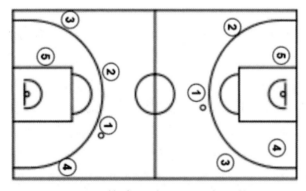

图 3-1 篮球运动员场上常规落位

相应的位置，一般组织后卫落位于弧顶位置组织进攻和个人得分，得分后卫和小前锋落位于三分线两侧位置持球或无球进攻得分，大前锋落位于限制区偏外位置，配合同伴或中距离得分，中锋落位于限制区周围内线强攻或防守保护内线区域，大前锋和中锋根据战术需要经常拉出三分线外为外线队员掩护、策应等（如图 3-1）。

以辽宁男篮首发阵容为例，1 号位是赵继伟，2 号位是郭艾伦，3 号位是刘志轩，4 号位是张镇麟，5 号位是韩德君。一般 1 号后卫队员落位于罚球弧顶位置，2、3 号队员落位于三分线两侧，4 号位落在限制区偏外罚球线位置或三分线外空区，中锋落位于限制区周围位置，各个队员之间的距离一般保持在 4~5 米，1 号位主要职责，组织全队战术配合，2 号位擅长持球进攻，如持球突破、投篮，3 号位偏重无球 – 接球进攻，接球后投篮、突破、空切，4 号位中投和内线进攻、为同伴掩护和策应为主，5 号位负责抢篮板球和篮下得分。以上是常规位置配备，不同球队运用不同战术，设计不同位置队员。

篮球比赛开始跳球时，身材最高的中锋队员一般会担任跳球的重任，跳球队员要选择站在球队所坐一侧的球场中圈半圆内，准备跳球给同伴，进攻对侧的球篮。其他队员需要根据防守对手的站位选择抢球位置，若站在跳球队员同侧场地，则要注意防守退防，若站在跳球队员前面场地，则需要考虑抢到合理位置准备接同伴挑拨的球，随时准备发动快攻。一旦球队获得同伴跳球，则要快速组织进攻。

进攻落位时，球员之间要保持一定的间距，除非是做掩护、策应、移动等，否则相互之间要保持在4.5~5.5米距离。尤其是强侧无球队员，一定要和持球队员保持一定的距离，除非是上去给持球队员做有球掩护。无球队员及弱侧队员之间都要保持相应的间距，拉开防守的空间，不让对方轻易获得协防的位置。但是距离也不能过大，否则传球容易被抢断。

当然现代篮球运动发展，对5个位置的队员提出更高的要求，队员位置趋向模糊化，组织后卫也要具备较强的得分能力，前锋队员也要担任其组织球队战术的职责，不但要具备持球进攻能力，更要具备无球移动摆脱防守的进攻能力。例如，NBA勇士队队员库里，虽然司职控球后卫，但是具有超强的得分能力。NBA洛杉矶湖人队詹姆斯虽然司职小前锋，但是经常承担组织球队进攻的职责，当然传统意义上的4号和5号高大队员移动范围也不断扩大，除了内线得分外，投篮射程也拉出到3分外，并具有很大威胁。例如CBA新疆男篮队员周琦，既能内线强攻，也具有较高的3分投篮命中率。半场进攻过程中，只有队员进行掩护、策应等配合时，队员才会靠近，然后迅速散开，保持进攻队员之间的距离是基本法则。进攻过程中队员当不知道落位位置时，与其他同伴保持4~5米距离的位置就是最佳的站位选择，切记：当限制区内有同伴抢位接球时，不要盲目向限制区内切入。

当球队抢获后场篮板球时，快攻是球队第一选择，抢获篮板球的中锋队员首先持球向边线转身，先观察是否有快下队员，以便长传偷袭得分。然后寻找接应的控球后卫，控球后卫根据防守队员的位置或选择拉边接应，或选择插中接应，2号和3号队员则沿两侧边线侧身跑快下，注意一定要沿边线跑动快下，这样可以为中间快下的4号位拉开空间，当然根据转换时进行队员位置，可能4号队员会选择首先快下。5号位将球传给1号位后，需跟随4号位的跑动路线拖后接应球。1号队员接球后若没有快下队员，可沿中路或偏向一侧球场位置推进，与两翼形成三线快攻的阵型，5名队员在任何时候都要保持梯次推进路线发动快攻，跑动过程位置尽量前后错开，这样才更有利于传球。与同伴保持进攻距离，吸引自

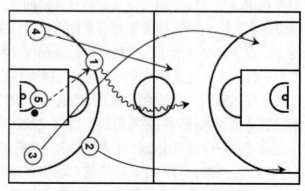

图3-2 快攻发动常规移动路线

己的防守注意力，守转攻时根据职责选择梯次推进位置（如图3-2）。

二、篮球运动员持球进攻策略

一场正式国际篮球比赛，每队进攻时间约为20分钟，按场上5人计算，平均每人持球4分钟，加上替补轮转队员，每人持球2分钟左右，一般来说后卫队员持球时间更长一些，其他队员控球时间短些，所以对于每个球员来说，接到球一瞬间迅速做出进攻决策，并做出合理的行为是至关重要的。无论是前锋队员或后卫队员，当在外线队员位置摆脱防守接到球时，首先要形成可投、可传、可突的三威胁姿势。所谓三威胁姿势如图3-3所示：①眼睛注视球篮和防守队员；②头部保持正直；③背部保持正直；④左手扶球左侧；⑤右手放于球后方，双手持球于胸腹部位；⑥屈膝降重心；⑦两脚开立与肩同宽；⑧重心落在两脚前脚掌；⑨投篮一侧脚稍前。

图3-3 持球三威胁姿势

进攻球员接球后若在自己投篮范围内，有机会第一选择是立即投篮，若没有机会，第二选择是向篮下突破或突破后跳投，若没有机会，第三选择是传球给内线空切同伴，没有机会传球给外线同伴。当同伴距离篮筐更近，得分机会更好时，第一选择是传球，运球是最后的选择项目，当然这需要接球队员根据防守情况做出合理抉择。若防守距离自己较远时，此时恰好落位于自己投篮区，就要选择果断投篮，当然此时篮下若出现同伴无防守的情景，则需要及时传球给篮下同伴投篮；若防守距离自己较近，则需要观察防守队员的位置和姿态选择合理的行动；若同伴切入篮下获得良好的进攻时机，则首要选择是传球给篮下同伴投篮；若防守紧逼防守，则需要利用摆球或脚步动作拉开与防守队员的空间，伺机持球突破对手。当这些选择都没有良好时机时，则需要充分发挥自己运球的天赋，利用娴熟的运球拉开与防守的空间或运球突破对手，当然也可以利用同伴身体的掩护，为自己或同伴创造投篮空间。若运球进攻威胁较大，在选择运球攻篮的过程中，时刻关注同伴投手的位置，以便给自己和同伴更多的选择。开始选择运球后，在同伴获得良好进攻机会接球前，不要轻易停止运球，若轻易停球，会造成被防守紧逼，五秒违例等失误。要不断通过运球吸引防守对手或组织球队打战术，创造得分空间。

攻守转换时，当中锋队员抢到后场篮板球时，后卫队员第一时间拉边或插中接应中锋队员的一传，发动快攻，接球瞬间急停，若发现前锋队员已经快下到前场三分线两侧位置，则不要运球，快速长传球给快下前锋队员进攻，若不能第一时间传球给同伴，则需要选择运球向前场推进，在快速运球过程中观察防守的选位和同伴的进攻机会，伺机及时传球给最有利的同伴进行进攻，若在攻守转换过程中都没有机会，则需要通过运球组织同伴打战术，创造得分空间。

阵地进攻过程中，中锋队员在限制区周围背对篮筐接到外线队员传球时，第一选择不是运球，要双手架起持球于胸部位置，首先要用背部感觉防守对手的位置，同时通过肩部观察外线队员移动情况。若强侧外线队员围绕中锋策应包抄切入或拉开摆脱防守接球，则传球给外线队员投篮；若弱侧外线队员切入篮下获得有利位置，则需要第一时间传球给切入队员投篮；若弱侧无球队员在远距离出现投篮空间，则通过长传球给同伴，同伴接球远投。当同伴均未出现机会时，你就需要考虑运球强攻，切忌，运球不宜超过3次。中锋队员一般通过1~2次运球结合脚步动作创造出投篮的空间，伺机得分。当然运球过程中，也要观察同伴机会，若同伴出现较好投篮空间，则需要果断传球。

三、篮球运动员无球进攻策略

篮球比赛进攻时间里，5名进攻队员中仅有1名队员有球，其余队员都处于无球状态，场上4名队员大约80%以上的时间处于无球状态，这就对无球队员移动提出更高要求。既要根据教练员的战术安排选择有序移动，又有根据场上形势变化选择合理的无序移动，场上队员默契配合，才能保证进攻中无球队员获得更好机会。

篮球比赛中，有球人是组织队员和进攻队员，无球人则担任重要的接应队员和牵制队员的角色，无球人移动要学会观察防守阵型，根据本队破防守阵型所需布局来落位，并选择合理移动接应和牵制行为。无球队员移动过程中要注意观察防守队员的行为，即防守队员防进攻队员内侧还是外侧，若防进攻队员内侧则向外摆脱移动接球，若防守进攻队员外侧则向内线反跑接球。无球人要跟有球人拉开空间并根据运球队员移动位置选择合理的接应位置，要能找着有利于同伴传球的最佳接应点，并能转化成最佳的攻击点。因此无球队员要建立正确的移动观念，有目的地移动，为同伴创造进攻机会和提供良好的接应空间。

一般来说无球移动包括通过个人摆脱移动获得空当，为同伴掩护帮助同伴获得空当或利用同伴掩护摆脱获得空当。通过个人摆脱获得空当的方式有V型摆脱、I型摆脱、L型摆脱、传切、背切、空切、反跑、横切、溜底等；为同伴掩护或利用同伴掩护摆脱获得空当的方式有反掩护、下掩护、上掩护、横向掩护、双掩护等。切记，掩护是帮助同伴摆脱防守的重要方式，同时也是为自己创造机会的重要方式。

篮球比赛中，场上5名队员的进攻站位保持"头—手—脚—心"的位置（如图3-4），作为一个场上运动员，头、手、脚、心缺一不可，因此无球球员的移动可以从人体器官重要性得到启发，进攻过程中，人必须有"头"，否则面临死亡。因此场上5名队员要达成协同一致移动，需要按照"头—手—脚—心"移动原则，随时观察其他队员位置。一般而言，临近持球队员的无球队员首先要摆脱移动接球，常用个人摆脱方式有V型摆脱、I型摆脱、L型摆脱等，或者与脚换位，通过无球掩护获得接球空间。当持球队员向一侧传球时，经常的选择要向"心脏"移动，心脏要求不可以停留超过3秒，因此停留2秒左右，他就需要向空区"手"或"脚"移动，而"头"的不可或缺，他的位置需要临近的"手"进行补充，这就需要"手""脚""头"不断移动交换位置，确保"心"不要过于拥挤。也就是说"心"的位置不能超过两名队员，一旦"心"的位置有队员占领，"手""脚""头"位置队员要伺机移动接应，同时给"心"的再次移动留出适宜的空间。因此无球队员移动应遵循以下原则：

无球移动的第一原则：无球队员移动要目的明确，把握移动时机。要利用V型摆脱、反跑等各种策略摆脱防守接球成可投、可传或可突的三威胁姿势。要对有球或无球同伴进行掩护，使同伴获得空当或迫使防守队员交换位置从而使自己获得空当。要利用同伴掩护切入使自己获得空当，或迫使对手换防使掩护队员获得空当。要向远离球的位置移动，即便防守队员难以同时看到你和球，且不能及时回防帮助防守持球队员的同伴。当球队失去球权时，要能追抢未被控制的球或队员马上由攻转守；要从投篮位置进行移动，冲抢进攻篮板球或回防。

图3-4 篮球场上队员头—手—脚—心落位

无球移动的第二原则：无球队员移动要有序，避免同时移动，造成进攻混乱。根据球队战术布局谁先动、谁后动要目的明确，动静结合，快慢结合，无球队员穿插应大幅度、长距离，轻易不走回头路，即使接不到球，也要移动到位。不管能否接到球都要选择适当的位置和路线进行移动，通过不停的移动达到调动防守人和防守布局的目的，这样才能给对方造成最大威胁。

无球移动的第三原则：传球后必须移动，切忌不可站在原地不动。后卫队员，无论是传球给一侧前锋，还是中锋队员，均需要移动。根据球队战术安排，传球后可以选择向限制区内切入，随时准备接同伴回传球投篮，或给同伴掩护一下；可以选择假动作切入后快速拉出，接同伴回传球，准备投篮或再次组织进攻；可以选择先反向移动，掩护同伴，协助同伴向篮下切入或补充弧顶空出位置；可以向球移动，给同伴掩护或利用同伴手递手策应投篮，后卫移动后空出的位置，前锋队员移动要轮转补充，以便保证场上位置均衡。前锋队员，传球给后卫队员，要选择向篮下切入，或V型摆脱、利用中锋掩护拉出再接同伴传球，或给篮下队员掩护，给同伴创造得分机会；传球给中锋，绕中锋向篮下切入，或向左右移动拉开与中锋的距离，或给临近后卫队员掩护。内线队员，要主动上提给持球外线队员掩护，掩护后马上要转身下顺；或根据教练员战术安排，主动为溜底、横切、纵切的队员做掩护，掩护后向内线要位或外线拉出创造得分机会。

内线和外线队员在争抢篮板球时要掌握正确的卡位动作和时机的判断，尤其是防守无球人队员，需要根据球的位置和所防守的进攻队员的位置判断球投篮后的基本落点，进行卡位和顶抢篮板球。

篮球运动发明时就强调团队合作，不允许运球，虽然现代篮球运动发展使运球技术更加出神入化，但是篮球运动作为一项团队运动项目，每个运动员分工不同，需要传球把团队融合到一起，这样大家才能在团队篮球运动中体验到快乐。

第二节　篮球比赛防守策略

篮球比赛防守策略是篮球比赛中球队的整体防守以及球员的个人防守应遵循一些既定的防守原则。这些原则明确限制或鼓励球员做出某些防守行为，在球队统一思想过程中给球员自由抉择的空间，包括球员场上防守位置选择、防守持球队员移动和防守无球移动以及相互之间协同防守配合，是队员个人防守技术的合理运用和队员之间相互协同防守配合的组织形式。

俗话说：赢球依靠防守。好的防守技术甚至比进攻技术更重要，它需要欲望和智力的支持。优秀的防守队员会用心去防守，在场上防守的每一秒钟他都尽最大的努力。防守最重要的因素是防守欲望，而防守欲望要有良好的身体素质做保障才能完成防守任务；成功防守时也需要智力的支持，比赛时，为了更好协防同伴，减少队员犯规、提高防守的攻击性，教练员会把良好篮球意识的队员安排在合适的位置上。良好的防守是尽量减少对手在无防守情况下投篮机会，这样不仅可以造成断球、封盖和投篮不中，并能为自己的球队发动快攻创造更多的得分机会。篮球防守战术体系分为防守快攻、防守衔接段进攻、防守全场进攻和防守半场进攻四个阶段，每一阶段均有不同的防守要求、原则和方法。

一、防守的目标

防守的基本目标是：扩大防守，给对手施加压力；迫使运球者停球或转向；阻拦或严防所有人从弱侧或篮下插上的切入者；阻拦或控制弱侧进攻苗头；迫使对手隔人传球等。最终迫使进攻队员在防守队员面前停球。防守的另一个目标是让队员始终尽心尽力，互相鼓励，培养相互间的信任。防守意味着 5 个人合作阻拦一个对手，球队里没有个人，防守正是团队精神的体现。一般不要求大中锋协防弱侧，而要求后卫和前锋协防弱侧。防守的最终目标是让每一名防守队员都严密防守、争抢篮板球、积极跑动、盖帽、抢断及影响所有的传球和投篮。

二、篮球防守的原则

（一）基本原则

1. 总是迅速撤回到与球平行位置；

2. 干扰所有的投篮；

3. 人球兼顾；

4. 侧前防守对手向靠近篮圈方向的传球；

5. 弱侧防守队员的位置要尽量靠近持球人，同时又能保证自己可以阻断或干扰到持球人传给自己防守的进攻队员的传球；

6. 绕前防守 3 秒区内的进攻队员；

7. 对于优势明显的所有低位进攻，都进行夹击；

8. 不允许对方向篮圈方向的传球；

9. 尽量去封盖，而不是制造进攻方的撞人犯规；

10. 只有在对手有上篮威胁的时候才进行协防。

（二）低位防守的原则

1. 通过身体接触或侧前防守，迫使低位的进攻队员离开低位进攻位置；

2. 绕前防守 3 秒区内的对方队员。

（三）防守突破的原则

1. 迫使运球者向中路突破，那里已经有站好位置的弱侧防守同伴；

2. 用不犯规的方式将对手的突破限制在距离篮圈 2.5 米以外的区域；

3. 尽量迫使对方突破的队员使用跑投的方式投篮，而不是急停跳投。

（四）防守有球掩护的原则

1. 限制突破是第一要务；

2. 防守掩护者的球员要在自己和掩护者之间空出一定距离；

3. 防守持球者的球员要从掩护下方空出的地方穿过，阻止持球人的突破；

4. 有必要的话可以换防，一旦换防，要注意绕前防守往篮下空切的进攻队员，同时注意看控制持球人的突破。

（五）防守无球掩护的原则

1. 防守空切人的球员要从掩护的有球侧挤过或穿过，除非防守者判断出空切人准备使用闪切的方式；

2. 防守掩护的球员要在自己和掩护者之间空出一定距离，方便队友穿过，但马上就要迅速回位来防守自己的球员；

3. 只有在非常危险时才能换防。

三、篮球运动员个人防守策略

篮球比赛的本质是对球权争夺，进攻方一旦丢失球，就成为防守方，防守的首要目标是争夺球权，无论是防守有球队员还是无球队员，目的是使进攻方出现失误，以便获取球权。

当防守外线持球队员时，一定要根据持球队员的进攻特点选择合理的防守位置和姿势，持续给对手压力，控制进攻队员出手的机会。如果持球队员投篮命中率很高，就需采用一手上举一手侧举斜步防守姿势，尽可能接近持球人。如果持球人突破能力很强，则要选择偏向其强侧运球手的平步防守姿势，迫使持球人向有协防的一侧突破，防守距离持球队员一臂距离。若持球队员既能投也能突，则要选择距离持球队员较近的位置偏向一侧有同伴协防位置防守。持球队员一旦开始运球，则要偏向一侧贴身紧逼，防守全场运球，要迫使持球人向边线运球，防守半场运球突破，要迫使持球人向边线一侧运球突破，始终保持在运球队员与球篮之间。若万一被突破过去，则要全力追防，保持与突破队员平衡位置，从侧面封盖干扰其投篮。若运球队员一旦停球，防守队员要用身体紧贴持球队员，两臂张开，封堵持球队员传球或投篮，造成其5秒违例，要努力争抢地板球。当持球人试图传球时，允许外线传球，但要在传球路线上尝试伸手抢断接球人，努力切断其向内线传球路线，持球队员传球后，向球和篮的位置收缩，协防或保护篮下。

当防守内线持球队员时，位置选择于持球队员与球篮之间紧逼防守。当持球队员背对篮站位于限制区两侧位置，则要重心降低选位偏向一侧，一手臂架起顶住持球队员腰背位置，另一手举起，准备封盖其投篮或传球。一旦内线队员开始运球，这要全力对抗，不给对手转身机会，注意不能手臂伸开推运球队员，裁判会判罚这样动作为犯规动作。当持球队员站位于罚球线位置时，防守队员根据内线队员持球进攻特点，站位于持球队员身前，紧逼持球队员，不让其轻易运球突破，也要封盖其投篮。

当防守外线无球队员时，要始终遵循人、球、区、篮"四位一体"兼顾原则，距离球和篮越近，防守队员贴近对手越近。因进攻发起经常由向一侧传球开始，当防守对手离球较近，面向防守人侧对球的人球兼顾的抱防姿势是有效防守策略，尽量减少其接球，同时防止其反跑。当对手向篮下切入时，首先要堵截对手向防守身前切入，迫使进攻队员向自己身后移动。当进攻队员向限制区移动时要面向对手紧贴跟随，不让其在限制区内接球，护送其向远离球和篮的位置移动。当距离球较近的进攻队员威胁不大时，则要选择向持球队员一侧移动一步策略，防守自己对手同时协防持球队员突破。当防守的外线无球队员距离球和篮较远时，则要选择向篮下收缩策略，若对手外线投篮准确，收缩位置距离对手要小，以便对手接到球能及时回防到位。防守选择面向球侧对进攻队员的人球兼顾敞开防守姿势，一旦远离球和篮的进攻队员向球和篮移动时，防守队员要及时调整防守位置和姿势，坚决堵截其向篮下切入接球，尤其是限制区内，坚决不允许其在防守队员身前接球。切记：限制区是防守方的"家"，决不允许任何进攻队员入侵家园领域。当防守队员防守的对手从弱侧场角向强侧场角移动时，要保持人球兼顾姿势随对手移动，一旦对手进入限制区要贴身紧逼，在篮下瞬间面向对手，然后护送对手向强侧移动，成不让其接球的人球兼顾的抱防姿势。

当防守内线无球队员时，也要遵循人、球、区、篮"四位一体"兼顾原则。内线队员位于强侧时，则要采用偏向球一侧贴身防守，球侧手臂上举不让其接球，另一侧手臂屈臂紧逼对手，逼迫其离开该区域。若内线队员攻击能力强，则要选择身前防守位置，两臂张开在内线队员身前紧贴，不让其接球，当然这时，弱侧防守队员要收缩协防，以便防守持球队员吊球。当内线队员位于弱侧时，防守队员要向篮下收缩，随时关注内线队员抢位移动，坚决不让其在限制区内接球。一旦内线队员向限制区内抢位移动，防守队员要主动对抗，把对手挤出限制区。

无论防守有球队员还是无球队员，防守意志和作风很关键，要有顽强拼搏的防守意志，敢于对抗，才能防住对手，当然要想成功防守对手，防守技巧和策略更关键。无论对手如何移动，提前预判进攻意图、选择合理防守位置、采取正确防守技巧、主动与对手对抗均是成功防守的保证。

第三节　篮球比赛攻守转换策略

篮球比赛的本质是对球权来回争夺基础上的得分游戏。当获得球权时，就属于进攻方，组织队友得分；当失去球权时，就属于防守方，阻止对手得分。无论进攻方失去球权还是防守方获得球权，攻守转换自然发生，进攻方需快速向对方球篮进攻，防守方需快速退回本方球篮防守，攻守转换是篮球比赛的基本规律。篮球比赛中攻守转换发生时刻就是球权获得或失去的时刻，比赛始终是进攻和防守不断转换的过程。根据球权获取或丢失的方式，攻守转换可分为被动转换与主动转换两种类型。被动转换是指进攻方投篮命中或违例、犯规被判罚，防守方自然获得球权组织进攻过程，需要通过掷界外球组织下一回合进攻。主动转换是指进攻方投篮不中被抢获篮板球或跳球、或失误后失去控球权时，被对手快速组织进攻的过程，属于防守方主动获得球权快速转换进攻的过程。攻守转换包括由守转攻和由攻转守两个过程。

一、篮球比赛中的由守转攻策略

由守转攻是防守方抢到防守篮板球、抢断球或对手得分后由防守转变为进攻瞬间进行快速反击的转换进攻过程，一般包括快攻、衔接段进攻和阵地进攻三个阶段。

现代篮球快攻是在由守转攻时，以最快的转换速度，最简捷的推进方式，追打对手退不及防，合理利用人数和时、空优势抢攻得分的速决战，一般3~5秒完成快攻。球队要形成有效的快攻，首先具备快攻的思维和意识；其次要设计符合本队球员特性的快攻路线；再次要组织五人的快攻；最后要快攻不成，紧接执行本队的衔接段进攻战术。

所谓衔接段进攻，也称为快攻与阵地进攻之间的衔接进攻，是指在快攻未成功时，利用对方"退不及防、防不到位"，人动、球动、连续地利用各种穿插、掩护、突破、策应调动对手，机动灵活地实施攻击，一般5~8秒完成衔接段进攻。衔接段进攻时5个人分工明确保持分散快下路线，强侧、弱侧利用掩护、策应等基础配合快速进攻，当衔接段进攻不成时，后卫要组织全队落入半场阵地进攻。

半场阵地进攻是防守队员基本退守到位并形成一定的防守阵型，进攻队员在对方半场展开的攻击，可分为整体配合、局部配合战术。半场阵地进攻的设计要遵循一定的战术原则，这些战术原则是教练员对篮球客观规律的认识和总结，并与各自的执教理念相辅相成，保证了战术体系核心打法的体现和实施。同时教练员需要根据选择队员的特点，在坚持自己的进攻理念和进攻原则基础上合理设计进攻战术。进攻战术的设计主要包括战术落位、基本战术方法及变化。每个进攻战术体系都由若干个基本战术及变化组成，每个战术执教都能够相互转化，不同进攻战术体系对配合性技术有专门的要求。

因此，由守转攻时，切记：首先，二打一、三打二或一打一要按明确职责分工，抓紧一切机会发动快攻，尽量通过1~2次传接球形成的有利局面，最多不超过3次传球，上篮一定要果断，不要怕封盖。其次，当失去快攻多打少机会后，在对手退守立足未稳，尚未形成集体防守阵型时，在快速移动中完成衔接段进攻。最后，衔接段进攻不能得逞，立即进入阵地进攻阶段，按照既定战术准备发起进攻，这些战

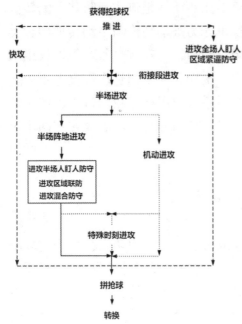

图 3-5　篮球比赛完整进攻过程结构

术准备包括常规战术、灵活机动打法战术、必要的特殊打法战术和关键时刻发挥明星队员作用的战术，根据比赛不同进程和防守的不同阵型，安排不同的进攻战术打法。

二、篮球比赛中的由攻转守策略

由攻转守是因失误、投篮不进、被抢断等因素，由进攻结束瞬间到需快速回防的过程，包括防守快攻、防守衔接段进攻和防守阵地进攻三个阶段（如图 3-5）。

现代篮球运动防守中彻底改变了过去落位等进攻、等对手失误的被动防守方法，而是从前场就开始组织防守，分别在前场、中场和后场形成多层的防守体系。各种战术形式均处处以夺取球权为中心，重视对"球""人""区域"和"时间"的综合防守体系。一旦失去球权，首先防守快攻反击和防守衔接段进攻，延缓对手进攻速度后有序地组织对半场进攻防守；若对手投篮命中则可以选择组织全场紧逼防守。

当在前场发生攻守转换时，就地逼抢或者夹击，防止一传快攻，争取利用对方的慌乱，伺机断球，夺取球权；如争夺未果，则根据战术需要后退到防守区域或者就近找人盯防。本方后卫对对方的控球后卫进行紧逼盯防，不断干扰对方，造成对方始终处于保护球的紧张状态，减少进攻方前场配合的战机，增加进攻方的失误，同时通过卡脚步、堵路线等方法，使对方进攻队员不能顺利地进入前场入位，延误对方的推进速度，消耗对方进攻时间。

在中场，防运球队员堵中放边，让对方进入中线和两边线的交界处的夹击区域，防无球的队员大胆放弃自己防守对象，进行夹击，造成对手的传球或者球回后场失误。

在后场，外线平面争夺与内线的多层空间防守相结合。在外线时，防守队员运用各种脚步动作，积极卡堵，对持球队员积极逼抢，并严防无球队员在威胁区域接球，使球

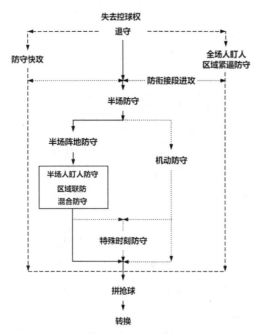

图 3-6　篮球比赛完整防守过程结构

尽可能远离篮圈，浪费对手进攻时间，使对手进攻组织仓促。内线重视空间网状防守，外线重视平面争夺。当对手在内线要位时，第一层防守队员要积极主动靠近对手，采用平步贴身或抢前绕防；对手获得球后，最靠近对手的防守队员快速地贴近对手，用身体和手臂抢占对手的投篮空间，迫使其改变投篮路线；第二层临近的防守队员快速回缩夹击对手，抢占对手的有利位置，运用合理的抢、打、断球等技术破坏对手的攻击；第三层靠近球侧的同伴快速回缩补防，抢占有利的空间，快速起跳，在空中封盖对手的投篮。

因此，由攻转守时，切记，首先要在进攻时就有开始防守对方快攻的意识和准备，一旦进攻投篮出手，每人冲抢篮板球和退防的职责分工要明确，通过封一传，堵接应，逼运球走边路，卡两边快下，不让对手通过快攻简单得分。其次对手一旦获球，要全力向后场快速冲刺退防，回防过程中观察球的动向，紧逼快下队员，对手快速进攻过程中，防守队员之间要及时呼应交流，临时补防，适时换防，阻止对手衔接段进攻。最后一旦防守逼迫进攻方无法在快速移动中获得投篮机会，就要在落入半场阵地防守过程中，防守方要运用合理的防守原则，通过全场或半场人盯人防守、区域联防和混合防守等多种方式破坏对手的进攻战术配合。

攻守转换是篮球比赛的重要时刻，球队攻守转换意识是成功的关键，由守转攻时，当你比对手更快、更默契、更努力时，进攻方就会获得更有利的进攻机会，由攻转守时，当你比对手更快、更默契、更努力时，防守方就会更有效地限制进攻配合和效果。

思考题：

1. 如何理解现代篮球比赛中运动员场上位置模糊化？

2. 篮球比赛中，运动员在场上进攻时应如何站位？

3. 篮球比赛中，运动员接到球后应该如何进行抉择？

4. 请运用"头—手—脚—心"理论说明篮球运动员比赛中移动应遵循哪些原则？

5. 篮球比赛中，运动员防守持球队员应遵循哪些原则？

6. 篮球比赛中，运动员防守无球队员应遵循哪些原则？

7. 篮球比赛由守转攻时，不同进攻反击阶段有何要求？

8. 篮球比赛由攻转守时，不同防守阶段有何要求？

[第四章

篮球技术习练

【导读】篮球技术是篮球运动的基础，投篮、传球、运球、抢篮板球、防守、持球移动技术和无球移动技术都是篮球运动员必须掌握的基本技术。通过本章学习，期待读者能够了解篮球技术分类，掌握篮球基本功、投篮技术、拼抢球技术、获得球技术以及一对一技术方法和应用，能够设计篮球技术教学练习方法，具备篮球技术教学的基本能力。

篮球技术是指在比赛中为达到一定攻防目的而采用的专门动作方法的总称。它是篮球比赛中常见的动作范型和组合变化形式的总和，是进行篮球活动和参加篮球比赛的基础。篮球技术是一个完整的体系，它的内涵是以手脚运动为基础，以拼抢球和支配球为主要争夺手段，以一对一为基本攻守对抗形式，以投篮得分为最终目的的攻守对抗性技术系统。

篮球技术属于非周期的开放性运动技能，它区别于周期性项目主要有如下五个特点：1.队员的攻守行动随临场情况变化的需要而定，无固定程式，具有非程序性特点；2.大多数攻守行动发生在面对对手的情况下，攻守队员之间经常发生直接的身体接触，具有强烈的对抗性；3.在攻守双方相互制约条件下运用技术，需要队员个人的智慧和谋略，因此篮球技术中个人战术行动的特点十分突出；4.篮球运动属于集体对抗性项目，技术运用中不但需要同伴的配合，而且必须为同伴创造良好的攻守机会，团队协作的特点明显；5.篮球技术的价值评价体系与其他项目不同，它非常注重技术的效果，技术的过程为效果服务，具有技术实用性的特点。

篮球技术是篮球比赛的基本手段，比赛中队员的智慧、技能、运动素质、心理品质和文化素养等都是通过双方队员技术的运用集中表现出来的，因此篮球技术教学训练能够培养学生高超的运动技能、应变能力和创造力。现代篮球比赛是在高水平层面上进行的全面对抗，衡量队员的运动技巧和能力的标准也在不断提高，这就要求教学训练要始终贯彻在激烈对抗的条件下完成各种技术练习的指导思想，使队员在快速、准确、稳定、配合和创造性的练习中提高对抗能力，培养队员在对抗条件下有效运用技术的意识和能力。

篮球技术又是篮球战术的基础。技术是组成战术的要素，任何战术意图和战术方法的实现，都取决于队员是否熟练而准确地掌握相应数量的篮球技术，并能够创造性地运用。先进的技术必然会促进战术的发展和变化，反过来，战术的发展和变化又会对技术提出更高的要求，从而促进篮球运动不断地发展。因此，要通过篮球教学训练使运动员掌握技术动作方法，形成规范的技术动作定型，达到熟练、快速、准确，为技术动作组合奠定基础。既要体现技术动作方法的合理性，又要体现适应比赛实战任务的实效性。

篮球技术通常分为进攻技术和防守技术两大体系，各体系中又分出各类技术的子系统（如图4-1），这种分类是以动作在篮球比赛中的作用和动作结构相类似的特点为依据，强调了篮球运动技术的开放性、攻防制约性、动作组合性，但把进攻与防守结合在一起的对抗剥离在外。

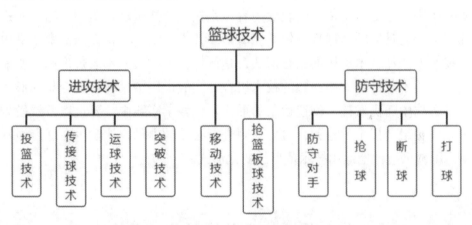

图 4-1　篮球技术分类

当前篮球运动及其教学训练的内容与方法在不断发展，并在改革中创新，为便于篮球运动教学与训练过程的组织，达到篮球普修课教学的目标和要求，依据篮球运动技术运用的特点和篮球技术、技能习得的规律，本教材从篮球教学的实践需要出发，构建出篮球运动技术教学的内容体系（如图4-2）。

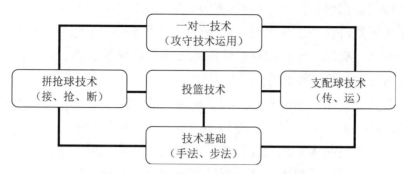

图 4-2　篮球技术教学的内容体系

　　构建上述篮球技术教学内容体系的目的是使学习者更好地认识篮球运动的基本规律、掌握篮球运动技能，同时，培养参与篮球运动的兴趣，使篮球运动成为学习者经常性的健身活动。采用此种教学内容的策略在于通过教学过程的优化，实现篮球运动的速成学习，进而提高利于教学工作的效率。此教学内容体系为合理地安排教学与训练工作和科学地选择教学内容提供有效的参考依据。

　　根据上述篮球技术教学内容体系，可以从教学对象的实际出发，突出重点内容，重视实战运用与应变，将传统的教学内容体系按照"技术动作范型"与"变式"相结合的方法构建具体的篮球教材体系。所谓"技术范型"是指篮球比赛中最为常见的基本技术方法和技术运用的组合形式，是篮球技术的最基本表现形态。所谓"变式"是指与技术范型目的相一致的技术组合在实战运用中某些可能变化的形式，是运动员在实战中随机发挥、创造运用的形式。在教学实践中，要重点教授最为常见的技术方法和组合技术的范型，对变式则进行必要的提示，让学生在练习中发挥主观能动作用，创造性地运用技术范型的变化形式。

第一节　篮球技术基础动作（基本功）

一、篮球基本功的教学内容体系

　　篮球运动是以腰为核心，以手、脚协同运动为基本方法的体育项目，因此，专门的脚步动作和专门的控球手法是篮球技术的基础。所有篮球技术和技能都是建立在良好的手、脚动作基础之上，掌握良好的篮球技术基础动作是进行篮球活动的前提，也是学习篮球技术过程中必须具备的能力。

　　篮球技术基础动作（基本功）是主要由各种专门的脚步动作方法和控球动作环节的手法所组成。技术基础动作的核心是由专项身体素质与专项所需的专门性知觉共同构成的技术方法体系，其中脚步动作表现为专门的脚步用力方法和身体位置知觉能力，而控球手法则表现为手指、手腕的触觉神经末梢对球体的感知能力及手部肌肉控制球的能力，这些能力的获得，一般需要进行大量的重复练习。在篮球技术的教学训练中，基本功的教学是学习其他技术的前提，只有掌握了正确的技术，打下坚实的篮球基本功，才能使篮球运动技术水平真正得到提高。

篮球技术基础动作（基本功）教学的主要内容如图4-3所示。

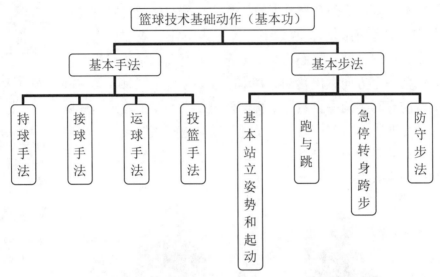

图4-3　篮球技术基础动作（基本功）教学内容体系

二、篮球技术基础动作

（一）基本步法的技术范型

基本步法的技术范型主要有基本站立姿势和起动、跑、跳、急停、转身、跨步以及防守步法等。脚步移动是所有篮球技术的基础，运动员依靠速度与平衡能力向任何方向起动、急停和移动都需要好的脚步动作，良好的脚步动作可以控制身体，以便更好地把握移动时机、做假动作和保持速度。进攻移动技术可以迷惑对手使其失去平衡，在进攻中占有优势；防守移动技术可以限制对手的行动，降低其进攻威胁，或迫使其失误。

各种步法技术范型的主要方法如下。

进攻基本姿势

图4-4　进攻基本姿势

1.基本姿势和起动

良好的基本姿势可以使你快速地移动、变向，有控制地急停和起跳，包括进攻基本姿势和防守基本姿势，比赛中要形成随时保持良好基本姿势的习惯。

进攻基本姿势：头部和背部保持正直，两臂靠近身体，两肘自然屈于体侧，双手张开，两脚至少与肩同宽平行或前后站立，重心均匀地分布在两脚前脚掌，两膝自然弯曲以便随时移动（如图4-4）。

防守基本姿势
（斜步）

防守基本姿势：头部和背部保持正直，头部前倾超过腰部使重心均匀分布在两脚前脚掌，两脚平行（平步防守）或前后（斜步防守）站立，比肩稍宽，重心均匀地分布在两脚前脚掌，屈膝降重心以便向任何一个方向做出移动。基本手部姿势包括三种：第一种是两脚平行防守时，两手自然屈于腰部两侧，手心朝上紧逼运球队员；第二种是两脚前后防守时，一手前伸，紧逼投篮队员，一手侧伸阻拦传球；第三种两手自然屈于肩部以上位置，有利于迫使对手传高吊球和击地球（如图4-5、4-6）。

防守基本姿势
（平步）

图4-5 防守基本姿势（斜步） 图4-6 防守基本姿势（平步）

为了快速起动，队员重心应该向运动方向快速移动，因头部是平衡的关键，所以头部要经常引导重心的转移。

起动：向运动方向转移重心，远离运动方向脚的脚掌内侧用力蹬地，接近运动方向的脚向前或侧跨步，同时上体迅速前倾，利用小碎步向前或向侧快速移动。

2.跑与跳

跑在篮球运动攻守行动中广泛应用，方式主要有侧身跑、变速跑、后退跑、变向跑等。在篮球攻防对抗中可根据实际需要，随时变换跑动的方式。

变向跑

变向跑：是通过改变跑动方向来迷惑对手和摆脱防守的一项技术，变向跑的有效性依靠从一个方向向另一个方向的快速切入。变向跑时，首先一脚迈出，接着另一脚向另一侧跨步，右脚前脚掌内侧蹬地向左旋转（以从右向左变向为例），重心向左移动，上体向左前倾；接着左脚向左前方跨出一步，脚尖指向左侧，右脚快速向左侧前方跨出，加速跑动（如图4-7）。

图 4-7　变向跑

变速跑：是通过改变跑动速度来迷惑对手和摆脱防守的一项技术。在不改变基本跑动形式的前提下，从快速跑转换到慢速跑，再迅速变为快速跑。跑动时，始终保持抬头姿势以便能看到篮圈和球，后脚首先向前跨出，脚前掌着地，脚尖朝向跑动方向。上体微前倾，跨步腿对侧手臂向前摆动，肘弯曲，支撑腿充分伸直，向前跑动时提膝。当减速时需要缩短步幅降低步频，后腿减少用力，膝关节不要完全伸展，上体保持正直；加速时后腿用力蹬地，加大步幅，身体前倾，快速移动。

跳：是篮球运动中为攻防争夺空间常用的主要手段。跳不仅取决于起跳的高度、起跳的速度、连续起跳的能力，而且取决于起跳的时机、身体在空中的平衡能力。篮球运动中，跳分为双脚起跳和单脚起跳。

双脚起跳：当静止站立时一般用双脚起跳，从基本姿势开始，头部和背部保持正直，肘关节屈于体侧，重心在脚前掌上，起跳前根据腿的长短屈膝60°~90°，起跳时，双脚用力蹬地，伸展踝、膝和髋关节，两臂上摆，起跳到最高点时，两臂上举，落地时膝关节弯曲，脚前掌着地。双脚起跳多用于跳起投篮、抢防守篮板球等情

双脚起跳

图 4-8　双脚起跳

况（如图 4-8）。

单脚起跳：向前跑动，最后几步加速，起跳前最后一步要小，头部和背部保持正直，根据腿的长短起跳腿屈膝 60°~90°，起跳脚快速用

单脚起跳

力蹬地，踝、膝和髋关节伸展，垂直向上起跳，另一条腿膝部上抬，手臂上伸，动作舒展放松，落地屈膝，脚前掌平衡着地。单脚起跳多用于行进间投篮、封盖投篮、移动中抢进攻篮板球等情况（如图 4-9）。

图 4-9　单脚起跳

3.急停、转身、跨步

急停、转身、跨步是篮球运动攻防行动中被

跳步急停

广泛运用并与其他攻防动作结合运用的基础技术。

急停：是跑动的队员从动态到静态的制动方法，分为跳步急停和跨步急停两种。跳步急停：急停前单脚起跳，身体后倾，两脚同时落地，膝关节弯曲，重心

图 4-10　跳步急停

跨步急停

移动到两脚跟部位以避免身体前冲，两脚与肩同宽（如图 4-10）。跨步急停：急停前单

图 4-11　跨步急停

脚起跳，身体后倾，后脚先着地，膝关节弯曲降低重心，接着前脚着地，两脚之间的距离要宽，目视前方，成基本姿势（如图 4-11）。

转身：以一只脚为轴，另一只脚蹬地、转体并改变身体朝向的技术方法。转身时，头和背部保持正直，膝关节弯曲，一脚做轴，重心落在支撑脚的前脚掌，另一

脚的前脚掌蹬地，同时移动重心，以转头、转肩和转腰的力量带动身体进行弧形移动，使身体改变原来的朝向。转身技术包括前转身和后转身两种。移动脚蹬地在做轴脚前方进行弧形移动的叫做前转身（如图4-12），前转

前转身

后转身

图 4-12　前转身

身时胸部领先，保持平衡的身体姿势，反之叫作后转身（如图4-13），后转身时背部领先，保持平衡的身体姿势。转身时要保持身体平衡，如果持球则要注意保护球。

图 4-13　后转身

跨步：是在基本姿势的基础上，以一脚为轴，另一脚向侧或前方跨出的技术方法，包括同侧步（又称顺步）和异侧步（又称交叉步）两种。同侧步是向移动脚的同侧跨出（如图4-14），而异侧步是向移动脚的异侧跨出（如图4-15）。跨步时，两腿屈膝，重心降低，做轴脚的脚前掌着地，用力碾地，另一脚向侧方或前方跨出，跨出后要控制好身体重心，以便衔接下一个动作。

同侧步跨步　　**异侧步跨步**

图 4-14　同侧步

图 4-15　异侧步

图 4-16　侧滑步

图 4-17　前滑步

4.防守步法

快速移动中保持身体平衡是防守的关键，这样就能够对对手的快速移动和变向做出即刻反应，防守移动时重心要均匀地落在两脚的前脚掌上，两脚之间的距离要宽于肩部，脚步移动要短促快速，当你向移动方向跨出同侧脚时，异侧脚用力蹬地，移动时尽量贴近地面。基本的防守步法包括滑步和后撤步。

滑步：个人防守时运用最广泛、最主要的脚步动作。滑步分为侧滑步、前滑步、后滑步。侧滑步时（以向左侧滑步为例），右脚前脚掌内侧蹬地同时，左脚向左跨出，落地同时右脚紧随滑动，向左脚靠近，脚步移动要短促快速。在滑步时，要保持头部和背部正直，身体重心不要上下起伏，两脚不要交叉，重心保持在两脚之间，眼要注视对手（如图 4-16）。前滑步和后滑步的动作方法与侧滑步相同，只是移动方向不同，两脚前后站立，向前（后）方移动，前滑步时后脚蹬地，前脚向前跨步（如图 4-17）；后滑步时前脚蹬地，后脚向后跨步（如图 4-18）。

侧滑步

前滑步、
后滑步

后撤步的方法为前脚蹬地，在转腰的带动下前脚变为后脚的防守脚步动作。

图 4-18　后滑步

（二）基本步法的运用变式

（1）脚步动作的运用，以基本步法为基础，可根据比赛中移动的需要灵活组合运用，如起动与急停的结合、变向与加速跑的结合、急停与跨步的结合、急停与转身的结合、急停与跳的结合、起动与加速跑的结合等等。

（2）基本步法的运用过程实质上是移动中控制身体重心的过程，因此，要始终注意适当降低身体重心，学会控制和转移身体重心的方法。

（3）移动过程中，无论采用哪种方法和变化形式，都有赖于观察场上情况并做出合理决断，因此，要养成抬头观察的习惯。

（4）移动过程中要充分运用各种脚步和假动作来迷惑对手，利用移动速度和方向的变化，在时间和空间上掌握对抗的主动权。

（三）基本手法的技术范型

基本手法的主要技术范型有持球手法、接球手法、传球手法、投篮手法和运球手法等。在每种手法的技术范型中，都可根据实战比赛的要求进行变换运用，下面所描述的技术范型是各种控制球方法的最基本形式。

1. 持球手法

持球手法有双手和单手两种形式。双手持球手法是：双手手指自然张开，掌心空出，用指根及指根以上部位触球（如图4-19）。单手持球手法是：五指自然张开，球置于手上，用手掌外沿、指根及指根以上部位托住球（如图4-20、4-21）。

单手低手、高手持球

图4-19　双手持球　　　图4-20　单手高手持球　　　图4-21　单手低手持球

2. 接球手法

接球是篮球比赛中进攻时最基本、最重要的技能，主要手法包括双手接球和单手接球。双手接球的方法是：接球时，两眼注视来球，两臂伸出迎球，手指自然分开，两手呈半圆形；当手接触球的瞬间，双臂随球后引缓冲来球的力量，成双手持球姿势（如图4-22）。单手接球的方法是：伸手迎向来球，当手接触球的同时迅速借来球惯性将球后引至胸前，成双手持球姿势（如图4-23）。

图 4-22　双手接球　　　　　　图 4-23　单手接球

3. 传球手法

传球是进攻中最重要、应用最广泛的基本技能之一，是进攻中组成战术配合的纽带，最常见的传球手法有双手传球和单手传球两种。双手传球的手法是：在双手持球手法的基础上，借助蹬地使身体重心前移的力量，迅速伸臂，同时拇指用力下压，手腕前屈，食、中指用力拨球将球向

双手传球　　　　单手传球

目标传出（如图 4-24）。单手传球的手法是：在单手持球的基础上，借助蹬地和身体重心前移的力量，手臂向前方挥动，同时传球臂的手腕迅速前屈，手指快速拨球作用于球体，使球向目标飞出（如图 4-25）。

图 4-24　双手传球　　　　　　图 4-25　单手传球

4. 投篮手法

投篮是所有技、战术运用的最终目的，一切进攻行动都是为了把球投入球篮，它是篮球比赛中最为重要的技能。因此，投篮的手法在篮球技术中居于重要的地位。最为常见的投篮手法有原地和行进间的双手高手投篮、单手高手投篮、单手低手投

图 4-26　双手高手投篮　　　　图 4-27　单手高手投篮

篮等。

双手高手投篮的出球手法是：在双手高手持球手法和借助下肢蹬地力量的基础上，双臂向前上方伸直，前臂内旋，拇指下压，手腕前屈，食、中指用力拨球，通过指端将球投出（如图 4-26）。

单手高手投篮的出球方法是：在单手高手持球手法的基础上，左手扶球的左侧，右臂屈肘，上臂与地面成水平。投篮时，借助下肢蹬地发力，同时右臂向前上方伸直，手腕前屈，食、中指用力拨球，通过指端将球投出（如图 4-27）。

单手低手投篮的出球方法是：在单手低手持球手法的基础上，持球手臂向前伸出，手心向上并托住球，借助身体向上的力量，手腕向上屈，以手指向上挑、拨的动作，将球投出（如图 4-28）。

双手高手投篮

单手高手投篮

单手低手投篮

图 4-28　单手低手投篮

图 4-29　运球手法　　　　　　　运球手法

5. 运球手法

运球是篮球比赛中个人攻击和与同伴组成配合攻击的重要技能。运球是用手指、手腕连续拍按动作使球借助地面反弹起来的动作过程。运球的手法是：运球时，非运球手臂屈肘平抬，用以保护球，运球手五指自然张开，朝向身体的侧前方，主动迎接地面反弹起来的球，并随球的力量向上缓冲，然后用力向下拍按球，如此反复进行。前进时拍按球的后侧上方，变向时拍按球的外侧上方。拍按球的部位应与移动的方向、速度协调配合。球与地面的作用关系应是入射角和反射角相等（如图4-29）。

（四）基本手法运用变式的提示

（1）双手持球手法可在运用中变化为单手的持球手法，单手也可以变化为双手。高手与低手之间也可相互转换。单手低手投篮手法可变化为勾手或反手投篮手法等等。

（2）采用何种投篮手法取决于比赛中的具体情况，篮球手法的关键在于球出手时受力的精确程度，因此，无论采用哪种投篮手法，都必须做到稳定和准确。

（3）运球手法可有多种变化，如向前推与向后拉的结合运球、左手与右手交替的体前左右运球、单手的体前左右运球等等，各种运球都可以与身体动作结合成迷惑对手的假动作，伺机运球超越对手。

三、篮球技术基础教学与训练的练习方法

（一）基本手法的练习

练习 1：原地双手持球，体前不同位置手指拨球练习（如图 4-30）。

要求：手指自然张开，不断变换拨球的位置，逐渐加快拨球的速度。

练习 2：两手交替手指捏球（如图 4-32）。

要求：掌心空出，手指捏球要快，控制好球抛出的高度。

练习 3：原地双手持球，绕头、腰、膝做绕环练习（如图 4-32、4-33、4-34）。

要求：换手递交球时手指触球，逐渐加快绕环的速度。

练习 4：胯下前后手交替抛接球练习（如图 4-35）。

体前手指拨球

头绕环、腰绕环、膝绕环

胯下前后手交替抛接球

1　　　　2

图 4-30　体前手指拨球

1　　　2　　　3

图 4-31　手指捏球

1　　　　2　　　　3

图 4-32　头绕环

1　　　2　　　3

图 4-33　腰绕环

实用篮球运动教程

图 4-34　膝绕环　　　　　　图 4-35　胯下前后手交替抛接球

要求：屈膝降重心，保持上体正直，两手交替要快，逐渐加快抛接球的速度。

练习 5：胯下两手前后抛接球练习（如图 4-36）。

图 4-36　胯下两手前后抛接球

胯下两手前后抛接球

要求：屈膝降重心，上体保持正直，两手抛球后交替要快，逐渐加快抛接球的速度。

练习 6：胯下"8"字绕环练习（如图 4-37）。

胯下八字绕环

要求：两腿分开幅度要大，两手交接球时主动迎球，逐渐加快"8"字绕环的速度。

练习 7：单手高手和低手持球向上投、接球练习。

要求：持球手法正确，体会

图 4-37　胯下"8"字绕环

出球时手指、手腕的拨球动作，球投出后下落，要立即接住。

练习 8：双手高手持球向上投、接球练习。

要求：持球手法正确，体会双手翻拨球的用力方法，双手用力要均匀，球下落时立即接住。

练习9：原地做各种运球练习。

要求：保持正确站立姿势，手指自然张开，用力拍按球体，体会球的运动特性和规律，注意抬头观察，逐步养成观察的习惯。

练习10：对墙连续做各种传接球手法练习。

要求：与墙壁保持适当距离，主动伸手臂迎球，接球后迅速将球传出，注意掌握正确的球落点。

（二）基本步法的练习

练习1：起动—冲刺跑练习。

脚踩端线以进攻基本姿势站立，听信号快速跑过中线，随后减速慢跑到对面端线。然后以同样的方式返回。

要求：起动时重心快速前倾，尽全力冲刺跑。

练习2：起动—冲刺跑—急停练习。

脚踩端线以进攻基本姿势站立，听信号快速跑到中线急停，随后起动快速跑到对面端线急停。然后以同样的方式返回。

要求：起动时身体重心快速前倾，急停前不要刻意降低速度，急停时屈膝降重心，可以听信号急停。

练习3：起动—变向跑练习（如图2-38）。

脚踩端线以进攻基本姿势站立，听信号快速起动连续变向跑到对面端线。然后以慢跑回到起点准备进行下一次练习。

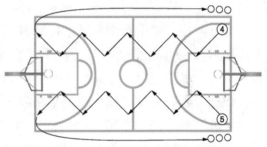

图2-38　起动—变向跑练习

要求：变向跑时身体快速扭转，可先慢速进行逐渐加快速度，教师也可规定变向前跑动的步数或听到信号变向。

练习4：起动—变向跑—跳步急停—双脚起跳（如图2-39）。

脚踩中线以进攻基本姿势站立，听信号起动到立柱前变向跑，脚踩边线再次变向跑，到篮板下的位置时跳步急停，然后双脚起跳摸篮板。慢跑回到起点，进行下一次练习。

要求：起动要快，变向加速，起跳摸篮板身体充分伸展，可以规定摸篮板的次数。

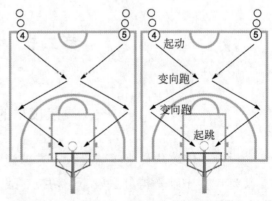

图2-39　起动—变向跑—跳步急停—双脚起跳

练习5：起动—跨步急停—转身—单脚起跳练习。

脚踩中线以进攻基本姿势站立，听信号起动，到立柱前跨步急停后转身跑动到边线跨步急停后转身，跑到篮板下的位置时单脚起跳摸篮板。慢跑回到起点，进行下一次练习。

要求：起动瞬间加速，急停屈膝降重心，转身保持身体重心平稳。

练习6：限制区侧滑步练习。

采用平步防守姿势面向罚球线在限制区内站立，右脚踩在右边限制区线上。听到信号后在限制区左右边线之间尽可能快速地进行持续滑步练习。

要求：滑步要短促快速，尽量保持两脚之间的距离，重心不能上下起伏，脚踩到限制区边线即快速返回。

练习7：三分线内前、后滑步练习。

面向边线站立，前滑步到三分线，然后后撤步后滑步到限制区，上步前滑步到三分线，然后后撤步后滑步到罚球线，最后弧线侧身跑冲过中线（如图2-40）。

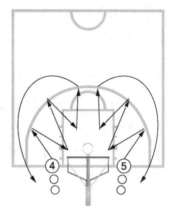

图2-40　三分线内前、后滑步练习

要求：滑步保持重心平稳，两臂张开，两脚不要拖地，后撤步时前脚蹬地用力，并与后滑步紧密衔接。

练习8：口令手势指挥下的滑步练习。

练习者在口令手势指挥下进行练习，听到"防守"口令，迅速做出防守姿势，听到"滑步"命令，快速向手势指挥的方向滑步移动。根据指出的方向侧滑步向两侧移动，前、后滑步向前后移动，快速变向时要保持良好身体平衡姿势。

三分线内前、后滑步练习

要求：基本防守姿势重心要低，滑步过程中保持重心平稳，变换滑步方向要及时，练习过程中可以增加跳、倒地、转身等脚步动作。

第二节　投篮技术

一、投篮技术的教学内容体系

投篮是进攻队员为将球投入对方球篮而采用的各种专门动作方法的总称。投篮是篮球比赛中唯一得分手段，一切技、战术运用的最终目的，都是为了创造更多更好的投篮机会，因此，投篮是整个篮球技术体系的核心。投篮得分的多少决定比赛的胜负，掌握和运用好投篮技术，不断地提高投篮命中率，对于学习篮球运动技能具有十分重要的作用。

投篮的动作方法很多，依据临场运用的形式与特点，可以把投篮的多种动作方式进行归类。篮球比赛中常见的投篮技术有原地投篮、行进间投篮和跳起投篮三种（如图 4-41）。

图 4-41 投篮技术教学内容体系

二、投篮技术动作

学会打篮球大体上要掌握七种投篮基本技术：单手肩上投篮、罚球、跳投、三分投篮、勾手投篮、行进间投篮、急停跳投。这些投篮都遵循相同的基本原理。为了加深对投篮技术原理的理解，将投篮技术从动作用力与技术的物理学原理两方面进行分析：投篮动作用力包括瞄篮方法、身体平衡、手的位置、肘内收的姿势、用力过程、跟随动作；投篮的物理学原理包括球飞行时的旋转、球篮有效面积和误差允许度。

（一）投篮技术的动作用力分析

1. 瞄篮方法

指投篮时眼睛注视篮圈或篮板的位置。根据投篮时瞄准方法的不同，可分为投空心篮的瞄准方法和碰板投篮的瞄准方法两种。对于大多数投篮，应该把篮圈作为瞄准对象，目光注视篮圈。如果投篮者与篮板成一定夹角，采用擦板投篮时，目光注视篮板上的黑框，不论是空心投篮还是擦板投篮，投篮者主要依靠自身的感知觉进行投篮。对于所有的投篮，投篮者应该瞄准目标，直到球到达目标为止，不要急于去看球的飞行情况。把注意力集中在投篮的目标上对于掌握连贯的、准确的投篮是非常重要的。

2. 身体平衡

保持身体平衡可以在投篮时控制身体力量和节奏，脚的位置是身体平衡的基础，两脚与肩同宽，脚尖朝前，投篮手一侧脚稍前（右手投篮右脚在前），后脚脚尖与投篮手一侧脚后跟平行，膝关节弯曲，上体保持正直，头部稍向前倾可以控制身体平衡，肩膀放松，脚尖、膝盖、肩膀和头部在一条垂线上。

3. 手的位置

投篮手在球后朝向球篮，食指在球的中间，五指放松自然分开，不要过度张开而使手和前臂紧张，用指根以上部位触球，非投篮手放在球的左侧下方。

4. 肘内收的姿势

球自然举在投篮肩膀一侧耳朵与肩膀之间的位置，投篮肘内收，肘部稍微指向后面和侧面，若缺乏柔韧性，投篮肘内收时不能使投篮手朝向球篮，则需要把投篮手转到球后指向球篮方向，然后在你柔韧性范围内肘内收。

5. 用力过程

投篮是通过脚蹬地、腰腹伸展、伸臂、抬肘、压腕、手指拨球动作来完成的。投篮的最初力量来自脚蹬地用力，当脚蹬地时，手臂上伸，当腿完全伸直时，后背、肩膀和投篮手臂流畅地向上方伸展，并保持投篮手朝向球篮。以 45°~60° 的角度向球篮方向伸展手臂、手腕和手指，投篮的最后力量来自手腕和手指的向前和向下弯曲，球从食指指尖飞出，球后旋。投篮距离近，主要依靠手臂、手腕和手指用力，投篮距离远，则需要腿、背和肩膀的更多用力。

6. 跟随动作

球出手后，保持手臂向上伸展，投篮手的食指要伸直指向目标，拇指向下，掌心朝下，手腕前屈。非投篮手的手心向上，眼睛注视篮圈，保持手臂完全伸展，直到球触篮圈。

（二）投篮技术的物理学分析

1. 球飞行时的旋转

投篮时，球的旋转是依靠手腕前屈或翻转和手指拨球动作产生的。由于投篮的动作方法与用力方向和大小不同，球的旋转也不同。一般中远距离投篮时，大都使球围绕横轴向后旋转，这样易于加大球的飞行弧线，提高投篮命中率。在篮下低手投篮时，应使球围绕横轴向前旋转。篮下碰板投篮，应使球向篮圈一侧旋转或向后旋转，这样有利于缓和篮板的弹力，使球入篮。

2. 球篮有效面积与误差允许度

（1）抛物线、入篮角与前后误差允许度

投篮时，球出手后在空中飞行的弧线轨道称为投篮抛物线。抛物线的高低，直接关系到能否取得合适的入篮角，这对投篮命中率有极其重要影响。而抛物线的高低取决于投篮出手角度、出手力量和出手速度。因此，投篮时必须根据不同的投篮距离，投出不同的抛物线。投篮抛物线有低、中、高三种（如图 4-42）。

采用低抛物线投篮，球的飞行距离短，力量容易控制，但由于球飞行弧度太低，近于水平，篮圈暴露在球下的面积较小，而大部分被球篮的前沿所遮盖，所取得的入篮角很小，因而不易投中。中抛物线球飞行的最高点大致与篮板上沿在同一水平线上，球篮的大部分暴露在球的下面，所取得的入篮角适宜，所以容易投篮命中，是常用的抛物线。高抛物线球飞行入篮的弧线过高，近于垂直，虽然篮圈暴露在球

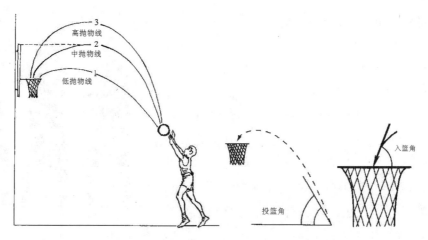

图 4-42 中距离投篮的三种抛物线示意图

下面的面积最大，球容易入篮，但由于球飞行的路线太长，需要较大出手力量，用力的精度要求过高，不易掌握飞行方向，从而影响命中率。

（2）投篮距离与左右误差允许度

投篮位置距离球篮越近，投篮命中率越高，反之越低。这是由于投篮除抛物线高低所产生的前后纬度偏差外，还存在左右纬度的偏差。抛物线可以在前后纬度上较好地利用球篮目标的有效面积，有利于提高投篮命中率。但是投篮过程中还存在偏左或偏右的可能，采用投篮距离与左右误差允许度原理可以说明角度偏离时对球篮面积的有效利用。投篮者在某一位置投篮，球在篮圈上方左右偏离，球仍然能够命中，这个允许偏离的角度称为投篮左右误差允许度（如图 4-43）。当投篮动作出现左右偏离的误差时，同样的误差在投篮位置距离球篮越近时越容易命中，一个微小的左右偏差会随着距离的加长而相应放大，当放大到误差允许度所允许范围之外时，球就不可能投中，这也是通常情况

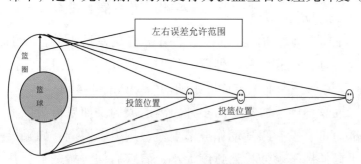

图 4-43 投篮距离与左右误差允许度

下强占距离较近的位置投篮能够获得较高命中率的原因。

（三）投篮技术范型

1. 原地投篮

原地投篮是进攻队员出现防守空当和罚球时使用的一种投篮方法，主要有双手胸前投篮（女子和少儿使用较多）和单手肩上投篮两种。原地投篮的优点是投篮者

不必考虑起跳时机，稳定性较高。

（1）双手胸前投篮：两脚平行站立，与肩同宽，重心落于两脚脚前掌之间，两膝弯曲，头和背部保持正直稍向前倾，眼睛注视篮圈。持球时，双手五指自然分开，两拇指相对成八字，食指和中指向上，指根以上部分持球于胸前部位，肘关节自然弯曲。投篮时，两脚蹬地，重心前移，身体向前上方伸展，两臂内旋前伸、手腕前屈，拇指下压，食、中指拨球把球投出，两臂保持伸展直到球触篮圈（如图4-44）。

图 4-44　双手胸前投篮

（2）单手肩上投篮：投篮时，投篮者要采取一种较好的身体平衡姿势面向球篮以保持良好投篮的力量和节奏。以右手投篮为例：两脚与肩同宽，脚尖朝前，投篮手同侧脚在前，另一只脚的脚尖与前脚的脚跟在一条横线上，膝关节弯曲，头、肩、膝、脚尖在一条垂线上。投篮手持球的后下部，手心朝向球篮，五指自然分开，指根以上部位持球，肘关节

单手肩上投篮

图 4-45　单手肩上投篮

内收，保持大臂与地面平行、上臂与地面垂直的姿势，左手扶球的左侧下方，双手持球于肩前部位，投篮时双脚蹬地，腰腹伸展、伸臂、抬肘、压腕、手指拨球，把球投出，直到球触篮圈，投篮手臂保持向前上方伸展跟随动作（如图4-45）。

不管采用哪种方式投篮，投篮不中，通常是由多种原因造成的。如果投篮投不到，通常是因为没有运用腿部力量、没有跟随动作或节奏慢、用力不协调；如果投篮投过了，通常是因为投篮手臂伸展不够使投篮弧度太小，肩膀后仰或持球手分开过大，影响球的上举；如果右手投篮，球触到篮圈的左边，通常因为没有面对球篮或持球在右髋位置或距离右侧太远或投篮时从右向左推球；如果投篮后球触篮圈旋转出来，通常是因为投篮时投篮手在球侧或球从无名指而不是从食指投出或非投篮手的拇指推球；如果投篮缺乏控制并且球重重砸在篮圈上，通常是因为投篮手全手掌触球。

2.跳起投篮

跳起投篮与原地投篮相似，区别在于跳投时持球更高并且跳起后投篮，这需要上体、手臂、手腕和手指更多用力。跳起投篮优点是增加了防守队员封盖的难度。

图 4-46　跳起投篮

跳起投篮

准备跳起投篮时，投篮者应该采取一种较好的平衡姿势。以右手跳投为例：两脚与肩同宽，脚尖朝前，膝关节弯曲，后背保持正直，两肩放松正对篮筐。投篮手持球的后下部，手心朝向球篮，五指自然分开，指根以上部位持球，肘关节内收，保持上臂与地面平行、前臂与地面垂直的姿势，左手扶球的左侧下方，双手持球于肩前部位。起跳时脚蹬地，腰背伸展，肘关节上抬，右臂伸展，手腕手指前屈，食指拨球，直到落地前保持投篮手臂跟随动作。一般而言，当在内线跳投被紧逼防守时，起跳高度要高，在最高点投篮出手，手臂、手腕、手指提供大部分投篮力量；对多数远距离外线投篮而言，则不需要跳很高，腿部的力量更多供应投篮而不是起跳高度，感觉应该是起跳的同时投篮而不是在跳起的最高点投篮，此时跳起投篮的身体平衡比起跳的高度更关键，同时流畅的节奏和手臂充分伸展也是远距离跳投的重要影响因素（如图 4-46）。

3. 行进间投篮

行进间投篮是在切入和突破到篮下时运用的投篮技术。行进间投篮过程中为了跳得高，投篮前的一步应适当小些，这样有利于起跳腿弯曲，变向前的动力为向上的动力。起跳时，投篮手一侧的膝关节要提起，投篮手持球的下部，非投篮手扶球的侧面，持球于耳朵与肩膀之间，手臂、手腕和手指成 45°~60°直接向球篮伸展，球最后通过食指拨出。行进间投篮的基本方式包括行进间低手投篮、行进间高手投篮、行进间反手投篮、行进间勾手投篮。

（1）行进间单手低手投篮（以右手投篮为例）。运球或跑动中右脚跨出一大步的同时接球，左脚接着跨出一小步并用力蹬地起跳，腿、背和肩部伸展，右膝提起，右手手心朝上，五指自然分开持球的下部，左手扶球的左侧下方，双手持球

图 4-47　行进间单手低手投篮

行进间单手低手投篮

于肩上位置，持球向球篮方向举球。当起跳接近最高点时，右手手腕上挑，手指上拨，球通过食指拨出，落地后保持身体平衡（如图4-47）。

（2）行进间单手高手投篮（以右手投篮为例）。运球或跑动中右脚跨出一大步的同时接球，左脚接着跨出一小步并用力蹬地起跳，腿、背和肩部伸展，右膝提起，右手五指自然分开持球的下部，左手扶球的左侧下方，双手持球于肩上位置。当起跳接近最高点时，右手臂伸展，肘关节上抬，手腕前屈，食、中指拨球把球投出，落地后保持身体平衡（如图4-48）。

行进间单手高手投篮

图4-48 行进间单手高手投篮

4.急停跳起单手投篮

（1）接球急停跳起单手投篮（以右手投篮为例）。在移动中跨步或跳步急停，接球前屈膝降重心，接球时两手放松，右手在球后朝向球篮，左手在球的侧下方扶球，双手持球于右肩前上方位置，站立成三威胁姿势，接着腿部蹬伸快速起跳，腿、背和肩部伸展，右臂前伸，肘上抬，手腕前屈，食、中指拨球，落地后保持身体平衡（如图4-49）。

接球急停跳起单手投篮

| 1 | 2 | 3 | 4 | 5 |

图4-49 接球急停跳起单手投篮

（2）运球急停跳起单手投篮（以右手投篮为例）。运球中，右手在膝关节位置抄球成右手在上左手在下的持球动作，同时跳步或跨步急停，屈膝降重心。当向上举球投篮时，右手后旋朝向球篮，左手扶球的左侧下方举球于右肩前上方位置。接着腿部蹬伸快速起跳，腿、背和肩部伸展，右臂前伸，肘上抬，手腕前屈，食、中指拨球，落地后保持身体平衡（如图 4-50）。

运球急停跳起
单手投篮

图 4-50　运球急停跳起单手投篮

（四）投篮技术运用变式的提示

（1）投篮的方法，除所列技术动作范型以外还有多种形式，如头上投篮、勾手投篮、补篮、扣篮、后仰投篮等。

（2）投篮方法可根据防守的情况灵活运用，相互转换，如高手投篮与低手投篮转换运用、单手低手投篮与勾手投篮的转换运用等。

（3）可采用多种脚步动作改变投篮时与对手的位置关系，创造有利的投篮时机，在对手远离时果断投篮。

（4）在实战比赛中，无论采用何种投篮方法，都应该视具体情况而定，要与其他技术，特别是假动作配合使用，通过投篮与过人技术的结合，创造更好的投篮机会。

三、投篮技术教学与训练的练习方法

练习 1：两人相对投篮练习。

队员两人一球相对站立，一人做投篮动作，把球投向同伴，同伴接到球后做投篮。

要求：持球的基本站立姿势正确，体会蹬地、伸臂和

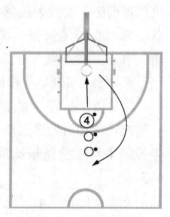

图 4-51　罚球练习

屈腕拨指等技术细节，特别注意出球的手法和手型，球出手后要观察手型是否正确。两人距离先近后远，全身协调用力。

练习2：罚球练习。

队员每人一球在罚球线上排成单行，自投自抢，依次反复进行（如图4-51）。

要求：持球的基本站立姿势正确，体会蹬地、伸臂和屈腕拨指等技术细节，特别注意出球的手法和手型，球出手后要观察手型是否正确。

练习3：行进间投篮练习。

队员运球中接球进行行进间投篮或急停跳起投篮（如图4-52）。

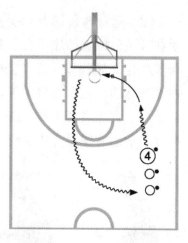

图4-52　行进间投篮练习

要求：以适当的速度运球跑动，跨步接球时注意确定中枢脚，中枢脚落地前把球投出。变换练习后，重点体会运球急停时身体重心的控制。重心适当降低，急停与起跳动作衔接完好，掌握好投篮出手的时机。投篮后迅速捡球回到排尾。

练习4：连续传球切入投篮练习。

队员分成两组，4号变向跑切入，接5号的传球做行进间投篮或急停跳起投篮后抢篮板球，5号传球后变向跑切入，接另一名队员传球做行进间投篮或急停跳起投篮后自己抢篮板球，两组队员在投篮后依次交换位置（如图4-53）。

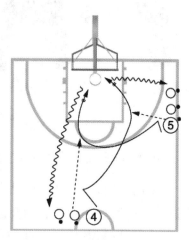

图4-53　连续传球切入投篮练习

要求：传球要准确到位，拉开摆脱要快速、突然，切入时要侧身跑迎接来球。接球后投篮动作要流畅，力争把球投中。变换为接球急停跳投时，要注意接球瞬间重心降低，蹬地突然、快速、有力，空中保持身体平衡，出球手法正确。

练习5：接球急停投篮练习。

队员依次站好，除排头外，其他每人一球。4号向一侧拉开跑动后做摆脱动作，移动中接5号传来的球急停投篮，并自抢篮板球到队尾，如此反复进行（如图4-54）。

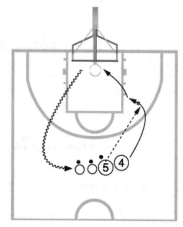

图4-54　接球急停投篮练习

要求：拉开跑动时要采用侧身跑，跑动中要观察来球，做好接球准备，接球瞬间要降低重心，急停瞬间要降低重心，急停起跳动作要扎实有力，体会空中投篮用力方法。同伴的传球要及时、到位，便于接球者做后续动作。

练习 6：策应接球投篮练习。

队员将球传给教练员，向另一侧跑动做摆脱动作后，迎上接教练员的传球急停投篮，并自己抢篮板到队尾，如此反复进行（如图 4–55）。

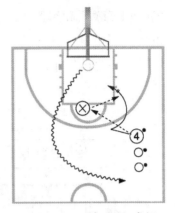

图 4–55　策应接球投篮练习

要求：传球给教练员的同时，做拉开并变向跑的摆脱，包抄移动接教练员的回传球。接球时要求重心降低，起跳动作快速突然，体会空中平衡和出球时机，投篮后快速抢篮板球。

练习 7：全场运球—传球—接球投篮综合练习。

开始两边练习者同时运球并传球给教练员后切入接球投篮，自己抢练篮板到另一队排尾，依次反复练习（如图 4–56）。

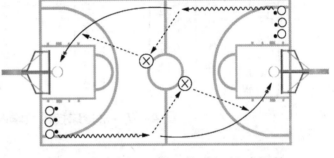

图 4–56　全场运球—传球—接球投篮综合练习

要求：运球时重心降低，抬头观察。传球给教练员要准确，接球动作与投篮衔接流畅。

练习 8：半场一攻一摆脱投篮练习。

队员两人一组，分别在半场进行一对一练习。一人进攻另一人防守，进攻队员利用各种运球假动作摆脱防守投篮，防守者按要求进行防守，然后攻防交换，继续练习。

要求：防守者依据教练的要求进行防守，教练员可在不同的教学阶段提出不同的防守要求。进攻者要积极运用学过的进攻技术。练习时要严肃认真，全力以赴。

第三节　拼抢球技术

一、拼抢球技术的教学内容体系

拼抢球技术是篮球比赛中队员由无球向有球状态转换时所采用的动作方法的总称。进攻队员只有通过拼抢获得球权才有得分机会，因此拼抢球技术是进攻队员在场上相互联系和组织进攻的中间环节，也是防守队由守转攻的主要手段。能否掌握正确的拼抢球技术方法，不仅直接影响进攻的次数和质量，而且也影响防守的最终效果。拼抢球技术的教学内容体系（如图4-57）。

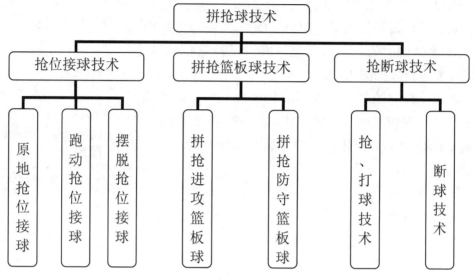

图 4-57　拼抢球技术教学内容体系

二、拼抢球技术动作

（一）拼抢球技术范型

拼抢球技术范型是比赛中最常见的获得球形式，主要有抢位接球、抢篮板球和抢断球，接球又包括原地抢位接球、跑动抢位接球、摆脱抢位接球。

1. 抢位接球

（1）原地抢位接球

原地抢位接球是拼抢球的基本方法之一，是进攻队员之间为了调整进攻位置而采用的抢位接球方法。其动作方法是面向或侧向同伴成基本站立姿势，身体卡住防守队员的身体，上体转向来球，双手或单手成基本接球手法，注视来球，可采用双手或单手手法接球，接球同时身体重心降低成三威胁姿势，准备衔接下一个动作。

（2）跑动抢位接球

跑动抢位接球是篮球比赛中常用的接球

图 4-58　跑动抢位接球

124

方法之一，是进攻推进和快攻过程中采用的主要拼抢球方法。其动作方法是在跑动过程中，主动抢在防守队员身体前面，脚尖朝着前进方向，上体侧转面向来球，双臂伸出，主动迎接来球。跑动抢位接球后可以运球、投篮或传球等（如图4-58）。

（3）摆脱抢位接球

摆脱抢位接球是在阵地进攻中无球队员为了摆脱对手抢占有利持球进攻位置而经常采用的拼抢球方法。其方法是无球进攻队员利用脚步动作（如变向跑、转身、停步等）或同伴的掩护摆脱防守后接同伴传来的球，并采用相应的停步动作以衔接下一个攻击动作。摆脱接球又可以分为摆脱迎上接球、摆脱反跑接球和摆脱插上接球。

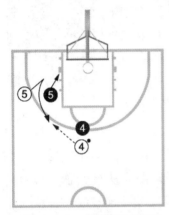
图4-59　摆脱迎上抢位接球

图4-60　摆脱反跑抢位接球

图4-61　摆脱插上抢位接球

A. 摆脱迎上抢位接球。是外线队员侧向或背向球移动摆脱后，面向球迎前接球的方法。接球后一般采用急停面向对手成持球三威胁姿势（如图4-59）。

B. 摆脱反跑抢位接球。是外线队员侧向或面向球移动摆脱后反跑接球的方法。接球时可采用停步技术，以便衔接下面的进攻动作。拉开反跑接球一般需要传球队员的配合，在拉开的同时同伴给出传球暗示，要确保人到球到（如图4-60）。

C. 摆脱插上抢位接球。是内线队员利用转身或抢步等脚步移动摆脱防守，绕到防守队员的前面，背向球篮接球的方法，多用于中锋策应。接球时可采用停步技术，接球后可通过转身等动作来衔接下面的进攻技术（如图4-61）。

2. **拼抢篮板球**

比赛双方队员争抢投篮未中从篮板或篮圈反弹出球的方法，统称为拼抢篮板球技术。争夺篮板球是控制球权的主要来源之一，一支球队拼抢篮板球的能力，对于掌握比赛的主动权、取得比赛胜利起着很重要的作用，是攻守矛盾转化的关键。拼抢篮板球分为拼抢进攻篮板球和拼抢防守篮板球，又称前场篮板球和后场篮板球。拼抢防守篮板球，投篮后防守队员要观察判断对手，转身挡人，然后抢球；拼抢进攻篮板球，要判断球的落点，明确防守队员的位置，采取应对策略绕过挡人队员抢球。不管抢进攻篮板球还是防守篮板球，在技术动作上有共同特点，都是由抢占位置、起跳动作、抢球动作和抢球后动作组成。

（1）抢占位置。抢占位置是抢篮板球技术的关键，它对能否抢到篮板球起到极其重要的作用。抢占位置时，应根据对手和投篮队员所处的位置正确判断篮板球的反弹方向、距离，运用快速的脚步动作，配合身体动作占据有利位置。篮板球的反弹方向有一定规律，一般情况下可遵循反射角等于入篮角的原理。

抢防守篮板球的关键是抢占对手的内线位置，通常有两种抢占位置的策略：一是转身挡对手，二是向对手移动路线上跨步挡人。转身挡人的方法有前转身和后转身挡人，前转身用于挡投篮队员抢篮板球较多，投篮后，只需向投篮队员跨步即可（如图4-62）；后转身用于挡无球队员抢篮板球较多，投篮后首先观察对手的切入，然后向切入方向后转身，向对手切入方向撤步挡人（如图4-63）。抢进攻篮板球的关键是移动，培养冲抢进攻篮板球的意识和意志。如果被挡住，进攻队员要尽力绕过阻拦，绕过挡人的方法经常有直接切入、假动作

转身挡人抢篮板球

后切入、转身切入、向后跨步切入。当防守队员前转身挡人时可选择挡人前快速直接切入；当防守队员后转身挡人时可选择向防守队员转身一侧做假动作向另一侧切入；当防守队员转身挡住进攻队员时，进攻队员可以选择以防守队员为轴，转身切入；当防守队员转身挡人后靠时，进攻队员可以选择后撤步，然后绕过切入抢球。

图4-62　前转身挡人抢篮板球

图4-63　后转身挡人抢篮板球

（2）起跳动作。抢占位置后，要保持身体平衡，两脚与肩同宽，重心落于两脚

前脚掌，屈膝降重心，背部保持正直，两手上举于头上。起跳时，两脚迅速用力蹬地向上跳起，腰腹协调用力，充分伸展身体以抢占空间位置。抢防守篮板球通常采用双脚起跳的方法，抢进攻篮板球通常采用单脚起跳的方法，摆脱对手冲抢篮板球。

（3）抢球动作。分为单手抢球和双手抢球两种方式。双手抢球时，双手在空中抓球，迅速把球收于前额位置，两肘架起保护球。单手抢球时，单手尽力向最高点伸展，当手触到空中球的上方时，手腕前屈，顺势向下拉球，另一手顺势迎球，两手把球，手放于前额位置，两肘架起保护球。若不能首先控制球，可以在空中单手直接将球点拨给同伴。

（4）抢球后动作。当进攻队员抢到篮板球后，两肘架起保护球以平衡姿势落地，准备强攻得分或传球给同伴重新组织进攻。防守队员抢到篮板球后，要向接应同伴转身，快速一传发动快攻。

3. 抢断球

抢断球是截获对方传接球的拼抢球技术。其方法是在判断进攻队员意图和位置。当球刚由传球队员手中传出的一刹那突然起动，单脚或双脚用力蹬地跃出，身体伸展，双臂或单臂前伸将球截获（如图4-64）。

强侧防守姿势

图4-64　强侧防守姿势

（二）拼抢球技术运用变式的提示

（1）跑动抢位接球在运用中可以和多种脚步动作、传球、投篮、运球、突破等相结合，跑动接球急停、跑动接球传球、跑动接球行进间投篮、跑动接球运球突破过人等。

（2）摆脱拼抢接球在运用中要根据球的位置和对手的情况灵活应变，真假动作虚实结合。摆脱动作要在扎实脚步基本功的基础上，机动灵活地运用变向跑、急停、侧身跑、转身等移动来调动对手，抢占有利于接球进攻的位置，如变向跑接球急停、急停转身侧身跑接球投篮、急停转身接球急停等。如摆脱后同伴未传球，可以为其他同伴做掩护或重新选位进攻。

（3）拼抢篮板球在运用中首先要有积极拼抢的意识，了解篮板球反弹落点的规律。要把脚步移动和起跳动作、抢球动作与抢球后处理球的动作结合起来。抢进攻篮板球要注意"冲抢"结合二次进攻，抢防守篮板球要注意"挡抢"结合快攻反击，如冲抢篮板球补篮、转身挡人抢篮板球空中一传等。

（4）抢断球时要判断对手的进攻意图，利用灵活多变的脚步动作或充分伸展的身体姿势果断出击。运用时要保持最佳防守位置，甚至可以欲擒故纵。抢断球之后要迅速发动快速反击。

三、拼抢球技术教学与训练的练习方法

（一）原地抢位接球的练习

练习1：原地二人相对接传球练习。

学生两人一组，使用一球，距离约5米站立。练习时要求接球者上步并伸手迎球，接球结束后将球回传，反复进行。

要求：传球要准确到位，把球传到同伴的胸部高度，便于同伴接球。接球者要主动上步迎前接球，做到手法、手型正确。逐渐增加传球队员之间的距离，传球者可有意传困难球，提高同伴的接球能力。

练习2：原地三角接传球练习。

学生分成3组站立，练习时由各组排头开始，迎前上步接上一组传来的球，接球后传给下一组，传球后即跑到下一组的排尾，依次反复进行（如图4-65）。

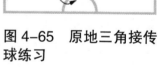

原地三角接传球练习

图4-65 原地三角接传球练习

要求：3个组站位距离要适当，接球时要上步迎球，接球后即刻传球给同伴。传球时要注意球的落点，减少练习失误。练习中要保持队形完整，全体学生要相互配合，必要时可通过计数来鼓励练习情绪。

练习3：原地四角接传球练习。

学生分成4组站立，练习由各组的排头开始，迎前上步接球，接球后立即传球给下一组，接传球后即跑到下一组的排尾（如图4-66），依次反复进行。练习中可全体计数，以形成练习的热烈氛围，也可通过增加球的数量来提高练习的难度和密度。

原地四角接传球练习

要求：全体学生要本着认真的态度参加练习，注意力要集中，减少练习失误。

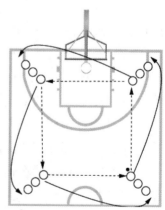

图4-66 原地四角接传球练习

（二）跑动抢位传接球练习

练习1：固定传球位置的跑动传接球练习。

学生持球于端线处站立。练习时首先传球给接球者，然后侧身跑动迎上接回传球，接球后立即将球传给下一个固定接球者，继续侧身跑动迎上接回传球跑动投篮（如图4-67）。

要求：要主动迎上接球，要按弧线侧身跑动，接球后立即传球，要准确到位，掌握好球的落点。前面的人过中场线以后，下一人开始练习。

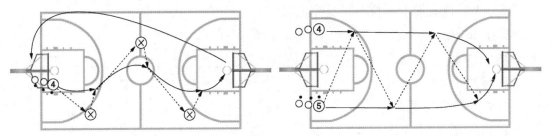

图 4-67　固定传球位置的跑动传接球练习　　图 4-68　二人平行接传球练习

练习2：二人平行接传球练习。

学生两人一组，用一球，于场地一端站立（如图4-68）。练习开始后侧身跑动，在行进间接球和传球。练习者之间保持3~5米距离，当传接球推进过中场后，接球者跑动投篮，另一人则抢篮板球。各组依次往返练习。

要求：二人练习要默契配合，主动接球，控制好相互间的距离。传球时要控制适当的提前量，逐步提高推进的速度。

练习3：三人平行接传球练习。

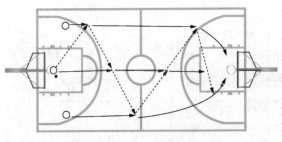

图 4-69　三人平行接传球练习

学生三人一组，用一球，于场地一端站立（如图4-69）。练习开始后各自按推进路线向前场跑动，跑动中传球和接球，推进过中场后，由边线一侧的练习者接球跑动投篮。各组依次反复练习。

要求：三人练习要保持适当的队形，位于两侧的应适当突前，中间稍微落后，成包抄阵势。要传球到位，接球主动，逐步提高推进的速度。

练习4：四角跑动接传球练习。

学生分成四个大组，各位于半场四角站立（如图

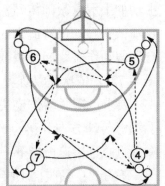

图 4-70　四角跑动接传球练习

4-70）。练习开始后 4 号传球给 5 号，并切入接 5 号的回传球，再传给 6 号，然后跑至 6 号的排尾。当 4 号传给 6 号时，5 号紧跟着起动切入接 6 号的传球给 7 号，然后跑至 7 号的排尾。依次反复进行。练习中可通过增加球的数量来提高难度和练习密度。

要求：保持好练习的开始位置，集中精力参加练习。传球后要及时跟进，侧身跑动接球，接球后的传球要准确到位。

（三）摆脱抢位接球的练习

练习 1：摆脱迎上抢位接球急停练习。

学生每人持一球，于半场中部站立。练习开始传球给教师，然后向下移动突然变向摆脱，迎向接教师的传球，面向标志杆接球急停后，结合投篮等假动作做跳起投篮或运球突破投篮等技术（如图 4-71）。

要求：摆脱动作要快速突然，主动伸手接球，接球同时要降低重心，保持正确的持球攻击基本姿势。

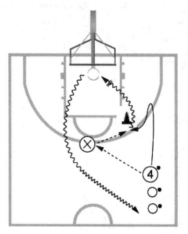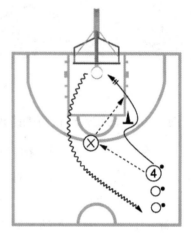

图 4-71　摆脱迎上抢位接球急停练习

图 4-72　摆脱反跑接球急停练习

练习 2：摆脱反跑接球急停练习

学生每人持一球，于半场中部站立。传球给教师后做向教师要球的假动作移动，突然变向朝底线反跑，并主动伸手示意教师传球，在标志处接到教师传球，同时要降低重心，保持适当的进攻姿势。接球急停后结合投篮等假动作做跳起投篮或运球突破投篮等技术动作（如图 4-72）。依次反复练习。

要求：摆脱动作要快速突然，反跑拉开时要主动伸手示意传球方向和落点，接球同时保持适当身体姿势，降低重心，快速衔接下一个动作。

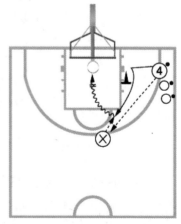

图 4-73　摆脱插上接球练习

练习 3：摆脱插上接球练习。

学生每人持一球于端线处站立。传球给教师后向限制区移动，突然变向跑插上，在罚球线附近接教师的回传球。接球时两脚要跨步开立，占据较大的位置，适当降低重心，可衔接转身动作和其他持球进攻动作，如做转向跳投、转身瞄篮接运球突破投篮等（如图 4-73）。

要求：练习时要假想防守队员在身后的位置，跨步主动接球，接球时上体正直，稍向后靠，转身时要注意护球动作，脚步动作要扎实有力，衔接后续动作时要掌握好速度和节奏。

（四）拼抢篮板球技术练习

练习 1：单、双手抢球动作练习。

学生成体操队形站立，每人持一球，随教师做抛球—双手和单手抢球动作。原地练习后可结合跳起动作进行练习。

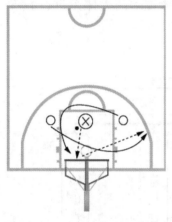

图 4-74 两人移动抢篮板球练习

要求：手臂充分伸直，在最高点用手腕的动作把球迅速拉到胸腹之间。注意体会抢球的用力动作。

练习 2：对篮板抛球的抢篮板球练习。

学生两人一组用一球，在篮下练习。一人将球抛向篮板，另一人跳起空中抢篮板球。抛球者也可扮演进攻队员角色，移动冲抢；另一人扮演防守队员，转身挡人，然后抢篮板球。若干次以后交换练习。

练习 3：两人移动抢篮板球练习。

学生两人一组用一球，首先将球交给站位于篮下的教师，然后围绕教师慢跑，教师将球抛向球篮，在球反弹的瞬间一名学生做抢篮板球动作，另一学生拉开做接应球动作（如图 4-74）。

要求：教师控制好抛球的时机，练习者集中注意力，准确观察、判断球的落点，起跳快速有力。接应者及时拉开，接好同伴传来的球。

练习 4：连续抛接篮板球练习。

全体学生成一路纵队站位于罚球线后，练习开始时第一名学生将球抛向球篮，第二名学生跑上去跳起，在空中接球同时把球抛向篮板，第三名学生接上来做相同练习。抛球后落地要立即起动，跑向排尾准备下一次练习（如图 4-75）。依次往复练习。

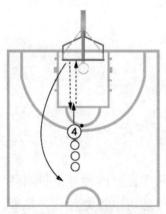

图 4-75 连续抛接篮板球练习

要求：全体练习者要集中注意力，把握好起跳时机，抛球落点要准确，努力在最高点接球和抛球。

第四节　支配球技术

一、支配球技术的教学内容体系

支配球是指比赛中队员在成功获得球的基础上，为了投篮或给同伴创造投篮机会而采用的各种运球和传球动作方法的总称。支配球技术是比赛中进攻队员之间相互联系和组织进攻的纽带，更是实现全队进攻战术配合的具体手段。

根据支配球技术概念，我们可以按照传球技术和运球技术两大体系进行教学（如图4-76）。

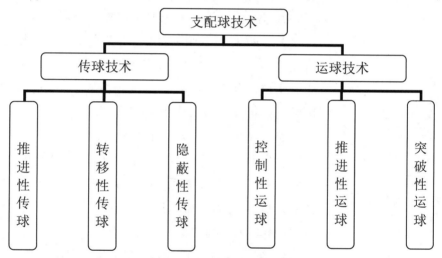

图 4-76　支配球技术教学内容体系

二、支配球技术动作

（一）传球技术范型

传球是篮球比赛中最容易被忽略的基本技术。一支球队中良好的传球队员对防守是一个威胁，因为传球可以创造良好的得分机会，同时传球可以控制球权，从而控制比赛。因此把握传接球的原则可以提高进攻队员传球的判断能力、预测能力、时机把握、假动作、力量和手的触觉。

传球时要把握以下几个原则：（1）注视篮圈，这样可以看到传球队员前面的整个球场；（2）先传后运，传球比运球速度快很多，尤其是在快攻和进攻区域联防时传球的作用更为重要；（3）把握传球时机，判断同伴正在移动位置和下面可能的进攻动作，当同伴处于最佳位置时，及时传球给同伴；（4）把握传球的提前量，判断同伴切入篮下的速度，传球要稍微领先于同伴的移动位置；（5）传球前要利用假动作，隐藏传球意图；（6）传球快速准备，不要有多余动作，幅度也不要太大；（7）把握传球的力量，长距离传球力量要大，短距离传球力量要小；（8）传球要果断，好的传球是能被接住的传球，不要向人群中或同伴没有出现空当时勉强传球；（9）向远离防守一侧传球，当同伴被紧逼防守时，传球到远离防守一侧；（10）向出现空当的投篮队员的远侧手传球，这样有利于投篮队员快速出手。

根据传球的实战运用，传球最常见的技术范型可分为推进性传球、转移性传球和隐蔽性传球。

1. 推进性传球

推进性传球是队员在后场获得球的基础上，利用各种传球技术动作向前场推进的各种不同传球形式的简称。

2. 转移性传球

转移性传球是队员在获得球的基础上，在球场上一侧有策略地连续运用传球，吸引防守队员向有球一侧移动靠拢，伺机给另一侧同伴创造进攻机会的各种传球方式、方法的简称。

3. 隐蔽性传球

隐蔽性传球是队员在获得球的基础上，利用隐蔽性传球技术动作，将球越过面前的防守队员，及时传给同伴的各种传球方式、方法的简称。

（1）肩上传球。如图4-77所示，是推进性传球中一种长距离传球，经常用于一传快攻发动，给切入篮下队员领先传球或掷界外球的远距离传球。

肩上传球是从身体平衡姿势开始，以后脚为轴转身朝向传球方向一侧，肘内收，双手举球于耳朵高度，传球手在球的后面持球，另一手在球前。传球时，脚蹬地，后脚向前跨步，背部伸展，传球手朝向目标，大臂带动小臂，手臂前伸，手腕前屈，球从食、中指传球，球出手后手臂跟随，手指指向目标，手心朝下。

肩上传球

（2）胸前传球。是最普遍的传球方式之一，分为双手胸前传球和单手胸前传球。

双手胸前传球是从身体平衡姿势开始，两手持球，拇指相对成八字，食、中指向上，指根以上部位触球，手心空出持球的后面，两肘

图4-77 肩上传球

内收，持球于胸前位置，传球前向另一侧看或做假动作，向传球方向跨步。双手传球时，两手臂前伸，手腕前屈，两手的拇指下压，食、中指拨球，手指指向传球方向，球后旋，传球后手心朝下，手臂跟随（如图4-78）。单手传球时，左手或右手手臂前伸，手腕前屈，拇指下压，食、中指拨球，左

双手胸前传球

图4-78　双手胸前传球

手或右手手指指向传球方向，球后旋，传球后左手或右手手心朝下，手臂跟随。

（3）头上传球。如图4-79所示，持球队员双手举球于头上，两肘内收，90°弯曲，向传球方向跨步，脚蹬地，腰腹伸展，前臂伸展，手腕前屈，手指用力拨球，球从食、中指传出，传球后手臂跟随，手指指向传球方向，手心向下。

（4）体侧传球。如图4-80所示，传球前，

1　　　2　　双手头上传球

图4-79　双手头上传球

双手持球于胸前位置，向异侧看或做假动作吸引防守队员。传球时，向防守一侧跨步，把球引到一侧肩和臀部之间的位置，传球手在球的后侧，非传球手在球的前面，然后传球手经体侧向前作弧线摆动，手

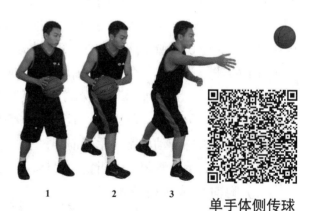

1　　　2　　　3

单手体侧传球

图4-80　单手体侧传球

腕侧屈，拇指朝上，用食指、中指拨球，使球从防守队员的体侧空当越过。球出手后手臂伸展，掌心朝向一侧，手指指向目标。

（5）击地传球。如图4-81所示，持球者利用假动作吸引防守队员的手臂上举或侧举，然后迅速将球反弹传给同伴。传球时向前下方伸臂，手指指向传球方向，手的用力点作用在球的后上方，传球后手掌掌心向下，手指指向接球人。击地点一般

双手击地传球

图 4-81　双手击地传球

应传在距离接球者三分之一的位置。

（二）运球技术范型

运球是支配球的一种方式，当控制球移动时，进攻队员必须运球。所有进攻队员都要明确什么时候可以运球，什么时候不可以运球，不能养成接到球就自动运球的坏习惯，不必要的运球会错失传球给有空当同伴的机会，但是一旦开始运球，也不要轻易停球，直到同伴出现空当接球为止。

运球运用的时机包括：（1）把球运出防守密集的区域，当不能传球给同伴时，可以运用运球摆脱防守；（2）当紧逼防守无人接应时，利用运球突破防守向前场运球推进；（3）向篮下突破；（4）利用运球吸引防守为同伴创造空当；（5）利用运球组织进攻战术；（6）利用运球调整传球给同伴的位置和角度；（7）利用运球为自己创造投篮机会。因此根据运球的具体用途可以分为控制性运球、推进性运球和突破性运球。

1. 控制性运球

当持球队员被紧逼防守时，必须保护好球并且使球在自己的控制之下时，就需要采用控制性运球。良好的身体姿势是控制性运球的基础，运球时要抬头，注视篮圈，保持头部和背部正直，两脚至少与肩同宽，身体重心均匀分布在两脚脚前掌，屈膝降重心，

控制性运球

随时准备移动。运球手的肘关节靠近身体，五指自然分开，用指尖控制球，手心空出，通过手腕和手指的屈伸按拍从地面反弹起来的球，运球靠近身体，非运球手臂张开保护球，使身体在防守者和球之间（如图4-82）。

2. 推进性运球

推进性运球是队员在获得球的基础上，在无人防守的情况下，运球从后场向前场推进的一种方法。推进性

图 4-82　控制性运球

推进性运球

运球时，向前几步远的体侧前方推球，然后追球，通过手腕和手指的屈伸按拍从地面反弹起来的球，球反弹到腰部高度，中枢脚离地前球要离手，抬头，注视篮圈，利用身体和非运球手保护球（如图 4-83）。

图 4-83　推进性运球

3. 突破性运球

突破性运球是队员在获得球的基础上，利用各种脚步动作和运球手法，力求突破防守队员的各种运球过人方法。

（1）体前变向运球。当对手堵截运球前进的路线时，运球队员突然从体前向左或右改变运球方向而形成的运球过人技术。

图 4-84　体前变向换手运球

体前变向换手运球：如图 4-84 所示，以从左侧突破为例：运球接近对手时，先向右侧做运球前进的假动作，当对手移动堵截时，运球队员突然按拍球的右后上方，使球经自己体前右侧反弹至左侧前方，同时右脚用力蹬地，向自己身体左侧前方跨出，向左转体、侧肩挡住对手，同时换左手按拍球的后上方，并加速，从左侧突破对手。

体前变向换手运球

体前不换手变向运球：如图 4-85 所示，运球接近对手时，先将球从自己身体右侧拉至体前中间的位置，同时上体向左做假动作，当对手向其右侧移动堵截时，左脚快速蹬地，向右移动重心，同时仍用右手迅速将球拉回右侧，然后按拍球的后上方，右脚向右前方跨出的同时，上体向右转，接着跨出左脚，同时侧肩挡住对手，从防守的左侧加速超越，继续运球前进。

图 4-85　体前不换手变向运球

（2）变速运球。变速运球是队员运球时，利用运球速度和节奏的变换超越对手的方法。通常在接近防守队员时，采用两步急停，身体重心降低，手按拍球的前上方，使球停止向前运行。当防守队员减速时，突然运球急起，两脚用力后蹬，上体前倾，迅速起动，同时按拍球的后上方，人、球同步快速前进超越防守队员。

（3）背后运球。以右手运球为例：如图4-86所示，当对手紧逼防守时，运球队员向防守者的左侧跨出右脚以吸引对手向其左侧移动进行堵截，同时右手将球拉到身后，迅速转腕拍按球的右后方并向左侧转体，将球从身后拍按至身体的左侧前方，然后换左手运球，同时右脚用力蹬地，左脚向前侧方跨出，加速运球超越防守队员。

背后运球

图 4-86 背后运球

后转身运球

（4）后转身运球。以右手运球为例：如图4-87所示，当对手逼近时，运球队员降低重心，左脚在前做轴，右脚蹬地做后转身的同时，右手将球拉至身体右侧前方，然后换手运球或在做后转身的同时，右手离开球，然后用左手将球拍至身体左侧前方，右脚用力蹬地，左脚向前侧方跨出，加速运球超越防守队员。

图 4-87 后转身运球

（5）胯下运球。以从左侧突破为例：运球接近对手时，先向右侧做运球前进的假动作，当对手移动堵截时，左脚前跨，运球队员突然按拍球的右侧上方，使球经自己胯下反弹至左侧后方，同时右脚用力蹬地，向自己身体左侧前方跨出，向左转体、侧肩挡住对手，同时换左手按拍球的后上方，并加速，从左侧突破对手。

（三）支配球技术运用变式的提示

（1）传球技术在比赛运用中可以用多种变化的形式，如背后传球、胯下传球和体侧传球，还可在原地或跳起空中传球等。传球时要结合假动作，采用声东击西的方法，这样效果更好。

（2）各种运球方法在比赛中可以综合运用，如体前变向运球与转身运球的结合、变速与变向运球的结合等，同时要特别注意加强运球过程中假动作的运用。

（3）传球和运球在比赛中可以相互结合，如后场队员获得球后，迅速将球传给前场队员，前场队员接球后运球突破上篮，以及控球队员运球超越对手后，伺机将球传给无人防守的队员等。

（4）比赛中采用何种支配球方法取决于场上的具体情况，因此，队员应时刻注意观察，要抓住传球和运球的时机，果断处理手中的球。

三、支配球技术教学与训练的练习方法

练习1：直线结合速度变化运球练习。

队员每人持一球，分成若干组依次练习。教师鸣哨开始，第一组运球起动，再次听到哨声即做减速或原地运球，反复3~5次，进行到对侧端线为止（如图4-88）。第一组结束后，第二组开始练习。

要求：保持低重心的运球身体姿势，体会手指、手腕控制球的部位，运球手法正确，与脚步动作协调配合，控制好运球中的身体重心。

练习2：全场变向运球练习。

队员每人持一球，分成两个大组于两侧端线站立，场地内设置标志杆（如图4-89）。运球到标志杆前再做变向运球，然后到下一标志杆处做变向运球，一直到前场最后一个标志杆后，运球跑动投篮。此练习可在变向运球后改为运球转身练习或变向与转身结合的练习。

要求：运球过程中重心降低，变向和转身时要控制重心以保持平稳，动作快速突然，加速动作明显，有明显的练习节奏感。

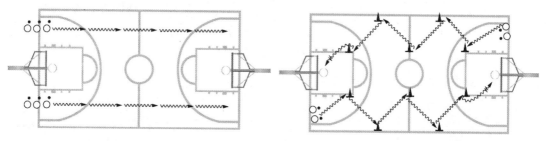

图4-88　直线结合速度变化运球练习　　图4-89　全场变向运球练习

练习3：半场运球与传接球结合的练习。

如图4-90所示，队员成一路纵队站立场外。队员运球沿中场线跑动，绕过标志

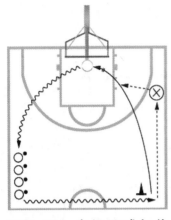

图 4-90　半场运球与传接球结合的练习

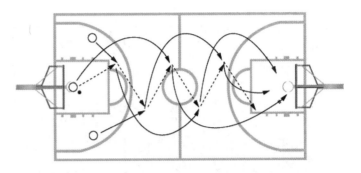

图 4-91　全场三人"8"字围绕传、接球练习

杆时将球传给教练，然后侧身跑接教练的回传球跑动投篮。

要求：绕过标志杆时要降低重心，运球与传接动作要衔接好。前面的练习者投篮时下一个练习者开始，投篮后迅速捡球到排尾。

练习 4：全场三人"8"字围绕传、接球练习。

如图 4-91 所示，三人一组。中路队员传球给插中的边路队员后，快速从其背后绕过向前弧线侧身跑。边路队员接球后传球给另一侧插中的队员后，从其背后绕过向前弧线侧身跑，如此反复进行。

要求：发扬集体主义精神，积极主动地参加练习，练习中同伴间要相互配合。传球要准确到位，传球后快速绕前跑动，逐渐减少传球次数。

全场三人
"8"字围绕
传、接球练习

第五节　一对一攻防技术

一、一对一攻防技术的教学内容体系

一对一攻防是篮球比赛中最基本的技、战术表现形式，它是在个人掌握篮球技术基础上的综合运动。只有全队中每名队员都具备良好的一对一攻防能力，全队整体作战能力才能在比赛中更好地发挥。所以说一对一是全队攻、守战术行动的基础，也是篮球运动基本规律的集中体现。根据队员在球场上所处的位置，一对一攻防教学内容体系可以分为外线队员一对一攻防和内线队员一对一攻防两种，外线一对一攻防可以分为外线有球一对一攻防和外线无球一对一攻防，内线一对一攻防可以分为内线有球一对一攻防和内线无球一对一攻防（如图 4-92）。

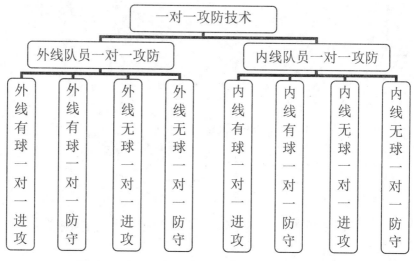

图4-92　一对一攻防技术教学内容体系

二、一对一攻防技术动作

（一）外线队员一对一攻防行动

1.外线有球队员一对一攻防

（1）外线有球队员进攻行动

外线有球队员进攻行动是进攻队员在前场获得球后，根据场上位置和防守情况采用的个人进攻行动。当进攻队员摆脱防守队员接到球时，应该面向球篮和防守队员，眼睛注视球篮和防守队员，形成可以传球、投篮和突破的"三威胁"姿势（如图4-93）。要求头和背部保持正直，一手持球的后下部，一手扶球的侧面，持球靠近于头部和投篮手的肩部位置，屈膝降低重心。

"三威胁"姿势

图4-93　"三威胁"姿势

如果进攻队员摆脱了防守队员接到球，并处于自己习惯的投篮位置时，可以果断地直接投篮。如果防守队员及时赶到，可利用脚步、头部或投篮等方式假动作持球突破过人。持球突破过人可以分为交叉步突破和顺步突破两种方法。当进攻队员被防守时，要注意判断防守意图，尤其是防守队员对于进攻队员所做假动作的反应，以便及时地做出正确的进攻行动。当防守队员手在下面时，收回跨步假动作到投篮位置，果断跳投；当防守队员手上举封盖投篮时，向举手一侧突破。一般来说，防守队员上举的手与前脚在同一侧，因此当防守队员的手在跨步假动作一侧时，进攻队员可以选择直接顺步突破；当防守队员的手上举在进攻队员跨步假动作的对侧时，进攻队员可以选择交叉步突破。

A.持球队员假动作。是进攻队员利用头、肩、球和脚步等的动作迷惑防守队员使其失去身体平衡，借机突破防守的动作方法。头部和肩部假动作一般是进攻队员先向某一方向做晃动假动作，然后快速向反方向突破或投篮。球的假动作一般是进攻队员做投篮假动作，当防守队员受骗时快速突破，投篮假动作时注意投篮幅度不能太大，并且重心不能上下起伏；或向某一方向做传球假动作，然后向另一方向传球、投篮或突破；或向一侧做摆球突破假动作，然后向另一侧突破；脚步假动作主要是非中枢脚做跨步假动作，然后选择突破或投篮。要达到欺骗防守队员的目的，假动作必须逼真，并且速度不能太快，要根据其反应做出合理的进攻行为。

B.交叉步突破，又称"异侧步突破"。进攻队员在获得球并面对防守队员时成三威胁姿势站立，两脚开立与肩同宽，屈膝降重心，持球于胸前位置。以右脚作为中枢脚为例：突破时，左脚前脚掌内侧蹬地，交叉步向右侧前方跨出，上体稍向右转，侧身左肩前探，重心向右前方移动，紧贴防守队员的左侧身体，同时双手将球引于身体右侧，在中枢脚抬起前用远离防守队员的外侧手运球，用内侧手和身体保护球，然后中枢脚蹬地向前跨出，加速超越对手突破上篮、急停跳投或突破传球（如图4-94）。

持球交叉步突破

图 4-94　持球交叉步突破　　　图 4-95　持球顺步突破

C.顺步突破，又称"同侧步突破"。进攻队员在获得球并面对防守队员时成三威

持球顺步突破

胁姿势站立。以左脚为中枢脚为例：突破时，左脚前脚掌内侧蹬地，右脚迅速向右前方跨出，同时向右转体侧身探肩，重心前移，紧贴防守队员的左侧身体，双手将球引于身体右侧，在中枢脚抬起前用远离防守队员的外侧手运球，用内侧手和身体保护球，然后中枢脚迅速蹬地向前跨出，加速超越对手突破上篮、急停跳投或突破传球（如图4-95）。

D. 运球突破。持球队员开始运球后，前面所讲授的运球技术在突破对手的过程中被灵活运用，注意不要随意停球，要一直保持活球状态，直到有利的传球和投篮机会出现。在后场获得球的队员应运用快速传球或运球突破对方防守，力争迅速把球推进到前场。一般主要有三种进攻形式：有传球机会则传球给已摆脱切入或处于前方有利位置的同伴；没有传球机会则应向中场方向突破，避免把球运向死角；突破过程中及时将球传给策应或拉开的同伴。

（2）防守外线有球队员

防守外线有球队员的任务是尽力干扰和破坏对手投篮，堵截其运球突破，封锁其助攻传球，并积极地抢断球以达到控制球权的目的。防守有球队员要及时抢占有利防守位置，观察判断对手的进攻意图，合理地运用防投、运、突、传等技术，不要轻易被对方假动作迷惑。要及时发现对手的进攻技术特点，有针对性地防守。对手运球停止时，立即上前封堵。

A. 防守位置。当进攻队员持球或运球时，防守队员应站在对手与球篮之间的位置上（如图4-96）。一般对手离篮近则应靠对手近些，离篮远则应距离对手远些。特别要根据对手的技术特点（善投、善传、善突）以及防守战术的需要调整防守位置。

图4-96　防守位置

B. 防守动作。防守动作是指防守中所采用的基本步法、身体姿势及手臂动作。包括防守持球队员、防守运球队员和防守死球队员。

防守持球队员：在进攻队员接球尚未进入攻击状态时，防守队员要快速利用碎步或攻击步逼近对手，采用平步或斜步防守姿势，干扰持球队员运球、传球和投篮的行为选择。当进攻队

图4-97　防守持球队员

防守持球队员

员持球处在即刻攻击状态时，一般经常采用斜步防守姿势，前脚同侧手臂前伸干扰进攻队员持球的强侧手，另一手侧伸阻拦进攻队

员传球。例如，如果进攻队员右手是强侧手，防守队员左腿和左手在前迫使进攻队员用弱侧手传球或运球（如图4-97）。

防守运球队员：当进攻队员在后场运球突破时，防守队员要积极紧逼，堵中放边。在某些特殊情况

图 4-98　防守运球队员　　图 4-99　防守死球队员

防守运球队员

下，可进行"领防"——有意放开一面，迫使对手把球传向或运向预先设置的"陷阱"，与同伴协同形成夹击。在前场防守运球队员时，两腿平行站立，快速滑动，两臂不停地挥摆，尽量迫使进攻队员转身运球、向边线运球、用弱侧手运球或停止运球（如图4-98）。

防守死球队员：当进攻队员停止运球时，防守队员立即重心上提，紧贴防守队员，两手臂张开上扬封堵持球队员传球或投篮，迫使其转身（如图4-99）。

2. 外线无球队员一对一攻防行动

（1）外线无球队员进攻行动

图 4-100　摆脱拉出

在篮球比赛中，一支球队的5名进攻队员中只能有1名队员有球，大约80%的时间其余4名队员处于无球状态，因此进攻的成败与无球队员的行动

摆脱拉出

密切相关，为了协助球队创造得分机会，所有进攻队员必须能无球移动。进攻无球移动主要包括利用自己脚步动作摆脱防守或利用掩护切入来帮助自己或同伴摆脱防守队员。前场无球进攻队员的移动具有强烈的攻击性和策略性，其个人行动的主要目的有三：一是利用假动作或同伴的掩护摆脱防守者抢占有利接球位置，获得球后进行个人攻击；二

是采取为同伴做掩护、策应等助攻行动，为其创造进攻机会；三是当同伴投篮时，积极摆脱对手，拼抢篮板球，争取二次进攻。其主要行动方法有摆脱拉出、摆脱切入和利用掩护摆脱移动三种。

A. 摆脱拉出。当防守队员用一侧手和脚在传球路线上阻拦进攻队员接球时，进攻队员要带动防守队员向球篮方向移动，然后快速变向，拉出到外线接球进攻，摆脱防守队员后，前面的手要上举给同伴传球的目标，主动伸手迎球（如图4-100）。"V"字型摆脱是否有效，取决于向篮下切入到拉出到外线的假动作、时机和变向的速度。

图 4-101　摆脱切入

摆脱切入

B. 摆脱切入。摆脱切入分为身前切入和背切，身前切入是从防守队员身前切入的动作方法，切入前一定要判断防守的位置，当防守队员随进攻队员移动，并且贴身紧逼防守时，进攻队员就可以选择直接向篮下快速切入接球；当防守队员后退远离进攻队员，进攻队员则可以向远离球的方向做移动一两步的假动作，当防守队员跟随移动时，则可以快速变向，从防守队员身前向篮下切入接球投篮。背切是从防守队员背后快速切入的动作方法，当防守队员随进攻队员不断移动，且前手和前脚在进攻队员传球路线上阻拦其外线接球时，进攻队员则可以快速变向，从防守队员背后向篮下切入接球投篮（如图4-101）。

C. 利用掩护摆脱移动。掩护是利用自身的身体挡住同伴防守队员移动路线的一种策略。当进攻队员利用掩护摆脱防守时，要有控制地靠近掩护同伴，然后快速移动。根据防守队员的策略选择，进攻队员可以选择摆脱掩护切入的方法包括外拉、绕切、背切和后退拉开。当防守队员利用穿过破坏掩护时，切入队员可以选择向外拉出接球投篮；当防守队员紧随切入队员挤过时，切入队员可以选择绕切接球上篮；当防守队员提前挤过破坏掩护时，切入队员可以选择背切篮下接球投篮；当防守队员选择绕过破坏掩护时，切入队员可以选择向远离球侧后退外拉接球投篮。

（2）防守外线无球队员行动

在篮球比赛中，防守的绝大部分时间是在防守不持球的进攻队员。良好的防守包括防守对手、球和篮，为了实现这个目标，防守队员要从一个良好的防守无球队员的位置上协防，并阻止持球队员有威胁地传球和运球突破，同时能够及时回防自己的进攻对手。防无球队员的主要任务是尽可能不让对手在有效攻击区内接球，或使对手勉强接球后处于被动地位。防守队员要及时判断对手的位置及其与球和篮的位置关系，并随对手的切入方向、球的转移和是否有掩护等合理地运用防守动作，阻截对手进入有利攻击区和习惯位置，割断对方重要的配合位置和区域间的联系，并抓住一切机会果断抢、打、断球，以达到破坏进攻、争得控制球权的目的。

A.防守外线无球队员的要求。防守要有攻击性和破坏性，防守队员必须抢占"人球兼顾"的有利位置，在球—防守队员—进攻对手之间形成一个假想的三角形，对手离球越近，防守队员离对手应当越近，对手离球越远，防守队员离对手越远，以协防持球队员的防守队员，要遵循"球、人、区、篮四位一体兼顾"的防守原则。要做到"内紧外松、近球紧远球松，松紧结合"，防止对手的摆脱空切。要及时果断地进行防守配合，帮助同伴防守威胁最大和持球进攻的队员。要有随时补防、夹击和换防的集体防守意识与能力。

B.防守外线无球队员的基本方法。前场防守时的位置选择非常重要，正确合理地占据有利位置，是防守中取得主动的重要条件。为了更好地理解全队防守位置，要考虑球场强侧（有球侧）和弱侧（协防侧）的划分，强侧指球场中有球的一侧，弱侧指球场中远离球的一侧（如图4-102）。防守队员要根据对手、球篮和球的位置与距离来选择防守位置。一般来说，防守队员为了做到人球兼顾，应站位于对手与球篮之间偏向有球一侧的位置上（如图4-103）。

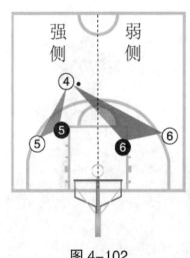

图 4-102   图 4-103

防守强侧无球队员：防守强侧距离球较近的无球队员时，防守队员要占据球—防守队员—对手的位置，努力阻止给强侧前锋的传球。经常采用面对对手、侧向球的防守姿势，靠近球一侧的脚和手在前阻拦传球路线，抬头从你前手臂的肩上观察球和对手，前侧手的手心朝外，拇指向下准备断球，另一手臂弯曲靠近进攻队员身体。屈膝降重心，两腿开立宽于肩的姿势准备移动，利用短促、快速的脚步对对手的移动做出反应（如图4-104）。对于背切传球，防守队员要向球转身断球。

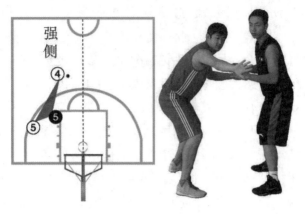

图 4-104

防守强侧无球队员练习

防守弱侧无球队员：防守弱侧距离球较远的无球队员时，防守队员要收缩到限制区内占据合理的位置松懈防守对手，在防守队员、对手和球之间形成一个钝角三角形，经常采用面向球、侧向对手的防守姿势，两脚开立屈膝降重心，一只手指指向球，一只手指指向对手，准备协防持球队员向限制区的突破或传球（如图4-105）。

防守弱侧无球
队员练习

图 4-105

防守切入：当被紧逼防守的外线队员传球时，防守队员必须从防守对手位置上迅速向球移动，建立球—防守队员—对手合理的防守位置，防守时要保持平衡稳定的身体姿势，以便做好身体对抗准备，阻止切入队员在你和球之间移动，对抗切入队员时，身体内侧要主动发力，随对手切入移动时，要采用面向切入队员的抱防姿势，当对手传球时向球的方向转身（如图4-106）。

防守切入

防守空切：空切是对手从弱侧向球的方向快速移动的一种进攻方法，多数进攻是利用空切从弱侧进入高位中锋位置。当防守队员在弱侧时，防守队员应成敞开防守姿势，选择能同时看到球和对手的恰当位置，当进攻队员向高位中锋切入时，注意移动，阻拦其空切，靠近球一侧的手和脚在前成抱防姿势阻断传球路线，并保持稳定平衡的身体姿势。

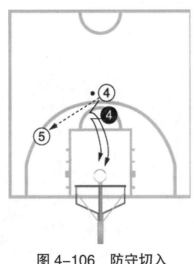

图 4-106　防守切入

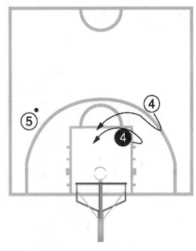

图 4-107　防守空切

当进攻队员紧接着向篮下背切时，要成抱防姿势向进攻队员切入方向移动，当对手传球时要向球的方向转身（如图 4-107）。

（二）内线队员一对一攻防行动

1. 内线有球队员一对一攻防行动

（1）内线有球队员进攻行动

内线队员抢位接球后背对球篮持球进攻是其最主要的得分手段。内线队员抢位接球位置主要集中于限制区中立区周围的区域，抢位接球的方式通常包括面向球的双手接球和侧对球的单手接球两种。抢位接球后有以下几种基本的进攻方式：向端线后撤步强攻投篮、向中间后撤步勾手投篮、向端线前转身跳投或交叉步勾手投篮。

A. 抢位接球。当面对传球时，内线队员双手主动迎球，在限制区中立区以上位置跳步急停接球，接球后身体重心落于两脚脚后跟上，过渡到脚前掌，两腿分开宽于肩，屈膝降重心，建立良好的身体平衡，两肘张开把球保护在头前。当侧对传球时，内线队员利用靠近球一侧手向球的方向伸展主动迎球，上步急停单手接球后，另一手迅速护球，两肘张开把球保护于头前位

抢位接球

1　　　　　2

图 4-108　抢位接球

置（如图 4-108）。

图 4-109　向端线后撤步强攻投篮

向端线后撤步
强攻投篮

B. 向端线后撤步强攻投篮。当内线队员在限制区中立区位置接球后，防守队员在高位防守，进攻队员两肘张开把球保护球于头前，利用球或肩向高位做假动作，然后靠近篮板的内侧脚向端线后撤步，脚尖转向球篮，背部保持正直，尽量使肩膀与篮板平行，双手在两腿之间强力运球一次，然后拿球跳步急停，两脚跳起，两手投篮，落地保持身体平衡，两手准备抢前场篮板球（如图 4-109）。

图 4-110　向中间后撤步勾手投篮

向中间后撤步
勾手投篮

C. 向中间后撤步勾手投篮。当内线队员在限制区中立区位置接球后，防守队员在端线一侧防守，进攻队员两肘张开持球于头前，利用球或肩向端线做假动作，然后远离篮板的外侧脚向限制区内后撤步，脚尖转向中线，背部保持正直，投篮手在球下，两手把球举到勾手投篮的位置，然后中枢脚提起，身体侧对球篮，非投篮手臂架起，阻拦防守的封盖，投篮手进行勾手投篮，落地时保持身体平衡，两手准备抢前场篮板球（如图 4-110）。

D. 向端线前转身跳投或交叉步勾手投篮。当内线队员在限制区中立区位置接球后，不能感觉到身后的防守队员，向端线前转身保持三威胁姿势，眼睛注视篮圈和防守队员，做有攻击性的顺步或投篮假动作，若防守队员后退或没有反应则果断跳

起投篮；若防守队员对突破或投篮假动作做出反应，用同侧脚向中间做交叉步突

向端线前转身跳投

破，双手把球举到勾手投篮的位置，提起中枢脚进行勾手投篮，落地时保持身体平衡，两手准备抢前场篮板球（如图4-111）。

图4-111　向端线前转身跳投

（2）防守内线有球队员行动

无论内线队员在任何位置接到球，防守队员都要迫使他运用弱势技术攻击。防守内线队员时，要首先在内线队员身后稍偏向端线的位置保持防守姿势，两腿开立宽于

防守内线有球
队员行动

肩，屈膝降重心，靠近端线一侧的前臂屈臂顶住内线队员的后背，另一侧手臂上举干扰其向中路限制区移动，一旦内线进攻队员向限制区移动开始进攻，防守队员要利用短促的脚步移动封堵其移动路线，

图4-112

使其远离球篮，迫使内线队员停球或向端线方向返回。若内线队员返回端线方向进攻，防守队员则要腹部挺直紧贴对手，两手上举封盖其投篮。如果内线队员投篮，防守队员则要跳起封盖（如图4-112）。

2. 内线无球队员一对一攻防

（1）内线无球队员进攻行动

大多数教练员和运动员都意识到内线队员在限制区周围接球后进行内线攻击的重要性。由于在距离球篮很近的位置获得投篮机会，所以内线队员具有较高的投篮命中率，当内线队员篮下接球面对多人防守时，经常会投篮得分并造成防守队员的犯规，获得打三分机会，当防守队员对其包夹时，他也可以传球给外线队员，获得三分投篮得分机会。内线队员技术多数是背对球篮得分技术，经常在限制区两侧进行。由于限制区周围历来是兵家必争之地，受内线区域身体对抗激烈和时机限制的影响，内线队员无球抢位接球技术就十分关键。

A.内线队员基本站立姿势。内线队员双脚开立宽于肩，背部保持正直，屈膝降重心紧靠防守队员以建立更大的支撑面，两肘外展，大臂与地面平行，同时双手展

图 4-113

开上举，手指稍向前伸，指向天花板，做好接球准备，靠近防守队员一侧的背、肩和上臂主动用力阻拦防守队员抢到自己身前（如图 4-113）。

B.移动抢位接球。内线队员需要通过无球移动摆脱防守抢占外线传球队员和自己防守队员之间的空当，当防守队员侧前防守阻拦接球时，内线队员可以利用 V 型切入抢占位置，进攻队员首先主动靠近防守队员向远离球侧移动几步，然后利用后转身把防守队员挡在身后抢占有利的位置接球；内线队员也可以先绕到防守队员身后避开防守队员的视线，然后快速绕防守队员切回到空当处接球。当防守队员绕前防守阻拦接球时，则要利用短促快速的脚步动作向限制区中立区以上位置移动，把防守队员拉到高位，然后用靠近防守队员的手臂顶住防守队员的背部，靠近球篮的一侧手伸出给同伴高吊传球的信号，准备向篮下切入接同伴高吊球。

总之，内线队员移动抢位时要利用灵活的脚步移动，尽量用身体占据空间位置并利用整个身体接触和背部主动挤靠防守，主动与防守队员保持身体接触。当防守队员在高位防守时，内线队员要继续向更高位移动；当防守队员在低位防守时，内线队员要继续向更低位移动；当防守队员在后面时，内线队员要继续向后移动，然后快速切回抢占位置。

（2）防守内线无球队员行动

防守内线无球队员时，根据防守队员的位置，通常包括身前防守、身后防守和侧前防守三种。当内线队员攻击能力较强时，防守队员会选择身前防守减少其接球。身前防守时，内线队员屈膝降重心，后背保持正直紧靠进攻队员，努力把进攻队员推进限制区，靠近球一侧手臂在空中高高扬起，准备打掉对手的高吊球（如图 4-114）。当内线队员进攻不构成威胁时，防守队员会选择身后

**内线无球队员
进攻行动**

防守，防守队员屈膝降重心，一侧或两侧手臂弯曲顶在内线队员的背部，通过对抗尽量把内线队员推离篮下位置（如图 4-115）。防守内线队员最通用的方法是侧前防守，通常靠近球一侧的手和脚在前，另一侧手臂弯曲顶在防守队员身体一侧成抱防的姿势，当球在罚球线以上时，要选位在内线队员的上面进行防守，当球在罚球线以下时，要选位于内线队员的下侧进行防守（如图 4-116）。

图 4-114 身前防守　　图 4-115 身后防守　　图 4-116 侧前防守

（三）一对一攻防技术应用变式的提示

一对一攻防技术是在综合各种技术基础上的综合性、对抗性技术内容，在实战过程中要始终结合场上的实际情况，机动灵活地应用。

（1）要把有球进攻与无球进攻、无球进攻与有球进攻、防守无球与防守有球、防守有球与防守无球等形式创造性地结合起来。

（2）在一对一攻防技术的教学训练基础上，进行二对二或三对三攻防的教学训练，使一对一攻防技术得到巩固和提高。

（3）一对一攻防技术是队员个人技术的运用和创造过程，要在以我为主的思想指导下进行练习，不要拘泥于技术运用的固定程式。

三、一对一攻防技术教学与训练的练习方法

一对一攻防技术的本质是面对面的攻守对抗，因此，对抗性练习是一对一攻防技术教学的主要手段。在一对一个人攻防技术的教学与训练中，应将进攻与防守结合起来进行，练习进攻的同时也练习防守。初学阶段可以通过降低对抗强度的方法来调整练习的难度。每一个对抗练习都有侧重点，有的练习以进攻为主，而有的练习以防守为主，要通过练习要求来强化一对一个人攻防技术的要点。

练习1：顺步和交叉步突破过人技术练习。

队员每人一球，距离墙壁4~5米站立。练习由向墙壁传球开始，当球反弹回来时，积极迎上接球急停，接着做顺步或交叉步突破过人技术动作。按教练要求的次数反复进行。

要求：迎上接球与停步的动作扎实、有力、连贯，突破过人的动作幅度大，重

151

心低，衔接好。

练习2：纵半场徒手一对一个人攻防练习。

队员两人一组，一人进攻另一人防守。进攻者以适当速度沿纵半场做各种脚步变换的移动，防守者始终选择在对手与球篮之间的位置。根据对手移动情况的变化做出适当的调整（如图4-117）。

要求：练习开始时，进攻者的速度要适当，移动变化要相对规律，随练习的进程逐步提高速度和变化，为防守者创造练习条件。防守者要主动防守，判断对手移动变化，积极移动，调整有利防守位置。

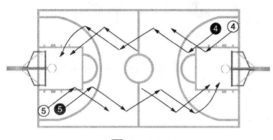

图4-117

图4-118

练习3：纵半场有球与无球结合的一对一个人攻防练习。

队员两人一组，用一球，一人进攻，另一人防守。进攻者徒手摆脱接教师传球，然后做运球一对一个人攻守练习，在进入前场后再将球传给固定接球者，继续摆脱回传球，做一对一个人攻守练习。第一组完成后，第二组开始练习（如图4-118）。

要求：掌握好攻守对抗的节奏，进攻者要大胆运用学过的技术，防守者积极调整防守位置。根据技术运用的熟练程度，逐步加大对抗的难度。

练习4：半场一对一个人攻防练习。

队员两人一组，用一球，在端线外站立。运球者沿三分线运球后将球传给教练，对侧学生同时沿三分线移动，教练传球给对侧移动队员同时，传球队员快速迎前选择合理的位置防守接球队员进行一对一攻防（如图4-119）。第一组完成后，第二组开始练习。

图4-119

要求：传球给教练后要积极去防守，快速调整脚步动作，选择适当防守位置。接球进攻者要大胆利用学过的各种超越技术，采用瞄篮、跨步等虚实结合的动作迷惑对手，攻击时动作果断、快速、有力。

练习5：半场分组教学比赛练习。

队员分成若干个小组，在半场做二对二或三对三攻防对抗练习。投中的一方继续进攻，防守方断球或抢获篮板球后重新在中线发球。练习之前规定比分，先完成的队获胜。

要求：严肃认真地参加比赛练习，同伴间相互配合，发挥集体的力量。无论进攻还是防守，都按规则的要求进行，注意正确技术动作的运用。

思考题：

1. 篮球运动技术分为进攻和防守两大体系，分别包括哪些技术？

2. 篮球技术教学的内容体系包括哪些内容？

3. 篮球基本步法包括哪几种形式？

4. 简述影响投篮技术的因素有哪些？

5. 请阐述原地单手肩上投篮技术要领和练习方法。

6. 请阐述如何保护防守篮板球？

7. 简述支配球技术中传球和运球技术有哪几种方法？

8. 图示说明防守外线无球队员的基本方法和要求。

9. 外线队员持球突破技术包括哪几种？有哪些易犯错误？

10. 请画图设计 5 种传接球的练习方法，要求逐步增加难度。

第五章

篮球战术演练

【导读】篮球战术是以篮球技术为基础，是篮球比赛中队员之间相互协同行动的方法，包括战术基础配合和全队战术。本章重点介绍了传切、突分、策应和掩护等进攻基础配合及关门、夹击、补协防、破坏掩护等防守基础配合的基本要求、形式和教学方法以及全队进攻战术和防守战术的基本要求、形式和教学方法。通过本章学习，学习者要掌握篮球战术分类体系，能够识别篮球比赛中的战术方法，并组织战术教学。

第一节　篮球战术体系

一、篮球战术的概念

篮球战术是比赛中个人技术的合理运用和队员之间相互协调配合的组织形式。任何战术的目的都是为了更好地发挥本方队员的技术，制约对方，力争掌握比赛的主动权，争取比赛的胜利。

二、篮球战术分类

通常篮球战术分为进攻战术和防守战术两大体系，进攻战术有进攻战术基础配合和全队进攻战术之分，防守战术也有防守战术基础配合和全队防守战术之分（战术分类如图 5-1）。

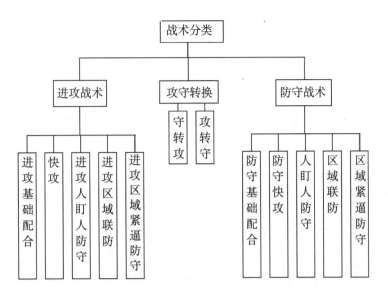

图 5-1 篮球战术分类

进攻战术基础配合是二、三人之间有目的有组织的协同进攻配合方法，常见的配合方法有传切配合、掩护配合、突分配合和策应配合，当然还有许多配合变式。

防守战术基础配合是二、三人之间为破坏进攻队员之间配合所组成简单配合，常见的配合方法有关门配合、夹击配合、补防配合、协防配合、破坏掩护配合，即挤过配合、穿过配合、绕过配合、交换防守配合、夹击轮转配合，当然也有许多配合变式。

全队进攻战术按照抢获篮板球或抢断球后，由守转攻的主动转换过程，可以分为快攻、衔接段进攻和阵地进攻。快攻是由防守转入进攻时以最快的速度将球推进至前场，争取造成人数上和位置上的优势与主动，果断合理进行攻击的一种进攻战术，一般 3~5 秒就会完成进攻。衔接段进攻是在快攻未成功时，利用对方"退不及防、防不到位"，人动、球动、连续地利用各种穿插、掩护、突破、策应调动对手，机动灵活地实施攻击的战术，一般 5~8 秒就会完成进攻。阵地进攻是防守队员基本退守到位并形成一定的防守阵型，进攻队员在对方半场展开攻击的战术。根据对手半场防守阵型，可以分为进攻半场人盯防守战术、进攻区域联防战术、进攻区域紧逼防守战术、进攻混合防守战术。当对手投篮命中发生由守转攻的被动转换过程，对手采用不同形式全场防守时，进攻球队就会相应地运用进攻全场紧逼人盯人防守战术、进攻全场区域紧逼防守战术。

全队防守战术按照投篮未中被抢获篮板球后，由攻转守退防的主动转换过程，可以分为防守快攻、防守衔接段进攻和阵地防守。防守快攻和防守衔接段进攻是根据进攻球队特点防守队采取的快速退防过程的中防守阵型，阵地防守则是落入半场后采取的防守阵型，通常有半场人盯人防守、区域联防、区域紧逼和混合防守。当本队投篮命中发生由攻转守的被动转换过程时，为了打乱对手进攻节奏，也会变化使用全场紧逼人盯人防守战术和全场区域紧逼防守战术。

三、篮球比赛场上队员战术分工及职责

现代篮球运动当代化的特点之一，就是既注意战术位置的分工相对稳定，又重视战术运用的机动、灵活和实效，因而，战术的位置分工和锋、卫位置的职责也趋于模糊，而且这已经成为一种发展趋势。从位置分工的角度，场上位置可以划分为内线队员和外线队员，进一步细化可以分为前锋、中锋和后卫。

（一）内外线分工及职责

1. 内线队员

内线进攻队员是指经常活动在限制区周围运用无球和有球进攻技术完成攻击的队员。由于限制区周围历来是兵家必争之地，受内线区域身体对抗激烈和时机限制的影响，活动于该区域的内线队员多为侧对和背对球篮接球，掌握娴熟的背对球篮进攻技术非常重要。随着高大队员身体素质的提高，内线队员的活动范围已逐渐扩大到三分线附近。根据内线队员的站位不同，可以分为高位内线队员和低位内线队员：站在限制区两侧偏中、低位置的称"低位内线队员"；站在罚球线附近位置的称"高位内线队员"。当内线队员篮下接球受到防守时，往往会投篮得分并造成防守队员的犯规，获得打三分机会。当防守队员对其包夹时，他也可以传球给外线队员，获得三分投篮得分机会。

2. 外线队员

外线进攻队员是指经常活动在前场两翼和弧顶区域运用无球和有球进攻技术完成攻击的队员。无球队员必须通过移动摆脱防守获得空当，并在接球的瞬间立即成可传、可投和可突的三威胁姿势。有球队员必须具有外线投篮得分、传球给空当的无球同伴、运球突破上篮和分球给无防守同伴得分的能力。外线队员一旦接到球即具有了运用个人持球进攻技术的机会，此时，持球队员必须将自己的进攻移动与其他4名同伴的移动紧密结合起来。可利用逼真的假动作或运球突破迫使对方其他队员过来协防，使之产生防守空当，从而使同伴获得接球得分的机会。无球队员在移动摆脱防守时，应注意观察球、球篮和防守者。不要站着不动，要不断地变速和变向移动摆脱防守，在队员之间制造空间，是球队不容忽视的重要技能。外线队员应保持3.5~4.5米左右距离空间，使防守队员难以同时防守两名进攻队员。无球队员要尽量向空当区域移动，制造与传球队员之间有利的传球角度。当外线防守队员在传球者和无球队员之间绕前防守封堵传球路线时，无球队员可变向切入篮下。若变向切入篮下后仍不能接到球，可变向外拉回切外线。

156

（二）不同位置分工及职责

1. 中锋

中锋队员主要落位于内线，活动区域在距离球篮 5 米以内，攻、防争夺激烈，是联系外线的中枢，承担着内线攻击的重任，同时也具有外线远距离投篮能力。因此，要求中锋身材高大、体格健壮、个人攻击能力强，具有良好的战术意识，能为全队战术组织起到枢纽作用，具有拼抢篮板球的意识和能力。

2. 前锋

前锋多处在进攻的最前沿，位于罚球线延长线两侧的地区，活动范围广，担任队内的主要攻守任务。现代篮球运动向高速、高空方向发展，要求前锋身材高大、具有良好的身体素质，技术上要既全面，又要有特点，个人攻击能力强，有良好的战术意识和助攻能力。

3. 后卫

后卫队员是临场比赛的组织者和指挥者，是比赛的核心队员，承担着组织全队攻守任务。后卫进攻的主要活动范围是罚球区弧顶外及附近两侧。因此，要求后卫队员技术全面、控制球能力强、能投善射、能妙传助攻，具有良好的战术意识和沉着、冷静、机智的头脑及观察、分析、判断、指挥全队攻守的能力。

第二节　篮球传切和防守传切配合

一、传切配合

（一）传切配合定义

传切配合是进攻队员之间利用传球和切入技术组成的简单配合，实践运用中多采用一传一切和空切两种。

篮球比赛中运动员绝大部分时间都处于无球进攻状态，队员要想得分必须依靠个人或同伴摆脱防守接球进攻，因此无球队员合理的切入拉出可以减轻本队持球同伴的压力，破坏对方的协防配合。无球队员的切入包括向球移动摆脱接球、向球篮移动摆脱接球、向空区移动摆脱接球和向同伴移动摆脱接球。

（二）传球配合的形式和方法

1. 一传一切：是持球队员传球后，利用起动速度或假动作超越对手，向篮下切入，接回传球投篮的配合方法（如图5-2）。

2.空切：是无球进攻队员掌握时机，摆脱对手，徒手切向防守空隙区域接球投篮或做其他进攻动作的配合方法（如图5-3）。

一传一切配合、进攻队员背切

图5-2 一传一切配合

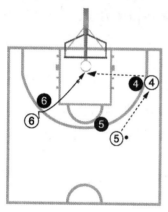

图5-3 空切配合

图5-4

（三）传切配合示例及基本要求

1.传球队员的要求

（1）传球队员要具有一定的攻击能力和攻击意图，使防守队员不能判断出进攻队员下一步的动作，才能做到出其不意完成传球。

（2）传球队员不断观察场上同伴移动，传球要突然、隐蔽、快速、及时、准确。持球人不能站着盯住目标直传，要以各种攻击动作吸引防守。

2.切入队员的要求

（1）无论进攻队员位于球场何处，只要防守队员在无球进攻队员与传球队员之间采用抢前防守封堵传球路线时，进攻队员便可以迅速背切。在防守队员转头看球的瞬间，进攻队员就可利用此机会切入。切入时靠近防守队员一侧的手臂要向球篮方向伸展，这样既有利于成功切入，又便于接球。

（2）切入队员要把握好切入时机，动作突然、爆发力强，靠近防守人的肘臂顶住对手，近球时手扬起示意传球目标，全力争取"一肩半步"的时间和位置优势。

（3）切入队员的成功与否与其攻击能力密切相关，要根据球和防守队员的不同位置，选择合理的切入方式和方法。

下面结合示例具体说明对切入队员的要求。

示例一：进攻队员前切（如图5-4）

方法：进攻队员⑤将球传给同伴后，顺势在靠近球的一侧切入，接队员回传球投篮。

要求：④传球后要利用防守队员❹看球或放松的瞬间，切入篮下。这里再强调的是，切入时切入队员靠近防守队员一侧的手臂要向球篮方向伸展，这样既有利于切入成功，又便于接球。

示例二：进攻队员后（背）切（如图5-5）

方法：进攻队员④将球传给同伴⑤后，防守队员❹贴近④，阻止⑤将球回传给

④，此时，④向远离球的方向切入篮下，接⑤传球投篮。

要求：④要在防守队员❹抢前防守时，果断从另一侧切入篮下，同时要伸展手臂，准备接球。

无论进攻队员位于球场何处，只要防守队员在你与传球队员之间采用抢前防守，封堵传球路线，进攻队员可以迅速背切。当防守队员转头看球的瞬间，进攻队员也可利用此机会切入。

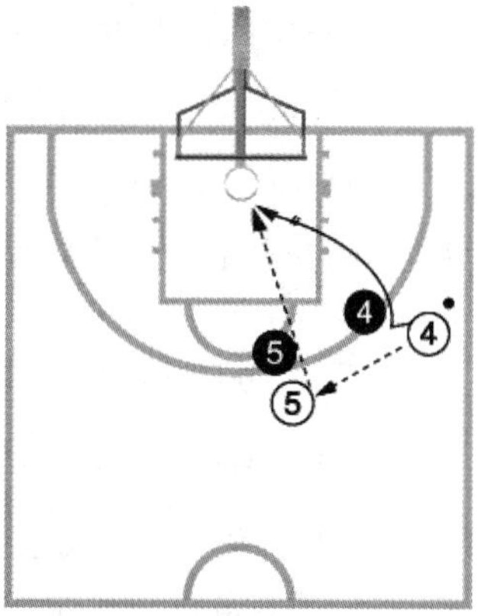

图5-5

二、防守传切配合

（一）防守传切配合基本要求

传切配合主要依靠进攻队员的无球切入及同伴及时传球来完成进攻基础配合，作为防守方就要在防切入和防传球两个方面着手，遏制其配合完成。

1. 对切入队员的防守

（1）当防守无球进攻队员时，要适时移动建立"球—防守队员—对手"合理的防无球队员防守位置。

（2）防守时要保持平衡稳定的身体姿势，以便做好身体对抗准备，阻止切入队员在你和球之间的区域内移动；对抗切入队员时，身体内侧要主动发力，利用身体对抗阻截对手身前切入路线；随对手切入移动时，要采用面向切入队员的抱防姿势，当对手同伴向其传球时向球的方向转身。

（3）当防守队员在弱侧时，防守队员应成敞开防守姿势，选择能同时看到球和对手的恰当位置。

（4）当进攻队员向高位中锋切入时，注意移动，利用身体对抗阻拦其身前空切，靠近球一侧的手和脚在前成抱防姿势阻断接球路线，并保持稳定平衡的身体姿势。

（5）当进攻队员紧接着向篮下背切时，要成抱防姿势向进攻队员切入方向移动，当对手同伴向其传球时要向球的方向转身。

2. 对控球队员的防守

（1）防守外线控球队员的任务是尽力干扰和破坏对手投篮，堵截其运球突破，封锁其助攻传球，并积极抢断球以达到控制球权的目的。

（2）防守队员要以手打、断球，以此干扰持球者控球，身体垂直直接接触持球者，迫使持球者重心失去平衡，进而难以控制球；以打球、抄球等假动作威胁运球者。

（3）防守队员以身体阻拦运球者前进，给控球者压力和困扰，使其没有精力去观察切入同伴，同时用手干扰运球者传球，阻断其传球路线。

（4）控球队员要将手中球传出瞬间，最靠近控球队员的防守队员要做出扑、拦、挡、抢等动作，阻挠对手传球。当持球队员准备传球时，防守队员一定要随着持球队员的动作移动双脚，靠近对手去阻拦传球动作，一手对着球，另一手高举遮住传球队员的视线；当持球队员跳起传球时，防守队员也要跟随跳起阻拦传球。

（二）防守传切配合的基本形式和方法

前面提到防守传切配合对传球队员的防守尤为重要，如果把切入到有利位置的队员比作"武器"，那么传球队员就是"弹药"的输送者，没有弹药再好的武器也毫无用处。针对这一特点，防守传切首要解决球转移的问题，防守方要努力限制、割裂控球队员与其同伴的联系。

1. 防守传球队员基本方法

进攻持球队员要将手中球传出瞬间，对应的防守队员要做出扑、拦、挡、抢等动作，阻挠对手传球。当持球者准备传球时，防守者一定要随着持球者动作，移动双脚，靠近对手去阻拦传球动作，阻拦动作最后一手对着球，另一手高举遮住传球者的视线；当持球者跳起传球时，防守者也要跟随跳起阻拦传球。

2. 防守切入队员基本方法

（1）防守强侧队员切入

防守时要保持平衡稳定的身体姿势，以便做好身体对抗准备，阻止切入队员在防守队员和球之间的区域内移动；对抗切入队员时，身体内侧要主动发力，利用身体对抗阻截对手身前切入路线；随对手切入移动时，要采用面向切入队员的抱防姿势，当对手的同伴向其传球时向球的方向转身。

（2）防守弱侧空切

在弱侧时，防守队员应成敞开防守姿势，选择能同时看到球和对手的恰当位置。当进攻队员向罚球线切入时，防守队员要注意移动，利用身体对抗阻拦其身前空切，靠近球一侧的手和脚在前成抱防姿势阻断接球路线，并保持稳定平衡的身体姿势。当进攻队员紧接着向篮下背切时，防守队员要成抱防姿势向进攻队员切入方向移动，当对手的同伴向其传球时要向来球的方向转身，伺机断球。

三、传切配合与防守传切配合的教学与训练

（一）传切配合的练习

1. 徒手切入练习

方法（1）：（如图5-6）

图 5-11 的练习方法也可以安排在场地 45° 等不同位置进行练习。

方法（2）：（如图 5-7）

要求：

切入时变向要迅速，同时必须主动伸手臂要球；

身体重心要主动压向防守一侧。

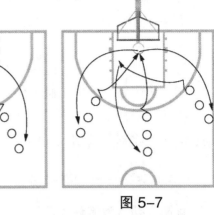

图 5-6   图 5-7

2. 结合传球的切入练习

（1）两人传切配合练习

方法：（如图 5-8、5-9）

注：两组队员也可以分45° 和 0° 站位，左右对称练习不同位置的两人传切配合。

（2）三人传切配合练习

方法：（如图 5-10、5-11）

要求：

切入前必须做向异侧切入的假动作，切入时变向要迅速，同时主动伸手要球，身体重心主动压下靠近防守一侧；

传球队员必须做投篮、突破等假动作吸引防守人，同时余光观察同伴切入。

图 5-8   图 5-9

固定防守的传
切配合练习

3. 加防守的传切配合练习

（1）固定防守的传切配合练习

方法：（如图 5-12、5-13）

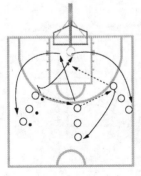

图 5-10   图 5-11   图 5-12   图 5-13

（2）半场二对二或三对三对抗练习

方法：分半场进行二对二或三对三比赛对抗练习，防守强度由消极到积极。

要求：

进攻队员要拉开进攻区域，尤其拉空篮下；

切入队员要正确运用假动作，突然摆脱防守，快速切入，随时准备接球进攻；

持球队员应面向球篮，做投篮、传球、突破等假动作吸引防守队员，及时、准确、隐蔽地将球传给切入同伴。

（二）防守传切配合练习

1. 防守切入与传球练习

方法（1）：（如图5-14）

要求：

传球给教练后要积极去防守，快速调整脚步动作，选择适当防守位置，强化一对一防守能力；

防守队员要及时对接球进攻队员采用的瞄篮、跨步等虚实结合的动作做出判断，运用合理的防守动作。

方法（2）：（如图5-15）

要求：

防守队员在后场全力防守控球队员，强化有球一对一防守能力；

到中线附近，防守队员要在防运球同时警惕进攻队员传球，及时判断其传球，争取干扰或破坏进攻队员传球；

进攻队员传球后，为一对一无球防守，防守队员要及时调整防守位置，阻碍进攻队员切入、接球；

攻守双方要掌握好对抗的节奏，进攻队员要大胆运用学过的技术，防守者积极调整防守位置。

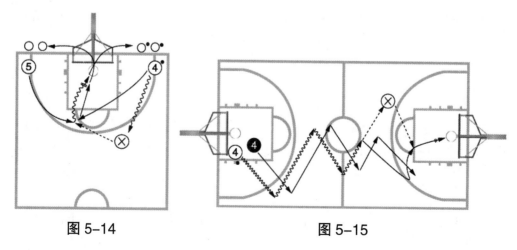

图 5-14   图 5-15

练习可以根据队员运用的熟练程度，逐步加大对抗的难度。

2.防守传切配合选位及对抗练习

方法：分半场进行二对二或三对三比赛对抗练习，进攻队员消极进攻、慢速移动与转移球，帮助防守队员选位，防守方可以运用夹击配合对控球人进行限制，封堵其运球、传球路线，同伴伺机断球，破坏进攻配合形成。

要求：

防球队员要干扰控球队员，使其疲于保护球，没有余力去观察同伴位置并完成传球；

防切队员要根据球、进攻队员位置选位，建立合理防守位置，阻止其向有利位置切入；

防守同伴之间要适时沟通，相互提醒，做到默契配合。

篮球传切配合战术的运用需要队员之间不断交流，通过眼神、身体动作的暗示，使得同伴之间的战术默契变得更加自然；在传切战术配合中，不仅强调团队的配合，更重要的还有队员的自信心、积极性、果敢刚毅以及拼搏精神，因此对于队员心理方面的教育也是在进行传球配合教学过程中极为重要的一项。

第三节 篮球突分和防守突分配合

一、突分配合

（一）突分配合

突分配合是进攻队员运用持球突破技术超越对手而受到阻截时，及时地将球传给已经摆脱（或无）防守的同伴，使同伴获得进攻机会的一种配合方法。

在当代高水平篮球比赛中，无论是快攻、衔接段进攻还是阵地进攻过程中，无时无刻不存在运球突破技术，它是世界强队和超级明星的最有力的进攻武器，当运动员具备运球突破得分的巨大威胁时，就可以吸引防守者两三人的夹击，为无球进攻队员出现空位创造良机。

（二）突分配合的方法

突分配合的方法很多，根据突破队员与接应队员的位置、距离，大体上可以将突分配合分为突破队员靠近接应队员方向突破和突破队员远离接应队员突破两种。

突分配合1　　　突分配合2

1.突破队员向靠近接应队员方向突破（如图 5-16、5-17）

2.突破队员向远离接应队员突破（如图 5-18、5-19）

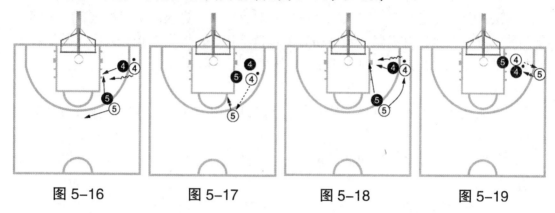

图 5-16　　　　图 5-17　　　　图 5-18　　　　图 5-19

（三）突分配合示例及基本要求

1.对突破队员的要求

突分配合是由控球突破队员和接应队员两部分队员配合完成，其中突破队员是完成此配合的前提，只有形成突破才能有"分"（传球）的可能性，因此，对突破队员提出了很高的要求。归纳起来主要有以下两点：

（1）突破队员运球突破技术起始动作要丰富，变化莫测，要重心低，变换运球幅度大、方式多，时而胯下接背后运球，时而连续体前运球，时而胯下接转身运球，真假结合，节奏变化无规律，诱骗性强，起动动作要突然、快速、及时，突破后既要有投篮准备，又要有传（分）球的准备。

（2）突破队员在突破过程中，要视野广阔，视防守情况时而加速用力，时而减速、变节奏、变方向，并结合各种脚步动作吸引防守注意力，选择突破投篮或分球，分球时要注意观察防守队员与同伴的位置，根据同伴摆脱情况进行分球。

（3）运球突破结束时首先对球篮要有攻击力，合理利用肩、背、胯主动发力顶靠防守队员，抢占有利位置力争完成投篮，一旦吸引一名或多名防守强力补防时，技术转换要快，应变能力要强，做到你疏我攻、你协我分、出神入化、防不胜防。

2.对接应队员的要求

对于接应队员的要求，就是要根据突破队员突破的路线，迅速进行轮转，移动到有利于接球的位置，随时做好接球的准备，同时要使自己保持在突破同伴的视线之内。为了有利于接球位置的阐述，将结合下面的示例进行具体说明。

（1）持球人在 45° 位置突破

示例一：接应人在对侧 45° 位置（如图 5-20）

当持球队员④突破时，同伴⑤要伴随向端线移动，与④基本保持在一条线，准备接应。

接应人在弧顶
位置

半场底线突分
练习

示例二：接应人在弧顶位置（如图5-21）

当持球队员④突破时，同伴⑤要伴随向自己的左侧移动，保持在④的视线之内，准备接应。

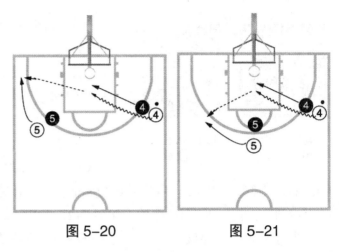

图5-20　　　　　　图5-21

示例三：接应人在0°位置（如图5-22）

当持球队员④突破时，同伴⑤要平行于端线向球篮方向移动，准备接应。

（2）持球人在底线位置突破

示例一：接应人在45°位置（如图5-23、5-24）

图5-22　　　　　图5-23　　　　　图5-24

当持球队员④突破时，同伴⑤要向端线方向移动，跑到④原来所处的位置准备接应。

示例二：接应人在低位中锋位置（如图5-25）

当持球队员④突破时，无论是处在强侧内线位置的同伴⑤，还是处在弱侧内线位置的同伴⑥，都要向罚球线方向移动，准备接应。

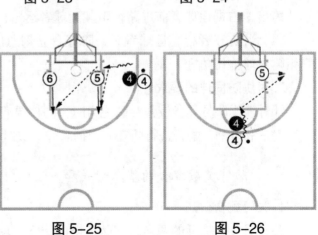

图5-25　　　　　图5-26

持球人在弧顶
位置突破　　接应人在0°
　　　　　　　　位置

（3）持球人在弧顶位置突破

示例一：接应人在低位中锋位置（如图5-26）

当持球队员④突破时，处于内线位置的同

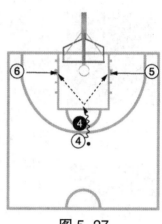

图5-27

伴⑤要向限制区外移动，为④突破拉开空间，同时准备接应。

示例二：接应人在0°位置（如图5-27）

当持球队员④突破时，处于两侧外线0°位置的同伴⑤和⑥要向限制区移动，准备接应。

二、防守突分配合

突分配合是由进攻队员运球形成突破，创造有利局面而发起的一种进攻配合。根据这一特点，防守方要抓一对一防守有球队员能力，对速度快、突破能力强的队员要重点关注，同时对接应队员要移动要保持人球兼顾。

（一）防守突破配合的基本要求

1. 对防突破队员的要求

（1）善于突破队员作为重点对象盯防，增加其前场接球难度，减少其突破机会；

（2）进攻队员获球后，防守队员要及时选取正确防守位置，并判断对手的习惯手，在持球对手放球运球过人瞬间，防守队员要根据对手重心转移准确判断，同侧脚后撤移动阻拦运球者运球；

（3）防守运球队员突破过人的脚步动作依次为后撤步、滑步或后撤步、交叉步迅速跨出，占据运球者前进路径阻截运球者运球；

（4）当防守者超越运球者时，防守者立刻急停选择偏向运球者习惯手一侧的防守策略对球施压防守。

2. 对协防同伴的要求

针对进攻队员具备较强突破能力时，同伴要兼顾；在防守队员处于劣势时，同伴要适时采取行动，配合进行防守。根据防守突破时机、方式，对防守配合逐一介绍。

（二）防守突破配合的基本形式和方法

1. 关门配合

关门配合是临近的两名防守队员协同防守，堵住进攻队员突破的配合方法。

（1）关门配合的方法（如图 5-28）

（2）关门配合的要求

当进攻队员突破时，防守队员应积极快速地向侧后方滑步卡位，堵住突破路线。

临近突破一侧的防守队员，要注视突破队员的情况，当觉察到对方可能突破超越同伴时，应快速向同伴靠拢，形成一道关闭的"门"，堵住突破者的前进路线。

"关门"配合时，两腿要微屈，两臂自然张开，扩大防守面积。

"关门"配合后，应快速回防自己的对手。

2. 补防配合

补防配合是防守队员被对手突破而出现漏防时，同伴及时快速地补漏防守的一种配合方法。

（1）补防配合的方法

常用的配合方法为：

A. 两人补防配合（如图 5-29）；

B. 三人补防配合（如图 5-30、5-31）。

（2）补防配合的要求

防守队员应善于观察、发现进攻队员的突破情况，一旦发现同伴被对手突破而出现漏防时，应迅速果断地补防。

补防时合理运用技术，注意动作正确合理、避免犯规。

被对手突破而漏防的队员应积极地移动，并观察对方传球的路线，争取断球或补防同伴的对手。

关门配合

图 5-28

两人补防配合

图 5-29

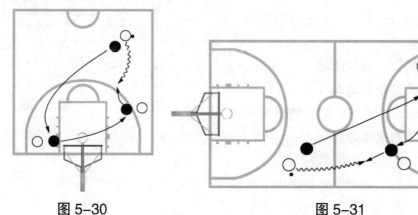
图 5-30   图 5-31

三、突分配合和防守突分配合的教学与训练

（一）突分配合的练习

1. 突破分球练习

方法：（如图 5-32、5-33）

要求：

严格按配合路线进行练习，并掌握好时机和合理运用技术；

练习应由慢到快，强调质量。

2. 突分配合练习

（1）持球突分配合

方法：（如图 5-34、5-35、5-36、5-37）

图 5-32　　　　　　图 5-33

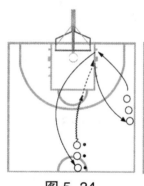  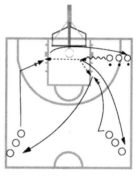 

图 5-34　　　图 5-35　　　图 5-36　　　图 5-37

（2）接球突分配合

方法：（如图 5-38、5-39）

要求：

严格按配合路线进行练习，并掌握好时机和合理运用技术；

练习应由慢到快，强调质量。

3. 加防守的突分配合练习

练习方法 1、2 可以在加防守的情况下进行进一步练习，提高练习难度。

（1）固定防守的突分配合练习

（2）半场二对二、三对三对抗条件下的练习

要求：

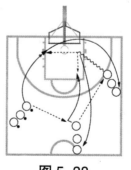 

图 5-38　　　　　　图 5-39

持或接球突破应合理利用假动作，抓住时机快速突破，突破后随时观察，并判断分球的时机；

持球突破队员和同伴都要观察攻、守队员位置的变化，捕捉时机，创造进攻机会；

防守应由消极到积极，逐步过渡到比赛对抗条件下进行练习。

（二）防守突分配合练习

1.关门配合的练习方法

（1）关门配合的脚步动作练习

方法：（如图5-40）

要求：

重心低，滑步有力，起动及时；

练习时假想进攻队员突破，防守动作速度一定要快，两名队员要逐步形成默契。

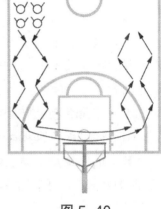

图 5-40

（2）进攻队员配合下关门配合练习

方法：（如图5-41）❻传球给❺，并到❺的位置，⑥跟随❻移动，❺接球后传给❹，❹运球向上线突破，❹和❺做关门配合，完成配合后，❹到⑥队尾，❹到⑥队尾，❺到❹原来位置。

（3）消极进攻条件下关门配合练习

进行二防二或三防三练习，开始进攻可稍慢，逐渐增加突破速度，提高"关门"质量。

A.二防二练习

方法：（如图5-42、5-43）

B.三防三练习

方法：（如图5-44）

中场夹击

底角夹击

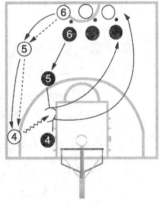

图 5-41

图 5-42

图 5-43

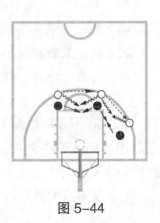

图 5-44

要求：

防守队员要及时判断、积极移动，"关门"时不留空隙；

"关门"过程中不要急于下手断球，避免犯规；

"关门"配合结束后，要积极回防。

（4）二防二或三防三比赛条件下练习

在队员可以熟练完成（1）至（3）的练习后，进行积极对抗练习，提高比赛中完成关门配合的能力，不断提高防守质量。

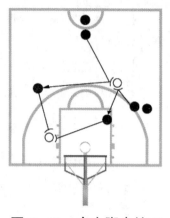

图 5-45　夹击脚步练习

2.夹击配合与补防配合的练习方法

（1）夹击配合脚步动作练习

教练员先要规范队员防守基本动作，强化滑步等基本防守脚步，然后模拟比赛场景进行有针对性的夹击配合脚步训练。

方法：（如图 5-45）

要求：

防守队员进入模拟训练场景，迅速移动到夹击位置，手臂要张开，并不停挥舞，封堵传球，避免犯规；

两人之间要相互呼应，同时到达夹击地点，默契配合。

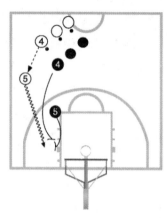

图 5-46

（2）进攻协作下夹击配合练习

A.半场夹击配合练习。

方法：（如图 5-46）

B.中场夹击配合练习。

方法：（如图 5-47）

要求：

进攻队员要按规定路线运球，

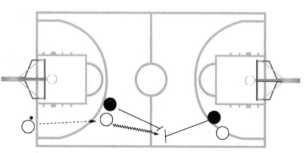

图 5-47　中场夹击配合练习

配合防守队员形成夹击；

防守队员果断判断，迅速移动夹击，封堵传球路线；

两人要默契配合，避免犯规。

（3）积极进攻下的夹击配合练习

半场和全场夹击练习都可以在多防少的情况下开始，如三防二、四防三等，降低防守难度，使防守更加容易形成夹击，进一步体会夹击配合的方法要领，逐步过渡到对等人数的防守中去，进行下面的练习。

a.半场夹击配合练习

在半场进行二防二或三防三对抗练习，增强防守队员完成夹击配合的能力。

B.全场夹击配合练习

在全场进行二防二或三防三（如图5-48）对抗练习，增强防守队员全场大范围内完成夹击配合的能力。

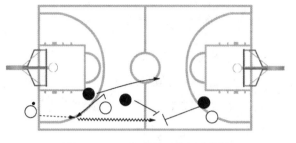

图 5-48　全场三防三练习

要求：

夹击配合时，防运球的队员应堵中放边，造成夹击配合位置和时机。

夹击配合时，后场队员要善于判断掌握时机，选好位置，迅速果断、积极认真地进行协作配合，同时注意断球。

配合时首先是堵住运球队员的前进路线和封堵传球路线，并避免犯规。

第四节　篮球策应和防守策应配合

一、策应配合

（一）策应配合定义

策应配合是指内线的进攻队员背对或侧对球篮接球，以该队员为中心（枢纽）与外线队员的空切或掩护相配合所形成的一种里应外合的配合方法。

（二）策应配合的形式和方法

通常采用的策应配合的方法有以下两种。

1.高位策应配合（如图5-49）

2.低位策应配合（如图5-50）

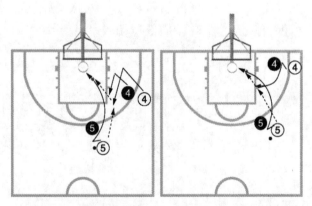

图 5-49　高位策应　　图 5-50　低位策应

高位策应

低位策应

171

（三）策应配合示例及基本要求

1. 对策应队员的要求

（1）策应队员策应前要合理运用速度或假动作摆脱防守，迅速抢占有利的策应位置，伸出目标手给同伴，迎前接球，接球时内策应队员必须双脚急停，可以任意脚为中枢脚。

（2）策应队员接球时，抢占合理的接球位置，接球后要用臂和身体保护球。要利用球的假动作或脚步动作吸引防守，并要用身体的感觉和眼的余光判断防守队员的位置，遇机会及时传球给同伴或伺机进攻。

（3）策应队员传球方式要隐蔽，不能仅局限于与切入队员配合，要加大传球距离，传球后要转身跟进，或抢篮板球或拉出外线中远距离投篮。

（4）外策应队员接球时要注意保护球，与外线切入队员手递手传球时要真假结合，伺机个人攻击，若同伴接球，根据防守情况选择跟进或拉出接球投篮。

（5）若策应队员接球后无法传球给同伴时，可主动向外线队员移动方向运球，利用手递手传球的方式传球给外线队员进行进攻。

（6）策应队员传球后，要转身跟进或抢篮板球。

2. 对外线队员的要求

外线队员要拉开与策应队员的位置，根据防守队员的选位选择合理的传球方式。传球后，应运用速度或假动作摆脱防守，做接应或切入，以便获得更好的进攻机会。具体情况结合示例进行阐释。

（1）防守队员不去协防内线中锋

示例一：外线队员由底线方向切入（如图 5-51）

方法：外线队员传球后要迅速向端线方向切入，准备接球投篮。

要求：为保证配合成功，切入队员跑动路线十分重要，切入人要注意同策应队员保持一定的距离，向低位切入。

示例二：外线队员由上线方向切入（如图 5-52）

方法：外线队员传球后，要顺势向上线方向切入，准备接球投篮。

要求：切入队员要从切入一侧的限制区边线与罚球线交点处方向切入，与策应队员保持适当的距离。

在上面提到的两种情况中，

图 5-51

图 5-52

如果防守队员提前预判切入队
员的切入意图，抢先占据防守位
置，切入队员要采用无球摆脱的
方法，通过假动作向球篮方向切
入。

（2）防守队员协防内线中锋

示例一：（如图5-53）

示例二：（如图5-54）

如果外线防守队员向篮下移
动，对攻方内线队员进行协防，

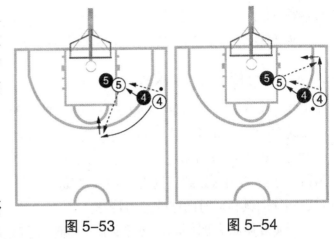

图 5-53　　　　　　图 5-54

外线队员就不要贸然向篮下切入，增加队员攻击难度。外线队员要在外线横向移动，
移动到内线队员可以看见并方便传球的位置，时刻准备接应进攻。

二、防守策应配合

策应配合是由内线高大队员接球后发起的进攻组织形式，阻止内线要到有利策
应位置，切断其接球路线是防守首要解决的问题；内线进攻队员接球后，及时包夹
协防，封堵其传球路线，也是防守配合的重要环节。

（一）防守策应配合基本要求

1.对内线策应人防守要求

（1）对未接球内线防守要求

内线无球一对一防守具体的选位：当攻方内线队员在弱侧时，防守队员应向有
球一侧靠拢，距离攻方内线队员的位置可稍远些，要与对方的持球队员和内线队员
保持三角形的位置，以便做到人球兼顾；

当球在罚球圈顶中间一带传球时，防守队员要站在断球路线上，随时注意堵截
对方内线队员的移动路线，破坏其接球；

球到强侧，即与攻防内线在限制区同侧，而攻方内线队员的位置又距离篮下较
近时，防守队员可站在攻方内线队员的侧前方，随时准备绕前防守并积极阻扰对方
接球；

当攻方内线队员距离球篮稍远时，防守队员可站在对手的侧面，随时准备堵截
对手向篮下移动的路线和卡断其接球路线。当攻方内线队员拉到外线时，可按外线
防守选位进行防守。

（2）对内线接球后的防守要求

进攻方内线接球后，防守队员及时调整防守位置，并全力防守其通过个人进攻

直接得分；

防守队员要兼顾内线传球，在内线停球后更要贴近防守，破坏其投篮和传球。

（二）对防守无球切入队员的要求

防守队员要观察持球内线和自己所防守队员的位置，阻断其传球路线。

防守时要保持平衡稳定的身体姿势，以便做好身体对抗准备，阻止切入队员在你和球之间的区域内移动。对抗切入队员时，身体内侧要主动发力，利用身体对抗阻截对手身前切入路线；随对手切入移动时，要采用面向切入队员的抱防姿势，当对手同伴向其传球时向球的方向转身。

当防守队员在弱侧时，防守队员应成敞开防守姿势，选择能同时看到球和对手的恰当位置。

当进攻队员向高策应位置内线同伴切入时，注意移动，利用身体对抗阻拦其身前空切，靠近球一侧的手和脚在前成抱防姿势阻断接球路线，并保持稳定平衡的身体姿势。

当进攻队员向低策应位置内线同伴切入时，要成抱防姿势向进攻队员切入方向移动，当对手同伴向其传球时要向球的方向转身。

三、策应配合和防守策应配合的教学与训练

（一）策应配合的练习

1.徒手策应跑位练习

（1）两人策应跑位练习

方法：（如图5-55、5-56）

（2）三人策应跑位练习

方法：（如图5-57、5-58）

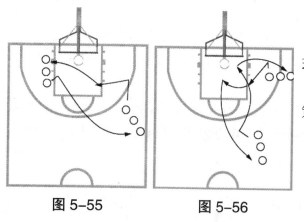

图5-55   图5-56

要求：

策应队员抢位突然，尽量增大接球面积；

切入队员注意跑动路线，要观察策应同伴的位置；

注意跑动的层次。

2.结合传球的策应配合练习

（1）两人策应配合练习

方法：（如图5-59、5-60）

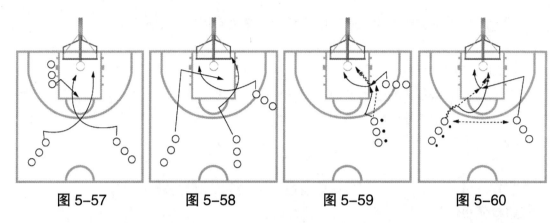

| 图 5-57 | 图 5-58 | 图 5-59 | 图 5-60 |

要求：

策应队员要迅速抢占有利位置，接球后注意保护球，及时、准确传球；

切入队员启动迅速、突然，接球后注意动作的衔接；

两人配合默契。

（2）三人策应配合练习

方法：（如图 5-61、5-62、5-63）

两人策应配合
练习

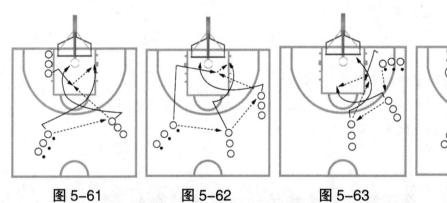

| 图 5-61 | 图 5-62 | 图 5-63 | 图 5-64 |

在进行三人策应配合时，也可以采用多球练习法，增加练习的强度、密度。

方法 1：（如图 5-64）④向罚球线附近移动抢位，接⑤的传球做策应，⑤切入接④的回传球投篮；传球后④向罚球线另一侧移动抢位，接⑥的传球做策应，⑥切入接④的回传球投篮。

方法 2：（如图 5-65）④传球给⑤后，向对侧切入，接⑥传球做策应，回传球给⑥，⑥接球投篮；④传球后迅速向罚球线附近移动抢位，接⑤传球做策应，回传球给⑤，⑤接球投篮。

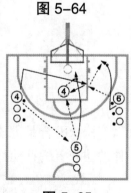

图 5-65

要求：

策应队员接球后保护好球的同时要观察切入的同伴，及时、准确传球；

切入队员要注意切入的先后顺序与节奏，避免同伴之间干扰移动；

三人配合要层次清晰，默契配合。

3. 加防守的策应配合练习

在练习1和练习2的基础上加防守进行如下练习：

（1）固定防守的策应配合练习

（2）半场二对二或三对三对抗练习

要求：

进攻队员抢位主动积极，接球后注意动作衔接，果断进攻；

进攻队员之间要相互观察，注意配合时机；

防守队员应积极盯人，但不要断球，随着练习的深入逐步增加防守强度。

（二）防守策应配合练习

防守策应配合，每名防守队员要各司其职，按照内、外线防守要求全力防守，同时同伴之间要相互提醒，适时夹击、围堵内线队员，限制无球移动队员切入，破坏策应配合形成。

1. 内线一对一防守练习

2. 外线一对一防守无球练习

3. 半场二对二或三对三对抗练习

要求：

防守队员要根据球的转移及时选位；

内线接球后，外线无球防守队员要做到人球兼顾，限制切入、阻止接球；

防守同伴要相互提醒、默契配合。

第五节　篮球掩护和防守掩护配合

一、掩护配合

掩护配合是进攻队员选择正确的位置，用自己的身体以合理的技术动作挡住同伴的防守者的移动路线，使同伴借以摆脱防守、获得进攻机会的一种配合方法。

（一）掩护配合的方法

掩护配合的形式较多，但根据掩护者选择位置的不同和运用的不同情况，常用的有以下几种。

1. 前掩护：是掩护者跑到同伴的防守者前面，用自己的身体挡住防守者的移动路线，使同伴借以摆脱防守、获得进攻机会。（如图 5-66）

2. 侧掩护：是掩护者跑到同伴防守者侧面，用自己的身体挡住防守者的移动路线，使同伴借以摆脱防守、获得进攻机会。

在篮球比赛或教学与训练中，被经常采用的侧掩护有以下几种。

给持球队员做侧掩护（如图 5-67）

给无球队员做侧掩护（如图 5-68）

运球队员做侧掩护（如图 5-69）

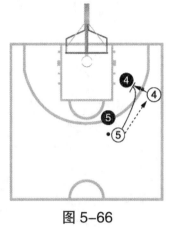

图 5-66

侧掩护

图 5-67

图 5-68

图 5-69

3. 后掩护：是掩护者跑到同伴的防守者身后，用自己的身体挡住防守者的移动路线，使同伴借以摆脱防守、获得进攻机会。（如图 5-70）

后掩护

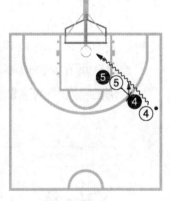

图 5-70

（二）掩护配合示例及基本要求

1. 给有球队员做掩护

对于控球队员的要求：

控球队员要具有一对一攻击能力，通过投篮等假动作吸引防守队员，迷惑防守队员，为掩护形成创造条件；

在掩护形成时，控球队员要迅速超越对手，并根据防守队员防守方式的变化，果断地应对，形成攻击机会。

对于掩护队员的要求：

掩护队员要注意掩护的突然性，保持正确的掩护姿势，避免移动掩护等犯规动

图 5-71

作发生；

掩护队员要根据防守的变化，在掩护形成后及时移动到有利的攻击位置，吸引防守或接应进攻。

（1）防守队员补防不及时

示例一：（如图 5-71）

此种情况是有球掩护最简单的配合方法，在掩护形成时，控球队员④迅速运球突入篮下投篮。在掩护形成时，只要防守队员没有跟紧⑤，他们之间空隙足够大，④都可以果断突破篮下。

（2）防守队员从掩护后面绕过，不换防

示例一：（如图 5-72、5-73）

在掩护形成时，防守队员选择在④和⑤两名队员身后绕过，选位防守④突破，④要利用此时的空隙果断选择投篮。

（3）防守掩护队员的队员进行"延误"

在比赛中，尤其是高水平竞赛中，防守队员采用"延误"的方法，对付掩护配合十分常见。

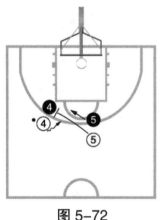

图 5-72

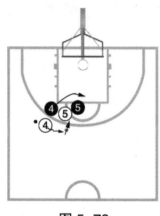

图 5-73

防守队员采取此种方法主要是在掩护后为两名防守队员复位争取时间，迫使进攻队员在外线运球，不能向篮下突破。

示例一：在防守队员各自复位时，如果控球队员要空间，可以直接投篮；如果掩护队友有空间，可以接球进攻。（如图 5-74、5-75）

控球队员在突破时要注意观察防守队员位置，采取投篮或传给掩护队友进攻。

示例二：如果两名防守队员夹击持球队员（如图 5-76）

图 5-74

图 5-75

图 5-76

在掩护形成后，两名防守队员夹击控球队员，此时，控球队员要力争在夹击形成之前将球传给同伴。特别强调，控球队员不要轻易停球，要在运球中寻找传球机会。

（4）防守队员进行交换防守

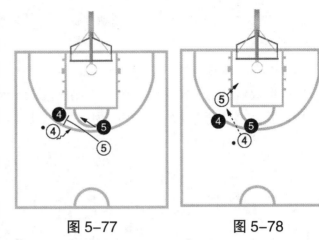

图 5-77　　　　　　　　图 5-78

示例一：防守队员只是消极换防（如图 5-77、5-78）

掩护形成后，防守队员❺换防④，阻止其运球突破，此时⑤挡住④做后转身，向篮下移动，接④传球投篮。

示例二：防守队员换防比较积极及时

这种情况是，要求控球队员要迅速观察防守，如果换防后出现内线"小防大"时，及时传球攻内线；当然外线出现"大防小"时，控球队员也可以利用灵活性的优势进攻。

2. 给无球队员做掩护

无球队员之间做掩护，与上面提到的给有球队员做掩护，方法、要求相似，只是无球掩护配合参与的进攻队员更多，这就要求队员之间更加默契，控球队员、掩护队员与被掩护队员三人要有更强的阅读防守的能力，及时把球传到处在最有利进攻位置的同伴手中。

（1）防守队员没有及时补防

示例一：（如图 5-79）

掩护形成后，⑥要迅速切入篮下，接球投篮。

（2）防守队员协防切入队员（如图 5-80、5-81）

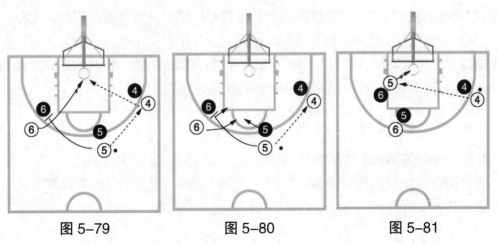

图 5-79　　　　　　　　图 5-80　　　　　　　　图 5-81

掩护形成后，如果切入队员⑥遭到协防，掩护队员⑤要迅速后转身切入篮下，准备接球投篮。

（3）防守队员回缩篮下（如图 5-82、5-83）

掩护形成后，防守队员迅速收缩，保护篮下，此时切入队员⑥不要继续切入篮下，要向罚球线附近移动，接球果断中距离投篮。如果防守队员出来封盖⑥投篮，⑥也可以将球传给篮下的队友⑤进攻。（如图 5-84）

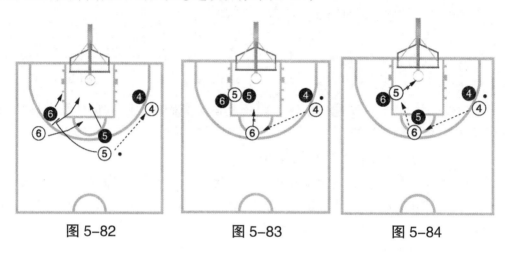

图 5-82　　　　　　　图 5-83　　　　　　　图 5-84

二、防守掩护配合

现代篮球比赛中各种进攻配合的运用，以掩护配合为最多，其中，尤以中锋高位给持球队员做掩护配合最为常见，越来越多的球队把掩护配合当成进攻战术的主要部分。由于掩护配合可以产生大量不同的快速攻击选择，所以它可以对没有做好针对性防守准备的球队产生巨大威胁。

防守掩护需要依靠全队努力才能破坏其进攻配合。首先，防守控球队员的人要主动破坏掩护配合的形成，要主动采用压迫性防守干扰运球队员，逼迫其向远离掩护的反方向运球；其次，防守掩护者的队员要与同伴交流努力破坏掩护的质量；最后，其余协防的防守球员必须及时轮转补防，以防止做掩护的球员向篮下切入。在整个防守过程中，防守队员要有团队意识，要进行语言沟通，并保持攻击性。因此，沟通、团队合作以及攻击性都是防守掩护配合成功与否的关键要素。

（一）防守掩护配合基本要求

1. 防守掩护前两人配合要求

防守掩护的队员发现对手去掩护时，要主动交流，提醒同伴掩护即将发生的位置，而同伴则要有呼必应，并在心理上与行动上有所准备。

2. 防守掩护发生时两人配合要求

根据战术要求或攻方技能水平，防守有球的队员适时做出挤过、穿过、绕过防守行动；防守挡人的队员适时做出延误回防，继续防守自己的对手，迎前紧逼或收缩保护篮下防守配合行动；当交换防守时，两人要阻绝对手的运球突破或移动接球；当两名防守人对对方持球队员夹击时，其余队员应就近补防（自然形成轮转补位）阻截传球路线。

3. 防守掩护发生后两人配合要求

当破解攻方挡拆后，两名防守人应采取的行动有延误、挤过、穿过、绕过防守后继续防守自己的对手，暂时交换防守，夹击后同伴应及时呼应就近找人防守。

（二）防守掩护配合的基本形式和方法

根据进攻者掩护配合的变化，目前世界篮球强队防守掩护配合运用较多的方法主要有延误回防和交换防守两种方式，许多球队根据进攻球队和球员的特点还会采用夹击回防、穿过、挤过和绕过等方式。不论采用哪种防守掩护配合的方式，都会因进攻与防守的人因时、因地、因不同情境等而有所不同。

下面主要针对挤过（抢过）、穿过、绕过、交换配合等几种常见配合形式逐一介绍。

1. 挤过配合是当进攻方进行掩护配合的一刹那，防守被掩护者的队员主动靠近自己防守的对手，从两名进攻队员之间侧身挤过去，继续防守自己对手的配合方法。

（1）挤过配合的方法（如图5-85、5-86）

挤过配合

（2）挤过配合的要求

 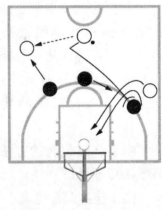

图5-85 挤过配合　　图5-86 挤过配合

防守掩护的队员要及时提醒同伴，使挤过者在思想上和行动上有充分准备，并要选择好有利的防守位置，密切观察两名进攻者的行动，及时做好补防。

运用挤过方式的防守队员，要善于发现对手的掩护动作，当掩护队员靠近自己需要运用挤过防守时，要快速、突然地向挤过方向跨步，主动贴近对手，跟随其移动。

为了缩小身体横向移动的面积，跨步同时，应该突然提腰，脚尖朝着挤过的方向，挤到两个进行掩护配合的进攻队员之间，从中挤过继续防守自己的对手。

2. 穿过配合是当进攻方进行掩护配合的一刹那，防守掩护者的队员主动后撤一

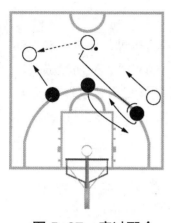

图 5-87　穿过配合

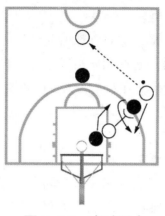

图 5-88　穿过配合

步，让同伴（即防守被掩护者的队员）及时从自己和掩护队员之间穿过去，

穿过配合

以便继续防守自己对手的配合方法。

（1）穿过配合的方法（如图 5-87、5-88）

（2）穿过配合要求

两名防守队员之间的配合要默契，当进攻队员去进行掩护时，防守掩护的队员要及时提醒同伴，并主动后撤一步留出使同伴穿过的空当位置。

穿过的队员要在掩护形成时运用穿过，为避开掩护队员的挡位，在同伴的提醒下，应迅速向移动方向撤步，运用滑步或追击步防住自己的对手。

穿过时要迅速调整防守位置和距离，合理运用手臂动作，阻挠对方接球和切入篮下攻击。

3. 绕过配合是当进攻方进行掩护配合的一刹那，防守掩护者的队员主动贴近防守对手，让同伴（即防守被掩护者的队员）从自己身后绕过去，继续防守自己对手的配合方法。

（1）绕过配合的方法（如图 5-89、5-90）

（2）绕过配合要求

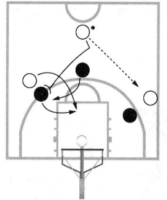

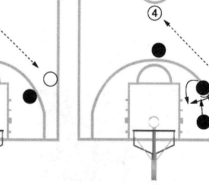

图 5-89　绕过配合　　　图 5-90　绕过配合

两名防守队员之间要默契，信号联络必不可少；

防守掩护的队员在配合时，提醒同伴的同时要主动贴近自己的对手，帮助同伴及时绕过，继续防守住对手。

被掩护的防守队员，在同伴提醒下要调整好防守位置和距离，应立即撤步或利用后转身，从同伴身旁迅速绕过，继续防守对手。

绕过配合

4. 交换防守配合是当进攻方进行掩护配合时，两名防守队员及时主动地交换自己所防守对手的配合方法。

（1）交换防守配合的方法（如图 5-91、5-92、5-93）

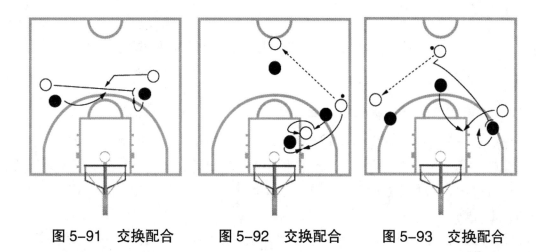

图 5-91　交换配合　　　图 5-92　交换配合　　　图 5-93　交换配合

（2）交换配合要求

换防时，防掩护的队员要提醒同伴换人，同时变换步法阻截切入队员的突破和切入；

被掩护的防守队员要迅速调整自己的防守位置，利用撤步迅速抢占人、篮之间和人、球兼顾的有利位置，避免被对手通过转身挡在身后切入篮下或接球。

交换防守配合的方法

5. 夹击轮转配合是当进攻方即将实施挡拆配合时，防守掩护者的队员提前迎上阻拦运球者前进路线，防守运球者的队员跟随夹击运球者，邻近防守队员进行轮转防守的方法。

（1）夹击轮转配合的方法

分为掩护配合发生前夹击和发生时夹击两种。一般运用于持球者外线威胁大、掩护者进攻组织能力差的情况。其优点是可以压制挡拆后强力外线球员的进攻，对运球和传球不稳的持球人有极好的效果；缺点是包夹后如对方成功传球往往会造成失分。

（2）夹击轮转配合要求

交流呼应：当掩护即将发生时，防守掩护的队员提前高喊"左侧掩护"提醒同伴，让同伴在心理与动作上有所准备。

包夹阻传：防守掩护的队员提前跨出阻拦运球者，防守运球者的队员利用挤过继续贴身紧逼运球者，形成包夹运球者姿态。此时两位防守队员务必两手臂高举紧逼运球人，不让其继续运球或传球；而邻近的防守队员轮转补防掩护者切入或拉出；若球被传出，则防守掩护者的队员根据轮转同伴的呼应就近找人。

三、掩护与防守掩护配合的教学与训练

（一）掩护与防守掩护教学训练的建议

掩护配合练习时，首先要规范掩护动作，保证掩护位置、姿势等正确；其次利用标志杆等固定物模拟防守人，体会掩护距离、时机等；最后进行两、三人之间的完整配合练习，以便熟悉配合的方法、路线要求，由固定到变化，由模拟防守到实战对抗进行练习。

防守掩护配合练习时，一开始就应该在消极进攻条件下进行，由固定到变化，由消极进攻到积极进攻条件下提高防守掩护配合能力。在训练中要严格要求，特别要注意配合的时间性、合理性。

攻守掩护配合练习方法的选择都要从队员的实际情况和实战需要出发，任何一种形式的练习，都要考虑时机的判断、动作方向的变化、突然性和合理性这四个因素，并在此基础上将不同的基础配合方法组合进行练习，提高战术配合的运用能力。

（二）掩护配合与防守掩护配合的练习方法

1. 掩护配合的练习

掩护配合形式方法较多，现仅以侧掩护为例介绍基本练习方法。

（1）徒手掩护跑动练习

方法：（如图 5-94、5-95、5-96）

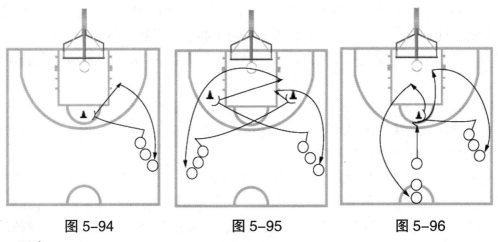

图 5-94 　　　　　图 5-95 　　　　　图 5-96

要求：

掩护队员的姿势正确、距离适当，掩护完成后要及时转身；

被掩护队员要紧贴掩护队员迅速切入。

（2）结合球掩护配合练习

A．两人掩护配合

方法：（如图 5-97）此种练习还可以变化为，被掩护队员运球突破后，观察掩护队员，将球传给完成掩护后转身的同伴，同伴接球后投篮。

要求：

掩护队员掩护姿势、位置正确；

持球被掩护队员要在掩护形成后迅速运球突破；

两人默契配合。

B．三人掩护配合

方法：（如图 5-98、5-99、5-100）

在进行练习中，传球队员可以根据被掩护队员和掩护队员的位置，选择更为合理的传球目标，完成进攻。

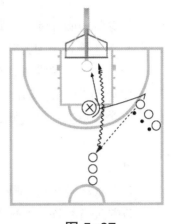

图 5-97

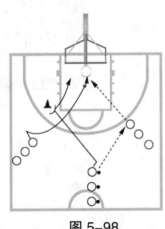

图 5-98

图 5-99

图 5-100

要求：

三人默契配合，相互提示跑位、移动路线；

传球队员果断判断，将球传给最合理的队员手中；

配合过程连贯。

（3）加防守的掩护配合练习

方法：半场二对二、三对三对抗条件下的练习，同时，在（1）和（2）中进行的练习都可以在加防守的条件下进行。开始练习时，应降低难度，要求防守队员紧盯进攻队员，但不要伸手断球、阻碍传球；逐步增加练习强度，实现对抗中完成掩护配合。

要求：

进攻队员相互呼应，通过假动作迷惑防守队员，灵活运用战术；

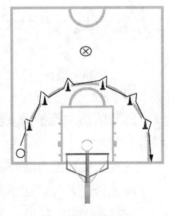

图 5-101

逐步增加防守强度，最后在比赛对抗条件下完成练习。

2.防守掩护练习方法

（1）防守掩护脚步动作练习

方法：（如图5-101）

防守队员沿三分线做滑步，每一个标志物为一个模拟的掩护队员，防守队员根据练习的要求，进行挤过、穿过和绕过的练习。

要求：

防守队员滑步重心降低并平稳，防守姿势正确；

防守队员根据练习要及时抢步继续防守。

（2）防守掩护练习

A.消极进攻一防一挤过、穿过、绕过等练习

方法：（如图5-102）

进攻队员沿三分线运球，标志物为模拟的掩护队员，防守队员滑步防守，在遇到掩护时，采用挤过、穿过、绕过的方法，继续进行防守。开始练习时，进攻队员要慢速运球，配合防守完成挤过、穿过、绕过，然后加快运球速度，加大防守难度。也可以在全场进行，改变掩护的位置。（如图5-103）

防守掩护练习

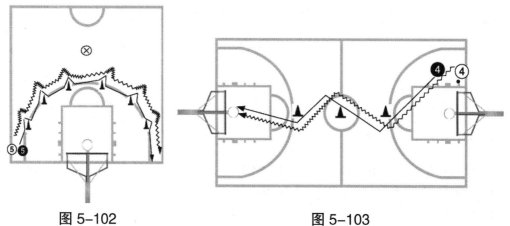

图5-102　　　　　　　　　　　图5-103

要求：

防守队员对掩护的发生要有预判，提前做准备，掩护出现一刹那迅速做出防守动作；

进攻队员要配合防守，减慢运球速度。

B.消极进攻二防二或三防三练习

方法：（如图5-104、5-105）

要求：

防守队员要及时提醒防守被掩护者的防守队员掩护将要发生；

在掩护发生的一刹那，两名防守队员之间要提示如何换位。

C.半场二防二或三防三比赛条件下练习

采用半场二防二或三防三比赛进行防守练习，进攻队必须采用掩护配合，但不限制掩护种类，防守根据掩护发生时的具体情况采用相应的破坏掩护配合方法。

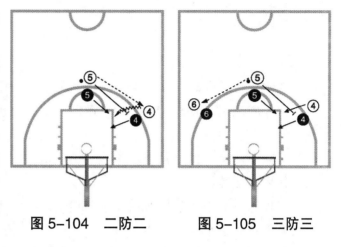

图 5-104　二防二　　　　图 5-105　三防三

要求：

防守队员之间要相互提醒掩护的发生，默契、及时采取相应的配合；

防守队员要积极移动，避免犯规。

第六节　快攻与防守快攻战术

一、快攻战术

篮球运动快攻的初始概念是："在最短的时间内，以最快的速度将球推进到前场，造成以多打少的局面。"但是进入 21 世纪以来，快攻有了很大的发展。表现在个人高超技术的全面发展，尤其是后卫队员个人技术灵活多变，运球突破上篮和分球能力极其娴熟，被称为快攻的推进器；队员专项体能训练加强，尤其是高个队员的快速能力增强，参与快攻的人数增多，快攻速度明显加快；队员高速度移动中的得分方式和手段越来越多，快攻结束阶段远投增多，得分能力强，成功率越来越高；在以争夺球权为中心的攻击性防守理念促使下，快速退防意识增强，抢断球技巧和能力不断提高；拼抢篮板球的对抗空前激烈，攻守转换速度竭力加快，促使全队快速攻、守意识普遍增强。因而在双方比速度的较量中，快攻的来源与发动接应区域扩大，快攻推进的方式简捷实效，快攻结束方式机动灵活，多打少、少打多或人数相等都可随机决定攻击行动，人数已不是快攻的唯一条件，技术和能力在快攻中占有重要地位。从世界强队比赛看出，重大比赛中的快攻形式、内容和方法发生了许多新的变化，快攻运用有了重大发展。

目前篮球快攻战术发展状况表明：现代篮球快攻是在由守转攻时，以最快的转换速度、最简捷的推进方式，追打对手退不及防，合理利用人数和时空优势抢攻得分的速决战。

（一）快攻战术的基本要求

1. 强化快攻意识，不放过任何一次快攻时机，积极主动地组织发动快速反击。

2. 由守转攻时，要起动快、分散及时，保持合理的位置和跑动路线，做到前后层次有序、左右相互照应。

3. 抢获球队员要由远及近观察全场情况，及时将球传到最佳快攻点上，减少不必要的传球和运球。

4. 快攻一旦受阻，其他队员要及时接应跟进，不要轻易降低进攻速度，但要重视及时调整进攻节奏。

5. 当快攻不成时，要加强快攻与阵地进攻的衔接，迅速转入阵地进攻。

（二）快攻战术的组织形式与结构

快攻发动的时机通常在抢到防守篮板球时，对手投篮命中时，抢、打、封、断球获球时和中场跳球后。比赛实践表明，抢获后场篮板球后发动快攻的机会最多，抢、断球发动快攻成功率最高。因此，应大力提高防守的攻击性和拼抢篮板球的能力，加强快攻意识的培养和训练，以创造更多的快攻机会。

快攻战术的组织形式有长传快攻、短传结合运球突破快攻两种。其中长传快攻结构由发动和结束两个阶段组成，短传结合运球突破快攻结构由发动与接应、推进和结束三个阶段组成。

1. 长传快攻

是指队员在后场获得球后，用一次或两次传球，将球传给快速向对方篮下跑动的同伴完成投篮的一种配合。其特点是突然性强、速度快、时间短、成功率高。

**抢后场篮板球
发动长传快攻 2**

方法（1）：如图 5-106 所示，⑤抢到防守篮板球后，立刻观察场上情况，及时将球传给快下的同伴⑦和⑧，④⑤⑥则跟进接应。

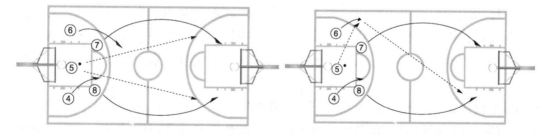

图 5-106 抢后场篮板球发动长传快攻 1   图 5-107 抢后场篮板球发动长传快攻 2

方法（2）：如图 5-107 所示，⑤抢到防守篮板球后，将球传给接应的⑥，⑥及时将球传给快下的同伴⑧或⑦，④⑤则跟进接应。

2. 短传结合运球突破快攻

是指队员在后场获球后，利用快速的短距离传球、运球推进到前场进行攻击的一种配合方法。其特点是灵活多变、层次清楚、容易成功。

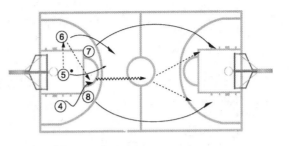

图 5-108 短传结合运球突破快攻

方法：如图 5-108 所示，⑤抢到防守篮板球后，将球传给接应的⑥，⑥又把球传给插进中路的④运球推进，⑧和⑦则沿边路快下，④根据情况将球传给⑧或⑦，⑤和⑥则跟进接应。

3. 快攻结束阶段多打少方法

（1）快攻二攻一

示例 1：如图 5-109 所示，④和⑤快速推进中，吸引❹上前防守⑤，⑤立即将球传给切入篮下的④投篮。注意推进到前场时④和⑤要拉大相互之间的距离，以使防守者无法兼顾。

图 5-109   图 5-110

示例 2：如图 5-110 所示，④利用运球突破吸引❹上前堵截，此时④迅速将球传给切入篮下的⑤投篮。

（2）快攻三攻二

示例 1：防守队员采用平行站位，如图 5-111 所示，⑥应先运球从两名防守队员的中路突破，突破中遇到❹堵截时，将球传给④投篮；如果④接球后遇到❻的堵截，就立刻传球给对侧⑤投篮。

示例 2：防守队员采用前后站位，如图 5-112 所示，⑥将球传给一侧的同伴⑤，⑤接球后迅速运球向篮下突破；在遇到堵截后，将球传给对侧的④投篮。

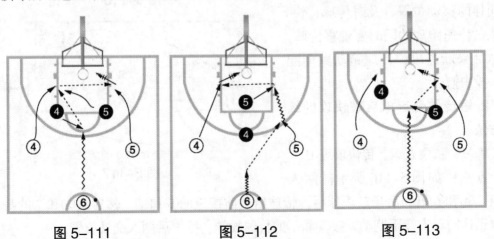

图 5-111   图 5-112   图 5-113

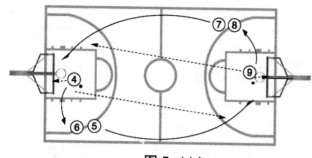

图 5-114

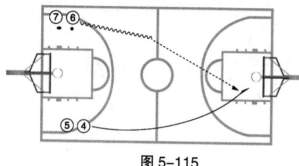

图 5-115

示例 3：防守队员采用斜线站位，如图 5-113 所示，⑥运球向中路突破，遇到拦截后，立刻将球传给向篮下切入的⑤投篮。

（三）教学与训练方法

1.长传快攻的练习方法

练习一：结合抢篮板球发动快攻练习

方法：如图 5-114 所示，④和⑨各持一球，各自抛向篮板，并自抢篮板球做长传球，⑤和⑦见④和⑨抛球即起动沿边线快速向篮下跑，准备接球投篮。④和⑨抢篮板球，将球分别长传给⑤和⑦，⑤和⑦投篮后重复④和⑨的动作，⑥和⑧重复⑤和⑦的动作，如此依次进行练习。

要求：传球队员抢篮板球后要迅速转身观察队员位置，及时将球传出；快下队员在跑动中要观察来球方向，接球后注意下一动作的衔接；两名队员要默契配合，注意跑动与传接球时机。

练习二：结合运球快攻练习

方法：如图 5-115 所示，分两组站位，⑥向前运球推进，在中线附近将球传给快下的④，④接球投篮。练习完成后两人交换位置。

要求：控球队员要边运球边观察同伴的移动位置，及时传球；快下队员快速跑动的同时要观察传球，接球后果断进攻；传球跑动默契配合，投中篮。

2.短传结合运球突破快攻的练习方法

练习一：两人运、传快攻练习

方法：如图 5-116 所示，两人一组，④和⑥抢到后场篮板球后，传球给上前接应的⑤和⑦，然后从⑤和⑦的身后绕过迅速向对方篮下跑动，接⑤和⑦的传球投篮。练习后两人交换位置。

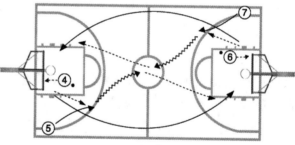

图 5-116

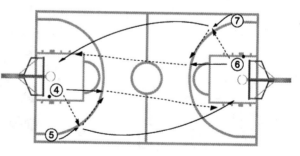

图 5-117

方法：如图 5-117 所示，两人一组，④和⑥抢到后场篮板球后，传球给上前接应的⑤和⑦，⑤和⑦将球回传给④和⑥，然后沿边线快下，接④和⑥传球投篮。练习后两人交换位置。

图 5-118

要求：两人配合默契，传球、移动都要及时。

练习二：三人运、传快攻练习

方法：如图 5-118 所示，三人一组，④和⑥做两次传球后，运球推进，将球传给沿边路快下的⑤，⑤接球后投篮。三人顺时针交换位置。

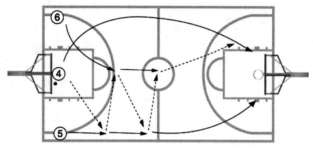

图 5-119

方法：如图 5-119 所示，三人一组，④传球给⑤后，从⑥身后绕过向篮下跑动，⑤接球后与⑥做三次传球，将球传给④投篮。三人顺时针交换位置。

要求：三人移动路线正确，传球准确及时，并且在高速移动中完成。

练习三：五人运、传快攻练习

方法：如图 5-120 所示，④传球给向中路接应的⑤后沿边路快下，⑥⑦⑧一侧先中路插进接应，最后传球给④投篮。

要求：五人跑动路线清晰、层次分明，传球及时准确，传球后向接球队员身后向前跑动，接应队员接球前主动向球前方移动。

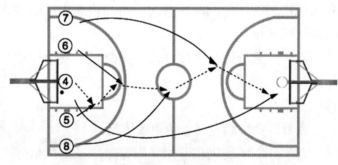

图 5-120

3. 对抗条件下快攻战术练习

练习一：快攻二攻一

方法：如图 5-121 所示，两人一组分别在两边篮下站位，由④⑤开始进行全场二攻一，❹防守。依次进行练习。

要求：发动要迅速，推进要快速，果断处理球。

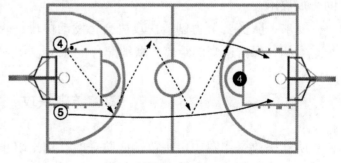

图 5-121

练习二：快攻三攻二

方法：如图 5-122、5-123、5-124 所示，三人一组，④⑤⑥进攻，❹❺防守。根据练习要求，防守队员采用不同的防守方法，进攻则采用相对应的攻击方法，依次进行练习。

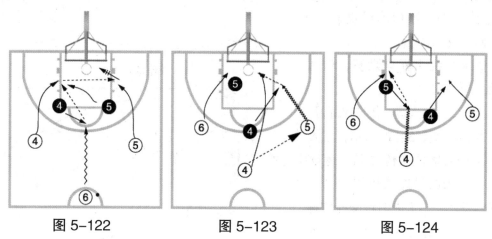

图 5-122   图 5-123   图 5-124

要求：进攻队员三人要拉开空间，充分利用人数上的优势；进攻队员要根据防守的站位，采用相应的进攻方法；三名队员要迅速转移球，配合默契，争取形成上篮。

练习三：半场二对二或三对三转快攻练习

方法：由半场进攻开始，根据教练发出的信号进行守转攻，其中一名防守队员必须触摸端线才能回防。进攻队员在快速中完成进攻，练习的次数与密度可以根据队员情况安排。

要求：队员要抓住攻守转换的时机，发动快攻；控球队员要快速推进，观察同伴跑位，尽量减少运球，及时传球；无球同伴要配合控球队员扯开防守，时刻准备接球进攻。

练习四：半场五对五转快攻练习

方法：由半场进攻开始，根据教练发出的信号进行守转攻，其中一名防守队员必须触摸端线后才能回防，进攻队员利用人数上的优势发动快攻，力争用最短的时间完成攻击。

要求：队员要努力创造快攻机会，发动快攻；队员之间要分工明确，充分利用场地空间，保持适当的距离；默契配合，快攻结束时要尽量形成上篮或近距离投篮。

二、防守快攻

防守快攻是比赛中由进攻转入防守时，用于阻止和破坏对方使用快攻的防守战术。随着篮球运动的发展，高速中完成进攻已经是一种趋势。快攻成为一种重要的配合方法，因而为了制约对手，防守快攻就显得尤为重要了。

（一）防守快攻的基本要求

1. 全队要保持攻守平衡，进攻投篮后既要有人积极拼抢篮板球，又要有人迅速退守。

2. 积极封堵和破坏一传接应，抢占对方的习惯接应点，并堵截接应队员，堵截、干扰和延误对方的推进速度。

3. 要具有积极拼抢的意识。当对方形成快攻时，应快速退守，及时迅速地在以少防多的情况下大胆出击，赢得时间和力量上的平衡。

4. 要随机变换防守战术。失去球后，应立即采取前场紧逼防守，退回后场，采用半场人盯人防守，使对方不适应，破坏其快攻。

（二）防守快攻战术的方法

1. 提高投篮命中率，拼抢前场篮板球

进攻中提高成功率、减少失误和违例、拼抢前场篮板球，可以减少对方发动快攻的机会，同时可以为本队由攻转守时有充分的时间去合理地组织力量，防止对方发动快攻或破坏对方快攻阵式。

2. 积极封堵一传和接应

有组织、合理地封堵快攻第一传和接应队员，是防止对方发动快攻的关键。应经常采用一防一或二夹一的配合方法，封堵第一传和接应队员。上前封堵第一传的队员应正确判断时机，不要迎前过猛，并注意保持身体的平衡和堵防的位置，达到既能防传球又能防突破的目的。

3. 堵截接应点

防接应队员要及时合理地上前紧逼，卡断接应队员的接球路线。当对方采用固定接应方式时，应抢占对方的接应点，截断接应队员与一传的联系，以干扰与控制对方任一队员的接应意图和行动，从而破坏和延误对方快攻的发动和推进的速度。

4. 防守快下队员

防守快攻在封堵第一传失利后，应组织中场卡位、夹击和堵截快下队员，制约和破坏快攻的路线和配合。

5. 提高以少防多的能力

防守快攻结束段，若遇到少防多时，防守队员应沉着冷静、有信心，充分发挥防守的积极性，努力去限制对方快攻的速度和造成对方失误或违例。防守中应善于利用假动作，使对方捉摸不清移动的方向，达到声东击西的目的。二防三时的防守站位有二人平行、二人重叠和二人斜线站位防守，其中斜线站位防守效果较好，应作为重点进行训练。

（三）防守快攻的教学与训练

1.封堵一传与接应练习

练习一：封堵一传练习

方法：如图 5-125 所示，教练在罚球线投篮，队员分别站于两侧。练习开始，谁抢到篮板球，谁就以最快的速度将球传给教练。未抢到球的队员应及时上步堵截一传。

练习二：封一传堵接应综合练习

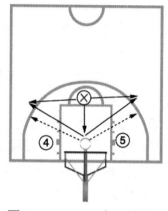

图 5-125 一对一封堵一传

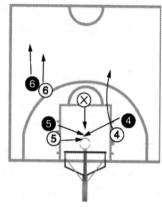

图 5-126 两人夹击封堵一传

方法：如图 5-126 所示，教练在罚球线投篮，当对方抢到篮板球时❹❺上前夹击，❻根据情况堵截或接应。

要求：要积极拼抢前场篮板球；对方抢到篮板球后要迅速封堵，保持适当距离，避免犯规；夹击封堵时，不要轻易下手断球，避免犯规。

2.防守快下队员练习

方法：如图 5-127 所示，教练将球传给沿边路快下的⑥和⑨，两名防守队员则紧跟⑥和⑨，堵截传球路线，争取断球或破坏⑥和⑨接球。

要求：要紧贴快下队员，尽量延缓、阻止其快下；防守队员要用余光观察可能来球的方向，伺机断球。

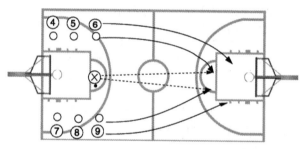

图 5-127 防守快下队员

3.一防二、二防三练习

练习一：半场一防二

方法：如图 5-128 所示，三人一组，两人进攻一人防守，进行一防二练习。三人轮换攻守角色。

练习二：二防三

方法：如图 5-129 所示，五人一组，三人进攻二人防守，进行二防三练习。五人轮换攻守角色。

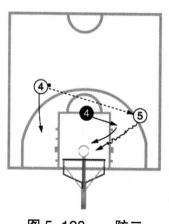

图 5-128 一防二

图 5-129 二防三

要求：防守队员对球要有预判，采用假动作等方法迷惑进攻队员；防守队员要果断出击，破坏进攻。

练习三：退防中一防二

方法：如图 5-130 所示，三人快速传球到前场，传球给投篮，投篮后迅速退回防守，和冲抢篮板球后折回变二人进攻，即形成二攻一。三人一组轮换练习。

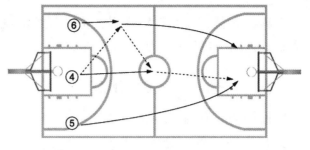

图 5-130　退防中一防二

练习四：退防中二防三

方法：如图 5-131 所示，5 名队员进行五人"8"字传球投篮练习。投中篮返回时，最后传球与投篮的两名队员作为防守队员，其他队员作为进攻队员，形成三攻二。

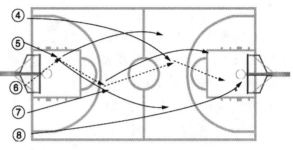

图 5-131　退防中二防三

要求：进攻结束后，负责防守的队员要迅速进入角色，选择适当的防守位置；不要一味地被动退守，要准确判断、果断出击，破坏快攻；两名防守队员要分工明确、配合默契，避免跑位重叠。

4. 全场二防二或三防三练习

方法：在全场进行二对二或三对三对抗练习，在攻守转换中提高队员防守快攻的能力。

要求：队员要积极拼抢前场篮板球；篮板球失去后，要快速封堵一传与接应队员，限制快下队员；防守过程要分工明确，有层次地退守。

5. 全场五对五比赛练习

方法：在全场进行五对五比赛，在对方发动快攻时组织防守。

要求：队员要积极拼抢前场篮板球；队员之间要分工明确，有层次地退守。

第七节　半场人盯人防守与进攻半场人盯人防守

一、半场人盯人防守战术

半场人盯人防守战术是由攻转守时，全队以最快的速度退回到后场，在每名防守队员分别防守一名进攻队员的基础上进行协作防守的全队防守战术。这种战术分工明确、责任到位、针对性强、协同互补性强，是运用最多的一种防守战术形式，是篮球运动中各种防守战术的基础。

（一）半场人盯人防守种类

根据防守区域的大小，半场人盯人防守可以分为半场扩大人盯人防守和半场缩小人盯人防守两种。

半场扩大人盯人防守控制区域比较大，一般距离球篮 8~9 米，主要用来对付中远距离投篮较准或控球能力比较差的球队。基本防守位置如图 5-132 所示。

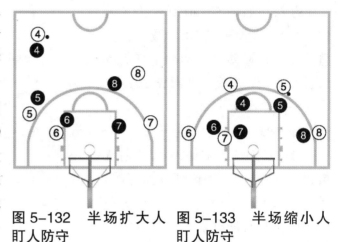

图 5-132　半场扩大人盯人防守　　图 5-133　半场缩小人盯人防守

半场缩小人盯人防守防区比较小，一般距离球篮 6 米左右，重点防守对方篮下的进攻。基本防守位置如图 5-133 所示。

（二）半场人盯人防守战术的要求

1.半场人盯人防守要贯彻以防人为主、人球兼顾的防守原则。对持球队员必须采用贴身紧逼防守姿势，扩大防守面积，积极拼抢，不给对方轻易投篮、突破和传球的机会。一旦被对方突破，必须追防。

2.防无球队员要错位防守，做到人、球、区兼顾。重在敢于对抗，堵截其向球移动和空切篮下的路线，破坏其与有球队友和其他无球队友的任何配合行动，不让其有任何获得球的机会，严格限制其在限制区内接球的次数。

3.由于防区扩大、比赛的强度增加，要求队员有充沛的体力和良好的意志品质，比赛中正确观察、判断场上的攻守情况。在防守选位时，要做到"人动我动，球动我动"，在严密控制对手的基础上随时准备协防、补防、夹击、断球以及防掩护等，充分体现防守的主动性和攻击性。

4.防守队员分工时，通常按跳球时的站位分工，也可按照强对强、弱对弱、高对高、矮对矮的方法分工，但无论怎样都要强调防守的整体性，加强队员之间的沟通与交流。

（三）半场人盯人防守配合的方法

以球场纵轴线为标准，有球的一侧为强侧，无球的一侧为弱侧。强侧的防守要对持球队员紧逼防守，限制其投篮、突破、传球。对近球者采用积极的错位防守，不让其接球。弱侧的防守要回撤保护篮下，协防同伴，同时注意抢断高吊球，及时堵截对方的背插和溜底线。

1. 球在强侧的防守方法

方法：如图 5-134 所示，⑥持球时，❻紧逼⑥，❼内侧侧前防守⑦，❹紧逼防守④，回缩篮下❽，❻防给⑦的高吊球及⑧的横切等，❺可适当向内强侧靠拢。

2. 球在弱侧的防守方法

方法：队员⑤接球（如图5-135 所示），❺紧逼，侧前或

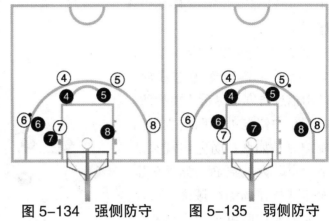

图 5-134　强侧防守　　　图 5-135　弱侧防守

绕前防守⑦；❹错位防守④，并准备协防；弱侧的❻向中锋一侧靠拢，保护中锋；❽错位防守⑧的接球或空切篮下。

（四）半场人盯人防守教学与训练

1. 半场人盯人防守选位练习

（1）在球动人不动情况下的选位练习

方法：如图 5-136 所示，防守队员根据球的转移进行选位。练习数次后，防守队员按顺时针方向换位 4 次，然后攻守交换。依次进行练习。

（2）在人动球不动情况下的选位练习

方法：球依次固定在每名队员手中，让其他 4 名队员练习如何防掩护、纵切、横切、溜底线等。

（3）在人动球动的情况下练习

方法：只许进攻队员做传球、运球突破、掩护、突分

图 5-136

和策应等基础配合，不允许投篮。防守队员严格按照选位原则进行防守，控制对方的进攻配合。进攻队员的技、战术要在慢速中完成，辅助防守队员选位、防守，逐步加快进攻速度。

要求：防守队员要根据球和进攻队员的移动及时选择有利的防守位置；防守队员对球及所防进攻队员的移动要有预判，力争提前卡位；防守队员之间要相互提醒，默契配合，同时注意协防补位，尽量减少进攻队员在限制区内接球的次数。

2. 局部防守练习

（1）球在强侧、弱侧的防守练习

方法：如图 5-137 所示，⑥持球时，❻紧逼⑥，❼内侧侧前防守⑦，❹紧逼防守④，❽回缩篮下，防⑥给⑦的高吊球及⑧的横切等，❺可适当向内强侧靠拢。如果弱侧队员接球（如图 5-138 所示），❺紧逼⑤，❼侧前或绕前防守⑦。❹错位防守④并准备协防。弱侧的❻向中锋一侧靠拢，保护中锋。❽错位防守⑧的接球或空切篮下。

（2）防守掩护配合练习

当对方进行掩护进攻时，运用抢过防守，尽量不要换防，尤其是中锋与外围队员之间的掩护更是如此。防止出现大防小、小防大的局面。如果外围无球球员在弱侧区域进行威胁不大的掩护时可采用交换和穿过配合。

图 5-137　强侧防守　　图 5-138　弱侧防守

方法：如图 5-139 所示，⑥持球，中锋队员④与⑤做掩护时，❹❺尽可能不要换防，❺绕过掩护队员④继续防守⑤。右边的⑦⑧做掩护配合时，❼要全力抢过。

（3）防内线中锋练习

防守中锋进攻的关键是阻止中锋接球。一旦被中锋接到球，应及时围夹，迫使中锋将球传到外围。

方法：如图 5-140 所示，⑤持球时，❺紧逼⑤，❻绕前防守中锋⑥，❼回缩篮下防⑤给⑥的高吊球。如果⑥接到⑤的高吊球，❼必须与❻围夹⑥，迫使⑥将球传出。❹回缩篮下防守⑦的空切，❽准备抢断⑥的传球。

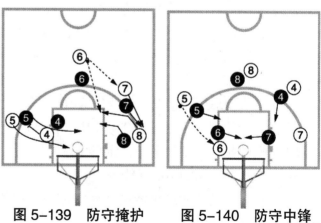

图 5-139　防守掩护　　图 5-140　防守中锋

（4）比赛条件下五对五防守练习

练习一：半场五对五攻守练习

方法：队员五人为一组，分成两个半场进行五对五比赛。若进攻队进攻得分，则继续进攻；若防守成功则交换攻守。

练习二：全场推进半场五对五攻守

方法：五人为一组，场上练习为 3 组，两组分别在两个半场防守，第三组从中场开始向一侧进攻，进攻投中或防守队抢到防守篮板球后攻守交换，新的进攻队通过中场向对侧进攻，如此往复进行练习。

先进行半场缩小人盯人防守练习，逐步增加防守强度，进行半场扩大人盯人防守练习。

要求：防守队员在强弱侧相互转换时要及时调整防守位置与防守姿势；防守队员要相互配合，个人防守与团队防守相结合；对进攻队主要攻击队员要采取有针对性的重点防守。

二、进攻半场人盯人防守战术

进攻半场人盯人防守战术是根据半场人盯人防守战术的特点，合理运用各种传切、突分、掩护、策应等基础配合所组成的全队进攻战术。它是进攻战术体系中最常用、最重要的战术之一。

（一）进攻半场人盯人防守的阵型

最常见的进攻落位有单中锋进攻的"2-3"阵型和"2-1-2"阵型（如图5-141、5-142所示）；双中锋进攻的"1-2-2"阵型（如图5-143所示）；无固定中锋的"1-2-2"阵型（如图5-144所示）；中锋位于高策应区的"1-4"阵型（如图5-145所示）；双中锋纵向站位的"1-3-1"阵型（如图5-146）等。

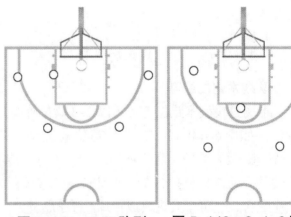

图 5-141　2-3 阵型　　图 5-142　2-1-2 阵型

（二）进攻半场人盯人防守战术的要求

1.从实际出发，合理组织阵型，充分发挥本队进攻特点和个人的技术特长，利用基础配合组成全队的进攻战术。

2.在移动中做到相互配合，有目的地连续穿插、掩护、换

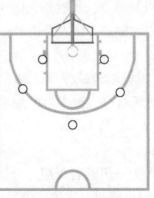

图 5-143　双中锋
1-2-2 阵型

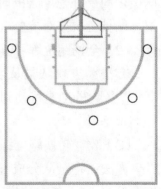

图 5-144　无固定中锋
1-2-2 阵型

位，侧重于主要的攻击区域和攻击点，点面结合、内外结合，强调进攻中的灵活性和机动性，注意攻守平衡。

3. 积极冲抢前场篮板球，提高攻守转换速度。

4. 进攻中抓住对方防守的薄弱环节，实施强攻。

（三）进攻半场人盯人战术的配合方法

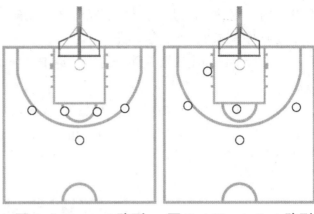

图 5-145　1-4 阵型　　图 5-146　1-3-1 阵型

以 2-3 阵型落位为例。方法如图 5-147 所示，⑤传球给④发动进攻。中锋⑥上提给⑤做后掩护，然后横插。④亦可将球传给⑤或⑥，左侧的⑧给⑦做掩护，⑦上提补位。⑥接球后也可与④做策应配合，也可个人进攻或传球给⑦⑧⑤进攻。

（四）进攻半场人盯人战术的教学与训练

1. 全队战术跑位练习

（1）半场进攻战术跑位练习（以 2-3 落位阵型为例）

图 5-147

方法：如图 5-148 所示，⑤传球给④发动进攻。中锋⑥上提给⑤做后掩护，然后横插。④亦可将球传给⑤或⑥，左侧的⑧给⑦做掩护，⑦上提补位。⑥接球后也可与④做策应配合，也可个人进攻或传球给⑦⑧⑤进攻。

要求：各个位置的进攻队员要明确分工及移动路线；队员之间要注意配合的时机与节奏。虽然是无防守跑位练习，队员也要按对抗要求完成掩护、切入等技术动作。

（2）全场跑位练习

方法：进攻队员从发后场端线球开始，球发入球场后，5 名队员迅速移动到前场落位，按规定的战术路线进行跑位练习。

图 5-148

（3）攻守转换跑位练习

方法：将全队分成五人为一组的若干组，分别位于球场两侧端线外，一组持球按照练习（2）的方法进行跑位练习。进攻结束后，对侧端线外的另一组 5 名队员迅速推进，重复一组的练习。如此往复进行。

在全队战术跑位熟练以后，可以添加防守进行练习。防守采用消极防守，主要辅助进攻队员完成战术配合。

要求：进攻队员要迅速推进到前场，快速落位；进攻队员的移动及球的转移要有层次。

2. 局部进攻配合练习

反复进行半场二对二、三对三训练，提高进攻队员之间的基础配合质量，为提高全队整体进攻水平打好基础。

（1）两人两球后掩护练习

方法：如图 5-149 所示，④传球给⑨，⑧上提给④做后掩护，⑨传球给切入篮下的④投篮，⑥转身接⑦的球中投，各自抢篮板球，交换位置。依次进行练习。

图 5-149

（2）两人两球底角掩护练习

方法：如图 5-150 所示，⑦传球给⑨，④到底线与⑦做掩护，然后转身横切接⑨的球投篮，⑦上提接⑤的球中投，各自抢篮板球换位。依次进行练习。

（3）三人三球掩护、策应练习

方法：如图 5-151 所示，⑥传球给④，⑧给⑥做后掩护。⑥切入篮下接⑤的传球投篮，⑧横插接④的传球并与④做策应配合，④接⑧的传球投篮，⑧策应传球后转身接⑨的传球投篮，各自抢篮板球回原位。练习数次后，按顺时针方向换位，依次进行练习。

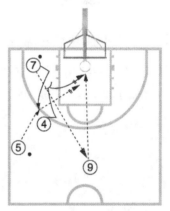

图 5-150

以上进行的是无防守情况下的多球换位练习，主要目的是熟悉进攻配合路线及提高个人进攻点的投篮技术。练习熟练后，可在消极防守状态下进行单球练习，初步掌握配合时机和提高技术运用能力，逐渐过渡到积极防守对抗练习。从实战出发，严格要求，掌握方法，提高局部战术配合的质量。

3. 半场有防守条件下练习

（1）半场五对五攻守练习

方法：队员五人为一组，分成两个半场进行五对五比赛。若进攻队进攻得分，则继续进攻；若防守成功则交换攻守。

（2）全场推进半场五对五攻守练习

方法：五人为一组，场上练习为3组，两组分别在两个半场防守，第三组从中场开始向一侧进攻，进攻投中或防守队抢到防守篮板球后，

图 5-151

攻守交换，新的进攻队通过中场向对侧进攻。如此往复进行练习。

防守队员防守从消极到积极，逐渐加大防守强度，配合进攻方完成进攻。

要求：进攻队员要相互呼应，提示移动、跑位；教练员要及时提醒进攻队员的站位、移动等；进攻队攻击要有侧重。

第八节　区域联防与进攻区域联防

一、区域联防

区域联防是由攻转守时防守队员迅速退回后场，按区分工各自负责防守一定区域的进攻对手，形成一定的防守阵势，把每一个防区的同伴有机地结合在一起，并随球进行协同移动防守的一种全队防守战术。区域联防战术最突出的特点是守区、防人、防球和保篮。

（一）区域联防常见的阵型

"2-1-2"阵型（如图5-152）、"2-3"阵型（如图5-153）、"3-2"阵型（如图5-154）、"1-3-1"阵型（如图5-155）等，其中"2-1-2"阵型是基本的站位阵型。

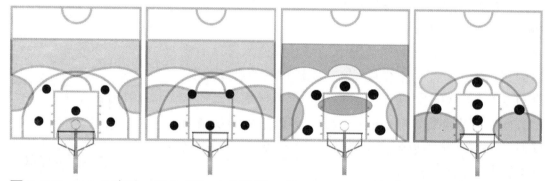

图5-152　2-1-2阵型　　图5-153　2-3阵型　　图5-154　3-2阵型　　图5-155　1-3-1阵型

（二）区域联防配合的要求

1. 攻转守时，封一传、堵接应，争取时间迅速退回后场，站好区域联防阵型。

2. 根据区域联防的特点和队员的身体、技术特长，合理地分配防区。把移动速度快的队员放在外线防守，把身材高大、补防能力强、善抢篮板球的队员分配在内线防守。

3. 防守持球队员时执行盯人防守的原则，积极干扰和破坏对方的投篮、传球、运球和突破。

4. 对无球区域的防守也要贯彻以防球为主，人、球、区兼顾的要求，当无球队员通过溜底线、背插、纵切等方式进入自己的防区时，要先卡位，堵防第一接球点，然后护送出自己的防区交给同伴防守。

5. 防守中，随时准备协助同伴进行"关门""夹击""补防"等配合，特别对篮下攻击能力较强的内线队员必须进行围守。

6. 要根据对方的进攻变化，随时准备调整防守阵型。

（三）区域联防配合的方法

以"2-1-2"区域联防阵型为例。

1. 球在正面时防守方法：如图5-156所示，当球在④手中时，❺要上前防守④，阻挠其投篮或突破，❻上提防守⑤，④防守⑦，同时兼顾协防⑤，❽注意⑧的移动，❼则回收保护篮下，防止⑥空切。

2. 球在侧面时防守方法：如图5-157所示，当球传给⑥时，

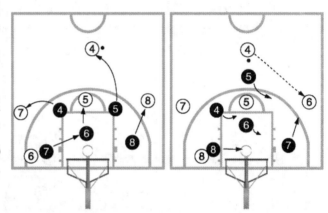

图 5-156　球在正面　　图 5-157　球在侧面

防守重心要向球侧移动，❼要迅速防守⑥，阻止其投篮或突破，❺要回收帮助协同❻防⑤，④和❽则向球侧收缩保护。

3. 球在低位中锋位时防守方法：如图5-158所示，当球传给低位中锋⑧时，④和❽要全力围守⑧，迫使其向外传球；❻也要向篮下回收，时刻准备补防，❺向罚球线附近回防，协防⑤，❼也要向球侧回收。

4. 球在高位中锋位时防守方法：如图5-159所示，当球传给高位中锋⑤时，④❺❻三人要合围⑤，阻止其进攻和传球，❼❽保护篮下。

图 5-158　球在低位中锋位 图 5-159　球在高位中锋位

（四）区域联防教学与训练

1.局部防守练习

进攻队员要配合防守队员进行练习，传球、运球、移动等动作要在慢速中完成。随着练习的深入逐渐提高进攻速度，从而加大防守难度。

（1）外围二防三练习

方法：如图5-160所示，进攻队员④⑤⑥在外线互相传接球，❹❺防守。当队员持球时，❹或❺上去防守；如果⑤持球时，❺上去防守，❹选位防守⑥；如果⑥持球，则❹防守④⑥，❺防守④⑤。练习可以按时间或传球次数，进行攻、守交换。

要求：进攻队员传球速度要慢，开始可采用地滚球的方式，对持球队员迎上紧逼，另一队员主动向球收缩，一防二，防守队员加强沟通交流。

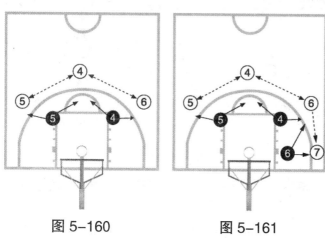

图 5-160   图 5-161

（2）外围三防四练习

方法：如图5-161所示，进攻队员④⑤⑥⑦分别站在外围的位置，防守队员❹❺❻分别站在防守的位置上。当④持球时，❹上前防守，❻防守⑥⑦队员，❺防守④⑤队员；当球转移到⑤队员手中时，❺防守⑤，❹❻则选择位置，做到二防三。当球转移到⑦号位置时，❻防守⑦，其他队员则要做到二防三。

要求：进攻队员开始传球速度要慢，防守队员对持球队员紧逼，临近防守队员错位防守，远离球的队员向球收缩，一防二。

（3）防守溜底线练习

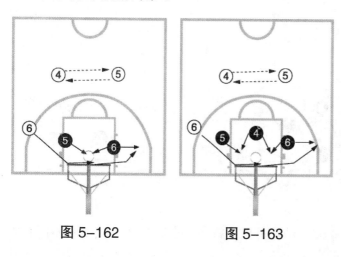

图 5-162   图 5-163

方法：如图5-162所示，防守队员❺❻采用卡位、护送、交接、回防的方法防守溜底线队员。当进攻队员⑥准备接球时，防守队员❺尽可能不让对手接球，逼迫其向反方向跑。这时防守队员❺要紧跟进攻队员⑥，当进攻队员到达篮下时，交给同伴❻。

方法：如图5-163所示，

当球在④手中时，防守队员❹❺❻防守底线，❺不让⑥队员接球，迫使其跑向弱侧，❹❺❻三名防守队员要在底线采取跟防，不让对手在内线位置接球。

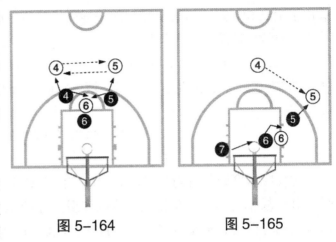

图 5-164　　　　　图 5-165

要求：进攻队员溜底时，防守队员要主动卡位跟随，在防区交接处主动交换防守；交接要快速、及时，必要时要相互提示交接防守。

（4）围守中锋练习

方法：如图 5-164 所示，⑤接到球后，防守队员❺迎上防守，不让对手轻易传球、运球和投篮，❻移动到⑥身前，不让对手接球，❼协防准备断球。如果⑥接到球时，❻❼两名队员配合行动进行夹防。

方法：如图 5-165 所示，④⑤之间传球，当球在④手中时，❹紧逼④，❺回缩到⑥身前，与❻围守⑥；当球在⑤队员手中时，❺立即上前紧逼⑤，而❹则快速回缩到⑥身前与❻围守⑥，防止⑥接球。如果⑥接到球，❹或❺要及时夹防⑥，同时还应注意卡堵自己所防区域队员的空切和接球。

要求：内线防守队员根据球的转移选择错位防守姿势，尽量减少其在限制区周围接球。一旦接球，邻近外线防守队员要主动收缩协防。

2.全队区域联防选位练习（以"2-1-2"阵型为例）

方法：五人为一组，进行半场五对五防守练习。防守队员按照 2-1-2 阵型站位，根据球所处的不同位置，及时调整防守姿势与位置。进攻队员转移球的速度由慢逐渐加快。

3.五对五比赛对抗练习

（1）半场五对五攻守练习

方法：队员五人为一组，分成两个半场进行五对五比赛。若进攻队进攻得分则继续进攻，若防守成功则交换攻守。教练可以要求队员按规定的防守阵型防守，也可以让队员根据进攻方攻击的特点手段采用相应的防守阵型。

（2）全场推进半场五对五攻守练习

方法：五人为一组，场上练习为 3 组，两组分别在两个半场防守，第三组从中场开始向一侧进攻，进攻投中或防守队抢到防守篮板球后，攻守交换，新的进攻队通过中场向对侧进攻。如此往复进行练习。

五对五对抗练习应先进行"2-1-2""5-2"等常见的防守阵型练习，要求进攻队员由消极到积极进攻，逐步增加防守强度。最后根据队员的掌握情况，可以选择性地进行对位联防防守的教学与练习。

要求：防守队员要相互呼应，提示护送、交接、协防等；教练要及时提醒防守队员的站位等；对进攻方主要攻击区域要有侧重地防守。

二、进攻区域联防

进攻区域联防是针对区域联防的防守阵型和变化特点，结合本队球员的身体条件和技、战术特点，组织相应的落位阵型，有目的地通过传球、突破、掩护等打乱对方的防守阵型，创造投篮机会。进攻区域联防是球队进攻战术体系中的重要组成部分，随着篮球运动的发展，进攻区域联防战术呈现出多样化、综合化的发展趋势，战术的针对性也得到提高。首先，目前球队进攻区域联防战术从单一化向多样化发展，球队具备多种进攻区域联防的战术。丰富的战术使得进攻会更加流畅，也增加了防守的难度。其次，进攻区域联防的战术呈现出综合化趋势，在一套进攻战术中，把传球、突破、策应、挡拆等多种局部战术融合起来，而不是仅仅以某一种进攻方式攻击对方。最后，战术的针对性增强，在进攻中，面对不同的防守阵型和防守阵容，球队具备机动的战术选择，进攻组织具有很强的针对性，从而提高了进攻效果。常用的基本进攻阵型有"1-3-1"阵型、"1-2-2"阵型、"2-3"阵型等。

（一）进攻区域联防配合的要求

1. 提高由守转攻的速度，加快反击节奏

在对方防守阵型没有布置好之前，抓住机会完成进攻。快速地由守转攻是进攻区域联防的重要方法。

2. 在联防阵型的防守薄弱区域进行攻击

在进攻时，要观察对方的防守阵型，寻找到其阵型的薄弱区域，在其薄弱区域寻找到进攻的机会。球队需要设计多种固定的进攻战术，面对不同的联防阵型，球队都要有固定的进攻战术。

3. 中远距离投篮是进攻区域联防的重要武器

高命中率的中远距离投篮不仅能够直接得分，而且还能够吸引防守，逼迫对方扩大防守区域，这也会给内线创造出更多的进攻机会。

4. 将多种进攻方法纳入进攻联防的战术设计中

要把传球、突破、策应和挡拆等多种进攻方法、战术结合起来，这种综合的进攻组合能够起到更好的进攻效果。

5. 错位的进攻

在联防时，防守队员的站位相对固定。在进攻的时候，可以根据这名球员的身体条件、技战术能力采取有针对性的进攻方法。这种错位的进攻能够吸引其他队员的防守，打乱对方的防守布局和阵型。一旦协防、补防过多，其他位置的队员就能够获得更多的进攻机会了。

6.弱侧的进攻

无论是何种联防阵型，都会遵循"以球为主，人、球、区、时兼顾"的原则。而在强侧区域，都会布置重兵防守，弱侧区域就会露出防守的空当。要利用弱侧防守的薄弱展开进攻，快速向弱侧传球是获得进攻的机会之一。突破后向弱侧分球，也会给弱侧同伴创造出空位投篮及突破的进攻机会。

7.争取二次进攻机会

把冲抢前场篮板球放到球队进攻联防的整体战术之中，争取二次进攻的机会。尤其是处于篮下和弱侧的进攻队员，做到有投必抢。前场篮板球的冲抢，不仅能够有机会获得二次进攻，而且还能够给投篮队员更大的投篮信心，从而提高投篮命中率。此外，也能够减少对方的快攻机会。但是，在冲抢前场篮板球时，要保持好攻守的平衡，做好随时退守的准备，以免被对方打快攻。

（二）进攻区域联防配合的方法（以"1-3-1"阵型进攻"2-1-2"阵型区域联防为例）

方法："1-3-1"阵型进攻"2-1-2"阵型区域联防站位及配合方法如图5-166、5-167所示。④⑤和⑦队员外围不断传球，吸引防守队员❹和❻不断移动；当⑦传球给④后，沿底线向另一侧切入移动，④传球给⑤的同时，❻从高位向低位下拉，❽从底位向罚球线上切入准备接球，⑤接球后可以传球给⑥⑦⑧，在限制区右侧形成了多打少的机会。

图 5-166

图 5-167

（三）进攻区域联防战术教学与训练

1.全队战术跑位练习

（1）半场进攻战术跑位练习（以"1-5-1"阵型进攻"2-1-2"阵型区域联防为例）

方法：如图5-168、5-169所示，半场运用"1-5-1"阵型进攻"2-1-2"阵型区域联防。

要求：各个位置的进攻队员要明确分工及移动路线；队员之间要注意配合的时

图 5-168　　　　　　　　图 5-169

机与节奏；虽然是无防守跑位练习，队员也要按对抗要求完成掩护、切入等技术动作。

（2）全场跑位练习

方法：进攻队员从发后场端线球开始，球发到球场后，5名队员迅速移动到前场落位，按规定的战术路线进行跑位练习。

（3）攻守转换跑位练习

方法：将全队分成五人为一组的若干组，分别位于球场两侧端线外。一组持球按照练习（2）的方法进行跑位练习，进攻结束后，对侧端线外的二组5名队员迅速推进，重复一组的练习。如此往复进行。

在全队战术跑位熟练以后，可以添加防守进行练习。防守采用消极防守，主要辅助进攻队员完成战术配合。

要求：进攻队员要迅速推进到前场，快速落位；进攻队员的移动及球的转移要有层次。

2.局部配合练习

（1）溜底线、背插接球投篮练习

方法：如图 5-170 所示，队员分成左、右两组，溜底线至右边接的传球投篮，传球后至左边接的传球投篮，传球后至右边接的传球投篮。

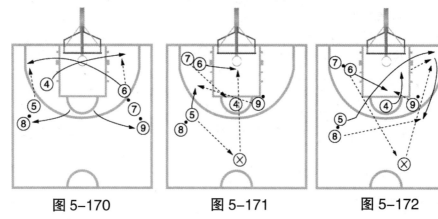

图 5-170　　　　　　图 5-171　　　　　　图 5-172

（2）三人三球内外线配合练习

方法：如图 5-171 所示，⑤传球给教练同时，纵切接⑨传球投篮，教练传球给横切篮下的⑥转身投篮，⑦传球给横切罚球线的④，④接球投篮。抢篮板球后，顺时针移动。

（3）三人三球背插、拉角内外线配合练习

方法：如图 5-172 所示，⑥传球给教练，横切接⑨传球投篮。⑤背插拉到右侧底角接教练传球，转身做三威胁姿势，④纵切接⑤传球上篮，⑤传球后上提接⑧传球投篮。

要求：队员切入或溜底前要做假动作，注意观察球的位置。队员接球后要面向球篮成三威胁姿势，投篮后要主动冲抢篮板球。

3. 半场五对五对抗练习

首先进行无防守的五人配合跑位练习，使队员熟悉、掌握配合的整体结构，明确各攻击点的任务、传球路线及队员穿插移动的配合时机。

在以上练习基础上可组织教学比赛，在实战中发现问题，及时解决，提高进攻区域联防战术配合质量和运用战术的能力。先进行进攻"2-1-2""5-2"等常见防守阵型练习，逐步增加防守强度。

（1）半场五对五攻守练习

方法：队员五人为一组，分成两个半场进行五对五比赛。若进攻队进攻得分则继续进攻，若防守成功则交换攻守。

要求：队员进攻规定的防守阵型，也可以让队员根据对方防守阵型采取相应的进攻阵型。

（2）全场推进半场五对五攻守练习

方法：五人为一组，场上练习为 3 组，两组分别在两个半场防守，第三组从中场开始向一侧进攻，进攻投中或防守队抢到防守篮板球后，攻守交换，新的进攻队通过中场向对侧进攻。如此往复进行练习。

要求：在攻守对抗过程中，明确战术配合要求；严格要求，熟悉配合方法和行动路线。

思考题：

1. 根据篮球运动对抗性的特点和比赛的主要内容，简述篮球战术分类。

2. 试述现代篮球比赛场上队员的分工及职责。

3. 图示传切配合中一传一切配合的方法，并说明要求。

4. 图示给有球队员做掩护的配合方法，并说明要求。

5. 简述不同进攻情境下破坏掩护配合的方法和要求。

6. 简述一种进攻战术基础配合的教学步骤。

7. 图示设计一套三对三的进攻配合方法，至少包括五步变化。

8. 结合图示说明试述快攻结束阶段二攻一的方法。

9. 图示说明三种三人快攻的方法和要求。

10. 简述半场人盯人防守和区域联防的区别。

第六章

篮球教学设计与实施

【导读】篮球教学是篮球课堂上教师教和学生学的互动过程，是教师在一定教学理念指导引导学生学习的过程。本章重点介绍了篮球教学理念、篮球教学文件设计、教学过程组织和实施、说课和无生上课等内容，通过本章学习，读者能够更新现代篮球教学理念，能够撰写篮球课时计划，并根据课时计划组织课堂教学，并能够进行篮球说课和无生上课演示。

篮球教学是篮球教师与学生以篮球课堂为主渠道的交往过程，是篮球教师的教与学生的学的统一活动，是人对篮球运动的特殊认识过程。通过篮球交往过程和活动，学生掌握一定的篮球运动、卫生保健的基础知识和基本技术、技能，形成对篮球的兴趣、爱好，发展体能和运动能力，培养思想品德和社会适应能力，最终实现教会学生科学锻炼和健康知识，指导学生掌握跑、跳、投等基本运动技能和篮球专项运动技能的目标。

篮球教学过程是篮球教学中为达成一定的篮球教学目标，教师、学生、课程等教学组成要素相互作用而展开的教学活动的行程。篮球教学过程通常包括教师、学生、目标、课程（内容）、方法、环境和评价等七个要素。其中教师是教的主体，学生是学的主体，课程是连接教师和学生的中介，教学目标、方法、环境和反馈则是由前三个要素的相互作用而引起的。

教师作为篮球教学设计和实施的主体，教师的教育理念和专业素养对人才培养质量起到至关重要的作用。正如习近平总书记所说，教师不能只做传授书本知识的教书匠，而要成为塑造学生品格、品行、品位的"大先生"，要成为有理想信念、有道德情操、有扎实知识、有仁爱之心的"四有"好老师，做学生锤炼品格的引路人，做学生学习知识的引路人，做学生创新思维的引路人，做学生奉献祖国的引路人，坚定不移用习近平新时代中国特色社会主义思想铸魂育人。

第一节　篮球教学设计概述

一、篮球教学设计的概念

篮球教学设计是教师为了优化篮球教学过程，提高篮球教学质量，以学习理论、教育传播理论和系统科学理论为基础，根据学生的学习特点和自身的教学风格，对篮球教学过程的各环节、各要素预先进行科学的计划、合理的安排、制订出整体教学运行方案的过程。完整的教学设计主要包括设计和确定教学目标、分析和了解学生实际、合理分配教学时间、分析和组织教学内容、选择教学方式和媒体资源、设计教学评价六个方面。

二、篮球教学设计的理念

（一）树立新的教育观、学生观和质量观

现代篮球教学设计要求围绕"培养什么人、怎样培养人、为谁培养人"这一根本问题，坚持立德树人根本任务，以教球育人为目标，以学科（课程）核心素养为抓手，以身体练习为主要手段，树立新的教育观、学生观和质量观。所谓新的教育观，就是篮球教学要以学生发展为中心，坚持"健康第一"的指导思想，培养学生的体育品德、创新精神和实践能力。所谓新的学生观，就是在篮球教学过程中要把学生看成活生生的人，具有独立思想和认识见解的人，具有一定认识、身体基础、技术基础的人，尊重学生的独立人格和人格平等，突出篮球教育过程中学生的主体地位。所谓新的质量观，就是教师既要注重学生的篮球技术技能和体能方面的发展，更要注重学生体育品德、创新精神和实践能力方面的发展。既要注重短期有形指标（体质增强、技能提升、知识掌握）的变化，更要注重长远无形指标（以"为国争光、无私奉献、科学求实、遵纪守法、团结协作、顽强拼搏"为主要内容的体育精神）的发展变化。

（二）打破传统篮球技能传习式教学设计理念，创新逆向教学设计

传统篮球教学设计遵循技能传习式教学理念，存在三种教学设计倾向：第一，强调以教师为中心的教学设计。一切教学设计都围绕着"如何教"进行，把学生当

成接受篮球知识技能的容器，教学是教师向学生灌输篮球知识和技能的过程，注重篮球知识和技能的传授，强调篮球教学组织的规范。第二，强调以知识和技能体系为中心的教学设计。教师过分强调教材内容的系统性、严谨性，遵循技术传授过程的规律性和教学原则，片面地追求篮球教学中篮球知识和技能的灌输和接受的效率。第三，强调以课堂为中心的教学设计。以系统地掌握篮球技能为目标，忽视师生之间、生生之间应有的情感交流，使学生的学始终围绕教师的教而转，学生常处于被动接受状态，丧失了学习过程中的主动性和自主性。

现代篮球教学设计强调以学生发展为中心，选择适合学生特点和学习任务的教学策略，侧重学法指导、情境创设、问题引导、手段使用、反馈调控等策略。教学设计打破为教师教学服务的理念，创新为学生学习服务的理念，采用逆向教学设计，先确定学生篮球学习的高阶预期结果，再确定可测量、可评价的合适评估证据，最后设计学生学习体验和教学过程。因此教学设计的逻辑起点由教材内容转向学习目标，依据《义务教育体育与健康课程标准（2011 年版）》《普通高中体育与健康课程标准（2017 年版）》，教学目标由技能目标向思政引领下的认知、技能和情感目标融合转变。教学内容由硬性规定向根据现实条件自主选择转变。教学策略由以机械性的被动模仿、被动接受、被动顺从为主要特征的技能灌输式学习向以自主体验、互助交往和创新为主要特征的探究式、合作式、讨论式学练转变；由以规范动作的讲解示范为主要形式的直接呈现方式向以学生思考、体验、感悟、探索、试错为主要形式的间接呈现方式转变；由传统的教师教、学生学的单向信息传递活动向师生双方相互交流、相互沟通、教学相长、共同发展的方向转变。教学评价由终结性评价为主向终结性和形成性相结合的评价方式转变。教学组织由强调纪律性和规范性的整齐划一向强调灵活性和多样性的自主学习转变。

（三）坚持系统观念，创新"教会、勤练、常赛"一体化篮球教学设计

系统观念是具有基础性的思想和工作方法，篮球教育教学设计要以系统观念实现教育教学由"传统三中心"（教材、教师、场地）向"新三中心"（学生发展、学生学习、学习效果）的转变，强调尊重学生的个体差异、满足学生的需求，以促进学生的学习和发展为目的，以脑科学、认知科学和学习科学为理论基础，以现代化信息技术手段为抓手推进课内外一体化教学设计，创新"教会、勤练、常赛"的篮球课新模式，把"教会、勤练、常赛"的内容与形式做系统化规划和设计，课堂上教师教会学生健康知识、基本运动技能和篮球运动技能，课外让学生去熟练课堂上学到的健康知识、基本运动技能和篮球运动技能，同时搭建学生均可参与的篮球竞赛平台，实现享受乐趣、增强体质、健全人格、锤炼意志的篮球教学终极目标。

第二节　篮球教学文件设计

一、篮球教学文件设计依据

体育与健康课程是为义务教育阶段、普通高中和中等职业学校中小学生开设的，以身体练习为主要手段，以增进中小学生健康为主要目的的必修课程，篮球作为体育与健康课程的一个项目，属于体育课程一部分内容。2011 年教育部印发了针对小学和初中学生的《义务教育体育与健康课程标准（2011 年版）》，2017 年以来先后印发了针对普通高中和中等职业学校的《普通高中体育与健康课程标准（2017 年版）》以及《义务教育体育与健康课程标准（2022 年版）》，篮球课程教学文件设计融入体育课程设计中。

二、体育教学文件设计的分类和界定

根据中小学体育与健康课程标准，体育教学设计分为宏观、中观和微观三个层次，学段、水平、年度、学期、单元和课时计划设计六个层级。宏观包括学段和水平体育教学设计，中观包括学年和学期体育教学设计，微观包括模块/单元和课时体育教学设计。体育教学设计的成果为体育教学计划，具体表现形式为学年体育教学计划、学期体育教学计划、（大）单元体育教学计划和课时体育教学计划。

中小学生的学段分为小学、初中和高中三个学段，义务教育学段水平分为水平一（1~2 年级）、水平二（3~4 年级）、水平三（5~6 年级）、水平四（7~9 年级）四级水平，围绕体育核心素养，分别从运动能力、健康行为和体育品德方面设置了相应的学习目标，高中教育阶段按水平一和水平二进行学业质量评价，围绕学科核心素养在运动能力、健康行为和体育品德三方面分别设置了相应的学习目标。

学年体育教学文件设计是依据中小学生所处学段水平等级的教学目标确定各学年教学目标，依据各学年教学目标确定评价内容和标准，然后再精选教学内容，包括基本运动技能、体能、专项运动技能、健康教育和跨学科主题学习，然后以年级为单位，依据课程标准的要求，结合学校实际和学生年龄特点，将课程目标要求、教材内容、教学时数、考核项目与标准合理地分配到两个学期中形成学年体育教学计划。

学期体育教学文件设计是根据学年体育教学计划，将规定的教学内容按一个学期的教学周次和课次进行合理安排，形成每个学期教学计划，使体育课堂教学更加

体现操作性和计划性，并为编制单元体育教学设计做好准备。学期体育教学设计是教师编写单元体育教学和课时教学设计的直接依据。

单元体育教学文件设计是依据学期教学进度安排，将学习内容按性质分单元进行的教学工作安排而形成单元体育教学计划，它是教师编写教案的直接参考依据。主要任务是将单元教学计划中主要教学内容，按照学期教学计划中确定的课次顺序，安排出每次教学目标、教学内容、教学步骤方法、教学重点、难点等。新课改对发展学生素养提出新要求，以大概念、大主题和大任务对学习内容进行分析、整合、重组、开发，6~8学时的技术小单元教学向至少18学时或学期主题大单元教学转变。课时教学计划（教案），是根据学期教学计划、单元教学计划以及学生特点和场地器材等教学实际情况，预先设计的一堂体育课教学方案，是教师完成一堂体育课的具体行动计划，是备课结果的书面表现，也是体育教学设计的归宿。

三、篮球教学文件设计的指导思想

根据体育与健康课程标准，中小学生体育教学设计要符合其身心发展规律和特点，以学生发展为本，树立"健康第一"的指导思想，选择合理的体育教育教学方式和方法。1—2年级重点通过体育游戏发展学生的基本运动技能，让学生在玩中学，玩中练，激发学生的运动兴趣；3—6年级主要根据学生兴趣爱好，从六类专项运动技能中各选择至少一个专项进行教学，重点发展学生各种体能基础上发展多项运动技能，以满足学生多元化运动需求；7—8年级根据学生兴趣爱好，从六类专项运动技能中的四类各选一个项目进行教学，发展学生各项体能基础上重点发展专项技能；9年级学生根据兴趣爱好自主选择1个专项进行为期1年的学习，保证初中毕业时掌握1—2项运动技能。高中学生体育教学则以专项技能以及与之相匹配的体能为主要发展目标，学生可根据自己的兴趣，自主选择某一体育运动项目作为相对稳定的学习方向，以掌握和提高该专项技能为主要内容，同时学习相关知识，发展相关体能，并逐步养成参加体育活动的习惯。

对于篮球教学文件设计而言，义务教育阶段根据学年和学期体育教学文件设计的总体安排，包括队列队形、大课间常规内容、基本身体素质、中招考试技能、校特色项目课程和专项课程内容等，篮球项目仅是教学内容的一部分，因此教学设计在兼顾其他教学内容同时，重点围绕篮球单元教学设计和课时教学设计开展。高中阶段实施选项教学，在兼顾其他内容同时围绕篮球项目内容设计学年教学计划、学期教学计划、单元教学计划和课时教学计划。

四、篮球教学文件设计与案例

（一）学年篮球教学计划制订

根据《义务教育体育与健康课程标准（2022年版）》，教师要从学生的实际出发，学习和领会标准精神，自主选择教学内容，合理确定教学内容的时数比例，安排注意教学内容的系统性和连贯性。例如义务教育体育与健康课程内容结构（如图6-1），要求在学校开设的若干运动项目中进行自主选择，较为系统地学习1~2个运动项目，培养运动爱好和专长，养成体育锻炼习惯，因此作为深受学生喜爱的篮球项目，开设时间较长，需要在融入体能和健康教育内容基础上设计学年篮球教学计划。具体设计步骤如下：

1.依据《义务教育体育与健康课程标准（2022年版）》的学科（课程）核心素养目标要求和学生选定的运动项目，钻研体育教材，确定学习目标。

2.依据学习目标，制定可测量、可评价的年度考核和评价内容，根据教材性质、任务、作用、学生的情况和季节的特点，安排考试的项目、标准和日期。

3.根据学校条件、学生身体心理发展特点等，确定本年级教学内容。

4.结合本学校具体情况，确定本学年每学期实际上课时数。

5.根据教材的难易程度和教学需要，确定不同教材内容的授课时数。

6.将选择好的教材，按其教学时数合理地分配到两个学期中去。

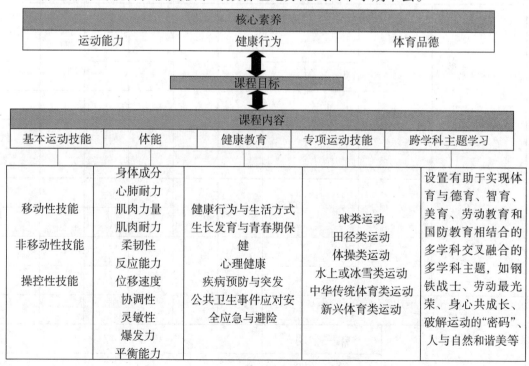

图6-1　体育与健康课程内容结构

学年篮球教学计划编写模板见表6-1，表中学科（课程）素养按照运动能力（体能和运动技能）、健康行为和体育品德等纬度进行填写，教学目标是根据学生特征和相应学科素养确定预期结果，教学内容包括《国家学生体质健康标准》要求达标的体能项目、队列队形、大课间常规项目、特色课程项目、专项课程项目和健康知识等。课时是针对一节课的时间而言，指连续教学的时间单位。时数是指完成相应教学内容所需的课的节数；"课次"是针对教学内容而言，指完成相应教学内容所需课时次数。课时和课次区分的主要目的在于提倡教材内容的合理搭配，提倡双教材内容上课。测试项目是每学期测试的内容。具体案例见表6-2。

表 6-1　学年篮球教学计划模板

学科（课程）素养	教学目标	教学内容	全学年		第一学期		第二学期	
			时数	课次	时数	课次	时数	课次
总计								
测试项目		第一学期						
		第二学期						

表 6-2　初二学生学年体育教学计划案例

学科素养	学习目标	教学内容	全学年		第一学期		第二学期	
			时数	课次	时数	课次	时数	课次
体能	达到《国家学生体质健康标准》的合格水平；具备未来从事职业基本体能水平	速度（50M）	18	36	9	18	9	18
		柔韧（坐位体前屈）						
		爆发（立定跳远）						
		力量:引体向上(仰卧起坐)						
		耐力：1000M（800M）						
		灵敏和协调						
运动技能	能跟随音乐熟练完成广播体操；能与同伴配合完成队形组合；喜爱篮球项目，能欣赏篮球比赛，并在比赛中基本合理运用技战术。	广播体操	45	90	5	10	5	10
		队列队形			2	4	3	6
		篮球			15	30	15	30
健康行为	了解维护个人健康基本知识，养成良好锻炼习惯，能够控制情绪，主动与人合作	健康知识	9	18	1	2	1	2
		合理营养			1	2	1	2
		运动损伤预防			1	2	1	2
		锻炼计划制订			1	2	2	4
		心理健康			融合到每次课日常教学中			
体育品德	具有公平竞争的责任意识，主动遵守规则，能够正确面对胜负，具有良好的团队意识	责任意识	把休育品德培养融合日常教学中					
		规则意识						
		团队意识						
		勤奋热情						
总计			72	144	36		36	
测试项目	第一学期	坐位体前屈；广播操；立定跳远；篮球运球投篮；三对三比赛						
	第二学期	体质测试五项；篮球运球投篮；三对三比赛						

217

（二）学期篮球教学计划制订

1.学期篮球教学计划设计步骤

学期篮球教学计划是针对每个学期体育教学工作进行的教学设计工作，其结果是形成每个学期教学方案，是将规定的篮球教学内容按一个学期的教学周次和课次进行合理安排，形成具有操作性和计划性的学期教学进度，教学内容安排要考虑学生的学习负担和生理负担，促进学生的全面发展。具体设计步骤如下：

（1）熟悉学年度教学计划，分析本学期篮球教学内容。

（2）计算各项教学内容在本学期的上课次数（课次）。

（3）将本学期各项教学内容按课次系统地排列到每次课中去。

（4）检查调整，要检查学期教学内容总体分布合理性，检查每次课基本教学内容数量符合要求情况，检查每项教学内容出现次数和教学内容搭配合理性。

2.学期篮球教学计划的各要素撰写方法

学期篮球教学计划包括指导思想、教学目标、学情分析、教学工作要求、考核项目和教学进度等内容，其中教学进度是核心内容。具体模板见表6-3。周次是一学期教学周的次序，课次是每周篮球课的次序，教学内容是本次课学练的主要内容（主教材＋副教材），属于课基本部分的主要内容，教学内容安排要循序渐进，前后衔接，教学形式指理论、实践、实训。具体案例见表6-4。

表6-3　学期篮球教学进度模板

周次	课次	教学内容	教学形式

表6-4　学期篮球教学计划案例

周次	课次	教学内容	教学形式
2	1	测试诊断学生技术状况，设计技术标准	实践
2	2	团队控制球、三威胁、传接球	实践

周次	课次	教学内容	教学形式
3	3	团队控制球、如何得分—原地投篮和行进间投篮	实践
3	4	篮球竞赛规则	理论
4	5	团队控制球、持球突破、投篮	实践
4	6	摆脱接球、持球突破、急停投篮	实践
5	7	摆脱接球、个人控制球—运球、急停投篮	实践
5	8	个人控制球、运球突破、急停投篮	实践
6	9	拼抢球—防守持球队员、防守运球队员	实践
6	10	拼抢球—防守有球队员、防守无球队员	实践

（三）单元篮球教学计划制订

1. 单元篮球教学计划设计步骤

单元篮球教学计划是依据学期教学计划进度安排，将篮球学习内容按性质分单元编写教学计划，它是教师编写教案的直接参考依据。单元教学计划设计的科学性主要取决于教师对教学内容的性质和特点的把握，要尽量克服为"教技术而教技术"，最大限度地发挥教学内容的多元教育功能，单元教学目标的制定要面向全体学生，保证绝大多数学生能完成教学目标，教法步骤的设计要注意融入学生主动学习的策略与方法，本着促进学生全面发展的目的，设计多元化和可操作性单元教学评价方法，关注学生的学习进步及学习态度的变化。具体设计步骤如下：单元篮球教学设计模板见表6-5。

（1）确立教学单元的指导思想或者教学理念。

（2）开展教材和学情分析。

（3）确定各项教学内容的总体教学目标和要求。

（4）根据学习内容的时数和难易程度确定每次课具体目标和教学重点。

（5）根据每次课的教学重点和教学目标确定每次课的教法步骤。

（6）确定考核方法和评价标准。

表6-5   单元篮球教学计划模板

年级		学期		课次		教师	
指导思想							
教材分析							
学情分析							

表6-5　单元篮球教学计划模板　　　　　　　　续表

单元教学目标				
课次	教学内容	学习目标	重点难点	教与学的主要方法和手段
1				
2				
3				
4				
5				
学习评价	技能评价标准： 评价方法：			
安全保障				

2. 单元篮球教学计划中各要素撰写方法

（1）指导思想

任何行动都受一定的思想、观点或理论的指导和支配，而指导和支配我们行动的思想、观点或理论则为指导思想。指导思想是指点引导的想法，即应该怎样做、往哪个方面做，以及这样做的设想，近似于行动指南。任何体育课的设计都是在指导思想的统帅下进行的，通常依据现代教育教学理念、学生水平、教材内容特性、预期教学目标以及教育教学规律和原则提出指导思想，因此一份完整指导思想至少包括四个方面内容：第一，教学设计采用什么教育教学理念，即解决"怎样做"的问题；第二，采用什么样的设计思路，即解决"往哪个方面做"的问题；第三，指出设计目的是什么，即解决"这样做的设想"的问题；第四，表明设计思想上有何新意，即解决"与众不同"的问题。（参见案例1）

案例1：

坚持"以人为本"的课程理念。以篮球传切配合中如何快速摆脱防守及侧身切入跑动接球的学练为突破口，通过问题引领、层层递进、小组学习、分层练习等多种教学方法与手段，促使大部分学生能够有效掌握摆脱防守切入的方法，选择合理的跑动路线。在充分感受篮球运动带来乐趣的同时，提升篮球基础战术素养，提高学生的合作意识与学习能力，培养学生积极思考、相互关爱、不畏困难的意志品质。

（2）教材分析

教材是指教学内容或教学主题，一般从三个方面进行分析：第一，分析教材的特点，包括教材的技能型、体能型、综合型属性特点，教材的技术特点以及教材的运动负荷特点；第二，分析教材的价值特点，包括教材的德育价值、健身价值、娱乐价值以及教材与学生日常生活的关联度和对学生终身体育的影响效果；第三，分析教材对学生的适切性，包括教材适合该年龄段学生的心理水平、认知水平、运动技术技能水平以及身体素质基础情况，同时分析学生在学习教材时可能会遇到的困难或出现的错误以及解决的相应措施。

教材分析应从以下几个方面撰写：第一，指出本次课是单元里的第几次课或者本单元几次课；第二，分析教材的一般特点（教材的属性、技术特点和运动负荷）；第三，分析教材的价值（德育、健身、娱乐与长效性）；第四，分析教材对学生的适切性；第五，分析教材的重点与难点；第六，分析教材的安全隐患。整个分析应该简洁，要做到客观、准确、合理、到位；格式规范，条理清晰。（参见案例2）

案例2：

本次课是篮球单元教学中的第二课次。篮球"传切配合"是高中体育与健康课程基本内容中进攻基础配合的教学内容，是进攻队员之间利用传球和切入技术所组成的一种基础配合。作为一种基本的战术配合，适合高中生学习。它不仅可以发展力量、速度、灵敏等身体素质，而且能提高心理抗挫折能力，能培养机智果断和团结合作的良好品质。教学重点：摆脱防守切入的方法和跑动路线；难点：切入与传球的时机把握。教师提示学生着装要符合篮球比赛的要求，加强场地设施器材的管理，避免安全隐患。

（3）学情分析

学情分析是体育教学设计的基础，学情分析撰写水平可以反映体育课设计者的理论水平和认识高度，以及设计者的思想深度、意图和能力。

学情分析包括学生自身的情况分析、学生学习情况分析以及与学生有关的情况分析等三个方面。学生自身的情况分析主要是陈述班级学生的基本信息和特征，并对学生生理、认知和心理等一般特征做简要分析，包括：对学生所在班级（年龄）、人数、性别比例等简单介绍，对该年龄段（性别）学生的生理特点方面的分析，对学生的认知水平、心理特征等分析；由年龄、性别所决定的并与发育状况相关联的情况；由年龄、性别所决定的认知水平、心理特征等。对学生学习情况进行分析，包括：介绍学生的体育知识、技能学习基础，即学生的当前状态、知识、技能基础；分析班级学生的思想、情感、态度；分析班风和组织纪律。分析与学生有关的情况，包括：种族、地区和家庭文化背景等方面的分析；校园体育文化的氛围、学校课外体育活动开展情况、班主任的态度等方面的分析。（参见案例3）

案例3：

本课的授课对象为高二（9）班、（10）班男生。他们酷爱篮球运动，身体素质较好，且乐于合作、善于思考，接受能力强。本校是上海市篮球传统学校，有着良好的篮球学习氛围，大部分学生已具备一定的篮球基本技术的基础。高二男生由于具有一定的思考和自学能力，因此，本课在安排学习内容时，尽量让学生带着问题去尝试，并在教师引导下主动体验、合作学练，提高其实战技能。

（4）教学目标

体育教学目标是指在一定的时间内体育教学所要达到的预期标准或结果。一定时间内包括从几年到一个学期再到一个大单元或一次体育课，从时间长短看，体育教学目标可以分为体育课程目标、学段（水平）体育教学目标、学年体育教学目标、学期体育教学目标、单元体育教学目标、体育课教学目标。体育课程教学目标分为情感与品德培养目标、身体健康目标（体能）和运动知识与技能目标三个维度。（具体教学目标撰写见篮球课时教学计划制订中的相关内容）

（四）篮球课时教学计划制订

1. 篮球课时教学计划设计步骤

篮球课时教学计划（教案），是根据学期教学计划、单元教学计划以及学生特点和场地器材等教学实际情况，预先设计的一堂篮球课教学方案，是教师完成一堂篮球课的具体行动计划。篮球教案设计既要全面、具体，具有可操作性，同时要简明扼要，体现出篮球学科的特点和规律，采用的组织教法手段，要加强培养学生的合作意识和能力（具体篮球课时教学计划模板见表6-6）。具体设计步骤如下：

（1）准备工作：设计教案前，需要学习篮球教材等相关文件，全面了解学生情况，了解学校条件等。

（2）制定课的教学目标：教学目标是篮球课结束后学生在知识、技能、体能、情感态度等方面达到的程度，尽量全面、具体，并具有可操作性和可评价性。

（3）设计课的结构：一般划分为准备部分、基本部分和结束部分三个部分，或开始部分、准备部分、基本部分和结束部分四个部分，也可按照学生在篮球课中认知及心理活动的变化的特点和规律来划分篮球课结构。

（4）按照课的结构安排教学内容、组织教法和教学要求。

（5）分配课各部分的时间以及各项教学内容所需的时间。

（6）安排各项练习的运动负荷。

（7）安排场地器材。

（8）预计教学效果：主要围绕教学目标的达成度来预计教学效果，包括篮球知识和技能、情感态度、体能方面效果。

（9）课后小结与反思。

2.课时篮球教学计划的各要素撰写方法

表6-6 篮球课时教学计划模板

年级		人数		日期		执教	
班级		组班形式		周次		课次	
内容主题				重点			
				难点			
教学目标							

课序	时间	教学内容	运动负荷			教与学的活动	组织与队形
			次数	时间	强度		
准备部分	4′	一、课堂常规 1.…… 2.…… 3.…… 二、热身小游戏		3′	小	◎…… ◇…… …… ☆…… ◎…… ◇…… …… ☆	图形： 要求： 1.…… 2.……
基本部分	18′	一、基本教材 1.…… 2.…… 3.……		2′ 2′ 1′ 30″		◎…… ◇…… …… ☆……	图形： 要求： 1.…… 2.……
	10′	二、游戏（或综合性练习） 1.…… 2.…… 3.……		2′		◎…… ◇…… …… ☆……	图形： 要求： 1.…… 2.……
结束部分	3′	一、整理放松活动 二、小结讲评		1′ 30″			

场地器材			安全保障			
			预计	练习密度		强度
				全课	内容主题	

课后小结	

（1）内容主题

内容主题类似名称有教学内容、学习内容、教材内容，指教材的名称或运动项目的名称，须是出现在基本部分的主教材或主教材＋副教材，小学以"主教材＋游戏"、中学以"主教材＋体能练习"的搭配模式比较普遍。写好内容主题，可了解本课内容、整个教学单元课次、具体课序，并可推测课的重点难点以及本节课篮球教学目标。

内容主题撰写的基本格式包括"内容""主题""课时"和"课序"四个基本要素，有明确的主题数量，表达要简短、鲜明，目的性和指向性强。例如篮球：原地单手肩上投篮，5-（1），即篮球内容，主题为原地单手肩上投篮，单元教学 5 学时，本次课是第 1 次课。（参见案例 4）

案例 4：

1. 篮球：传切配合，5-(2)

2. 体能：课课练

（2）重点难点

教材重点是指教材技术环节中的关键部分，应是学期篮球教学进度与单元篮球教学计划中主教材，是一节课的主要任务或主要教材。教材难点是指学生学练过程中难以掌握的环节或部分，教师需要花费更多时间和精力进行教与学练的内容。教学重点和难点很难截然分开，一节课不止一个教学重点，一般仅解决一个难点。重点难点的确定要符合一定的技术特点和教学实际。

确定重点要联系教学目标，确定难点要符合教材内容和学生实际，任何一节课教材内容都有重点，但不一定都有难点。（参见案例 5）

案例 5：

重点：摆脱防守切入的方法和跑动路线

难点：切入与传球的时机把握

（3）教学目标

教学目标是在一节篮球课内，篮球教学所要达到的预期标准或结果，是课程目标的最下位目标。体育课程教学目标分类有很多，海德洛特将体育课程教学目标分为认知目标、情感目标、运动技能目标和增强体质目标四个维度，体育与健康课程标准目标分类为运动参与、运动技能、身体健康、心理健康和社会适应四个领域，邵伟德把目标确定为道德情感目标（运动参与＋心理健康＋社会适应）、身体健康目标（体能）、运动知识与技能目标（认知目标＋技能目标）三个纬度，综合各方观点体育课程教学目标建议分为：情感与品德培养目标（运动参与＋心理健康＋社会适应）、身体健康目标（体能）和运动知识与技能目标。

一节课的教学目标应该根据单元教学目标、本次课的教学内容、学生等情况，并反映出以身体练习为主要手段，以体育知识技能和方法的学习为主要内容的体育学科的本质特征。一般认为，课时教学目标不超过三个较好，依据教学内容、学生实际情况、场地器材条件以及教师教育教学理念和能力制定教学目标。篮球课教学目标可从认知目标、技能目标、情感目标三个方面或认知目标、技能目标、情感目标、体能目标四个方面进行撰写。要以运动技能和体能目标为核心目标，体现篮球课程的学科特性，每个教学子目标的设计要是明确的、具体的、可观察的、可达成的。

按照布鲁姆目标分类，认知目标可从六个纬度设计：知道、理解、应用、分析、综合、评价；技能目标可从七个纬度设计：分析、评价、知觉、模仿、生成、熟练、创新；情感目标可从四个纬度设计：感受、反应、判断、态度。

一个完整、明确、具体的教学目标的表述应该包含四个要素：教学对象、条件、学习行为和标准。教学对象，是学练活动的主体，即学生；条件，是指学练活动的条件；学习行为，是指学练活动的具体行为；标准，是指活动达到的具体程度。按照上述四个要素的要求，设计和编写单个篮球教学目标的方法和步骤是：①以行为主体开始；②描述由学生完成的动作或行为；③学生为完成学习内容而需要的条件；④学生完成学习内容时所应达到的最低标准。

教学对象表述方式一般采用"学生……""大多数学生……""全班学生……""80%学生……"等开头。学习行为可通过学生在学练过程中进行观察、测量，可用一些行为动词来表述，如"掌握""理解""学会""知道"等。条件通常采用介词短语来表示，如"在……情况下""根据……""经过……"等。程度主要是学生通过一定学练过程之后他们的学练行为获得了什么样的结果，达到了什么样的水平或标准。（参见案例6）

案例6：

认知目标：学生能在同伴提示下阐明原地单手肩上投篮的5处易犯错误。

技能目标：80%学生能够在限制区两侧中立区位置规范做原地单手肩上投篮10次至少命中5次。

情感目标：学生能够愉悦地与同伴合作完成传接球游戏练习。

体能目标：学生以每次不低于10秒的速度完成8次端线折返跑练习。

（4）课序

课序类似名称有"课的结构""课的部分""流程""结构""教学过程""教学环节""内容与时间""教学顺序""教学阶段""教学步骤""教学进程"等，反映的是一种时间和空间顺序。按照"准备部分、基本部分和结束部分"三段式，或按照"开始部分、准备部分、基本部分和结束部分"四段式结构是篮球课基本结构。也有教师按照六段式设计课序：一、课堂导入（课堂常规）；二、热身活动；三、主教材；四、副教材；五、放松练习；六、小结讲评进行课序划分。不论如何设计课序，篮球课结构的划分要以追求实际教学效果为准则，防止形式主义。

（5）时间

时间从结构上看，包括准备部分时间、基本部分时间和结束部分时间。准备部分时间包括执行教学常规的时间和完成准备活动时间，基本部分时间包括完成主教材的时间和副教材的时间，结束部分时间包括完成放松活动的时间和小结与讲评的时间，每一部分内容分别标记。时间估算与表达方式一般以"分钟"为最小单位，时间的表示方式为"4′"或"4′30″"或"4~5′"，但是各个部分的时间要尽可能地估算准确，减少出现例如"4~5′"或"27~28′"的表达方式，各个部分的时间总和不能超过一节课的总时间。

（6）教学内容

教学内容类似的栏目名称有"学习内容""活动内容""课的内容"等，"教学内容"就是"教学步骤""教学过程"，是一系列活动方式的呈现，主要体现为一个"主教材"和一个副教材的合理搭配，是主教材和副教材的处理问题。教材的处理分为完整法处理、分解法处理和趣味化、游戏化处理三类，像双手胸前传球技术相对简单，可采用完整法处理；原地单手肩上投篮技术相对复杂，可采用分解法处理；趣味化、游戏化处理是指对竞技体育项目等相关内容进行改造，使之与学生的生活更加接近，富有乐趣或以游戏形式呈现的一种教材处理方法。竞技篮球具体改造方式有：简化规则，改进器材降低难度，变换场地环境，改变人员组合形式、特定规则等。例如不允许运球的篮球比赛、传球比多游戏、抢篮板球比赛等。

准备部分包括课堂常规和准备活动，课堂常规主要包括四大块内容：集合整队、师生问好、宣布本课内容和安排见习生。书写要简洁、全面。（参见案例7）

准备活动包括一般性准备活动和专门性准备活动，现代准备活动的目的除了通过热身活动避免运动损伤，调动思想和心理进入工作状态外，还要形成正确的动作模式，纠正常犯的错误动作和身体薄弱环节，并增加局部肌肉小力量，因此准备活动内容选择要注意全面性、针对性、多样性和新颖性，并结合基本部分内容和课的整体效果综合考虑。

教案中准备活动设计的内容包括绕场运球跑动、球性练习、球操、游戏、专项练习、动态拉伸等，每项内容只需标明活动的名称，球操练习，每节操不必都画小人图及配上动作要领，热身游戏不必有详尽的游戏方法（新教师需要）。

案例7：

一、课堂常规

1.体育委员整队，报告人数

2.师生问好

3.宣布课的内容

4.安全教育与要求

5.安排见习生活动

二、准备活动

1.球操

①持球振臂

②绕三环

③胯下"8"字围绕

④前压腿绕球

⑤高抬腿"8"字绕球

......

2.热身游戏：运球贴人

方法：运球追击，向圆圈上人贴时必须喊"贴"，追击过程中被触到反抓，听到教师哨声反抓。

基本部分是篮球课堂教学的主体部分，是达成教学目标的基本保证，占整个体育课教学时间的绝大部分。从教师设计与编写投入的时间和精力来看，基本部分是教师需要投入时间和精力最多的地方。

基本部分教学内容设计，也是教学步骤的展示，主教材详写，副教材略写。围绕主教材标明每一步练习（活动）的主题（名称），每个练习的动作要领或说明可用概括的口诀（关键词）做简要的说明和必要的解释，不是必须书写内容。切记：不能大段地照抄教科书中有关动作要领的描述，动作要领要精写。也可以用技术结构简图进行表达，根据需要简述纠正错误动作与帮助方法。（参见案例8）

案例8：

一、传切配合（主教材）

1.徒手摆脱、侧身切入模仿练习

①原地碎步

②碎步接交叉步突破

③两人迎面交叉步探肩练习

2."一传一切"配合

①无防守的纵切

②无防守的横切

3.有防守的"一传一切"配合

4.空切配合

①学习空切配合战术

②无防守空切配合

③有防守空切配合

二、体能练习（课课练）

1.单手俯卧运球（一手撑地，一手运球）

2.篮球场运球见线折返跑

结束部分是有组织地结束教学活动，使机体从工作状态逐渐过渡到相对的安静状态，并对学生学练等课堂情况进行小结与讲评，包括放松活动和小结讲评两个部分。放松活动安排比较轻快的游戏、轻松的舞蹈、慢走、慢跑，及四肢和躯干的较简单徒手练习、放松练习、心理调节练习、静力拉伸、相互按摩与自我按摩等。师生对课堂的学练情况进行点评，对好人好事进行表扬，布置课后作业，并简要地提示下次课的内容和要求等，有组织地收拾场地、器材。（参照案例9）

案例9：

一、放松活动
快乐拉伸练习5节（音伴）

二、小结讲评

1.小结

2.宣布下课

3.收拾器材

一、放松活动

1.收球接力

2.静力拉伸

二、小结讲评

1.评价小结

2.宣布下课

（7）运动负荷

运动负荷是人体在体育活动中所承受的生理、心理负荷量以及消耗的热量，由完成练习的运动强度与持续时间，以及动作的准确性和运动项目特点等因素来决定运动量的大小。运动负荷安排大小的标准以能否增进学生身体健康为主要目的。教案中"运动负荷"栏目下分为"次数""时间"和"强度"3个栏目，次数指每个学生学练过程中实际完成的练习次数或组数，可用练习持续时间长短、距离长短等表示，计算以单个学生为参照体。时间是指完成每一步练习内容时间，"练习一""练习二"和"练习三"分别都有一个时间，指从练习开始姿势到结束姿势，所有练习运动负荷总时间小于本课总时间。强度一般用"大""中""小"等表示，强度指数

228

的计算方法：强度指数 = 平均心率 / 安静心率。具体见表 6-7。

表 6-7　强度指数评价表

指数	2以上	1.8~1.99	1.5~1.79	1.2~1.49	1.2以下
强度	最大	大	中	小	最小

准备部分中课堂常规中"次数""时间""强度"一栏应是空格，不需填写任何数字，因为学生没有进行任何身体练习。准备活动中"次数"一栏，若教学内容是徒手操，则写上 4×8 拍；若是游戏，则表明完成游戏的次（组）数，即游戏要重复完成几次（组）。"时间"一栏，若教学内容是徒手操，每节操 4×8 拍，估计 20 秒，7 节徒手操预计用 140 秒，相应栏目中填上"20″×7=140″"即可；若教学内容是游戏，预计做完 1 次游戏用 50 秒，做完 2 次预计用 100 秒，相应栏目中填上"50″×2=100″=1′40″"即可。"强度"一栏，若教学内容是徒手操，相应栏目标上"小"；若"教学内容"是游戏，根据经验判断，定为"中"或"小"。

基本部分主（副）教材的"次数"，若主教材分四个练习（或称练习步骤），要分别标明每个练习次数，每个练习次数分别标上具体数字；"时间"则要分别标明完成每个练习时间，每个练习时间分别标上具体数字；"强度"则要分别标明完成每个练习强度，每个练习强度则分别标上"小""大""中"或"中上"等。

结束部分中放松活动的"次数""时间""强度"，一般有详写与略写。如果内容少且简单则略写，标上一个总次数、总时间或"小"即可。小结讲评中"次数""时间""强度"应该是空格，不需要填写任何数字。

（8）教与学的活动

"教与学的活动"类似栏目名称有"教法与学法""教师与学生的活动""教与学的方法"等。"教与学的活动"撰写内容一般包括"教的活动""学的活动"和"要求"三个方面。"教与学的活动"表述上，重视"教"与"学"在时间和空间上的排列和先后顺序，即什么时候教、什么时候学，其前后顺序表述得很清楚。表述方式可以为教法（◎）—学法（◇）—要求（☆）。

"教的活动"主要指教师施教过程中是怎样做的、做了些什么，即教师所作所为。"学的活动"主要指学生在学练过程需要怎样做、怎样做到的、做了些什么，即学生所作所为。"要求"是指教师针对学生在学练过程中在技术掌握、学练效率、认真及准备程度、精神和情绪状况、观察和思考、配合教师等方面提出的要求。

"教与学的活动"设计要顺应当前素质教育的发展潮流，重视学生的"学的活动"的设计，在设计的具体操作上，要把握以下几个方面：要设计一定的提问与师生互动环节；要设计一定的讨论环节；要设计探索环节；要设计学生展示环节；要设计书面作业环节；要尽可能地多使用现代信息技术等教学手段。

准备部分中的"教与学的活动"应该与"课堂常规"和"热身活动"一一对应

（参见案例 10）；基本部分"教与学的活动"应与"教学内容"中的相应学练内容形成——对应（参见案例 11、12）；结束部分中"教与学的活动"应该与"放松活动"和"小结讲评"——对应（参见案例 13）。建议采用"教法—学法—要求"的表达方式，在时间和空间顺序上比较清晰，课的导入手法要求新颖，教法与学法的设计要以体现学生主体地位（主体性）为导向。"教的活动"与"学的活动"在具体表述上应该体现教师"教"的行为和学生"学"的行为，且在用词上尽可能简洁。"要求"在表述上应该简洁。

案例 10：教与学的活动（课堂常规）	教与学的活动（准备活动）
◎师生问好 ◎宣布课的内容与要求 ◎采取提问方式，课堂导入 ◇体育委员整队、汇报人数 ◇集中注意力、认真听讲 ☆学生精神饱满，做到快静齐	◎教师领做 ◇在教师的带领下集体练习 ☆精神饱满，动作有力度 ◎讲解游戏方法，并调动学生情绪 ◇按照游戏方法和要求，激情参与 ☆情绪饱满，积极体验

案例 11：教与学的活动（主教材）
◎引导学生回顾上节课的内容，并提问：有效摆脱防守的方法有哪些？设问 1：合理切入的方法有哪些？ ◇按要求集体体验侧身切入的模仿练习，在实践中探索答案 ☆假动作逼真，贴近、快速摆脱防守 ◎提示学生通过观察、模仿，解决贴近、快速摆脱防守，侧身切入，弧线跑动接球投篮 设问 2：如何选择切入跑动路线？ ◇按要求分组学练，体验摆脱防守的切入方法与切入后侧身跑弧接球 ☆积极参与，快速摆脱，侧身跑动接球，传球及时、到位 ◎引导学生面对防守状态下，摆脱防守切入篮下接球，完成投篮动作 设问 3：切入的目的是什么？ ◇在教师的指导下，敢于面对防守，勇于实践，合作互动，形成默契 ☆相互交流，增强信心 ☆防守由消极逐渐过渡积极防守 ◎设疑 4："一传一切"配合与空切配合有何关联？ ◎利用挂图讲解战术特点及跑动要求 ◎教师与学生合作演示空切配合的运用时机和正确方法 ◎组织学生分组学练，教师巡视、指导、纠错 ◇无球队员突然摆脱防守，切向防守空隙区域，侧身接球投篮

案例 12：教与学的活动（副教材）

◎组织学生积极体验篮球运动身体素质练习的方法、手段

◇积极参与练习，观察、比较，加强合作

☆勇于挑战自我，练习时保持距离，避免碰撞

案例 13：教与学的活动（放松活动）

◎采用语言引导，营造舒适的气氛，集体放松练习

◇学生跟随教师一起进行放松练习

☆轻松愉快，身心放松

教与学的活动（小结讲评）

◎引导学生自己评价

◇自我评价

（9）组织与队形

组织与队形即教学组织是指篮球课教学中队伍的调动、队形的变换和维持。组织涉及练习时从什么地方开始、到什么地方结束，采用什么样的练习方式、练习队形，采用什么样的形式返回等，篮球课的组织与练习内容、场地变换，以及场地器材的布局、教学目标等有关。调动队伍最直接的方法就是使用口令。

队伍调动和队形变换应遵循下列原则：简约性原则，即尽量减少调动次数，且调动尽可能简单；规范性原则，即运用口令、手势要规范合理；灵活性原则。教学过程中课的各部分过渡时的队伍调动、练习时队形的变化，都要有条理地呈现，要用合理的队形、科学的方法，使课堂教学组织工作紧凑、严密，紧张有序，一环套一环。

队列和队形是篮球教学组织过程中一种必不可少的教学手段。在集合、学生练习以及教师讲解与示范时都要用到。组织队形分为六种基本种类：密集型、方阵型、四周型（圆形、方形、三角形、菱形、十字形、U 形、横队面对形）、扇面型、分组环聚型和散点型。

组织与队形变换注意事项：第一，要体现现代体育教育理念，严松适度，既有利于创造宽松的学练环境，有利于学生的创造性发挥，又不过于限制学生必要的自由；第二，整个课的组织思路、"线条"要清晰，注意课的各环节自然过渡；第三，要尽可能少地调动队伍与变换队形；第四，要善用口令；第五，培养好小组长，使其能积极配合教师完成课堂教学组织的各项程序与步骤；第六，队形的调动以有利于学生的学习为原则。

组织和队形的设计和撰写，一要交代清楚队伍是如何调动的；二要交代清楚学生学练时的队形，主要采用图例和配以文字说明的形式对组织和队形进行表述。当

队形调动比较简单时，组织方法可以省略；比较复杂时，需要用简短的文字说明组织方法。

准备部分中组织与队形对应课堂常规与热身活动两个环节，课堂常规结束后需要队形调动，然后是热身练习的练习队形，若热身活动有多个练习，则练习之间的队伍调动和练习队形需要表述清楚，队伍调动的表述方式主要采用简图和配以文字说明的形式。（参见案例14）

基本部分从热身活动过渡到学习主教材前的队伍调动应该表达清楚，主教材学练过程中各教学步骤之间的队伍调动和队形变换要交代清楚，主教材学练结束时到学练副教材时的队伍调动和队形变换要交代清楚，副教材学练过程中各教学步骤之间的队伍调动和队形变换要交代清楚，队伍调动的表述方式主要采用简图和配以文字说明的形式。（参见案例15）

结束部分中组织与队形对应放松活动和小结讲评两个环节，副教材学练结束而进入放松活动时，需要队伍调动和队形变换，放松活动结束到进入小结讲评阶段，需要队伍调动和队形变换。队伍调动的表述方式主要采用简图和配以文字说明的形式。（参见案例16）

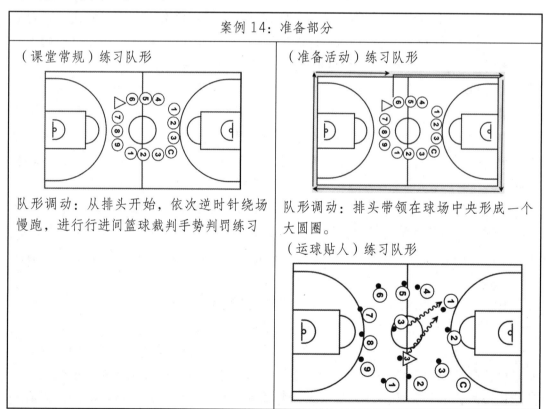

案例14：准备部分

（课堂常规）练习队形

队形调动：从排头开始，依次逆时针绕场慢跑，进行行进间篮球裁判手势判罚练习

（准备活动）练习队形

队形调动：排头带领在球场中央形成一个大圆圈。

（运球贴人）练习队形

案例 15：基本部分	
（情景导入—三对三比赛）练习队形 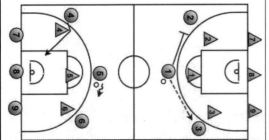	（相对持球突破）练习队形 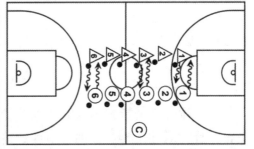
队形调动：比赛结束，在组长带领下到一侧三分线外集合讨论，观看录像，讲解讨论 （讲解讨论）练习队形 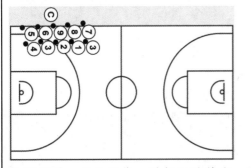	队形调动：排头带领各小组到两个三分线位置进行持球突破上篮练习 （持球突破上篮）练习队形 
队形调动：观看录像，讲解示范结束，调动到场地中央进行练习	

案例 16：结束部分

（收球竞赛）练习队形　　　　　　　　　（小结讲评）练习队形

（10）场地器材

场地器材是指体育课中需要使用什么样场地、器材，以及需要使用多少场地和器材，即需要指明场地、器材的名称和具体数量。（参见案例 17）

案例 17：

1. 篮球场 2 片

2. 篮球 18 个

3. 大标志筒 12 个

4. 移动黑板 1 块

（11）安全保障

安全保障主要是指教师为完成该节篮球课教学，预计在安全保障方面采用了哪些措施，且针对性怎样。任何一节课，篮球教师必须考虑是否存在安全隐患：一是篮球教学本身所存在的安全隐患，二是场地器材问题，三是学生着装问题，四是课堂组织管理问题，五是教师安全意识淡漠等问题，六是学生自身原因。（参见案例18）

案例 18：

1. 加强篮球管理，器材布置合理，严密组织教学。

2. 检查服装，学练中强化自我保护意识。

3. 充分热身，准备活动到位。

4. 重视学生思想教育，提高安全防范意识。

（12）预计练习密度和强度

练习密度是指在一节体育课中，学生实际参与练习（身体锻炼）总时间与上课总时间的比，用百分比表示。内容主题练习密度是围绕基本部分主教材（副教材）练习的密度。一节课的练习密度大小是由课的类型和教材性质等决定的，中小学篮球课练习密度一般在 30%—50% 之间。全课的练习密度、强度的预计要尽量准确、表述规范。

强度是指全课的强度，一般用等级（强度指数）表示，通常情况下采用"最大""较大""中"（或中等）"小"或"最小"中的任何一级进行表示，篮球课运动负荷用心率表示，一般采用手摸桡动脉或颈动脉，测 10 秒钟的心率进行，当前可以采用 PolarRS400/RS800 跑步心率表进行测试，中小学生篮球课平均心率一般在120~150 次 / 分之间。

（13）课后小结

课后小结是在一节篮球课结束之后由篮球教师本人填写的一个栏目。它又称教学心得、教学笔记、教学后记等，是篮球教师对本次课的一种教学反思。通过教师对课堂观察和感受或征询学生感受和看法或专家点评或征询同事意见，获取信息。课后小结作为一种教学反思，对篮球教师具有自我诊断、自我提高的价值；促进教学不断优化；促进教学探索，为深入课堂教学改革奠定思想基础。

课后小结撰写内容包括课的目标制定是否恰当、达成度怎样，教材的处理和教学步骤的划分是否合理，教法与学法是否得当，课堂氛围以及学生主体性体现怎样，身体锻炼效果怎样，篮球技术的掌握程度如何，不足之处，收获与启示等。从要反思的重点来看，"课后小结"主要填写教案的执行情况、效果如何？在执行教案过程中遇到什么问题、原因是什么、应该如何改进等等。应该抓住重点填写，避免面面俱到。

3. 篮球课教案撰写的规范性和要求

（1）规范性问题和要求

文本格式的规范性表现在：第一，教案体例要统一。第二，不同要素的表达要符合相应要求，有关文字和图表的内容要与栏目名称形成基本的一一对应。第三，教案中所有的字体大小要统一，段落等排列要整齐。第四，教案整体页面要整洁，文字和简图的排列要整齐，栏目内的文字和图表的表达要清晰、简洁、明了、合理；语句通顺、语法正确，没有错别字。第五，标点符号、序号不出现混乱现象，要完全一致和统一。

教案中序号的规范性表现在：第一，一级标题、二级标题和三级标题之间，序号的使用要规范，不能出现大小（级别）不分、序号混用的情况。第二，不能出现段落中的文字的序号与标题序号大小（级别）不分和混淆的情况。一般情况下，从"一""二""三"开始，也可以从"1""2""3"开始，作者自己选择。数字序号的级别顺序为："一""二""三"—"(一)""(二)""(三)"—"1""2""3"—"(1)""(2)""(3)"—"①""②""③"等。

教案中的文字要做到语句通顺、语法正确。文字的规范性主要包括文字字体要统一，大小要统一，语法要正确，不能出现错别字。标点符号的规范性主要包括标号和点号的规范性两个方面。

（2）学术问题

第一，主、副教材（或综合练习）的搭配要合理。

第二，教学目标要全面、准确、具体，并具有可操作性。

第三，课的结构合理，整个教学过程遵循了相关篮球教学的原则和规律，教学步骤（顺序）合理，教学的重难点突出。

第四，教学方法和手段的使用得当，运动负荷、练习密度的预计恰当。

第五，纠正错误动作和保护与帮助、安全措施得当，场地器材布局合理。

第六，体现了篮球学科的特性，体现以学生发展为本，培养体育品德、创新精神和实践能力为宗旨。

因此一份篮球教案质量的高低，要从以下四个方面评判：要规范，有质量，有特色，有实效。

第三节　篮球教学实施

一、篮球课堂教学常规

篮球课堂教学常规是在篮球教学过程中，师生共同遵守的、保证篮球教学工作正常进行的一系列的基本要求。教学常规有助于建立正常的教学秩序，严密课的组织，更对加强学生的思想品德教育，建设文明课堂都有十分重要的作用。

（一）课前常规

教师课前需要做好充分准备工作，包括课前的备课和编写教案，了解学生的课前情况，场地、器材的准备和清洁卫生工作，以及服装的准备等。学生因生病、受伤、女生例假不能正常上课，教师要根据情况妥善安排。一般情况下，篮球教师应在课前 15 分钟到达篮球场地，检查布置场地器材，尤其篮球的摆放，并要求学生课前 10 分钟到达篮球场地等候上课。

（二）课中常规

上课后值日生或体育委员集合队伍，教师按照课堂常规开始上课，课中注意加强对拿放篮球的管理，变换练习时不能随意放球，要把篮球放在统一要求位置，教学过程中，教师通过语言激励、示范演示、参与练习、设置障碍等方式主动投入学生练习中，提高师生互动效果。课结束前，教师要进行课堂小结和讲评，并提出课后锻炼的要求及下次课要学习的内容，并要求值日生收回送还器材。

（三）课后常规

每次课后，教师应总结经验教训，提出改进措施，写好课后小结，教师检查布置学生课后归还器材等工作的执行情况，对缺课学生应进一步调查清楚，必要时给予补课或辅导。

二、篮球教学步骤

篮球教学步骤是教师为完成教学任务根据学生特点而采取的策略。根据篮球运动的特点，可分为篮球技术教学步骤和战术教学步骤。

（一）篮球技术教学步骤

1. 掌握技术动作方法，建立正确动力定型和初步的对抗意识

篮球技能的形成首先从技术动作的掌握开始，采用各种直观手段使学生感知正确技术动作的方法，在头脑中建立初步的动作表象，然后进行体会与模仿性的练习，加深动作表象。同时教师通过讲解和示范技术的方法、要领等建立与学生已有经验的联结，加深学生对所学技术的认知过程。学生在知识—表象的定向作用下继续体会练习，就会建立正确的动作概念，形成初步的动力定型。在篮球教学初期就要向学生灌输技术动作实战运用策略，为设计的练习赋予实战意义，不仅能够增加学生练习的兴趣，而且可使学生在学习技术初始就在头脑中形成对抗的策略意识，建立起初步的实战意识。

2. 学会组合技术，掌握初步运用能力，建立对抗概念

掌握篮球技术动作方法后，组合技术的学习是掌握篮球技能的必然步骤。组合技术就是根据实战中技术运用的组合规律，提炼出的组合性练习单元。例如运投组合、传运组合、接投组合和投突组合等。通过组合技术练习使学生的动作之间合理衔接，体会技术运用的速度、节奏以及攻防意义，学会初步运用。由于组合技术练习具有变换的要素，就使得练习更加贴近实战。此阶段的练习，可增加假设对手的标志物或象征性对手，使学生带着对抗意识进行练习，使对抗的概念得到强化，为下一步实战对抗练习打下坚实的基础。

3. 在攻守对抗情况下提高技术运用能力

篮球教学中一切技术练习都是为了在实战中有效地运用，因此，对抗就成为篮球教学中最为重要的练习过程。对抗练习是在掌握技术动作和组合技术的基础上，在攻守对抗的条件下，学生根据对手的阻挠和制约而采取相应对策，准确而合理地运用技术的练习方法，是学习与掌握篮球技术的必然途径。在教学实践中，对抗强度的设计遵循循序渐进的原则，分为在规定对抗条件下练习、在消极攻守对抗条件下练习、在积极攻守条件下练习和在教学比赛条件下练习等几种形式。无论采取哪种形式，都必须强调把技术合理运用于实战中，并与对抗作风培养有机结合，既要提高技术的运用水平，又要培养顽强的作风和意志品质。

（二）篮球战术教学步骤

1. 建立战术概念，掌握战术方法

篮球战术首先要使学生建立对战术概念的认知，了解战术的配合方法，逐步建立相应的战术意识。可采用直观演示手段并结合语言阐述使学生明确战术名称、阵势、配合位置、移动路线、配合时机和行动顺序等，重点的配合环节要进行重复演示，启发学生的积极思维，加深对所学战术的理解。教学实践中可按如下步骤进行：

（1）学习局部战术配合方法。篮球战术要从两三人之间的基础配合学起，基础配合的教学应根据战术构成的逻辑规律确定学习的先后顺序，一般先教简单配合，后教复杂配合。可以先教传切配合、突分配合，再教掩护配合、策应配合。在教学方法上要遵循由浅入深的原则，首先在固定无干扰条件下练习配合的方法和路线；其次设置假设的对手或标志物，进行固定对抗条件的练习，建立队员之间的配合默契，同时改进配合性技术；再次进行消极攻守条件下的配合应变练习；最后在积极攻守对抗的条件下实战练习，提高所学战术配合的运用能力。

（2）掌握全队战术方法。全队战术的教学是在完成局部战术学习的基础上进行的。首先进行战术阵势、运用时机和配合路线等理论知识的教学，然后在无防守条件下进行配合路线练习，再在消极攻守条件下进行配合应变练习，最后在积极攻守对抗的条件下进行实战练习。

2. 掌握攻守转换和战术综合运用能力

在学习掌握了基础战术和全队战术方法后，应结合实战比赛进行攻守转换和各种组合的练习，其目的是培养队员的攻守转换意识和灵活运用战术的能力。

（1）攻守转换意识是现代篮球教学中特别强调的内容，是快攻和防守快攻的前提条件。攻守转换意识的培养要在日常教学训练中坚持不懈地进行，使学生养成自觉的意识和行动，在比赛中自觉地加快攻守转换的速度，争取比赛的主动权。

（2）战术的运用要根据实战比赛中双方的实际情况，采用不同的战术组合，以己之长攻彼之短，才能始终掌握比赛的主动权，因此，要掌握多种战术组合运用的方法。

3. 在比赛中运用战术，提高应变能力

实战比赛是战术练习的最高应变形式。在比赛前要提出比赛的具体战术要求；比赛中要对战术运用的情况进行具体的指导；比赛结束后要对成功的配合打法进行总结，找出失败的原因，吸取教训，提出改进的方法。

三、篮球教学方法

篮球教学方法是指在篮球教学过程中，教师和学生为实现篮球教学目标、完成篮球教学任务，而采取的不同层次的、教与学相互作用的活动方式的总称。中小学常用的篮球教学方法有以语言传递信息为主的讲解法、问答法、讨论法，以直接感知为主的示范法、演示法、纠正动作错误与帮助法，以身体练习为主的分解练习法、完整练习法、循环练习法、重复练习法、变换练习法、持续练习法，以比赛活动为主的运动游戏法、比赛法、情境教学法，以探究性活动为主的发现法、合作教学法、问题探究法。

（一）常用的篮球教学方法

传统篮球教学方法遵循"刺激—反应—强化"的行为主义理论、"观察—模仿"的社会学习理论、"思维过程信息加工"的认知主义理论，由教师以易于理解的方式引导学生进行篮球知识和技能学习，属于讲授式教学，有利于学生快速掌握篮球知识和技能，但是在激发学生学习兴趣方面存在一定的劣势。常用的教学方法有：

1. 讲解法

讲解法是篮球教师通过简明、生动的口头语言，向学生系统地传授篮球知识、传授运动技能的方法。教师教授篮球技术或战术配合时，都要讲解技术动作或战术配合的名称、作用、要领、方法、练习形式、要求、注意问题等，要贯彻"精讲多练"的原则。例如讲解"原地单手肩上投篮"：该技术是篮球比赛中常用的一种原地投篮方法，常见罚球，动作要领为两脚开立与肩宽，右手投篮右脚稍前，屈膝降低重心，两手持球胸腹部，右手持球右上方，左手扶球左侧，投篮时，举球到右肩上，大臂平行小臂垂直，五指分开手心空，双脚蹬地，腰腹伸展，右臂抬肘压腕，指拨球，手臂跟随。关键词：蹬、伸、抬、压、拨。

2. 示范法

示范法是教师（或教师指定的学生）以自身完成的动作为范例，用以指导学生进行学习的方法。示范时既要注意动作规范和要领，又要使学生都能清楚地看到示范的全过程和关键，要从正面、背面、侧面不同角度示范。复杂的技术动作和战术配合，则要进行反复示范，并启发学生思考分析动作，更快领会动作的重点和难点。教师要把握示范技巧，尤其是投篮示范，可能出现示范过程中投篮不中的现象，要提示学生关注教师投篮动作，同时教师要勇于多次示范，展示投篮命中的规范动作。

3. 练习法

练习法是指教师根据篮球教学任务指导学生反复多次完成某些动作的教学方法。重复是熟练掌握篮球技术的重要方法，因此练习密度至关重要。根据身体练习形式划分主要有分解练习法、完整练习法、重复练习法、持续练习法、变换练习法、循环练习法、领会教学法等。根据篮球运动特点可分为个人技术练习、配合性练习和对抗性练习等。练习方法设计从单个技术、组合技术、配合技术、对抗技术逐步增加难度。选择何种练习法时既要讲求实效，合理安排练习的强度、密度和运动量，又要有效激发学生学习兴趣，体验篮球乐趣。

4. 纠正错误动作与帮助法

纠正错误动作与帮助法，是篮球教师为了纠正学生在完成动作中出现的错误所采用的教学方法。根据学习科学原理，教师讲解示范后，不要立刻向学生展示错误动作，要在学生练习过程中，出现了错误动作，此时教师必须及时地发现学生错误动作，分析产生错误动作的原因，选择合理的方法帮助学生纠正错误动作。纠正错误动作可以运用语言法，强化学生正确的动作概念，运用各种诱导练习法、限制练习法和自我暗示法等，纠正因不同原因产生的动作错误。

（二）现代篮球教学方法

现代篮球教学方法遵循"自主建构情境学习"的建构主义理论、"强调自驱情意为本"的人本主义理论和"强调身体参与认知"的具身认知理论，由教师创设学习情境，学生在情境中探索，再在教师引导下合作学习体验，有利于学生加深对篮球比赛的认识和理解，提高学生自主学习意识和学习兴趣，但是在篮球知识传递和技能习练方面存在一定劣势。现代篮球教学方法有：

1. 情境教学法

情境教学法是以建构主义理论为基础，以真实篮球比赛的技战术情境组合练习为教学内容，通过创设真实篮球比赛场景练习技战术，引导学生分析不同的比赛情境片段，找出各种比赛因素的关联性，进而决策并在比赛 / 练习中执行决策，从而实现培养学生学习兴趣，提升比赛能力，养成终身锻炼习惯目标的教学方法。具体教学流程包括：真实比赛场景呈现，比赛场景讨论分析和决策，组织比赛场景练习，教师教学指导反馈。该教学法将运动文化贯穿于教学的各个环节，即用比赛及比赛环境中学生的角色、教师的榜样、师生运动学习中的互动等要素将学生的运动串联起来，为学生营造掌握技战术的最佳环境。教师用比赛的方式激发学生运动学习的兴趣，通过比赛发展学生掌握运动技能的能力，同时这一过程也实现了培养学生遵纪守法、团结协作、顽强拼搏等体育品德的思政目标。

2. 合作教学法

合作教学法是以建构主义理论为基础，以问题为导向，以教师引导下的学生小组合作活动为教学形式，以自主探究和合作讨论为主要学习手段，从而达到实现提高学生对篮球运动的学习兴趣、改善班级学习氛围、促使学生形成更加完善的心理品质目标的教学方法。具体教学流程包括：先根据篮球技能、身体素质或心理素质测试成绩对学生分组，安排组内成员承担裁判、组长、观察者、练习者等不同的角色和职责，教师须围绕篮球教学主题设置相关问题供学生提前准备，课上先集体精讲，然后教师组织学生开展合作学习活动，鼓励小组内学生合作解决问题，再进行组间学习成果展示，教师进行监督与指导，最后教师根据学生合作学习状况提出改进意见，进行补救教学。

3. 比赛教学法

比赛教学法是教师通过创设类似比赛的练习活动创造现实的和愉悦的学习情境而进行篮球教学的方法，是以学生为中心的、有指导的发现学习的教学方法，注重帮助学生理解整个篮球比赛是什么，然后帮助学生学习怎样比赛，也就是学生以更加整体的方式学习篮球项目。首先改变规则、场地器材、人数等要素设计"特殊"

的篮球比赛，以比赛（游戏）的方式开始，学生在"特殊"的比赛中探索篮球项目规律，识别篮球项目的战术原则，然后设计一系列练习，帮助学生掌握这些原则，并尝试采用冷冻重放定格关键时刻比赛方式，针对发现的错误提问题，当学生意识到技术在比赛中的重要性，通过专门的练习传授该技术，然后再设计另外一个比赛情境强化练习技术。

四、篮球说课和无生上课

（一）篮球说课

1. 说课概念

说课是教师口头表述具体教学主题的设想及其理论依据，是教师在备课的基础上，面对同行或专家领导，在规定的时间内，针对具体教学主题，结合多媒体手段采用讲述为主的方式，系统地分析教材和学生等，并阐述自己的教学设想及理论依据，由同行评议，达到互相交流、共同提高的一种教研活动。

2. 说课内容

说课的内容是说课的关键，主要包括指导思想、学情分析、教材分析、教学目标、教学方法、教学过程（这部分是说课的重点内容）、场地器材、预期效果、教学特色等环节。

3. 说课注意事项

（1）说课是对一定的教学主题"怎么教"和"为什么这样教"的教学设计思想的分析和概括。说课总体上要突出"说"字，它既不是备课，也不是讲课，既不能按教案一字不差地背下来，也不能按说课稿一字不差地读下来，一堂成功的说课，一定是按照自己的教学设计思路，有重点、有层次、有理有据地进行阐述。

（2）说课设计时，教师要注意发挥自身的教学个性和创新精神，防止生搬硬套书报、杂志上的内容、模式和方法。注意运用教育理论来分析研究问题，防止就事论事，使说课还处于"初级阶段"的层次水平。同时要注意避免过分表现"理论依据"，脱离教材、学生、教师实际空谈理论。

（3）教师说课时要语气得体、简练准确。要使听者首先从表象上感受到说课者对说好课的自信和能力，从而感染听者，引起听者的共鸣。教师说课时语言表达应简练干脆，避免拘谨，力求有声有色、灵活多变，前后整体要连贯紧凑，过渡要流畅自然。

（4）教师说课要体现特点和风格。说课的对象不是学生，而是教师同行。所以说课时不宜把每个环节说得过于详细，应重点说出如何实施教学过程，如何引导学生理解概念、掌握规律的方法，说出培养学生学习能力与提高教学效果的途径。

（二）无生上课

1.无生上课的概念

无生上课是指篮球教师在备课的基础上，对领导、同行或评委由教师模拟在无学生状态下师生双边的教学过程。

2.无生上课的步骤

（1）根据无生上课所需讲授的内容，首先设计好教案，然后依据教案撰写出无生上课讲稿。

（2）教师在没有学生情况下面对听课者（评委、领导或同行）投入地进行无生上课，要求篮球教学环节完整，活动内容和结果均要由上课者表述和展示出来，就如感觉有学生在场一样。

（3）无生上课过程中，教师具体表述内容包括：向学生问好、宣布上课内容、安排见习生、要求做的准备活动、组织调动队形、讲解动作要领、纠正错误动作、师生互动活动、练习效果展示、下课前的整理活动、下课时和学生说再见等。

3.无生上课的注意事项

（1）教师要精心设计、详细规划无生上课各个环节，展现现代篮球教学理念，凸出情境化、实战化教学设计。

（2）教师要充分利用无生上课优势，全身心投入虚拟真实篮球教学中，以自己的专业技能和富有感染力的语言带动听众，做到此处"无生"胜"有生"。

（3）教师充分调动自己的激情，语言表达清晰，重点难点突出，准确使用篮球术语。

（4）教师在无生上课过程中要充分发挥肢体动作优势，通过展示规范娴熟的技能凸显自身篮球特长。

（5）为了给听课者更直观的感受，教师在面向听课者进行无生上课过程中，可以由他人播放提前制作的篮球实践上课过程的多媒体课件，通过多媒体课件生动展示教师说课内容的各个实践环节。

思考题：

1.请简述现代中小学篮球教学理念。

2.请简述体育与健康课程标准对中学篮球教学提出哪些要求？

3.请根据体育与健康课程标准要求，阐述中学篮球教学需要制定哪些教学文件？

4.请根据体育与健康课程标准，为中学篮球教学设计一个 18 学时的单元教学进度。

5.请选择一个篮球主题，设计一份篮球教案。

6.请选择某一篮球主题，阐述篮球技术教学步骤。

7. 篮球教学方法包括哪些？请选择某一教学方法说明课堂教学中运用流程。

8. 请选择某一篮球主题，制作 PPT，录制一个 10 分钟的说课视频。

9. 请选择某一篮球主题，录制一个 10 分钟的无生上课视频。

第七章

篮球训练设计与实施

【导读】篮球训练是以篮球竞赛为主要特征，以创造优异的运动成绩，夺取比赛优胜为主要目标的社会体育活动。本章重点介绍了篮球训练目的、任务、内容、训练计划设计以及训练方法等内容，通过本章学习，读者能够针对青少年篮球队伍制订周期、周和课的篮球训练计划，并能根据制订的训练计划组织青少年篮球训练。

篮球训练设计是对未来篮球训练过程预先规划出的理论方案，规划了篮球运动员由现实状态向目标状态转移的通路。它需要涉及人、赛制、篮球项目等方面规律，按照运动训练原则科学组织训练并成功参赛。在实施中，现代篮球训练过程实质上是一个复杂系统工程，产品是优异运动成绩和优秀篮球人才。它包括受训者德、智、体全面发展的过程。教练员运用的篮球训练方法是教练员为了提高受训者竞技能力，根据人、赛制、篮球项目等方面规律所选取运用的方法和手段。

第一节 篮球训练概述

一、篮球训练的概念

篮球运动训练是竞技能力的提高过程，是指在教练员的指导和运动员的参与下，为不断提高和保持运动员的技术水平而专门组织的教育过程。在这个过程中，教练员要根据运动项目的特点及发展趋势，遵循教育及教学训练的原则，运用科学的训练方法和手段，对运动员的身体、技术、战术、心理、智力和恢复进行有计划的训练，为在比赛中创造运动成绩做充分的准备。在我国，篮球训练不仅在国家、省、市、企业等高水平运动队和职业性俱乐部中开展，而且在各级各类学校和社会体育群体领域中也开展业余训练，只是训练的目的、要求各不相同。

二、篮球训练的目的

篮球运动训练的目的就是通过教育过程不断地提高运动员的全面综合素质和运动技术水平，促进身体形态、机能协调发展，并在比赛中创造出优异的运动成绩，为国争光。

三、篮球训练的任务

篮球运动训练应完成以下任务：

第一，促进身体素质发展，改善身体形态，提高有机体的机能能力。

第二，提高运动员篮球专项技术、战术素养和水平，掌握篮球运动的理论知识。

第三，提高运动员参加篮球训练和比赛的良好心理品质。

第四，贯彻综合素质教育，培养篮球运动员热爱篮球事业和顽强拼搏、勇攀世界篮球运动高峰的雄心壮志，团结友爱的集体主义精神，为国争光的爱国主义精神和优良的体育道德风尚。

四、篮球训练的内容

篮球训练的主要内容有思想素质与职业道德、身体训练、技术训练、战术训练、比赛训练、心理训练、智力训练、恢复训练等。具体训练内容的选择，应根据球队的发展方向、训练任务、运动员的条件、训练时间和场地器材等情况来确定。

（一）思想、政治素质教育

在篮球训练过程中，要把提高学生和运动员政治思想素质和职业道德品质及敬业精神教育放在重要位置，作为培养人才不可缺少的基本内容，并结合篮球运动特点、学生或运动员的实际比赛任务，贯穿于训练工作的全过程，以便使受训者在德、智（篮球知识技能）、体诸方面得到全面发展，使他们具有明确的政治方向、高尚的道德风尚、刻苦的敬业学习精神，为集体、为祖国勇攀高峰、争取荣誉。具体内容既要有针对性，又要重视综合性，克服竞技运动训练中容易出现的单纯技能能力训练的片面性。

（二）身体训练

身体训练是指运用各种身体练习，有效地影响人体各组织、器官机能，代谢及形态结构，从而达到促进健康、提高竞技能力目的的训练。

1. 身体训练的内容

篮球运动中的身体训练包括一般身体训练和专项身体训练。

一般身体训练是指在篮球运动训练中，运用多种非专项身体练习的手段，进行旨在增进运动员身体健康，改善身体形态，提高各器官系统的机能水平，全面发展各项运动素质，为专项训练打下基础的训练。

专项身体训练是指在篮球运动训练中，采用与篮球运动特点相似的方法进行的速度、力量、耐力、柔韧、灵敏、弹跳素质的专门训练。

（1）速度训练：篮球运动所要求的速度，是在短距离内能迅速发挥的最快速度，能控制重心，及时变化。因此，篮球运动员的速度训练，应以提高各种情况下的起动速度，快跑速度，变化方向、变换动作和各种曲线跑的技术和频率，以增加跑的强度为主。速度素质训练采用的方法有时间感觉训练法、重复训练法、比赛法和游戏法等。

（2）力量训练：篮球比赛的对抗性越来越强，身体接触越来越频繁，强壮和力量就成了占据主动和优势的重要因素之一。因此，篮球运动员必须具有很好的绝对力量和爆发力量。一般力量训练的方法有静力性（等长）训练法、动力性（等张）训练法、等动性训练法、退让性训练法、超等长训练法、组合训练法。随着力量训练方法的发展，根据力量素质成分的需要，可将各种力量训练方法进行组合，并采用相应的负荷安排。这些训练方法有最大力量训练法、快速力量训练法、反应法、力量耐力法、电刺激法等。

（3）耐力训练：篮球运动具有比赛场次多、比赛时间长、速度快、奔跑距离长、动作重复次数多、对抗强度大等特点，要求运动员具有在较长时间内保持高强度工作的能力，所以篮球运动员必须达到较高的耐力水平，尤其是专项的速度耐力。耐力训练的方法有有氧耐力训练法、无氧耐力训练法、肌肉耐力训练法等。

（4）柔韧训练：运动员在篮球比赛中的快速奔跑、急停与跳跃、转身、跨步、空中动作的变化、地面位置的争夺与控制，都要求运动员的各关节、韧带和肌肉具有大幅度伸缩变化和抗强拉伸的坚韧程度，特别是肩关节、躯干、髋关节、膝关节及踝关节的灵活性，更是篮球运动员必备的柔韧素质。柔韧训练的方法主要有主动性训练法和被动性训练法。

（5）灵敏训练：篮球运动是在极其快速和复杂多变的情况下进行的，它要求运动员具有反应速度快、应变能力强和动作灵活多变的能力。通过对灵敏素质的训练，可使大脑皮层的灵活性及神经过程的相互转换能力都得到提高。因此，在训练中，

246

应建立多种多样的动力定型，这样才能使运动员具有随机应变、针对不同情况迅速做出各种不同反应的能力。灵敏素质的训练，应与其他素质的训练结合进行。

（6）弹跳训练：弹跳力是篮球运动员的一项重要的身体素质，弹跳力强，不仅可以增加争夺空间的能力，而且有助于掌握高难的技术动作。篮球比赛中，争抢篮板球、抢断球、跳投、盖帽和补篮、扣篮时，既要跳得高，又要跳得及时和连续跳，这是争取空间优势所必备的条件。提高弹跳力的训练方法有：发展下肢力量以伸膝肌、伸踝肌为主，注意提高股后肌群的力量和伸展性的方法；在提高伸膝肌、伸踝肌的向心收缩力量和速度的基础上，加强其离心收缩力量的方法；在力量练习中采用大重量、少次数的方法；用速度练习改善肌肉机能，同时提高股后肌群的力量和伸展性，提高起跳技术的训练方法。

2. 身体训练的基本要求

（1）在多年训练过程中，要合理地、全面地、有计划地安排身体训练。

（2）身体训练要和篮球技术、战术、恢复、心理训练相结合。

（3）身体训练要根据篮球运动专项特点、训练对象、训练时期、比赛要求、训练条件等具体要求，进行科学合理的安排。

（三）技术训练

篮球技术是篮球战术的基础。任何正确战术意图和先进战术配合的实现，都要求运动员必须掌握一定数量和质量的技术动作作保证，只有技术掌握得扎实、熟练、全面，才能保证战术的多变性和高质量。

1. 技术训练的内容

篮球技术内容繁多、形式多样，主要有进攻和防守两大类。每一类技术中，既有基本技术（单个技术），又有组合技术和位置技术。技术训练的基本方法有心理训练法、讲解示范法、完整与分解练习法、重复法、变换法、组合法、间歇法等。

2. 技术训练的基本要求

（1）技术训练要运用现代的科学理论知识和技术手段。随着篮球运动的发展，新的技术不断替代旧的技术，在训练中要不断提高训练的科学化水平，从而使运动员的竞技能力得到充分发展。

（2）技术训练要全面安排，突出重点，发展个人技术特点。技术全面，就是要求运动员全面掌握各种技术。在掌握全面技术的基础上，还要培养运动员的技术特长。

（3）基本技术训练应贯彻始终。基本技术是掌握复杂技术和创新的基础。因此，运动员应该长期、系统地坚持基本技术训练，使基本技术与高难技术结合起来，不断提高技术水平。

（4）要充分利用运动技术间的积极迁移。在技术训练中，应根据技术动作结构的相似性和难易程度，安排技术练习的先后顺序，使其产生积极影响，促进新技术的形成。

（5）技术训练要与战术训练相结合。技术训练要以战术训练为背景，要适应战术的具体要求，运用战术局部配合的各种练习方法、手段，提高技术动作质量并培养战术意识。

（6）技术训练要适应篮球比赛规则的发展变化，严格按照规则规定进行训练。

（7）技术训练应遵循从易到难、从简单到复杂的原则。先练习单个技术动作，再进行组合技术练习，然后根据运动员的特点和位置分工，进行专门的位置技术练习，逐步形成和发展个人技术特长。

（四）战术训练

战术训练是指根据本队的训练目标和实际，在选择与设计战术打法的基础上，按战术基本结构、组织形式、配合方法进行系统的练习、运用和提高的一种教育过程。战术训练的目的是使运动员具有一定的战术素养，熟练、全面地掌握各种基础配合和整体战术配合阵势与方法，达到在实战中能应用的目的。

1. 战术训练的内容

篮球战术的训练内容包括进攻和防守两大类，每类战术中又有基础战术配合和全队战术配合，每种战术都可以在全场和半场范围内组织进行，每一个战术又有很多的战术阵形与方法。

2. 战术训练的基本要求

（1）要树立正确的以辩证唯物主义为指导的战术指导思想。战术指导思想是制定战术的准则。战术训练要正确处理高度和速度、进攻与防守、内线与外线、局部与全局、个人与整体的关系。在设计战术方案时，既要根据战术的发展，又要结合本队的实际情况。通过战术训练，建立本队的战术体系，形成本队的战术风格。

（2）要十分重视培养运动员的战术意识。比赛中的情况瞬息万变，要求运动员根据临场情况的变化，及时、准确地观察判断，并迅速、果断地决定自己与同伴合理配合的行动。这就需要通过训练和比赛培养运动员机动灵活的战术意识。

（3）要把基础战术训练同整体战术训练结合起来。把基本战术训练与多种应变性战术结合起来才能适应比赛中战术变化的要求。

（4）战术训练要与身体训练、技术训练、恢复训练、心理训练、智力训练相结合。要在战术训练中不断提高训练的水平。

（5）战术训练应该遵循从易到难、从简到繁的原则，合理地安排战术训练内容的顺序。一般来说先练进攻，后练防守；先练局部战术配合，再练全队战术配合；全队战术训练先采用完整演示法，后用分解法，再用完整法，这种训练过程有助于整体地掌握战术。

（五）比赛训练

比赛训练是指组织竞争性的、有胜负结果的、以最大强度完成练习的一种训练。比赛训练的目的在于在对抗条件下形成正确地进行比赛的能力。通过比赛训练促使运动员最大限度地动员自己的力量，提高战术意识，改善个人技术及与同伴的配合，培养运动员沉着、冷静、机智、果断的品质和顽强拼搏的精神。

1. 比赛训练的形式与内容

篮球比赛训练有教学比赛、检查性比赛、适应性比赛等。篮球比赛训练的方法一般有以下几种：

第一，采用"加分"或"扣分"的手段，鼓励或限制运动员在比赛训练中运用某些技术。

第二，限制比赛规则中规定的时间。

第三，采用模拟某一比赛对手的方法进行比赛训练。

第四，采取战术"暗号"的方法，提高运动员的战术变换能力。

第五，采用调配比赛阵容的方法，设计不同的上场阵容。

第六，模拟比赛关键时刻的打法。

2. 比赛训练的基本要求

（1）比赛训练的目的要明确，要求要具体。

（2）比赛训练过程中，要使运动员进入角色，并全力以赴。

（3）教练员在比赛中要具体指导，并做好技术、战术统计和录像工作。

（4）比赛训练后，要善于运用统计资料进行分析研究，让运动员从个人和全队的角度进行全面总结。

（六）心理训练

心理训练是指有意识地对篮球运动员心理过程和个性心理特征施加影响，帮助运动员学会调节自己心理状态的各种方法，使之能更好地参加训练和完成复杂比赛任务的训练过程。心理训练的目的是培养运动员具有适应篮球比赛和训练中所需要的各种心理品质，克服在训练和比赛中出现的各种心理障碍，激起运动员从事训练和比赛的良好动机，提高自我控制、集中注意力和防止各种干扰的能力，使运动员能在训练和比赛的各种困难条件下，具有积极的、适宜的、稳定的心理状态，从而保证训练的成果在比赛中表现出来，创造优异的成绩。

1. 心理训练的形式与内容

篮球运动心理训练有一般心理训练、准备参加比赛的心理训练和比赛中的心理训练。在安排心理训练时，必须考虑它们之间的条件及相互依赖的关系，才能圆满地完成心理训练的任务。

心理训练的方法很多，在篮球运动训练中，主要采用的有模拟训练、放松训练、自我暗示训练、集中注意力训练、生物反馈训练、系统脱敏训练等。

2. 心理训练的基本要求

（1）要想获得良好的心理训练效果，必须激发运动员心理训练的需要，自觉地投入心理训练。

（2）要科学地选择和运用心理训练手段，处理好心理训练中的各种反应，以便及时调整和巩固心理训练效果，防止发生副作用。

（3）必须根据运动员的个性特征进行心理调理训练，这样才能获得良好的心理状态。

（4）对运动员进行心理训练的任务、内容、方法、要求的安排，都要由易到难、由简到繁，逐步深化、不断提高，这样才能收到良好的心理训练效果。

（5）心理训练必须与身体、技术、战术训练及思想政治教育等有机结合起来进行，只有这样心理训练的目的才能实现。

（七）智力训练

智力训练是指在运动训练过程中，有目的、有计划地提高运动员智力水平的训练。现代运动训练愈来愈多地吸收和应用其他科学技术，这就要求运动员具有较高的智力水平，只有这样才能学习和运用先进的科学技术去提高训练水平。篮球比赛既是运动员比体力、比技术的过程，又是运动员斗智的过程。特别是在两队势均力敌的情况下，对运动员的智力要求更高。智力对比赛胜负的影响愈来愈大，运动员在比赛中的分析判断、战术运用、应变能力、战机的掌握等都是斗智的过程。因此，智力训练已成为现代训练中不可缺少的组成部分，是提高训练质量的重要一环。

1. 智力训练的形式与内容

智力训练有理论知识教育和各种能力培养。理论知识教育的内容主要有体育教学、运动训练的基本原理、专项理论（包括专项技术与战术分析、训练法、裁判法等）和专项基础理论知识（包括人体解剖学、生理学、运动医学、运动生物力学、运动生物化学等）。各种能力的培养，包括观察能力、记忆力、想象能力、思维能力、分析问题与解决问题的能力等。

智力训练可以采用多种方法进行，如写训练小结、训练日记、比赛分析报告、赛后小结，组织自学、讨论、讲课等，这些都有助于运动员智力的发展。教练员在训练过程中进行智力训练，要注意基本概念、基本知识和基本理论的传授。在训练实践中，要启发运动员创造活跃的思维条件，培养运动员分析和解决问题的能力。要善于在训练结束时进行归纳总结，使运动员形成概念，找出事物的规律。同时还要提出问题让运动员思考和归纳，做出判断性结论，从而发展他们的智力。

2.智力训练的基本要求

（1）提高运动员对学习理论知识和发展智力意义的认识，使他们自觉积极地配合教练员进行智力训练。

（2）智力训练应列入训练计划，以保证有目的地发展运动员的智力水平。

（3）应逐步建立智力测定与评价的标准和制度。

（八）恢复训练

运动员在训练和比赛后，能否迅速而充分地恢复，直接影响着运动水平的提高，因此，加强对训练和比赛后的恢复训练是极其重要的。恢复训练是指使用合理的恢复手段，加速消除运动员体力和精神上的疲劳，使机体活动能力得到恢复与提高。

1.恢复训练的形式与内容

恢复训练有身体恢复和心理恢复。身体恢复包括能量物质的恢复、心血管功能的恢复、呼吸功能的恢复、肌肉系统功能的恢复、神经系统功能的恢复，心理恢复主要是心理能量的恢复。恢复训练的方法主要有：

第一，教育学方法。包括训练中练习的合理间隙，运动负荷的合理安排，训练结束前所采用的轻松、愉快、富有节奏性的练习，以及合理的作息制度和文娱活动等。

第二，医学生物学方法。包括营养、理疗（按摩、热敷、淋浴、桑拿）、药物等方法。

第三，心理恢复方法。主要包括肌肉和呼吸放松训练、集中注意力和言语暗示训练。

2.恢复训练的基本要求

（1）根据训练负荷的大小、性质和特点，安排不同的恢复训练时间。

（2）要有针对性地使用恢复训练的方法与手段。

（3）根据超量恢复、恢复的异时性原理等，在恢复训练过程中要注意区别对待和循序渐进。

第二节 篮球队伍训练计划设计

一、篮球队伍训练计划

（一）篮球队伍训练计划概念

篮球队伍训练计划涉及人、赛制、篮球项目规律等方面。从训练内容主体构成上来看是培养运动员竞技能力和参赛时具有最佳竞技状态并取得优异成绩。在这个过程中训练参与者遵循篮球项目规律、人体生理规律、心理认知规律和参赛规律，按照运动训练原则科学组织训练并成功参赛，换句话说，取得优异成绩是一个系统工程。

（二）制订篮球训练计划的运动训练学理论

以马特维耶夫为代表的学者提出的周期训练理论目前国内普遍认同。他们在运动员竞技状态的形成具有"训练水平上升阶段、竞技状态阶段和训练水平下降阶段"并循环往复的周期性特点的成果基础上，对各个阶段的训练内容（一般训练与专项训练）和负荷状况（训练量和强度的比例和相互关系）进行训练学分析和总结，把运动训练过程以参加主要比赛时间跨度为单位作为训练的周期，并分为准备期、比赛期和恢复期三个时期。同时针对不同时期的特点提出各个时期的训练目标、训练任务和训练内容。常见围绕四年一次的奥林匹克竞赛和两年一次的锦标赛等重大国际比赛，把训练过程分为区间性周期，以自然年度为基本单元形成年度周期，在年度训练周期内以要参加重要比赛获得满意成绩为目标，再以运动员竞技状态发展过程的阶段性特征为主要依据而确定和划分两到三个周期。运动员的竞技能力（体能、技能、心理、战术能力与知识能力等多方面竞技子能力）在每一个细分周期内循环往复、发展提高。细分的周期由若干个中周期组成，中周期是由3~6个小周期组成，一般持续1个月，中周期有基础中周期和竞赛中周期，强调基础和竞赛中周期是贯穿整个训练过程的核心周期，基础中周期是准备期（一般和专项）的主要周期类型。小周期持续1周，由单个的训练日组成，小周期的训练分为基本训练周、赛前训练周、比赛周、赛间训练周以及恢复周五种基本类型。

由于体育的商业化与职业化的推进、竞赛体制的改变，传统运动训练分期理论在对高水平运动员的训练实践中的指导作用越来越受到质疑。譬如：多种能混合训练产生低训练刺激；生理反应的冲突与矛盾；过度疲劳的积累；没有能力参加多站比赛；认为经典周期理论是马特维耶夫在教育学和方法论层面对部分体能类项目（游泳、举重、田径等）的训练计划进行总结而得出的经验性知识，缺乏具体的生理生化等基础理论的支持等。

以维尔霍山斯基为代表的一批学者提出"板块"理论，他们从专项的角度讨论不同项目需要的具体素质和能力要求以及相应的训练安排，并根据生物适应过程规律和高水平运动员的训练特点提出了"集中负荷效应"的训练方法，即通过对一些专项成绩有关键影响和运动员自身相对薄弱的素质以板块的形式集中训练和优先发展，实现专项成绩的突破。鉴于此，我们可以将"板块"理论理解为一种高度专项化集中安排训练负荷的训练模式。相对于传统训练分期理论中准备期平衡发展各项身体素质而言，"板块"理论根据项目的特征集中在3~4周内有选择性地确定1~2项素质和能力集中训练，使高水平运动员在相对集中的时间内，接受单一或两个较大的训练刺激，并对每个训练板块中身体素质、生理、生化、医学等内部负荷进行效果考核评定，这可以说是板块理论的核心。

（三）篮球队伍训练计划分类

按照篮球运动训练计划的时间跨度，篮球运动训练计划分为多年运动训练计划、年度运动训练计划、一个大周期训练计划、阶段运动训练计划、周运动训练计划和课时运动训练计划。详情如图 7-1 所示。

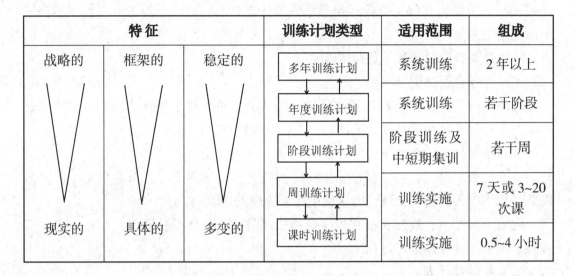

特征			训练计划类型	适用范围	组成
战略的	框架的	稳定的	多年训练计划	系统训练	2 年以上
			年度训练计划	系统训练	若干阶段
			阶段训练计划	阶段训练及中短期集训	若干周
			周训练计划	训练实施	7 天或 3~20 次课
现实的	具体的	多变的	课时训练计划	训练实施	0.5~4 小时

图 7-1　运动训练计划的类型

1. 多年训练计划

多年训练计划是指教练员根据多年训练周期的时间跨度，对这一训练过程所做的科学规划。多年训练计划主要包含有：总体任务与目标、队员基本情况、全程阶段划分、各个年度目标、各年训练任务、全程负荷趋势等。

（1）多年训练计划的分类

由于多年训练计划具有框架式、远景式、稳定式的特点，所以将多年训练计划通常分为全程性训练计划和区间性训练计划两类。全程性多年训练计划是指对启蒙阶段伊始直到运动寿命结束的整个过程所做出的训练规划。区间性多年训练计划是指对两年以上的某一特定训练过程所做出的训练规划。以多年训练计划的训练计划类型为基础，按照阶段可以划分为基础训练阶段、专项提高阶段、最佳竞技阶段、竞技保持阶段。

（2）多年训练计划任务与负荷特点

①基础训练阶段任务与负荷特点

主要任务：发展一般运动能力，首先是发展运动员的协调能力和基础运动技能，学习和掌握运动项目的基础技术，培养运动员一般心理品质，并相应地发展基础运动素质。

运动负荷特点：安排参加基础训练的少儿训练负荷时，必须严格遵守循序渐进的原则，少儿在基础训练阶段负荷不是越大越好。

②专项提高阶段任务与负荷特点

主要任务：运动员进入专项提高阶段的任务时提高专项竞技能力。

运动负荷特点：通常可以比较明显地逐步承受较大负荷，负荷量呈现波浪形，保持明显的节奏，在保持负荷逐年递增的总体趋势的同时，也要把负荷量控制在适应的范围之内。

③最佳竞技阶段任务与负荷特点

主要任务：创造优异成绩。

运动负荷特点：要特别注意细致地安排负荷，负荷通常呈现波浪形，保持明显的节奏，在保持负荷逐年增加的同时，把负荷控制在适度的范围之内。

④竞技保持阶段任务与负荷特点

主要任务：努力保持竞技能力水平，要努力保持和提高运动员心理稳定性，激发队员继续参加比赛与训练，力求创造优异成绩的进取动机。

运动负荷特点：通常负荷要低于专项提高阶段和最佳竞技阶段，运动员按照自我感觉来掌握并控制训练过程。

2. 全年训练计划

全年训练计划是多年训练安排的组成部分。安排全年训练，是以分期理论和训练原则为基础，以重大比赛期间达到最佳竞技状态为出发点而制订的计划。

（1）单周期计划

以全年训练一个完整的大周期组织实施，称为"单周期计划"。以年度训练计划的单周训练计划类型为基础，将篮球训练计划以时间为轴划分四个阶段：一般准备期、专项准备期、赛前准备期、赛后恢复期。但由于只有一个比赛阶段，所以单周期计划任务为运动员只为一次重大比赛实现一次竞技状态的高峰。

（2）双周期计划

全年训练按两个完整的大周期组织实施，称为"双周期计划"。双周期在本质上是由多个衔接的单周期组成。在篮球运动训练中，双周期计划是一种重要的年度安排模式。运动员可用两三个月的时间做准备，使总体竞技能力或竞技能力的某一方面发生改变，并在一个半月至两个月的时间内参加一系列比赛，将已有的竞技能力充分表现出来，再加上半个月至一个月的减量或短时间的准备阶段，总共大约 5~7 个月可完成一个大周期的训练过程。很多一年可以安排两个训练大周期。因此，双周期的基本任务是准备并参加两次或两组重要比赛。

（3）多周期计划

按 3 个以上训练周组织全年训练的过程的计划称为"多周期训练计划"。多周期训练计划目标是要求运动员能在 3 个月左右的时间，有效地提高竞技能力，并在比赛中充分表现出来。这就要求更为科学的训练方法和恢复手段。在制订三周期训练计划时，3 次比赛中最重要的一次应该出现在最后一个周期。因此，多周期的训练任务为准备并参加 3 次或 3 组以上重要的比赛。但第一个周期应当最长，这一个阶段所打下的身体准备的基础将影响后两个时期。多周期训练计划更适用于篮球高水平选手，同时符合现代训练、比赛的特点。

3. 阶段训练计划

阶段训练计划是指对某一周期中某一特定训练阶段做出的规划。通常阶段训练计划的时间跨度为 0.5~3 个月。当然，针对不同季节或重大赛事之前所做的计划，也可称之为"阶段训练计划"。

（1）阶段训练计划的分类

阶段训练计划可分为两种类型：一是系统训练过程的一个有机组成部分的计划，往往具有系统性、连续性特点；二是仅作短周期临时集训的计划，往往具有临时性、独立性特点。准备期通常时间较长，一般由于竞技状态的表现总是周期性地呈现形成、稳定、衰退变化特点，因此，任何训练周期的过程必须划分三个阶段，即准备、竞赛、恢复阶段，又称准备期、竞赛期、恢复期。即便年度训练过程的多周期计划也应反映这种特点。

（2）阶段训练计划的任务与运动负荷

①准备期

准备期的基本任务：提高运动员竞技能力。将准备期分为三个阶段：

第一个阶段任务：全面发展身体素质，为技战术训练打下良好基础，学习新技术，改进和提高已掌握的技术、战术，恢复一般比赛能力。

运动负荷趋势：负荷量和强度逐渐增加，量大，强度小。体能训练占总时数的 40%—50% 左右；技术训练占总时数的 35%—40% 左右；战术和比赛训练占总时数的 20%—25% 左右。

第二阶段任务：提高专项身体素质，加强技战术训练比重，提高重点技术训练水平，提高技战术质量和运用能力。

运动负荷趋势：保持负荷的稳定，提高负荷强度。体能训练占总时数的 30%—40% 左右；技术训练占总时数的 30%—35% 左右；战术和比赛训练占总时数的 30%—40% 左右。

第三阶段任务：达到最佳竞技水平，使运动员进入比赛状态。加强专项身体训练，熟练重点技术，提高对抗下的运用能力，可熟练地进行主要战术配合，提高战术变化和应变能力，配备阵容，安排热身赛。

运动负荷趋势：负荷量减小，运动强度加大，达到比赛状态。体能训练占总时数的30%—35%左右；技术训练占总时数的30%—35%左右；战术和比赛训练占总时数的40%—45%左右。

②竞赛期

任务：保持最高竞技状态，创造最好成绩，保持体能和投篮训练以及针对对手的训练。

运动负荷趋势：强度大，量小，保持良好竞技状态。

③恢复期

任务：消除疲劳，积蓄力量，准备下一个周期训练，安排多种恢复手段，如训练学、医学生物学、心理学。

运动负荷趋势：运动量和强度小。

4. 周训练计划

周训练计划是指对时间跨度为7天左右的小周期训练过程所做规划。

（1）周课训练的分类

周课训练计划按照阶段分为：基本训练周、赛前训练周、比赛周、恢复周四个训练阶段。

（2）周课训练任务与负荷特点

①基本训练周

主要任务：通过特点的程序和反复练习，使篮球运动员熟练和掌握篮球专项技术，以通过负荷改变引起新的生物适应现象，以获得多种竞技能力的提高。

负荷特点：增加负荷量，同时负荷强度不变或者相应下降；增加负荷强度，负荷量不变或下降；负荷量与负荷强度都保持不变，通过累积效应给机体更深的刺激。

②赛前训练周

主要任务：力求使运动员适应比赛的要求和条件，把长期训练中获得的竞技能力集中在篮球专项竞技所需的方向中。

负荷特点：提高训练强度，但负荷量适当减少；注意避免同时增加负荷量和负荷强度；注意负荷节奏的变化，注意恢复措施；比赛周要略少于基本训练周。

③比赛周

主要任务：力求培养运动员在各方面竞技能力到最佳状态做直接准备和最后的调整，参加比赛，获得理想成绩。

负荷特点：总的负荷水平不高，要降低训练强度或保持一定的训练强度，负荷量也大多降低或保持。

④恢复周

主要任务：采用各种恢复措施，消除运动员生理和心理上的疲劳。

负荷特点：大大降低负荷强度和负荷量，或者大幅度减少，或者保持一定水平。

5. 单元（课）训练计划

根据训练课完成任务和内容的不同，把训练课分为身体素质训练课、技战术训练课、综合训练课、测验课和比赛训练课、调整性训练课。每一次训练课中必须具有一定的侧重点。在训练中，教练员应该发挥主导作用，善于激发运动员的自觉性和积极性，将教授的内容与训练结合，才能更高质量地完成训练任务。

（1）单元（课）训练计划分类

①体能训练课

体能训练课主要以身体素质训练为主要内容，通过多种多样的训练手段和方法，发展篮球运动员一般和专项运动素质，提高和保持体能水平，通常情况下负荷较大。

②技战术训练课

技战术训练课主要是进行篮球中各类技术与战术的训练，以及各种为篮球战术训练服务的辅助性练习。目的明确，内容训练水平与方法较为集中，训练负荷根据训练的目的以及在训练过程中的质量进行确定。

③综合训练课

综合训练主要以发展篮球运动员多种竞技能力的需要，运动包含素质、技术、战术以及心理等紧密结合实战需要的综合性训练方法和手段的训练。因此，综合课的基本任务为综合训练多项训练任务。

④比赛训练课

比赛训练通过参加比赛，对运动员的训练效果进行检查，通常负荷量相对较小，但负荷强度要大，甚至要超过比赛强度。

（2）单元（课）训练计划的构成

篮球单元（课）训练计划是由准备部分、基本部分、结束部分三个部分构成。

①准备部分的任务是使机体逐步进入工作状态，从心理和生理两个方面做好承受训练课负荷的准备。一般多以热身动作为主。

②基本部分应按照训练任务及内容安排练习顺序，所选择的练习手段可以多样化，练习的组织可以采用分队、分组、个人的练习交替进行。

③结束部分的安排一方面要根据运动员机能活动性的自然下降进行合理安排；另一方面人为地在技能活动性处于稳定状态时降低强度，或在机能疲劳时降低强度。结束部分的安排主要为课后的迅速恢复创造条件。

（3）单元（课）训练计划的特点

①篮球运动是集体对抗项目，要重视集体的成队训练，同时也要重视不同位置、不同球员的针对性训练。因此，在训练手段、运动负荷等方面要不断变化，按照球员需求更有针对性。

②多种类型的训练课，不仅能提高运动员的训练积极性，也能更好地解决不同严要求的任务。

③训练课的负荷呈现波浪形，以适应篮球比赛中强度起伏变化。

④训练课的持续时间较长，因此教练员需要合理安排训练内容，尤其是掌握负荷与间歇的合理安排，并采取积极有效的恢复手段，以缓解运动员疲劳。

在各个训练阶段中，比赛活动都是运动员竞技发展历程的重要组成部分。组织者需要结合各个阶段运动员的发展特点，合理设定比赛的水平和次数，使得训练和比赛成为有机的统一体。

（四）制订篮球训练计划的基本步骤

制订篮球训练计划主要分为以下几个步骤：第一步，要对运动员现实状态进行诊断后，确立训练任务和目标，并且划分训练阶段和各阶段任务，选择训练的内容和手段。第一、二年训练重点不应当放在运动成绩上，而是放在发展取得未来比赛成绩所必须的各种技能上；第三年重点应放在比赛阶段和获得最佳专项竞技表现上；第四年年度计划的主要目标是获得最高水平的竞技表现和运动表现。第二步，是在制订多年度训练计划后，就要在过渡期内对上一年度训练计划总结和思考后制订出年度训练计划，编制年度训练计划首先写下年度所有计划的比赛，并确定比赛的优先级，以确定最佳竞技状态出现时机。第三步，是根据比赛确定大周期的数量，并把每个大周期分为准备期、比赛期和过渡期。第四步，是把每个大周期分为若干个中周期，确定中周期（2~6周）长短，并确定每个中周期的负荷模式。第五步，确定单个小周期（1周），重点放在每个训练要素上。第六步，一旦确定好小周期框架，则要规划设计单个训练课。第七步，实施该计划，并不断监测评估训练过程（详情见表7-1）。具体设计案例见图7-2某女子青年篮球队年度训练计划（春季大周期）。

表7-1　制订篮球训练计划的基本步骤

步骤	目　　标
1	1. 确定运动员的长期目标，以便制订一份多年度训练计划（一般设计4年） 2. 勾勒出该多年度训练计划的基本结构
2	1. 确定年度训练计划所针对的各个主要目标的优先顺序 2. 评估上一年度的训练计划，包括成绩，并就训练计划与运动员或团队协商 3. 根据运动员或团队的成绩要求确定下一年度训练计划的组织结构 4. 确定该年度训练计划中大周期的持续时间
3	1. 根据比赛日程将年度训练计划分为准备期、比赛期和过渡期 2. 将准备期划分为一般准备期和专项准备期 3. 将比赛期确立为赛前阶段和主要比赛阶段 4. 将测试日穿插在年度训练计划中的关键时间点上

步骤	目　　标
4	1.确定每个中周期的持续时间 2.选择中周期的各个结构并进行排序，从而编排成年度训练计划 3.为每个中周期的各个训练要素的重点划分优秀顺序 4.确立中周期的负荷安排模式，并决定如何在各个大周期内逐步加大负荷
5	1.建立各个小周期 2.根据运动员的发展水平和总体目标将小周期划分为多个训练日和恢复日 3.确定每个训练日的训练内容和每个训练日包括训练课的次数 4.确立整个小周期所采用的负荷结构
6	1.设计单个的训练课程 2.确定训练课的负荷结构 3.选择训练计划的各项训练活动
7	1.实施该训练计划 2.不断监测和评估训练及其过程

　　从图7-3可见，我国篮球青年联赛安排一般分为两个阶段——春季预赛阶段和秋季决赛阶段。分为两个大周期，每个大周期分为准备期、比赛期和过渡期，准备期又分为一般准备期和专项准备期。一般来说，一份分期得当的训练计划可以通过一种有序和统一的方式控制包括训练强度、训练密度、训练量和训练重点等在内的各种训练因素来将运动过度的风险和受伤降到最低程度。由于通过训练干预所产生的各种各样的残余效果或生理适应与能力适应，显示了持续时间不一的稳定性和不同的消退速度，因此分期训练计划中的每个阶段不必对每一种训练因素进行训练。对于中高级运动员来说，汇总式小周期模式是制订有序训练计划中周期的有效模式。汇总式小周期的典型结构是基于一种为期四周的训练单元或中周期，从宽松型运动负荷向密集型运动负荷发展，紧接着是一个小段恢复期。它是中周期单元中四个相互衔接的小周期各自负荷安排方式和训练因素的整合。

日期	月	1月				2月				3月			3月
	结束周	10	17	24	31	7	14	21	28	7	14	21	28
比赛	比赛名称											3/28 青年联赛	3/28 青年联赛
分期	训练阶段	准备期1											
	子阶段	一般准备期								专项准备期			赛前
	大周期	大周期1											
	中周期	1				2				3			
	小周期	1	2	3	4	5	6	7	8	9	10	11	12
	峰值指数	5	5	5	5	4	4	4	4	5	5	5	4
	测试日	T											
	恢复周				R				R				R
抗阻训练	训练重点	力量和耐力				基础力量				力量和爆发力			
	力量和耐力	M	M	M	L	L	L	L	L	—	—	L	—
	基础力量	L	L	L	L	M	M	M	L	M	M	M	L
	力量和爆发力	—	—	—	—	L	L	L	—	H	H	H	M
	最高												
耐力,速度和灵敏	训练重点	耐力				速度和灵敏				速度耐力			
	耐力	H	H	H	H	—	—	—	—	L	L	L	L
	速度和灵敏	—	—	—	—	M	H	H	M	—	—	L	L
	速度和灵敏耐力	L	M	M	M	M	L	L	L	M	M	M	L
技战训练	技术	M	M	M	M	M	H	H	M	L	L	L	M
	战术	L	L	L	L	M	M	M	M	H	H	H	H

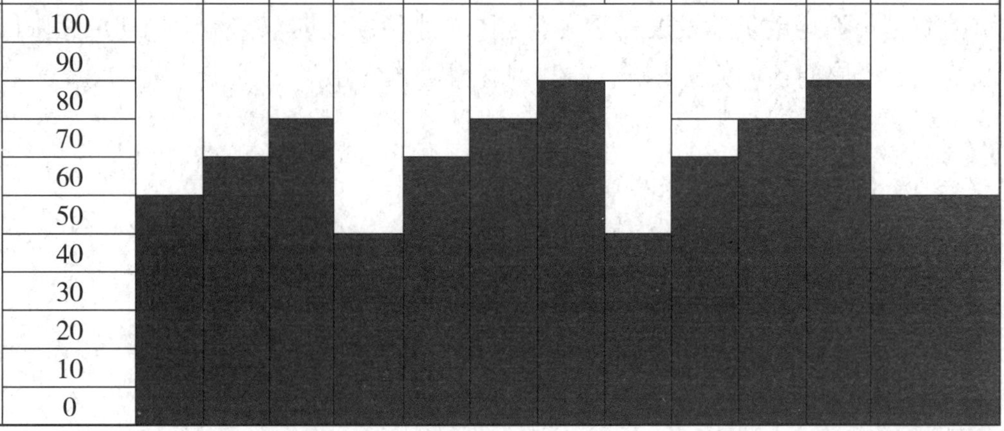

图 7-2

竞赛重点	缩写	峰值指数
P=主要峰	H=高关注程度	1=最高准备水平
P=次要峰	M=中等关注程度	2
C=竞赛	L=低关注程度	3
	R=恢复周	4
	U=无负荷	5=最低准备水平

日期	月	4月					5月					6月
	结束周	4	11	18	24	25	2	9	16	23	30	6
比赛	比赛名称	4/4青年联赛	4/5青年联赛	4/18青年联赛	4/25青年联赛							
分期	训练阶段	竞赛期1					过渡期1		准备期2			
	子阶段	赛前	比赛				过渡期		一般准备期			
	大周期	大周期1							大周期2			
	中周期	4					5		6			
	小周期	13	14	15	16	17	18	19	20	21	22	23
	峰值指数	6	6	6	2	5	5	5	5	5	5	5
	测试日					T						
	恢复周					U	R	R	R			R
抗阻训练	训练重点	力量和爆发力				恢复			力量和耐力			
	力量和耐力	M	M	L	—	—	—	—	M	H	H	M
	基础力量	H	H	M	L	—	—	—	L	L	L	L
	力量和爆发力	M	M	H								
	最高				H							
耐力，速度和灵敏	训练重点	速度和灵敏				恢复			耐力			
	耐力	—	—	—	—				M	M	M	M
	速度和灵敏	M	H	H	L	—					L	L
	速度和灵敏耐力	M	L	L	L				L	M	M	M
技战训练	技术	M	M	L	L	—			L	L	L	L
	战术	M	M	H	H	—			L	L	L	L

图 7-3 某女子青年篮球队年度训练计划（春季大周期）

261

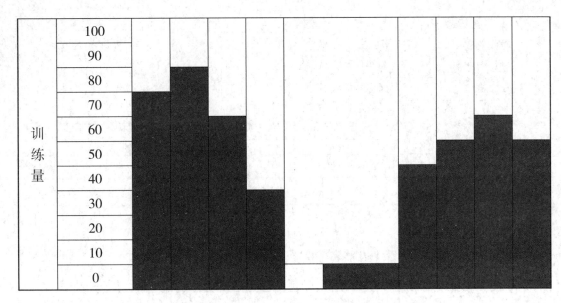

二、一个大周期篮球训练计划的制订

（一）训练大周期的确定

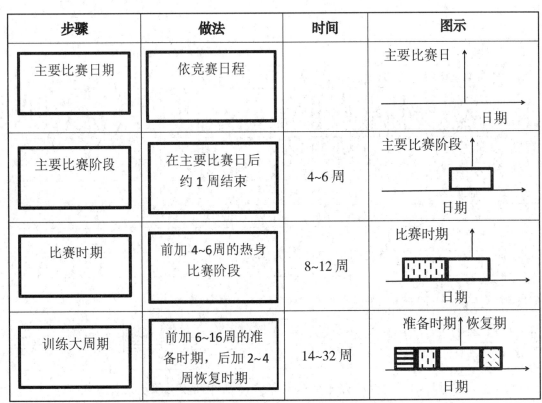

步骤	做法	时间	图示
主要比赛日期	依竞赛日程		主要比赛日 日期
主要比赛阶段	在主要比赛日后约1周结束	4~6周	主要比赛阶段 日期
比赛时期	前加4~6周的热身比赛阶段	8~12周	比赛时期 日期
训练大周期	前加6~16周的准备时期，后加2~4周恢复时期	14~32周	准备时期 恢复期 日期

图7-4 确定训练大周期日程的"倒数时"充填式工作程序

训练大周期是以成功参加重大比赛为目标而设计的。其时间的确定通常采用体现目标控制思想的"倒数时"充填式方法，以主要比赛日期为标定点，向回程方向依次确定主要比赛阶段和比赛时期，再添加准备阶段和恢复阶段从而形成完整的训练周期。

（二）大周期训练计划要点

表7-2 历时半年的训练大周期中各时期阶段的训练学特征

时期		准备期		比赛期		恢复期
阶段		一般准备	专门准备	赛前准备	集中比赛	
时间		3个月		2~2.5个月		0.5~1个月
		1.5~2个月	1~1.5个月			
任务		增进健康，发展素质，学习或改进基本技术，掌握新战术，增强意志品质	发展专门素质，熟练完善技巧，提高战术技巧，发展稳定的竞技状态、创造好成绩		积极恢复，消除生理和心理疲劳；总结经验，制订新计划
		提高一般训练水平，改进技术环节，提高个人战术能力	提高专项技术水平，逐步过渡到完整技术，改进多人或全队战术配合	发展专项素质，发展竞技状态，参加热身比赛	保持最高竞技状态，参加重要比赛，创造优异成绩	
比赛		没有或少	少	中	多	
负荷	量	中 → 最大或大 → 中 → 中或小 → 小或中				
	强度	小 → 小或中 → 中或大 → 大或最大 → 最小				
方法	发展素质	以持续法、间歇法为主	以间歇法、重复法为主	以重复法、间歇法为主	以比赛法、重复法为主	以游戏法、持续法、变换法为主
	改进技术	以分解法为主	分解法完整法	以完整法为主	以完整法为主	
手段		在进行专项训练的同时辅以多种多样的一般练习	以专项身体练习为主，练习手段相对集中	以专项形式相近的练习为主，仍保持一定专项身体练习	比赛，一般性积极恢复性练习	改变环境及练习形式，增加一般身体练习比重
恢复		注意负荷节奏，各种积极的与自然的恢复措施		注意负荷节奏，采用各种积极的与自然的恢复措施		减少负荷，变换负荷的形式、地点与组合
检查评定		负荷及机体适应情况		负荷及机体适应情况、技战术水平		心理、生理恢复状况

大周期中的时期和阶段的划分、各阶段的主要任务、比赛及负荷的总体规划、采用的方法与手段、恢复及检查评定的要点等基本内容和要求。

三、不同类型训练计划案例

（一）某女篮阶段训练计划案例

表7-3　训练阶段划分、任务主要内容与比例、量与强度

阶段	任务	心理训练与作风建设主要内容	体能、技术、战术训练主要内容与比例	运动强量与度
2016年4月14日—6月10日	调整、恢复、训练量	心理训练：罚球练习、连续投篮、技术动作结合语言强化练习	体能主要内容：速度与耐力训练、弹跳与爆发力训练、大力量与各部位小肌肉群练习、小力量训练、腹背肌训练 技术主要内容：基本技术训练、位置技术训练、全队攻守转换速度的练习、提高顶抢篮板球的能力、练习身体对抗能力 战术主要内容：全队的进攻战术、全队防守战术和防守体系体能、技术、战术比例：4∶3∶3	小、中负荷量小、中强度
6月10—16日	参加全国女篮锦标赛第一阶段比赛			
6月17日—7月20日	训练期	心理训练罚球练习、连续投篮命中、技术动作结合语言强化练习	体能主要内容：速度与耐力训练、弹跳与爆发力训练、大力量与各部位小肌肉群练习、小力量训练、腹背肌训练 技术主要内容：基本技术训练、位置技术训练、全队攻守转换速度的练习，提高顶抢篮板球的能力、练习身体对抗能力 战术主要内容：全队的进攻战术、全队防守战术和防守体系体能、技术、战术比例：4∶3∶3	中、大负荷量中、大强度

阶段	任务	心理训练与作风建设主要内容	体能、技术、战术训练主要内容与比例	运动强量与度
7月20—26日	参加全国女篮锦标赛第二阶段比赛			
7月27日—25日	训练期		参加篮管中心组织的大集训及教学比赛，同时参加体测和技术测试	
8月26—31日	WCBA联赛预选赛			
9月17日—28日	训练期		参加篮管中心组织的大集训及教学比赛，同时参加体测和技术测试	
10月1—21日	赛前训练	比赛场景设计练习，如时间还有3秒，比分落后1分、2分或3分等场景设计，如何安排合理战术赢得比赛	体能主要内容：速度与耐力训练、弹跳与爆发力训练、大力量与各部位小肌肉群练习、小力量训练、腹背肌训练 技术主要内容：基本技术训练、位置技术训练、全队攻守转换速度的练习、提高顶抢篮板球的能力、练习身体对抗能力 战术主要内容：全队的进攻战术、全队防守战术和防守体系，体能、技术、战术比例：4∶3∶3	大负荷量大、中强度

（二）某队周训练计划的制订案例

以准备期一个周训练计划为例，表格表述。

表7-4　周训练计划表

××队××周训练计划表		××年××月××日至××年××月××日	
训练任务	1. 提高绝对力量、一般耐力和专项速度 2. 改进技术动作和提高动作质量及运用能力 3. 提高顶抢和冲抢篮板球的意识和能力 4. 提高掩护配合质量 5. 学习和提高整队攻防战术		训练时间（小时）
			训练负荷（大中小）

	周一	周二	周三	周四	周五	周六	周日
早操	准备活动 一般耐力 训练	体操 柔韧	体操 柔韧	一般耐力 专项脚步	体操 柔韧、 灵活性	体操 柔韧	
上午	队务会	专项速度 投篮 行进间传接球 一对一 二对二 三对三 掩护配合 全队攻防战术	投篮 运球突破 篮板球 个人防守 三对三 掩护配合 全队攻防战术	学习	投篮 攻防脚步 个人防守 三对三 攻防转换 篮板球 全队攻防战术	力量 专项速度 投篮 三对三 篮板球 全队攻防战术	篮板球 投篮 三对三 个别对待训练
下午	力量 投篮 传接球 二对二 篮板球 掩护配合 教学比赛	攻防转换 投篮 二对二 三对三 篮板球 行进间传接球 全队攻防战术 教学比赛	力量 投篮 行进间传接球 三对三 抢篮板球 全队攻防战术 教学比赛	投篮 攻防转换 一对一 二对二 个人防守 篮板球 全队攻防战术 教学比赛	投篮 攻防脚步 个人防守 篮板球 攻防转换 三对三 全队攻防战术 教学比赛	对外教学比赛	休息
运动负荷	中	大	大	小	中	大	小
本周小结							

（三）课时训练计划制订案例

以中国和美国准备期课时训练计划为例，表格表述。

表 7-5　国少女篮课训练计划表

训练任务：巩固传接球和防守脚步技术，把防守、篮板球、进攻的意识训练融入实际的对抗训练中，提高运动员实战中运用技术的能力。

主教练		球队名称	国少女篮	人数	15	上课时间	90'
训练设计与安排							
阶段	时间	内容		方法、要求			强度
准备部分	10'	热身、准备活动		要求：身体各部位都要拉伸到位，要有幅度、力度，身体与心理做好训练的准备			中
基本部分	70'	1.防守脚步训练 （1）迎上防持球 （2）迎上防运一次球 （3）迎上防运两次球 （4）迎上防死球		要求：重心要低，手要扬起，嘴要呼应，保持半臂防守距离，防守脚步移动要快			中
		2.运传球训练 底线—罚球线—三分线		要求：运球用力，急停转身重心控制稳定，传球快速准确			中上
		3.全场超人上篮40次		要求：篮板球一传要快，接应人主动呼应，推进快速，注意观察，传球准确及时，上篮全速			中上
		4.全场折线一对一		要求：防守人始终面对球，通过各种脚步迫使进攻者沿边路运球或尽可能多变向，进攻变向变速过程中注意保护球			中
		5.半场二打一		要求：进攻者注意观察防守人行动做出合理的投篮、传球等决策，防守抢到篮板球后传球准确、快速、及时			中
		6.全场三打二追防转三打三		要求：进攻者接到球后推进要快，并注意观察退防人和追防人的队形和位置以寻找合理的得分机会，攻击要果断，追防人要全力以赴，抢篮板球后的反击要保持层次和空间			中上
		7.半场6点传球转选位冲顶抢篮板球再转换反击		要求：传球速度快速准确，防守选位合理，冲顶篮板球凶猛，反击速度快			中上
		8.全场24秒进攻加退守		要求：位置拉开、推进衔接速度快，退守选位合理			中上
		9.3分钟3点投篮		要求：保持注意力集中，接球前做好投篮准备动作			中
结束部分	10'	拉伸、放松、小结					
课后小结							

第三节　篮球队伍训练方法

运动训练方法是为了提高运动员竞技能力所采用的途径和办法。篮球训练方法是教练员通过结合篮球技、战、体、心、智全面提高运动员或篮球队的篮球竞技运动水平所采用的途径和程序。运动训练方法可以分为分解训练法、完整训练法、重复训练法、间歇训练法、持续训练法、变换训练法、循环训练法、模拟训练法和比赛训练法。在全场五对五比赛训练中，通常是在体能技术和战术专门训练的基础上，根据进攻和防守对抗的规律，针对比赛对手的具体情况采用变换训练法、模拟训练法与比赛训练法，提高篮球队伍的体能技术和战术的运用能力与对比赛的适应能力。

一、重复训练法

重复训练法是指不改变动作结构和运动量，在相对固定的条件下，重复练习某一动作或某一战术的方法。如定点定距离连续跳起投篮若干次；连续跳投 20 次为一组，间隔 1 分钟再投，练习若干次。前一练习称为连续重复训练法，后一练习称为间歇重复训练法。

二、变换训练法

变换训练法是指在变化的条件下进行反复练习的方法，如变换动作的要求（动作速度、幅度、距离等）、变换动作的形式（原地传球、跑动中传球）、变换动作组合（原地接球跳投、移动中背向篮接球转身跳投）、变换训练的环境（馆内、露天、气候变化、高原训练）、变换训练器材（用小篮筐、加重球）、变换运动量（同一训练时间不断增加运动量或强度，或运动量时大时小）等。变换训练法又分为连续变换训练法与间歇变换训练法两种。

三、间歇训练法

间歇训练法是指重复练习之间按严格规定的间歇时间休息后再进行练习的方法。如篮球比赛的总时间是 40 分钟，分成 4 节，要求运动员在快速中进行比赛。每节中间休息 3~5 分钟。随着训练水平的提高可以逐步提高要求。各种练习间歇时间长短，取决于训练的目的、训练的强度、运动员的训练水平和身体状况。

四、循环训练法

循环训练法是指根据训练的具体任务，按预先设计的带有一定顺序的练习方法，运用循环练习的方式周而复始循环往复地进行练习的方法。

五、模拟训练法

模拟训练法是指用一种模型去模拟另一系统，并借助模型，通过训练实践进行方案比较的一种"逐次逼近"最佳化的训练方法。主要适用于赛前训练。

六、比赛训练法

比赛训练法是指组织竞争性的、有胜负结果的、以最大强度完成练习的一种训练方法，包括教学比赛、检查性比赛、适应性比赛等。目的在于调动运动员训练的积极性，提高技术、战术、身体训练水平和实战能力，发展心理素质以及检查训练手段与方法。

七、综合训练法

综合训练法是指把重复训练法、变换训练法、循环训练法等各种训练法结合起来运用，或者在一组训练中安排各种技术训练、灵敏训练、力量训练等多种内容的训练方法。

思考题：

1.篮球训练的任务是什么？

2.篮球训练包括哪些内容？

3.篮球训练计划包括哪些种类？

4.请围绕某一阶段篮球比赛任务，设计一份篮球大周期训练计划。

5.请围绕需要解决的篮球问题，设计一份篮球周训练计划。

6.请围绕篮球某一主题，设计一份篮球课时训练计划。

7.常用篮球训练方法有哪些？请用循环训练法设计一种篮球训练方案。

第八章

篮球竞赛组织

【导读】篮球竞赛组织和管理是成功举办篮球竞赛的保障，本章重点介绍了篮球竞赛的意义和种类、篮球竞赛过程管理方法以及篮球竞赛编排方法等。通过本章学习，读者能够编排篮球竞赛方案和秩序册，胜任篮球竞赛组织过程中相关部门的工作任务。

第一节　篮球竞赛的意义和种类

一、竞赛的意义

篮球比赛攻守对抗的凶悍性和技艺化引人入胜，优秀篮球队的比赛更为人们所关注，成为现代社会文化的一部分，深刻地影响着人们对社会生活和经济生活的期待。

（一）促进篮球运动的发展

篮球运动是较受欢迎、较易开展的一个体育项目，通过竞赛能够吸引更多青少年来参加这项运动，从而在更大的范围内推广这项运动；通过竞赛可以检查篮球教学训练的质量与效果，促进技术和战术水平、身体素质和心理素质等的提高；通过竞赛还可以锻炼参加者的品质风格，培养参加者的团队精神，激发参加者的进取愿望。

（二）丰富文化生活的内容

观看篮球竞赛可以丰富人们社会生活中的文化生活内容；参与竞赛又可以起到

强身健体的作用；观看激烈对抗的比赛，欣赏比赛中的精湛球艺，也使人们的生活空间和余暇得到扩展及充实；公平激烈的竞赛本身就传播着平等竞争的文明风尚，也鼓舞着人们对真实、自信、进取和创新的向往；竞赛过程的变幻和比赛结果的不可预测还给人们带来极大的悬念与乐趣，引发和满足人们对身体健康和美好生活的追求。

（三）适应社会活动的需要

篮球竞赛作为一种特殊的手段，能够起到提高国家荣誉、振奋民族精神和创造社会安定环境的作用；也能够起到改善和促进国家关系，以及充当和平友好及慈善使者的作用；还能够起到推动竞技体育体制的改革和加快运动项目走向市场的作用。

（四）推动职业篮球的产业化

从传统意义上来讲，组织篮球竞赛是一种消费。美国职业篮球联盟的经营效果，可以说为组织篮球竞赛从消费向生产转化树立了典范。在高水平的篮球队伍中，组织经营性的篮球竞赛，作为体育产业的一种形式，可使其成为社会经济生活的一部分。

（五）带动社会相关行业的发展

篮球职业性的竞赛作为一种经济行为，不仅为自身的生存发展创造了良好的物质条件，也为其他行业提供了机会。高水平、较大规模的篮球竞赛必然会促使举办地的基础设施得以改善，促进相关产业的发展。如组织高水平的篮球竞赛，可以带动传媒业、旅游业、宾馆业、商业、餐饮业、保险业和公用事业等许多行业的发展。

二、竞赛的种类

组织篮球竞赛，根据竞赛的性质和目的，大体上可以分为非职业性比赛和职业性比赛两大类。

（一）非职业性比赛

1. 综合性运动会中的篮球比赛

篮球作为综合性运动会中的一个项目，与其他项目一起在同一时期内进行比赛，从一个侧面反映参赛国家或单位的体育运动整体水平。这种比赛有国际性运动会中的篮球比赛，如奥林匹克运动会、世界大学生运动会、世界中学生运动会、洲际和地区运动会中的篮球比赛等；也有全国性运动会中的篮球比赛，如全运会中的篮球比赛等；还有各个省份、地市及企事业、学校等基层单位运动会中的篮球比赛。

2. 单一篮球项目比赛

主要反映参赛国家或单位篮球运动的水平。有国际性的比赛，如世界锦标赛、世界青年锦标赛、各大洲的锦标赛、各大洲的青年锦标赛；也有全国性的比赛，如全国甲级联赛、全国乙级联赛、全国青年联赛以及各行业系统的比赛；还有省份、地市及基层单位的篮球比赛。

3. 国内外交往性比赛

主要为了加强交流、增进友谊、发展相互关系。有国际性的比赛，如国家之间双边的访问比赛，几个国家之间多边的邀请赛；也有国内省份、地市之间的协作性比赛；还有基层单位之间的友谊赛和表演赛等。

除了上述这些比赛之外，还有少年儿童的小篮球比赛、三对三的篮球比赛、扣篮和投篮比赛，以及专门的残疾人轮椅篮球、聋人篮球比赛。

这类非职业的比赛，普及面比较广，参加比赛的运动员层次各不相同，技术水平也有较大的差异，有利于吸引更多的人参加篮球运动。

（二）职业性比赛

主要是靠比赛的票房收入和其他收入来维持球队生计与创造利润。最有代表性的是美国男子职业篮球联赛（NBA）；还有一些国家举办的职业联盟比赛，如意大利、希腊、菲律宾、韩国的职业篮球联赛，以及一些国际性的俱乐部比赛等。中国男子职业篮球联赛（CBA）和中国女子职业篮球联赛（WCBA）也是具有职业性质的比赛，它们主要是为了通过改革推动我国篮球运动跟上世界篮球运动的发展趋势，从管理体制、竞赛制度和方法等方面与国际接轨，从而提高整体水平。

职业性比赛涉及的范围比较窄，但参加比赛运动员的技术水平比较高，带有明显的商业性，对篮球运动的产业化进程具有促进作用。

第二节　篮球竞赛的组织管理

一、组织竞赛的要求

组织篮球竞赛应该遵循竞赛的客观规律，提供竞赛的良好环境，保证竞赛的整体质量，创造竞赛的综合效益。

（一）遵循竞赛的客观规律

竞赛日期一般情况下都是根据上一级体育组织所制订的竞赛计划来安排的，与上一层次的竞赛时间错开。组织高层次的竞赛要考虑季节、气候、持续时间等因素，还要考虑竞赛规模、方式、方法和相关的其他活动。要通过组织竞赛来提高训练水平，以赛代练，赛练结合，促进后备人才的培养和成长。

（二）提供竞赛的良好环境

具备竞赛所需要的场馆（地）设施器材，具有一定的观众基础是最基本的条件。举办大型甚至国际性竞赛，场馆设施、器材设备必须符合相应的标准，举办地还应提供良好的食宿，便利的交通、通信和可靠的治安环境。

（三）保证竞赛的整体质量

要完成竞赛的任务、达到竞赛的目的，除了具备必要的"硬件"之外，还必须有相应的"软件"来保障。要有一支有素养、有效率的工作队伍，使竞赛工作能够有条不紊地进行；也要有一套严密可行的规章制度，使竞赛能够在公平、公正和公开的氛围中进行。

（四）创造竞赛的综合效益

要以组织篮球竞赛来推动和引导这项运动更广泛地开展，丰富人民群众的业余文化生活，宣传积极向上、拼搏进取的精神，获得精神文明建设的收效；也要以组织篮球竞赛来拓展社会办竞赛的渠道，减少政府投入，开发商机和走市场化的道路，获得物质文明建设的收效。

二、竞赛过程的管理

竞赛过程的管理是有目的地组织、指挥、控制和调节竞赛工作的过程，可以分为赛前管理、赛间管理和赛后管理三个阶段（如图8-1）。

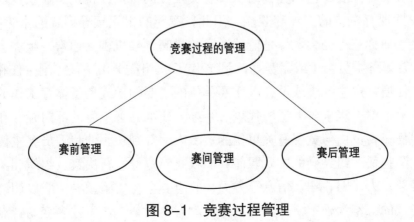

图8-1　竞赛过程管理

（一）赛前管理

赛前工作是制订组织竞赛计划和实施计划为比赛做准备的过程。这个过程是从成立竞赛筹备组织起至比赛开幕止，包括建立竞赛组织机构、确定组织方案、制定竞赛指南和拟订具体工作计划等。

1. 建立竞赛组织机构

首先要成立竞赛的领导小组，即筹备委员会，也就是竞赛开幕后的组委会，它对竞赛的全过程起组织领导作用。然后在它属下再设立具体的工作机构，这些工作机构负责整个竞赛过程中的各项具体事务，协助领导小组完成竞赛任务。凡是与竞赛有关的事务，都要有相应的部门或人员负责管理。通常情况下，设秘书处、竞赛操作部门、技术代表、仲裁、场地和总务部门等。另外，根据竞赛层次和规模的不同，还可以增设一些专门负责开发、推广、接待、外事、财务、广播电视、电子技术、邮电通信、新闻中心、兴奋剂检测、大型活动等部门，以及负责各部门之间工作协调的办公室。竞赛组织机构（如图8-2）。

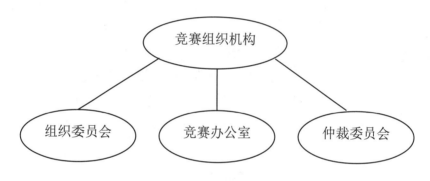

图8-2　竞赛组织机构

（1）组织委员会

组织篮球竞赛，不论参赛队伍多少、水平高低及时间长短，首先都需要有多种工作部门的参加与配合。篮球竞赛组织具有突发性的特点，特别是业余比赛，更需要使用和发挥现有机构的人员和职能。因此，竞赛的组织领导形式通常为委员制。组织委员会（简称"组委会"），是篮球竞赛的最高领导机构。通常，组委会的前身是赛前的竞赛筹备委员会（或竞赛筹备领导小组）。组委会由主任、副主任和若干委员组成。主任通常由主办（或承办）比赛单位的主要领导或负责体育工作的领导担任；副主任一般由上级单位派遣的代表、主办（或承办）单位的部门领导和竞赛办公室主任担任；委员由与竞赛有关单位的负责人、裁判长、仲裁委员会主任以及参赛的各队领队担任。组委会的主要职能和职权是对竞赛进行决策、组织和控制。由于篮球竞赛涉及人、财、物及信息等方面，故组委会在实施领导中应以调动人的积极性、做好人的工作为根本，并注意掌握运动竞赛复杂、竞争及多变的特点，善于在动态中做好组织和管理工作。组委会的主要职责：

A. 听取、讨论并通过竞赛计划及各部门工作实施方案。

B. 审议并批准竞赛经费的预算和决算方案。

C. 讨论并处理竞赛过程中发生的重大问题。

D. 审议并通过竞赛工作中的奖惩提案。

E. 听取、讨论并通过竞赛总结工作报告。

（2）竞赛办公室

为搞好竞赛赛区各项工作，在组委会领导下，设立竞赛办公室。组成和人员配备，可根据竞赛规模的大小来决定。通常应设秘书、竞赛、后勤等处（或组）。

竞赛办公室是组委会下设的办事机构，其主要任务是制订计划、组织力量、指挥行动、跟踪变化、调节关系、控制系统、总结经验。

A. 秘书处（组）主要职责

△制订工作计划和检查执行情况

△筹办会议和起草文件通知

△负责宣传教育和会场、场馆、住地的环境布置

△印制秩序册和制作证件

△制订开、闭幕式方案并组织实施

△制作奖品并参与组织发奖仪式

△编写简报和组织新闻报道

△印制请柬和安排票务工作

△组织参观、游览及文娱活动

△负责迎来送往等公共关系工作

B. 竞赛处（组）主要职责

△制订竞赛计划和竞赛规程

△办理运动员报名和资格审查

△组织竞赛抽签和竞赛编排

△印制有关竞赛文件和各种竞赛表格

△选调裁判员和组织裁判员赛前集训

△按规程和规则要求检查、落实场地和器材

△协同有关部门组织对使用违禁药物的检查

△监督比赛进行和处理竞赛中出现的赛风、赛纪等问题

△记录和公布比赛成绩，发布新闻消息和编印成绩册

△组织"精神文明奖"（或"体育道德风尚奖"）评选活动

C. 后勤处（组）主要职责

△起草竞赛经费的预算和决算

△安排赛区住宿、伙食、交通、洗澡、通信及医疗等工作

△负责维修场地、设备和购置比赛器材

△负责赛场和驻地的安全、卫生工作

△负责接送和票务工作

（3）仲裁委员会

在举办国家规定的正式比赛或由国家承办的正式国际比赛中，应成立仲裁委员会。按照我国《仲裁委员会条例》的规定，仲裁委员会是篮球竞赛的仲裁机构，在组织委员会领导下进行工作。其任务是复审比赛期间执行竞赛规则、竞赛规程中发生的纠纷，保证竞赛规则、竞赛规程的正确执行。仲裁委员会不受理按规则、规程规定应由执行裁判、裁判长职权范围内处理的有关事宜。与竞赛无直接关系的违犯纪律、寻衅闹事、打架斗殴等行为，由组委会会同有关方面进行处理。按规定，仲裁委员会应由组委会成员、竞赛部门负责人、全国或省级篮球协会成员及篮球协会裁判委员会委员组成，一般为5~7人。仲裁委员会的人选由大会组委会确定并公布。

篮球竞赛的抗议程序应按篮球规则规定执行。如果提出质疑的队或俱乐部所属的国家联合会，或对方队或俱乐部所属的国家联合会不同意技术委员会（或裁判组）的决定，可以向仲裁委员会提出申诉。此申诉应在比赛结束后12小时以内正式提出。

仲裁委员会根据申诉以及当场执行裁判、裁判组的书面报告，进行必要的调查研究，召开仲裁委员会会议进行评论。仲裁委员会出席会议人数必须超过半数，做出的决定方为有效。仲裁委员会对申诉所作的决定为最终裁判，并立即生效。所做的决定应报组委会备案。

2. 确定组织方案

竞赛领导小组要对竞赛的任务、规模、水平、承办单位的"硬件"和"软件"质量、组织竞赛经费等情况有全面的了解。在这个基础上，本着实事求是、精简高效和勤俭节约的原则，对竞赛期间各项活动内容做出计划和安排，对竞赛的各项收支规定标准做出预算。

3. 竞赛策划和规程的制定

（1）竞赛计划

计划是行动的预想和方案。没有计划的行动是盲目的、混乱的和低效率的。这里讲的竞赛计划，是对要举行的竞赛进行规划和设计，是竞赛前预先拟定的具体工作内容和步骤。竞赛计划的作用不仅在于它规定着竞赛的日期和活动内容，而且规定着举行篮球竞赛的目的和方针，可使有关单位先期拟定参加此项竞赛的计划和制定训练纲要。

制订竞赛计划，应包括下列内容：

A.竞赛名称。

B. 竞赛时间和地点。

C. 竞赛的目的和方针。

D. 组织机构方案（部门设立、人员配置及开始工作的时间）。

E. 参赛单位（包括领队、教练员、运动员、裁判员、工作人员的总人数估计及财务预算方案）。

F. 录取名次和奖励（含奖品设计、制作及发奖办法）。

G. 裁判工作。组织裁判员的赛前学习教育，深入领会规则精神，提高认识、端正态度、统一尺度、加强配合；做好裁判员的培训、考核、选派和评估，保证裁判员以良好的精神和身体状态投入工作。记录台的工作人员也要熟悉各种器材设备的操作使用，做到及时准确地反映比赛进行情况。

H. 场地、器材准备。检查落实比赛场地、器材设备情况，做到标准、可靠、安全、使用正常，能够符合比赛要求，保证比赛的顺利进行。

I. 后勤保障工作。做好食宿安排、物资供应、交通调度、安全保卫、医务保障、门票订购等后勤服务工作，掌握收支、控制标准、执行预算，做好财务管理工作。

J. 开、闭幕式方案（含秘书部门工作计划及进度表）。

（2）竞赛规程

竞赛规程是篮球竞赛的基本文件，它规定着每个队参加竞赛的条件及程序，规定着竞赛的规则及办法，是组织比赛、参加比赛和裁判员进行工作的具体根据。

竞赛规程一般由举办竞赛的单位制定，如果竞赛是承办的，常由主办单位制定并公布。鉴于竞赛规程是竞赛的法则，编制时要注意文字简练、规定明确、结合实际。竞赛规程必须尽早制定并及时分发给各参加比赛单位，以便各单位能够尽早地组织力量和投入训练。通常，竞赛规程应在竞赛开始前一年发出，最迟也得在竞赛开始前3个月公布。

制定竞赛规程，应包括下列内容：

A. 竞赛日期和地点

B. 参加单位

C. 报名办法

D. 竞赛办法

E. 竞赛规则

F. 录取名次与奖励

G. 比赛服装

H. 训练

I. 报名与报到

J. 裁判员、技术代表与仲裁委员会

如果举办国际锦标赛或邀请赛，还应向参赛单位提供英文版的竞赛规程。

（3）竞赛的报名注册与资格审查

球队的报名注册与资格审查是组织竞赛的重要事项。由于它关系到竞赛的编排、场地的准备和住宿的安排，主办单位需要及早地确定参赛的队数和人数。为了慎重地做好这项工作，通常采用两次报名的办法，即：第一次报名，在规定的时间内报告队名及人数；第二次报名，在规定时间内，以书面形式将详细的报名单送交主办单位。为此，在竞赛规程中要明确每队组成的人数，如规定：领队 1 名，教练员 2 名，队员 12 名，医生 1 名（国际比赛尚需翻译 1 名，国际裁判员 1 名）等。为了严格报名手续，也为了日后编排方便，应印制统一的报名表，最好与竞赛规程一起发至受邀单位。报名表应包括参赛队队名、成员的姓名、队员号码、出生年月、职业、民族、身高、体重、服装颜色等。竞赛规程中还需明确，运动员必须经医生检查，证明身体健康者方能报名参加比赛。因此，正式报名表应加盖医务部门的印章。为确保报名表的准确无误，还应加盖参赛队单位的公章。

为了避免在比赛过程中对运动员资格产生争议，在竞赛规程中对参赛资格应做出明确的规定。如规定：运动员必须是某年某月某日或以后出生（只对青年队比赛而言）；运动员必须是现役军人（针对军队比赛而言）；允许各参赛运动队按《中国篮球协会运动员转会管理办法》（暂行）等有关规定引进 2 名外籍运动员。对外籍运动员的使用应符合规程规定。外籍运动员的引进和管理必须遵守中国法律、规定以及国际篮联、亚洲篮联及中国篮协有关规定（针对俱乐部而言）等等。为做好资格审查工作，在重大比赛的赛前，各参赛队须出示年龄公证书或现役军人证件等，由组委会及技术委员会的负责人进行审查。如发现有不符合参赛资格规定的问题，应取消该运动员的参赛资格。

篮球竞赛的报名注册和资格审查是参赛单位取得合法参赛资格的重要事项，也是主办单位组织竞赛活动的重要工作内容，参赛队和主办单位均应严格按照竞赛规程的规定认真而审慎地办理。

（二）赛间管理

赛间工作是竞赛组织管理的中心工作，从比赛开幕到闭幕结束，所有工作都要在领导小组的领导下进行，为使比赛顺利正常进行而努力。这期间的工作可分为比赛活动的管理和非比赛活动的管理。

1. 比赛活动的管理

根据比赛的日程，安排好裁判员、记录台工作人员、技术统计人员和场地工作人员，使每一场比赛都能够按时进行，不因工作人员的疏忽或器材设备的故障而使比赛信息不能正确及时反映和使比赛延误、停顿、脱节。要按照篮球竞赛的法规、规则来管理比赛，建立良好的比赛秩序，使参赛的运动队能够在平等的条件下竞争。比赛活动的管理关键在于裁判工作。裁判员的公平、公正和敬业态度体现了比赛的严肃性，鸣哨的准确程度体现了判罚的权威性，执法的松紧程度影响着比赛的对抗性，判罚时的待人态度影响着运动员的情绪状态。因而加强对裁判队伍的领导，除了赛前的学习教育之外，赛间的及时检查、小结与监控也是保证比赛顺利进行的重要措施。另外，对赛场中可能出现的假球、"黑哨"及影响比赛正常进行和有损文明的行为等突发事件也要有充分的估计。竞赛、仲裁甚至保安部门都要有相应的准备。

2. 非比赛活动的管理

在竞赛期间，有许多涉及各个工作部门的非比赛活动需要进行组织管理，这些工作对整个竞赛有很大的影响。这些工作包括：

（1）对开幕式、闭幕式的管理

不管是较隆重的还是较简单的开幕式和闭幕式，都应给予足够的重视。主题要明确，安排要紧凑，场面要热烈，以扩大篮球运动的影响，提高篮球运动的社会地位，增强篮球运动员的责任感。

（2）对赛事服务工作的管理

组织好每次比赛后的新闻发布会，尽快地公布和传递当日比赛的技术统计信息。安排好每场比赛的赛间表演。抓紧对比赛场地器材设备的检查、保养和维修。经常对食堂进行食品卫生检查，预防肠道传染疾病的发生。对驻地进行相应的封闭治保，避免闲杂人员的干扰，保证参赛人员的休息和安全。为参赛人员提供某些特殊的服务项目。

（3）对赛场观众的管理

做好文明观赛的宣传工作，引导观众讲礼貌、守纪律，为比赛双方鼓劲加油。组织好观众出入口的疏导，对观众中可能出现的过激行为要有应急措施。

另外，由于竞赛期间各种情况复杂多变，还需要对各个工作部门的相互关系进行协调管理，以利于整个竞赛活动更好地运转。

（三）赛后管理

赛后的管理工作包括以下几个方面：

1. 编制和印发总的比赛成绩表，评选最佳球员、球队、赛区（场）；
2. 对比赛技术资料的处理归档；
3. 对比赛器材设备的整理；
4. 办理参赛队伍的离会手续；
5. 对竞赛的收支进行财务决算；
6. 进行工作总结。

第三节　篮球竞赛的方式和方法

一、竞赛的方式

篮球竞赛方式是根据篮球项目的特点和要求，规范篮球竞赛性质、等级、周期，使之有系统、有计划、有目的地组织推动竞赛社会化、多样化的体系。目前广泛实施的有赛会式和赛季式两种。

（一）赛会式

赛会式是把参加比赛的球队集中在一个地方，用几天或十几天的时间连续进行比赛的一种竞赛方式。

1.赛会式的特点

赛会式的运用范围比较广，综合性运动会中的篮球比赛、国际性的篮球锦标赛，采用的都是赛会式。国内大多数的篮球单项比赛，采用的也是赛会式。赛会式的比赛队伍集中，为运动员创造了观摩、学习、交流的好机会。赛会式的比赛地点固定，可以避免参赛队的旅途奔波疲劳。但赛会式的比赛采用的比赛方法具有一定的局限性，参赛队实际水平的发挥受到一些偶然性因素影响，可是这种偶然性因素也给参赛队提供了一定的有利机会。赛会式的比赛赛期短，比赛的场次不可能很多，因而运动员锻炼的机会就要少些。赛会式的比赛场次连续，比赛强度大，调整、恢复时间短，容易产生疲劳。赛会式的比赛为承办方提供了持续的社会公众注视热点，从而能带来相应的社会效益和经济效益。

2.赛会式对组织管理的要求

（1）针对赛会式比赛规模较大、管理工作责任重而复杂的情况，要仔细制订好全面的组织方案，规划好各部门的工作范围，明确各部门的工作职责，协调好各部门的工作关系。

（2）赛会式的比赛赛期短、赛程紧凑，赛间可能出现的问题比较集中，因此各方面工作要具体、细致，要有很强的时间观念，要始终处于紧张的运转状态，保证比赛的顺利进行。

（3）赛会式的比赛参赛队和人员多，后勤工作部门要以全天候的方式保障参赛运动员有良好的休息和营养条件，以充沛的精力投入比赛。

（4）赛会式的比赛需要承办方具有一定的基础设施条件，特别是承办大规模、高水平、国际性的篮球比赛，要事先进行大量的基本建设投入，以适应赛会式比赛的要求。

（5）承办赛会式比赛，要有市场经济意识，要以经营的观念来做好组织管理工作，既要讲社会效益，又要讲经济效益。

（二）赛季式

赛季式是一种竞赛时间较长、参赛队不集中、分别在参赛队各自的赛场进行比赛的一种赛式。这种竞赛方式在比赛与比赛之间常伴有若干个休整日。

1.赛季式的特点

赛季式最明显的一个特点就是采用主客场的形式进行比赛。这种主客场的形式可以使参赛队都能够有机会凭借主场的天时、地利、人和，充分发挥球队的竞技水平。赛季式的竞赛赛期长，一般为半年左右，而且通常是跨年度的，可以根据比赛性质、时间、水平安排比较多的比赛场次，为运动员的成长、锻炼和发展提供更多的机会；还能使参赛队避免一些偶然性因素的影响，较客观地体现出实际水平。但由于主客场的比赛赛期长，赛间有短暂休整，对运动员持续性体能要求较高，对运动队的训练安排也有较高的要求；另外，球队经常往返于赛地，需要有雄厚的经济实力作为基础。因而赛季式比赛一般只是在一个国家内最高水平的比赛中运用。美国的 NBA 比赛，从 1946 年起就用这种跨年度的赛季式，我国目前举办的全国男篮 CBA 联赛和全国女篮 WCBA 联赛也实行赛季式。

2.赛季式对组织管理的要求

（1）赛季式比赛赛场分散，各赛地比赛的持续时间长、次数相对较少，但工作任务延续时间跨度大，因此组织机构更应当精干，要保持很强的机动性，随时能进入程序化的运作状态。

（2）在比赛的管理上，既要利用主场天时、地利、人和的有利条件，又要营造公平竞争的良好环境氛围。要加强对主场工作人员和运动员的职业道德教育与对观众的宣传教育，提高观赏比赛的文明水平。

（3）主客场比赛的形式是一种市场经营，因而比赛应该属于经营者的一项业务，比赛的组织管理更应当成为经营者的一项工作，从而促使篮球竞赛真正走进市场。

二、篮球竞赛的编排方法

竞赛最基本的要求，是为了使参加比赛的球队能够在比较公平、合理的条件下竞争，因此采用适当的竞赛方法是创造这种良好条件的前提，也是客观反映参赛队竞技水平的重要保证，而且对竞赛的组织管理也有很大的影响。篮球竞赛中通常采用的有淘汰法和循环法两种。

（一）循环法

循环法是使参加比赛的队，在整个竞赛中或在同一组的竞赛中，都能够相遇进行比赛，最后根据各队在比赛中的胜负场数，按一定的计分办法排列名次的一种方法。所有参赛队都能相遇比赛一场的为单循环，所有参赛队都能相遇两场的为双循环，所有参赛队都能相遇比赛两场以上的为多循环。在参赛队数较多而竞赛时间有限的情况下，往往把参赛队分为若干小组，分组进行单循环，这就是从单循环衍生出来的分组循环。

1. 循环法的编排

单循环比赛的总场数为 N（N-1）/2（N 为参赛队数）。

单循环比赛的总轮数：若参赛队数为奇数，则比赛轮数等于队数；若参赛队数为偶数，则比赛轮数为队数减去一。

双循环比赛的总场数和总轮数比单循环增加一倍。

传统的编排方法是无论参加比赛的队数是单数还是双数，都按双数编排，只不过如果参赛队数是单数，则在队数后面加一个"0"号，使总数成双。将成双的号数一分为二，前一半号数自上而下写于左边，后一半号数自下而上写于右边，两两对应相连就是第一轮比赛的编排，凡与"0"号相遇的队就是轮空队。第一轮排定后，后面几轮的编排是以前一轮的"1"号位置固定不动，其他号码逆时针方向轮转一个位置，再两两相连，就组成整个比赛的轮次表。表 8-1 是 6 个队循环比赛的轮次表。表 8-2 是 7 个队循环比赛的轮次表。将整个比赛的轮次再重复一次，便是双循环的轮次表。

表 8-1

第一轮	第二轮	第三轮	第四轮	第五轮
1—6	1—5	1—4	1—3	1—2
2—5	6—4	5—3	4—2	3—6
3—4	2—3	6—2	5—6	4—5

表 8-2

第一轮	第二轮	第三轮	第四轮	第五轮	第六轮	第七轮
1—0	1—7	1—6	1—5	1—4	1—3	1—2
2—7	0—6	7—5	6—4	5—3	4—2	3—0
3—6	2—5	0—4	7—3	6—2	5—0	4—7
4—5	3—4	2—3	0—2	7—0	6—7	5—6

在这种编排中，如果比赛队数是单数的话，要注意到一个问题，即抽到 N-1 号的队，从第四轮起都将和前一轮轮空的队比赛。而且，N 数越大，抽到 N-1 号的队，以劳待逸的比例也越大。显然，这对 N-1 号的队是很不合理的。如表 8-2 中的"6"号就是这种情况。有人通过研究，采用了一种新方法，以减少单数队循环中的不合理问题，即将原来第一轮次中的"0"号移到右边最下的位置，其他几个号码分别上移一个位置。然后，以"0"号位置固定不动，其他号码每一轮都逆时针方向轮转一个位置，两两相连，组成一种单数队循环比赛新的轮次表，大大避免了劳逸不匀的情况（见表 8-3）。

表 8-3

第一轮	第二轮	第三轮	第四轮	第五轮	第六轮	第七轮
1—7	7—6	6—5	5—4	4—3	3—2	2—1
2—6	1—5	7—4	6—3	5—2	4—1	3—7
3—5	2—4	1—3	7—2	6—1	5—7	4—6
4—0	3—0	2—0	1—0	7—0	6—0	5—0

2. 循环法的号码位置排定

比赛轮次排定后，各队进行抽签，抽签后按号码代入轮次表中，再把各轮次的比赛编成比赛的日程表。

在进行分组循环比赛时，首先要把分组的办法确定下来。通常采用的分组办法有三种：第一种是按上一届竞赛中的名次进行分组，即蛇形排列的方法。例如，有20个队参加比赛分4组时，排法如表 8-4 所示。第二种是先协商确定种子队（种子队数应等于或倍于组数），然后由种子队抽签定组别，再由其他队分别抽组别签和组号签。第三种是全部参赛队一起抽签确定组别和号码位置，然后将各队按号码分别代入相应的各组比赛轮次表中去。

表 8-4

第一组	1	8	9	16	17
第二组	2	7	10	15	18
第三组	3	6	11	14	19
第四组	4	5	12	13	20

3. 循环法的名次排定

采用循环法的竞赛，不是以一场比赛的胜负确定名次，而是以在循环中各队的全部比赛胜负来计算的。一场比赛的胜负以积分的形式来表示，胜一场得 2 分，负一场得1分，弃权为0分。

表8-5　第十四届全运会篮球附加赛女子U19组（四川温江赛区）成绩表

成绩队名 \ 队名	上海	天津	福建	内蒙古	北京	湖北	积分	相互间			总净胜分	总得分	名次
								积分	净胜方	总得分			
上海		63:95 1	49:74 1	86:61 2	69:70 1	61:83 1	6						5
天津	95:63 2		93:79 2	125:60 2	96:69 2	105:60 2	10						1
福建	74:49 2	79:93 1		109:59 2	85:90 1	92:64 2	8						3
内蒙古	61:86 1	60:125 1	59:109 1		63:70 1	60:103 1	5						6
北京	70:69 2	69:96 1	90:85 2	70:63 2		63:60 2	9						2
湖北	83:61 2	60:105 1	64:92 1	103:60 2	60:63 1		7						4

下面是名次排列的原则：

（1）按积分多少排列

（2）在积分相等的情况下可按以下原则排列

第一，按相互间比赛的积分多少排列；

第二，按相互间比赛的得失分率（相互间总的得分/总失分）高低排列；

第三，按循环组内所有比赛的得失分率（组内总得分/总失分）高低排列。

如果只有3个队参加比赛，在按上述原则也无法排出名次时，则按各队在比赛中的累积得分多少来排列；如果累积得分也相同时，那就由竞赛部门组织抽签来解决名次排列的问题。

在双循环比赛排列名次时，还应根据以上某一原则做出具体的范围界定。

但不论采用哪种办法，都应该体现出公平、合理、严密，并且要事先确定、写入规程，使所有参赛队心中有数。

（二）淘汰法

淘汰法是在比赛中以胜进负退来确定比赛名次的一种方法，即获胜队可以获得继续参加高一层次比赛的资格，失败队失去继续参加高一层次比赛资格的方法。失败一次便失去继续参加比赛资格的为单淘汰，失败两次便失去继续参加比赛资格的为双淘汰，与同一对手比赛时以三战两胜、五战三胜或七战四胜的形式进行淘汰的为多场淘汰。

这种竞赛方法适用于比赛队数多、比赛期限短、对名次要求不甚严格的竞赛。这种竞赛方法虽然体现了"优胜劣汰"的原则，但就整体比赛而言，它出现胜负的偶然性较大，合理性较差，而且球队参加比赛的机会少，因此，重大篮球竞赛已较少单独使用。

1. 单淘汰的编排法

先根据报名参加的队数，对照 $2n \geq N$ 的关系式，来确定比赛的场数、轮数和号码位置数（N 为参赛队数，n 为大于 1 的正整数）。

比赛场数 =N–1，比赛轮数 =n，号码位置数 =2n。

然后由参赛队抽签，确定参赛队在比赛中的号码位置，再按顺序将号码两两相连，列出单淘汰的轮次表。

例如，8 个队参加比赛（N=8），共要打 7 场比赛，分 3 轮进行（如图 8–3）。

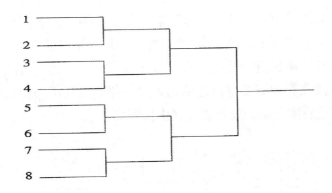

图 8–3

如果参加比赛的队数少于 2n，则将 2n 作为号码位置数，但要在第一轮比赛中设队数应为 2n–N。然后按照轮空位置表（表 8–6），定出空号码位置，再由参赛队抽签确定各队的号码位置。

表 8–6　轮空位置表

2	31	18	15	10	23	26	7
6	27	22	11	14	19	30	3

例如，13 个队参加比赛（24>13），共要打 12 场比赛，分 4 轮进行，第一轮应有 3 个队轮空。3 个空号码位置从表 8–2 中，依次逐行从左至右找出 3 个小于 24 的数，即 2、15、10 就是空号码位置。抽签后确定号码位置的参赛队，与 2、15、10 号相遇者便为轮空队（图 8–4）。

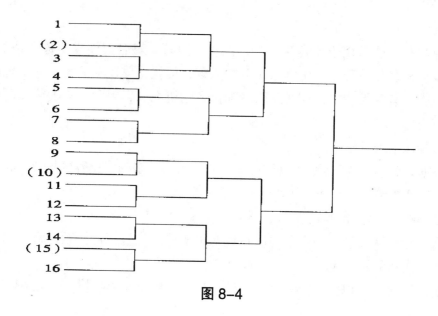

图 8-4

单淘汰的办法只能确定冠、亚军，如还需要确定其他队的名次时，往往采用附加赛的办法来弥补单淘汰赛的不足。附加赛的办法是从第二轮起，在同一轮次中，胜队与胜队、负队与负队再进行比赛，直到排出竞赛所需要的名次顺序。例如，如果在 8 个队参加的淘汰赛中需要排出各队的名次，那么，在第一轮比赛以后，按照图 8-5 所示的方法进行附加赛，就可以将名次排列出来。

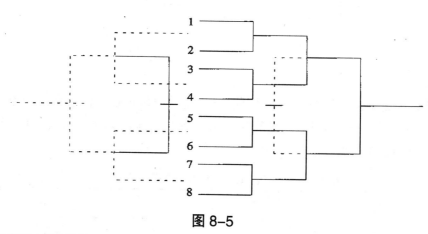

图 8-5

2. 双淘汰的编排法

双淘汰的办法是为了使在第一轮中失败的队能够有机会继续参加比赛，甚至参加到最后争夺第一名的比赛，以减少单淘汰中产生偶然性的结果。双淘汰的编排，第一轮与单淘汰的编排相同，在第二轮时，把失败的队再编起来比赛，只有第二次失败的队才被淘汰。因而，即使在第一轮比赛中失败的队，只要它在以后的比赛中能够保持不败，就有可能去争夺冠军。不过，在冠亚军决赛中，它如果获胜的话，则还必须再赛一场才能最终分出伯仲（图 8-6）。

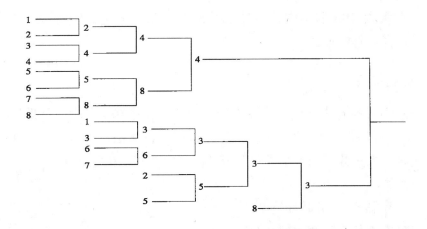

图 8-6

3. 多场淘汰的编排法

多场淘汰通常是在比赛水平比较高，双方实力相当或者在竞赛的后阶段比赛中采用的办法。它的编排同单淘汰是相同的，但是多场淘汰克服了单淘汰中两队之间交锋一场论胜负的偶然性缺陷，而且采用两队之间三战两胜、五战三胜，甚至七战四胜的结果来论胜负，更加客观实际地反映了参赛队的整体综合实力。

4. 淘汰法的号码位置排定

采用淘汰法的比赛，号码位置的排定是很有讲究的，较多采用的有以下几种：

（1）完全随意的抽签。这是让参赛队一起抽签确定号码位置的形式。虽然对每个队来说有着相等的机遇，但它同时也伴随着有可能使强队之间相遇而过早被淘汰的不合理性。

（2）设种子队。种子队的设定应该是有根据的，该方法为各队所公认的。种子队的号码位置，可以用两种形式来排定：一种是按种子队的原来名次依次排定在种子位置号码上（种子位置号码是有规律地分布在比赛秩序表中各个不同"区"的顶部和底部）；另一种是让种子队抽签，确定在哪个种子位置号码上。在种子队排好后，再让其他非种子队抽签。

（3）按照比赛成绩。根据上一次竞赛或本次竞赛前一阶段的名次，以"跟种子"的原理排定位置。图 8-7 是 4 个队和 8 个队按名次排定的比赛

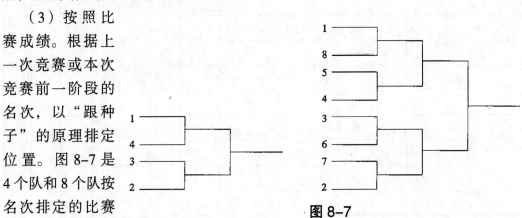

图 8-7

秩序表。在我国 CBA 联赛中，还采用了 5、6、7、8 固定，1、2、3、4 可以按名次顺序自行选择位置的办法。

（三）混合法

同时采用两种方法进行的比赛称为混合法。在篮球比赛中，常把比赛分为两个阶段，前一阶段采用分组循环法，后一阶段采用淘汰法，或者相反。在决赛阶段采用淘汰法时，大多数采用"交叉赛"或"同名次赛"来决定名次。

1. 交叉赛

若第一阶段分两组循环赛后，排出小组名次进行交叉赛，即 A 组的第一名对 B 组的第二名，B 组的第一名对 A 组的第二名，两场比赛胜队决第一、二名，负队决第三、四名。依次类推决出其余名次，如图 8-8。

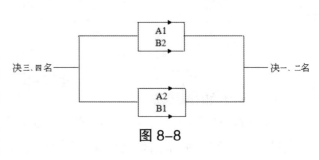

图 8-8

2. 同名次赛

把第一阶段各组决出的同名次的队编在一起，胜者名次列前。如果第一阶段是分 4 个组循环，先由 4 个组的第一名（A1、B1、C1、D1）决第一至第四名（图 8-9），依次类推。

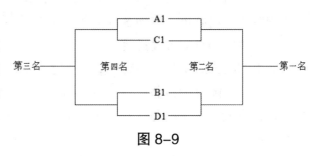

图 8-9

队名	高一	高二	高三	初中联队	积分	相互间			总净胜分	总得分	名次
						积分	净胜分	总得分			
高一		$\frac{56：64}{1}$	$\frac{61：64}{1}$	$\frac{78：64}{2}$							
高二	$\frac{64：56}{2}$		$\frac{58：68}{1}$	$\frac{72：73}{1}$							
高三	$\frac{64：61}{2}$	$\frac{68：58}{2}$		$\frac{63：62}{2}$							
初中联队	$\frac{64：78}{1}$	$\frac{73：72}{2}$	$\frac{62：63}{1}$								

思考题：

1. 请根据沈阳体育学院篮球队伍报名情况，制定一份篮球竞赛规程。

2. 篮球竞赛的编排方法有哪几种？采用不同编排方法比赛的场数和轮次如何计算？

3. 简述单淘汰编排方法。

4. 简述单循环编排方法。

5. 根据下表各队比赛成绩计算并确定比赛名次。

6. 计算和设计出 7 个队进行单循环比赛的总场数、轮次及编排轮次表。

7. 某单位 11 个队参加比赛，要求 7 天决出前八名，每队比赛至少 4 场，应如何进行编排？

8. 如果由你组织一次学校内的篮球联赛，你会考虑设立哪些工作机构？你认为这些工作机构应负责哪些主要工作？

9. 美国 NBA 篮球联赛和中国 CBA 篮球联赛在赛制上有什么区别？

附：

第十四届全国运动会五人制篮球项目竞赛规程

一、竞赛项目

（一）男子篮球：22 岁以下组、19 岁以下组

（二）女子篮球：成年组、19 岁以下组

二、运动员资格

（一）资格要求

1. 符合《第十四届全国运动会运动员代表资格规定》（体竞字〔2018〕128 号）的有关规定。

2. 符合《体育总局办公厅关于印发中华人民共和国第十四届运动会竞赛规程总则的通知》（体竞字〔2019〕121 号）和《体育总局办公厅关于印发中华人民共和国第十四届运动会竞赛规程总则补充规定的通知》（体竞字〔2020〕168 号）的有关规定。

3. 符合《体育总局办公厅关于配合做好全军专业体育力量调整改革工作的通知》（体竞字〔2020〕176 号）的有关规定。

4. 须符合本竞赛规程和《篮球规则》有关规定。

（二）年龄要求

1. 男子 22 岁以下组：1999 年 1 月 1 日以后出生（1998 年 12 月 31 日以前出生的运动员最多 4 人）。

2. 女子成年组：1999 年 1 月 1 日以后出生的运动员至少报名 4 人。

3. 男子 19 岁以下组：2002 年 1 月 1 日以后出生（2001 年 1 月 1 日至 2001 年

12月31日出生的运动员最多3人）。

4.女子19岁以下组：2002年1月1日以后出生（2001年1月1日至2001年12月31日出生的运动员最多3人）。

（三）参赛主体、资格限定及审查

1.主办单位将依据有关规定对运动员参赛资格进行审核，并采取公示等程序接受各参赛单位和社会监督。各参赛单位可利用自查、互查和举报等形式，对运动员参赛资格进行审核与监督。凡举报其他单位运动员代表资格的，须实名举报并提供相关证明，如培养合同、代表协议等，公示结束后第二天为最终期限，逾期不予受理。

2.运动员在参赛资格上经查证属实有违反规定的，赛前查实取消该队员参赛资格，比赛结束后查实取消该队最终名次，被取消的名次依次递补。此外，还将根据参赛代表团赛风赛纪和反兴奋剂工作责任书及其他有关规定，对相关责任人和单位进行处理。

3.国家队、国青队的运动员（含集训队运动员）应首先服从国家需要和安排，积极参加国际比赛的集训和完成参赛任务。因备战和参赛需要而无法参加全运会资格赛的运动员，经国家体育总局批准后可以代表所属球队直接参加决赛。

4.参加东京奥运会的运动员，其代表单位可继续联合组队（简称"联合队"）参加本届全运会决赛阶段比赛。

5.港澳地区、华人华侨篮球队，如报名参赛，需单独组队并首先参加资格赛。

三、参加办法

（一）符合全运会竞赛规程总则和总则补充规定通知的参赛运动队，每队可报领队1名、主教练1名、第一助理教练1名、队医1名，运动员不少于12人（不多于16人），赴赛区全队总人数不超过16人。全运会比赛分为资格赛、附加赛和决赛，决赛阶段运动队及官员报名数量按照全运会竞赛规程总则和总则补充规定的相关要求执行。

（二）报名参加全运会五人篮球比赛的运动员中，允许其中2人同时报名参加全运会三人制篮球资格赛，但是决赛阶段不允许兼项。如五人篮球与三人篮球在资格赛安排上有交叉造成比赛时间冲突，由参赛队兼项队员自行解决。

（三）参加本次比赛的全体参赛人员须由球队所在单位办理人身意外伤害保险，在报名时各单位必须提交保险单据复印件，并同时提交县级以上医务部门检查健康证明。

（四）赛区负责接待每队最多16人，其他人员费用自理。如赛区报到前运动员出现伤病的队伍，只能在运动员报名的16人大名单中替换人员（包括资格赛、附加赛、决赛）。赛前联席会上确定10~12人参赛名单（必须符合相关年龄等资格规定），不足10名合规球员的运动队不能参赛，赛中不得再更换队员。参赛运动员名单、号码一经确认后，不得更改。

（五）联合队所涉及的单位，决赛阶段可在16人大名单中进行等量人员的替换。

（六）比赛分为资格赛、附加赛、决赛三个阶段。东道主、联合队不参加资格赛和附加赛阶段的比赛，直接进入决赛阶段。有联合队报名的组别，资格赛（含附加赛）产生6支队伍进入决赛，没有联合队参加的组别，资格赛（含附加赛）产生7支队伍进入决赛。

四、竞赛办法

（一）基础体能测试

1. 本届全运会篮球比赛各年龄组别将在各赛区资格赛赛前两天进行基础体能测试。

2. 所有参加资格赛的运动员赛前必须参加基础体能测试，未参加基础体能测试的运动员不得参加比赛（香港、澳门运动员除外）。

3. 体能测试具体项目和测试办法详见附件。体能测试成绩取各队实际参加篮球比赛的运动员体测成绩来统计和排名。体能测试不达标者，不能参加比赛。

4. 东道主运动员必须在决赛前进行基础体能测试，测试达标后方可参赛。

（二）资格赛

1. 分组办法：各年龄组别比赛将按照上届全运会决赛阶段前八名进行蛇形编排，编排后如出现本届比赛不参加队，该队位置将由其他队抽签和选位填补。其他参赛队将抽签和选位入组，首先由获得上届全运会9~12名队按名次顺序，先抽取选位序号后再选位入组；然后由其他参赛队抽取抽签序号，再按抽签序号进行抽签落位。

2. 比赛办法：根据参赛报名队数将各年龄组别分为A、B、C三个组或A、B、C、D四个组，进行单循环赛排出各赛区小组名次。如三个组则为获得A、B、C组前两名运动队获得决赛资格，资格赛三个组第三、四名队进入附加赛；如四个组则为获得A、B、C、D组第一名队获得决赛资格，资格赛四个组第二、三名队进入附加赛。具体分组和比赛办法、录取名次另行补充通知。

（三）附加赛

1. 必须是参加过资格赛的12名运动员，如在资格赛中出现重大伤病（需赛区医院出具证明），方可在16人大名单中且基础体能测试合格的运动员中准予替换。

2. 比赛办法：资格赛分为三个小组进行单循环赛的年龄组，则获得各小组第三、四名的队参加附加赛，附加赛获得第一名队参加决赛，第二至第五名队为本届全运会篮球比赛第九至第十二名。有联合队参加的组别，附加赛中获得第一至第四名的队为本届全运会篮球比赛该组的第九至第十二名。资格赛分为四个小组进行单循环赛的年龄组，则获得各小组第二、三名的队参加附加赛，附加赛获得前三名队参加决赛，第四至第七名队为本届全运会篮球比赛第九至第十二名。有联合队参加的组别，附加赛获得前两名队参加决赛，第三至第六名的队为本届全运会篮球比赛该组的第九至第十二名。

（四）决赛将分为两个阶段进行。

1.第一阶段进行小组单循环赛。

方案1：资格赛分三个小组比赛的年龄组，则获得资格赛各小组第一名、第二名队（即A1、A2、B1、B2、C1、C2）和附加赛第一名（E1）的球队以及东道主队（共8支），将按A1、B1、C1、A2、B2、C2顺序蛇形排列分组（同组回避原则），进行小组单循环比赛，E1待东道主选择组别后，再进行自动落位。

东道主、E1（待定）

Ⅰ组：A1、B2、C2

Ⅱ组：B1、C1、A2

如有联合队参加，则该队定为E1，与东道主队抽签入组。

方案2：资格赛分四个小组比赛的年龄组，则获得资格赛各小组第一名队（即A1、B1、C1、D1）和附加赛前三名的球队（即E1、E2、E3）以及东道主队（共8支），将按如下顺序蛇形排列分组，进行单循环比赛，E3待东道主选择组别后，再进行自动落位。

东道主、E3（待定）

Ⅰ组：A1、D1、E1

Ⅱ组：B1、C1、E2

如有联合队参加，则该队定为E3，与东道主队抽签入组。

2.第二阶段交叉决赛：获得Ⅰ组和Ⅱ组前两名的队，进行交叉半决赛和决赛，决出本次比赛第一名至第四名；获得Ⅰ组和Ⅱ组第三名、第四名，进行交叉名次赛，决出第五名至第八名。

（五）竞赛时间和地点安排

1.资格赛各年龄组别比赛时间

（1）女子成年组为2021年3月11日至15日

（2）男子U19组为2021年4月24日至30日

（3）女子U19组为2021年3月19日至23日、4月21日至25日

（4）男子U22组为2021年5月8日至12日

2.附加赛各年龄组别比赛时间

（1）女子成年组为2021年3月18日至22日

（2）男子U19组为2021年5月19日至23日

（3）女子U19组为2021年5月17日至21日

（4）男子U22组为2021年5月15日至19日

3.成年女子组比赛时间9月9日至14日。

4.各组别开赛时间及比赛地点将根据疫情防控情况另发补充通知。

（六）竞赛规则执行中国篮球协会审定的 2020 年《篮球规则》及国际篮联最新解释，中场休息时间改为 10 分钟。使用第十四届全运会组委会审定并提供的"全兴牌"比赛用球，男子型号为 7 号球，女子型号为 6 号球。

五、录取名次与奖励

（一）决赛阶段比赛的录取名次和奖励按照《体育总局办公厅关于印发中华人民共和国第十四届运动会竞赛规程总则的通知》（体竞字〔2019〕121 号）和《体育总局办公厅关于印发中华人民共和国第十四届运动会竞赛规程总则补充规定的通知》（体竞字〔2020〕168 号）规定执行。

（二）获得基础体能测试赛各年龄组集体前八名队和个人前六名，由中国篮球协会授予荣誉牌匾（奖杯）和证书。

（三）资格赛、附加赛，各赛区须评选"体育道德风尚奖"运动队、运动员、裁判员、辅助裁判员。评选方法根据《中国篮球协会竞赛管理办法暨实施细则》有关体育道德风尚奖评选办法执行。决赛阶段按国家体育总局有关办法执行。

（四）各赛区须对"得分、三分、篮板、助攻、抢断、扣篮、封盖"等单项技术数据进行统计并评优，获各"技术统计单项奖"第一名由各赛区颁发奖状和奖品。

六、报名和报到

（一）报名启动中国篮球协会将在官网上公布第十四届全运会资格赛报名办法及《第十四届全运会篮球竞赛规程》，各省市单位根据具体通知办法进行报名。中国篮球协会将在 2021 年 1 月开始进行全运会资格赛报名工作。全运会篮球资格赛承办赛区见补充通知。

（二）队伍报名要求参加资格赛的各运动队在赛前 15 天为最后期限进行人员报名（提交符合年龄和注册规定的参赛运动员名单），中国篮协随后将在官网进行公示，赛前 7~10 天确认报名名单。各队报名运动员不低于 12 名、不超过 16 名（资格赛赛前技术会议确定参加本次比赛的 10~12 名运动员名单）；名单确认后在比赛期间不得再更换。赛区秩序册以中国篮协审核通过资料为准，运动员名单须附电子照片。

（三）队伍报到资格赛各队提前三天到赛区报到，报到第二天进行体测。附加赛各队提前两天到赛区报到，比赛结束后一天离会。

（四）决赛报名和报到按照《体育总局办公厅关于印发中华人民共和国第十四届运动会竞赛规程总则的通知》（体竞字〔2019〕121 号）第三条第（二）、（四）项规定执行。

七、技术官员、基础体能测试成员

（一）资格赛、附加赛技术官员（裁判督导、技术代表、裁判长、裁判员）由中国篮球协会选派；决赛技术官员由中国篮球协会提名，报国家体育总局统一公示后公布。

（二）资格赛技术代表、裁判员于赛前三天到赛区报到，裁判督导于赛前两天到赛区报到；附加赛技术代表提前三天报到，比赛督导、裁判员于赛前两天到赛区报到，决赛阶段报到时间另行通知。

（三）记录台工作人员各赛区须选派国家二级和二级以上裁判员，担任各场次的记录台工作。临场工作必须严格按《篮球规则》和《记录台手册》的规定执行，并接受临场技术代表的监督。

（四）技术统计人员各赛区由专人组成技术统计组，对本赛区的全部比赛进行技术统计，每场比赛中场和比赛后将技术统计表及时交送运动队、媒体和有关方，并及时向中国篮协传输成绩和技术统计数据。

（五）基础体能测试人员由中国篮球协会安排每个赛区两名专业人员负责体测指导工作，赛区执裁裁判员兼任体测工作人员，并须听从体测指导人员的工作安排，认真参加培训，学习体测方法。赛区竞赛组须给予全力配合。

八、兴奋剂和性别检查

按照《体育总局办公厅关于印发中华人民共和国第十四届运动会竞赛规程总则的通知》（体竞字〔2019〕121号）和《体育总局办公厅关于印发中华人民共和国第十四届运动会竞赛规程总则补充规定的通知》（体竞字〔2020〕168号）及国家体育总局公布的第十四届全国运动会反兴奋剂方面的有关规定执行。

九、仲裁

仲裁委员会人员组成和职责范围按国家体育总局及《中国篮球协会竞赛管理办法暨实施细则》执行。

十、其他

（一）比赛服装每队须有三种不同颜色（其中一套为白色）、号码清晰的比赛服装（在报名表上注明）。按《中国篮球协会参赛运动队名称和比赛服装规范》有关规定以及《篮球规则》有关规定执行。报名时须将比赛服装正反面清晰照片发送至中国篮协竞赛部（组委会），不合格者必须改正后方允许参赛（具体事宜见补充通知）。

（二）球队名称和服装广告按《中国篮球协会竞赛管理办法暨实施细则》中《中国篮球协会参赛运动队名称和比赛服装规范》中的有关规定，并遵循国家体育总局有关规定执行。

（三）全运会资格赛、附加赛赛区权益及费用：按中国篮协与各赛区签订的《第十四届全运会篮球资格赛、附加赛承办协议书》有关规定执行。各赛区可进行分冠名，比赛名称为"2021年第十四届全国运动会（全运会）X子篮球X组资格赛/附加赛（XX杯XX赛区）"。

（四）违规及处罚按《中国篮球协会纪律准则和处罚规定》中的有关规定，并遵循国家体育总局有关规定执行。

（五）参赛承诺书各队在资格赛报名时须提交由各队领队和主教练签名的《全运

会篮球队参赛承诺书》（具体要求见报名通知）。

（六）有关资料比赛结束后 10 天内，各赛区须将秩序册、成绩册（各两份）、技术统计表邮寄至中国篮协竞赛部存档（同时汇总电子版存档），另外须将秩序册、成绩册（各两份）邮寄至各运动队。赛区工作总结、裁判员总结发送至邮箱 compete@chinabasketball.org。

（七）赛前联席会各赛区赛前须安排一次全体运动员、教练员、裁判员参加的专题学习（将赛前组委会会议、规则学习会和赛前联席技术会，安排在赛前一天晚上举行）。由技术代表、裁判长主讲的《篮球规则》及国际篮联最新规则解释，以及赛风赛纪专项学习。

十一、未尽事宜，另行通知。

第九章

篮球比赛指导

【导读】篮球比赛指导是篮球教练员应该具备的重要能力之一，是对教练员训练效果的检验。本章重点介绍了篮球教练员赛前侦测内容、赛前比赛方案制订方法以及临场指挥策略。通过本章学习，读者能够明确教练员赛前内容，能够制订周密的赛前竞赛方案，并能对比赛中出现的常规情况给出应对策略。

第一节　赛前侦测

赛前侦测的重点是对手的情报搜集与分析。然后，根据搜集到的信息，运用专门的分析软件，全面分析对手的比赛指导思想、身体和心理特点、技战术特点与风格、主要队员的特点、阵容配备及人员替换的规律、基本战术打法和特殊时刻打法等情况。优秀的赛前侦测往往对一场比赛的胜利产生先导作用。

一、赛前侦测的内容

通过收集对手资料，可以帮助球员做好心理准备、及早适应，力争在比赛中争得先机。赛前侦测内容包括：1. 对方全队进攻的特点。包括进攻的风格，快攻、衔接段抢攻、阵地进攻的各自比例。快攻的发动形式、参与人数、结束方式等。对方常用的前场边线、端线界外球战术配合。在阵地进攻时是以外围远投为主，还是以篮下强攻为主，基础配合运用情况等等。2. 对方全队防守的特点。包括其主要的防守方式和变化，是否有全场防守与扩大防守？阵地防守是以人盯人防守、联防为主，还是随时变换。盯人防守时如何防守挡拆、是否有夹击等重点内容。如果运用联防，常用防守阵型是什么？个人防守能力情况，哪一点是其致命弱点？ 3.对方主要得分手的技术特点、投篮方式，其弱点是什么？ 4.对方中锋的特点，他怎样移动接球及其接球的地点、区域，主要投篮方式，他与其他队员的主要配合方式，他惯有的进攻动作和假动作，他的弱点是什么？ 5.对方核心组织者的技术特点，进攻能力怎样，性格特征，及主要弱点等等。6.对方常用首发阵容与替补轮换情况，板凳深度。

二、赛前侦测球队的特点分析

（一）防守倾向

侦察对手的防守，寻找他们的优势和弱点，然后才知道如何去攻击它。

1. 每节比赛中对方运用的防守策略是什么？

2. 对手最好的防守方法是什么？

3. 对方运用最多的防守策略是什么？

4. 对方从什么位置开始紧逼？

5. 对方如何对两侧位置进行防守？

6. 对方如何防守低位与高位？

7. 对手如何防守挡拆？

8. 对手是紧逼还是松动人盯人防守？

9. 对手在什么位置进行夹击？

10. 对手是否会运用特殊的防守策略？

11. 关键时刻以及比赛的结束阶段对手采用什么策略防守？

12. 暂停后的防守如何变化？

（二）进攻倾向

安排助理教练侦察对方的进攻和边线球、端线球战术，可以尽早准备防守对方进攻的最好方法。

1. 球员在比分胶着时刻是否会依靠某一特定的球员来进攻？

2. 球队固定战术配合时，如何站位？如何变化？

3. 球队是否会运用某些连续掩护？

4. 在某些特殊时刻，例如暂停后、我方罚篮后、某节比赛的开始与结束时，对方会运用一些特殊的进攻打法？

5. 对方最好的得分手是谁？

6. 快攻和衔接段进攻比例是多少？效果如何？

7. 如何进攻半场（人盯人防守和区域联防）？

8. 常用前场端线界外球战术是什么？

9. 前场边线球战术如何安排？

10. 如何破对手全场紧逼防守？

（三）球员个人倾向

1. 进攻球员是否有倾向，例如：沿端线一侧运球？向左侧运球突破？先做假动作再运球突破？运球向篮筐时低头？

2. 防守球员是否有协防意识与能力？是否容易被球吸引注意力？内线防守球员喜欢绕前防守还是在进攻球员身后防守？

3. 个人（包括身高和体重）及其倾向。

4. 后卫线、前锋线、内线的第一替补。

5. 对方最好球员的犯规情况。

这些信息回答的真正问题是：对手球队最喜欢做什么？然后，在比赛中不让他们这样做；打破他们的习惯，让他们远离他们习惯的东西，使他们发挥不出自己平时的优势。

第二节　赛前比赛方案制订

赛前比赛方案制订是指对竞技参赛各个方面工作所设计的预案和部署。其要素包括对比赛树立正确的态度、确立参赛目标、控制赛前行为和参赛方案制订。

一、对篮球比赛树立正确的态度

与训练过程一样，执教年轻球员的教练应该对篮球比赛抱有客观的、建设性的和积极的态度。要客观，因为他们应该客观评价球员可以做什么（比赛之前），他们正在做什么（在比赛过程中）和他们已经做了什么（比赛后）。要有建设性，因为无论在比赛期间发生什么，教练应该利用它，使自己的球员无论是个体和集体，均有所收获，进而对他们的运动及人生产生影响。要积极，因为在不失去客观性的情况下，比赛不是对错误进行深入分析的时刻，而是强调球员们的积极行为，鼓励他们做事情而不害怕失败。

当球员犯了完全正常的错误时，许多教练失去了他们在比赛期间应该具有的恰当的观察问题的角度和自我控制。他们理应专注于此，并应该充分加以利用而提高球员；相反，他们通过向球员讲非建设性的评价而向球员施压，增加球员们的不安全感，把比赛变成一个厌恶的体验。事实上，许多年轻球员开始热衷于参加篮球活动，然后失去了这种热情，更有在许多情况下退出了篮球活动。原因是比赛带给他们非常紧张的经历，超越了他们处理范围。教练的行为是避免这个问题和使比赛成为积极的一个重要因素，不论比赛结果如何。

二、确立参赛目标

教练员要明确球队参赛目标是取得最佳成绩还是培养更多的优秀球员？有的教练员对未来培养优秀球员非常感兴趣，并不太在乎比赛输赢，那么，教练员会更关注球员在比赛中是否尽最大努力，赛后会基于球员的付出和努力提供奖励和激励，而不是基于比赛的赢或输。当然教练员参赛目标的确定还取决于团队的动态、球员的信心，每位球员的需求，并以此判定什么是对球员们发展最好的或者是最利于球队取得成绩的。

三、控制赛前行为与对待球员的方式

教练的赛前行为是教练帮助球员对比赛保持平衡的态度。教练要让球员知道，通过比赛，重要的是提高自己，所以球员应该集中精力做好他们必须做的事情。比赛中，教练应该避免提及球员不能直接控制的方面，例如最终得分，而应该集中在可控方面，即比赛中球员的行为和情绪等。因此，球队在比赛前的目标设定为球员个人表现方面的目标，教练员的指导和评论更多关注球员的比赛行为。

教练员应该知道，球员比赛开始时往往容易紧张、焦虑，因此比赛伊始球员注意力会降低，教练员应该避免向球员传输太多的信息或复杂的信息。此时，教练员应只在比赛的三到四个关键方面提醒球员，简要概述自己认为重要的和球员已经掌握的具体行为。

四、参赛方案制订

参赛方案是教练员在赛前根据对己方和对手情况的周密调查，以及在力量对比分析的基础上做出的策划、动员和部署。比赛计划是比赛的依据，其目的是为运动队（运动员）在赛场上充分发挥运动能力和竞技潜力、发挥主观能动性和创造性提供计划和依据，是比赛中教练员和运动员行动的指导方针。参赛计划中要明确在比赛中所要采用的主要防守形式，以及在比赛中需要变换防守形式时可以使用的备用防守方案。依据对方的主要进攻特点，以内线还是外线为主，重点人是谁，确定如何防守对手的主要进攻战术打法；根据对手主要队员技术特点和习惯动作，确定防守的策略。进攻方面，根据对方的人员和习惯的防守战术方法，避开防守的强点，利用其弱点确定本方的主要进攻方向和进攻战术打法，并且要在思想和心理上做好比赛的准备。然而，在具体的比赛实践中，任何周密、高明的计划都不可能包含和预见千变万化的赛场情况，在比赛中教练员适时调整计划和队员机动灵活地执行对取得比赛的胜利十分重要。

第三节　临场指挥策略

高水平教练员的主体工作是指导运动员科学训练与成功参赛，应注意实现训练与参赛的平滑衔接，保持与发展运动训练和竞技参赛的高效协同，以求取得理想的训练与参赛效益。运动员参加训练的任务是发展和提高自己的竞技能力，而参加比赛的任务则是要把已经具有的竞技能力成功地发挥和表现出来。

教练临场指挥是指在比赛规则允许的情况下，教练员对运动员赛场上的表现进行的指导。其要素包括赛场观察能力、分析决策能力和语言表达能力。临场指挥能力是衡量教练员水平的重要标志，也是构成制胜系统整体战斗力的重要因素。教练员通过观察错综复杂、概率模糊和风险频出的比赛表面，发现隐藏其内的比赛规律和即将出现的比赛进程，从而做出正确的分析决策，再运用适宜的肢体语言或口头语言，简明、准确、及时地传递指挥信息。

篮球比赛中，运动员是主体，教练员则是通过间接影响、间接限制对比赛进行干预。然而在最高水平的篮球比赛中，教练员的临场执教却正在成为影响比赛结果的重要因素。心理素质与临场指挥能力是衡量教练员水平的重要标志之一，影响篮球教练员临场指挥效果的主要因素有教练员的威信与知人善任、赛前充分的准备、合理使用暂停和换人。

一、临场指挥的构成部分

（一）临场指挥的内容

教练员临场执教的内容丰富，依照运用时间的行为方式包括赛前准备、中场间歇调整和比赛期间的调整（包括换人、暂停的使用，对球员、裁判员语言及行为的运用等）。教练员能够通过临场执教对比赛的很多方面施加影响从而达到掌控比赛的目的。换句话说，临场执教既是构成教练员执教能力的重要组成部分，也是体现教练员执教能力最重要的表现形式。

当代优秀篮球教练员临场执教的内容主要有把握球队攻防节奏，通过对球员的体能调配、情绪控制保持场上阵容的效率，阅读到对手漏洞问题后的针对性打击，关键时刻的决策等。通过临场执教的效果分析发现，不同优秀篮球教练员在阵容使用方面各自有不同习惯，但特点鲜明，变化富有针对性，优秀教练员的暂停后综合效果优势明显；另一方面，优秀教练员在关键时刻的决策和谋略是其临场执教能力的又一重要体现。

教练的临场指挥还体现在对球员心理的控制方面。把一次比赛过程划分为几个相互联系的时期，即赛前期、比赛初期、比赛中期和结束期。在运动竞赛的赛前、赛中以及赛后阶段，运动员的心理会呈现出不同的特征。其中，赛前心理状态主要表现为过分激动状态、赛前淡漠状态、盲目自信状态以及战斗准备状态四种特征；赛中心理状态则会因比赛中各种因素的影响表现出正常与不良两种心理特征；赛后心理状态又会因比赛结构的不同表现出不同的心理特征。优秀的篮球教练员能适时发现情况，并进行有针对性的、有效的干预，使球员心理朝着好的方向发展。

教练员临场指挥意在最佳状态、阵容调配、球队状态调整、技战术配合执行、攻防节奏掌控等方面发挥重要作用。教练员的指挥工作就是指教练员以自己的智慧、谋略、才干在比赛中有针对性地合理组织调配力量，应变战略、战术，最大限度地发挥每个队员的积极性和体能、技能特长，使球队始终争得主动，夺取优势的斗志、赛技、比艺的过程。教练员在进行临场指挥时要掌握开局阶段、相持阶段、上半时结束前、下半时进入高潮阶段、最后决战阶段的变化规律，处理好全部与局部、强弱与必胜、知己与知彼、谋略与决策、镇静与应变的关系。

（二）比赛临场指挥调控方式

1. 准确掌握赛场信息

教练员要有效地对比赛实施干预就必须准确地把握赛场上双方的表现。主教练不可能关注到赛场上的所有情况，因此，教练组要有明确的分工，本方和对方的战术配合、队员的状态、上场时间、犯规次数等等都要安排专人负责。另外，要以图表的形式详细记录比赛信息，全面反映比赛态势，为主教练的指挥提供所需要的准确细节。例如，球权的获得与丢失、投篮、抢断、失误等等。

2. 教练员把握干预比赛的时机，灵活使用不同的调控方式

教练员要准确把握干预比赛的时机。教练员何时使用场边指导、何时使用换人或者暂停要依据不同方式使用的效果而定，使用的顺序一般为场边指导、换人和暂停。教练员可以经常利用在场外的各种指示（语言、手势等）来指挥球队，如果教练员看到自己的队员防不住他防守的对手，那么，他可以从场外直接提醒这个队员，或者通过场上队长告诉这个队员如何改正防守中的错误，还可以在场上的 5 个队员中合理地调换防守对象，而不必替换队员或暂停。

尽管在赛前有周密筹划，但赛中情况千变万化往往始料不及。因此，临场指挥

的所有方略必须建立在"变"的基础上，临场指挥必须在千变万化的比赛中随机应变、灵活机动。首先，看看篮球比赛中因情施变的案例：①当发现对方已完全适应了本队攻守战术打法时，就应迅速改变原来打法。②当本队不适应对方攻守战术时，应立即作战术上的改变。③由于思想、心理准备不足，队员临场表现失常或因指挥上应变不及，造成比分落后形势危急时，临场指挥必须冷静而果断地叫"暂停"，通过"换人"或改变打法，改变赛场危局。此时，临场指挥切忌急躁或埋怨队员，而应及时准确地找出原因，快速而有效地改变打法。④当对方因后备力量和体力不足而又犯规较多，并以降低攻守速度延误比赛时间时，临场指挥应及时采取措施，加快攻守转换速度与对方展开全场争夺，不给对方喘息机会。⑤当本队比分领先，队员出现保守倾向，进攻速度减慢，防守情况也不好时，临场指挥应及时改变防守质量，并加强进攻，以攻代守，使全队在进攻的胜利中获得信心。⑥当对方抢篮板球占优势，连续发动快攻得分时，临场指挥应要求队员提高进攻成功率，并积极组织冲抢篮板球和封堵对方一传，延误对方篮板球发动快攻的时机。⑦当双方实力相当，比分交替上升局势紧张时，临场指挥应特别冷静沉着，要仔细观察力争找出对方漏洞。⑧当比分领先于对手时，临场指挥切忌疏忽大意，要注意比赛的发展变化，随时采取应变措施，保持优势，力取胜利。

临场指挥应针对不同情势，频出奇计：①比分领先，控制权在握，而对方采用"犯规"战术之时，临场指挥需指示队员将球传给罚球准且稳的队员之手，使对方的"犯规"战术必须以失分为代价。同时，快速组织防守，特别要严密防守对方三分球投手，打破对方"犯规"战术的战略意图。②比分落后，控制权在握，临场指挥可通过"暂停"，果断而清楚地布置战术配合，通过快速移动和配合，将球传给能担当重任的攻击手，接球后可以迅速投篮，或妙传助攻。攻击手必须通过自己的个人战术行为，或直接得分、或吸引对方注意之后，将球传给本队投手。

二、换人

作为教练，需要替换场上最需要的球员。教练执教的篮球比赛越多，越会得到更多的执教经验，越会发现可以替换一个防守更好的球员阻止对方的进攻，或者一个非常好的控球手、投手，因为教练需要得分或有人来帮助控制好球。在比赛后期，教练可能想要一个特别好的罚球手在比赛中，因为教练知道对手会故意犯规了。安排球员在记录台等候替换上场，一旦第二次罚中以后完成换人。这使教练能够布置好半场和全场防守，也阻止了对手的快攻。

（一）换人的原因与指导原则

换人的主要原因如下：

1. 让球员得到休息。

2. 被替换的球员一再犯错误。

3. 被替换球员手感冰凉。

4. 被替换球员犯规过多。

5. 向全队传达信息。

6. 因为对手改变了进攻、防守策略。

7. 维持纪律。

8. 维持士气。

换人一般遵从下面几种指导原则：

1. 换人应当增加胜利的把握。

2. 教练必须清楚地知道自己球员的优势劣势，才能做出正确的替换。

3. 如果球队正朝着胜利的方向发展，那么不要改变场上人员配备。

（二）影响换人的因素

1. 球员上场时间

对于球员的上场时间，要根据球员的情况来决定。比如球员最初并不是主力队员，教练员会要求他打 30 分钟。作为教练员要对自己的球员有了解，根据球员的具体情况来调整。

2. 犯规

根据球员的犯规情况来决定是否换人有一个公式，教练试图指导球员躲避犯规的麻烦："你的犯规数应该少于你正在参加比赛的节数。所以你永远不会在第一节时有第二次犯规，或者第二节时有第三次犯规，或者第三节时有第四次犯规。"

如果球队的任何一个关键球员犯规过多，教练可能替换下他休息一会儿。如果球队落后 10 分，教练可能需要保持他在比赛场上，并且必须阻止他更多的犯规，也许尝试去保护他，考虑使用区域联防。

3. 体能

教练首先是要求球员具备打全场的充沛体能，当然做到这样是很困难的。教练并不能回答打多长时间换人是科学的，但是可以通过场上队员的表现情况来判断队员的体能情况。比如无论科比打多么好，他并不能在整场比赛中都保持高效率，那么教练员要考虑在适当的时间替换他以便恢复体能。通常教练对于首发队员考虑得太多了，总是希望他们能够打更长的时间，但是有时候因为体能下降并没有发挥出理想的效果，反而替补队员的组合也许比场上的会更好。助理教练看到某些球员越来越累需要休息，可以向主教练建议将其换下场。

（三）换人时机

教练换人的时机非常重要，通常在下列情况可以考虑换人：①需要对某球员进行特别指导；②让某疲劳球员休息或者控制某位球员犯规；③有受伤球员；④给防守不佳球员特别指导；⑤有球员表现不佳；⑥发挥替补球员功能；⑦当比赛结果明显分晓，为提高团队士气，让每名球员都能够有上场磨炼的机会，一次换下一位或两名主力球员；⑧有特殊需求时，如加强防守、加强进攻、加强篮板、加强控球，或采用压迫防守时；⑨为维持纪律；⑩特别对付对手的某名替补球员。

三、暂停

（一）尽可能简单

为了达到暂停的效果，首先教练在平时的训练中要知道球员的能力、球员相互之间的信任，有时候场上的落后可能是由于失误造成的，教练要让球员知道在哪些方面要做得更好，有时候逆转的效果并不仅仅是一个暂停的效果，而是平时教练对球员的了解。

暂停时保持简单。在暂停指导球员时，球员往往只记得一件事，通常是最后一件事。所以使用你的暂停，做一个重要的球队决定，不要浪费时间仅指导一名球员，你可以替换他下来，在板凳上快速向他解释，然后替换他上场。

（二）暂停的技巧

暂停的布置有很多技巧，例如：①叫暂停纠正执行中的错误与问题。②在某一时期或者比赛的最后时刻叫暂停布置特殊打法。③如果场上混乱，可以叫个暂停重新布局一下。④暂停时仅布置一套战术，避免混淆。训练中没有练习过的战术，比赛时不要布置。⑤通过叫暂停而不是换人来使场上的球员得到休息。⑥赛前进行暂停流程的训练。

（三）暂停时机

一般暂停的理由有：①为了在场上做出战略改变；②打断或停止对手火热的手感；③让球员得到休息；④纠正进攻防守两端出现的问题；⑤给对手造成出其不意的打击；⑥球员受伤。

事实上，如果情况允许，教练经常在双方罚球时，做特别的提示与场外指导，不随意暂停。当然，在篮球运动中，各教练暂停哲学不一，只是大原则一致。其他教练会请求暂停的状况是：①更改防守战术；②进攻总是不顺畅时；③双方一直僵持不下；④给主力球员补充水分时间；⑤场上超过两名球员士气不佳时；⑥球队失去节奏与斗志时，需要及时叫暂停；⑦替换场上最需要的球员。

有效使用暂停的教练比无效使用暂停的教练有优势。由于这些休息时间有限，教练必须组织得井井有条，尽可能有效和高效地向球队传达信息。在这段休息时间，教练可以与球队沟通他们正在做什么、什么需要改进，以及决定做出什么调整。

暂停的使用还需特别注意：①在一些重大比赛中，教练们的倾向是过于激动与冲动，为了在比赛早期保留一个球权而浪费一次暂停机会是不值得的。②不论何种原因，球队确实需要暂停时，一定要叫。例如，球队失去节奏与斗志时，需要及时叫暂停。③试图为比赛结束阶段保留几个暂停，可能会使你浪费几个暂停，比赛结束时来不及运用。④考虑好是否会为比赛最后一投保留一个暂停机会。

四、与裁判及球员的沟通

（一）与裁判进行沟通

教练员要尝试与裁判进行良好的沟通交流，赛前主动与裁判握手，并自我介绍，对于裁判员的正确或错误判罚要学会适应，并教育球员要根据裁判尺度做出调整。教练员要以身作则，尊重裁判，不向裁判大喊大叫，如果对裁判的判罚有争议，不要急于与裁判争论，要在恰当时机以温和的态度与裁判员交流，教练员和裁判关系应该是相互尊重，而不是相互指责。

（二）与队员的沟通与激励

当教练需要纠正一个球员时，首先对球员做好的方面、积极的状态给予肯定，然后再对需要改进的事情进行讲解。教练员不应该对球员大喊大叫，应该时刻鼓励队员，技术和激励对球队取胜都很重要，教练员可以对球队打法和战术等大声喊叫提醒球员。

建议教练员通过尽可能多的观看篮球训练和比赛，提高篮球知识，发展教练员的比赛理念，要时刻牢记比赛中运动员也是人，教练员要学会理解球员的心理掌握合适的激励策略，才能最大化激发球员潜能。

五、每节比赛结束阶段的策略

（一）本方领先

某节比赛只剩20秒时，本方领先，教练员安排球员控球到最后时刻出手，不给对手留剩余时间，这样既可以保持或扩大领先优势，又不给对手最后一次进攻机会。

比赛最后只剩下2-3分钟，领先6—12分时，教练员可通过控制比赛节奏来消耗比赛时间，保持比赛时钟继续运行，此时教练员一般不叫暂停，可选择在场边喊话或者利用停表间隙通过后卫来传达战术意图。防守方面，教练员要求队员一人领防，其余人迅速退后后场防守，减少犯规和失误，不给对手停表上罚球线机会，并紧逼对方3分投手，不让其接球。若此时全队仅有两三次犯规，则防守攻击性要强一些，犯规尽量发生在对手投篮之前。

（二）本方落后

本方落后可通过暂停布置进攻战术和全场防守策略，提醒球员在避免犯规基础上提高防守强度，拼抢篮板球，利用一切机会打快攻反击。进攻方面要将球快速推进到前场，在最短时间内创造投篮机会，快速投篮得分。若本方全队犯规已经累计达到4次，可通过快速犯规送对手上罚球线的方式停表，以争取更多的时间。

若比赛时间还有一分钟，球队落后2分或3分，尽量加大防守强度，争取抢断机会，力争防守成功，把握最后进攻机会反超对手。若球队落后4分，进攻方不必抢投没把握的三分球，因为还差两次球权进攻。可以通过向内线突破得分或造对手犯规罚球，停止时钟，然后在得分，或两次罚球后，最大限度地给对方界外球施加压力，不让接球，力争抢断球，或快速犯规。

即使球队在只有20秒的时间里落后3分，快速要2分，然后去紧逼对方的发球，相比将全队压力都放到三分投手身上的概率会更大些。如果只有8秒或更少，则需要采取三分战术。

（三）比分持平，本方处于防守

教练员首先要确保所有球员都明确各自防守任务，对进攻方的明星球员"一定要做好协防"的准备，手举起来防守投篮，注意不要犯规，除非容易得分的上篮。若球队全队犯规数少于4次，防守要具有很强侵略性，积极地防守对方的掷界外球。通过提前犯规消耗比赛的时间。若球队在转换过程中抢断对手球，要立即选择果断攻击球篮，教练员不必通过暂停来布置进攻战术。若抢获防守篮板球还有或对手投篮命中还有5~6秒进攻时间，教练员需要暂停，停止计时钟，布置球队的最后一次打法。

（四）比分持平，本方处于进攻

球队核心队员要一直控球到还剩四五秒时开始进攻，这样球队仍然有冲抢前场篮板机会，但是一定提醒球员，抢篮板时不要犯规。如果球队擅长内线进攻，尽可能通过内线进攻投篮，这样球员可以通过得分或造对手犯规罚球获胜。如果球队有出色的外线射手，可以通过传球到内线，吸引包夹，然后分球给外线的投手投篮得分。教练员如果认为必要，可以通过暂停布置最后一攻战术，但一定要提醒球员不要失误。当比赛时间少于4秒钟时，球队必须布置最后一攻战术。

六、教练员在比赛中的行为

在比赛期间，教练的行为可以决定性地影响球员的表现，不管是积极的还是消极的。教练应该如何表现，以使他的球员做到最好，并使参加比赛成为一件有益的经历与体验？在比赛中要记住的最重要的事情之一是保持情绪控制。如果教练保持冷静，他们将能更好地做出正确的决定，并保持球队的注意力。比赛中主要考虑的因素有防守与进攻两个方面。

以下是一些建议，用于比赛进行时和比赛停止时。

（一）比赛进行时的行为

1. 避免错误方式

在比赛期间，教练的行为可能对球员的适当表现产生负面影响。例如：教练站在边线，在比赛期间斥责他的球员或给他们指导，都可能会使球员更紧张或分散他们比赛的专注力，这样容易导致球员犯错。因此，教练在暂停期间与球员交谈效果会更好。

在任何情况下，如果教练觉得应该在比赛期间与球员说话，应该指出的是球员应该在那一刻做什么，而不是已经发生的方面，以及可能是比赛中随后重要的。例如：某球员在防守时犯了一个错误，让他对位的进攻球员得分。教练生气，从板凳上站起来指责球员刚才的防守，警告他下次注意。事情发生时，球队正在进攻：球员已经迅速拿到球，他们正在向前推进，以获得一个好的投篮机会。听到教练斥责时，犯了错误的球员变得紧张和分心，所以当他得到球时，他做出错误的决定，丢了球。也许教练告诉球员是对的，只是他在错误的时间做了，这对球员在随后比赛中的表现产生了负面影响。

2. 帮助球员专注于比赛

继续这个例子，即使教练没有指责球员的失误，只是指出了一个与当时完全不相关的方面。在两种完全不同的刺激之间，仍然会导致球员注意力的分散：一方面，球员必须倾听教练正在说的，还要明白他关于防守方面的错误；另一方面，他必须观察到在促进执行防守任务的关键因素。

如果不是以冲动的方式，教练的干预会更有效率。教练应该掌握使用评论产生积极效果的技能。例如：教练在那个时候更适合不说任何东西，允许球员专注于手头的进攻任务，并在下一个防守片断之前快速对防守做出建设性的评价。这样，教练不会干扰正在参与进攻的球员，而改变他的注意力。如果在正确的时刻进行评价，教练的评论会更有效地避免另一个错误。因此，教练如果在比赛期间进行指导时，内容应该与球员在听到指导的那一刻执行的任务相关（而不是相反）。因为篮球是一种攻守交替的运动，教练应该小心地在不同时间段进行不同的指导。应当在他的队伍防守时，进行防守指导；反之亦然。

3.评价球员的种类

一般来说，在比赛期间，应允许球员在教练不给予指令的情况下比赛，而教练的干预限于非常关键的时刻。这项措施对年轻球员的球队尤其重要，因为它允许他们展示主动性，承担责任和发展他们的天赋，而不是等待教练告诉他们该做什么。同样，教练应避免侮辱和贬损言论，采取积极和建设性的风格，以帮助球员。因此，不是斥责和纠正，而是在这段时间内教练对个人或者集体提示或激励，强化教练想要巩固的集体行为是更合适的。

除了言语，教练应该小心自己的非言语表达（如在板凳上或边线时的态度、手势等等），因为这也会影响球员的表现。教练还应该考虑替补席的球员，避免他们对球场上球员的侮辱和贬损评价。这样的评论导致球员的拒绝和降低信心，不论是对于那些没上场的球员，还是对于随后上场的球员。一般来说，在执教比赛时，教练对于球员的行为应避免做出不赞成、愤怒或不满的行为，保持一种轻松的态度，这将有助于球员表现更好。

（二）比赛停止时的行为

在比赛停止期间，教练和球员的活动是至关重要的。如果运用恰当的话，比赛中的休息非常有助于使球员身体恢复和准备好在即将到来的积极参与期间表现更好；但是如果暂停使用不当，球员可能非常消极，因为球员有时间产生负面的想法或试图，或者他们可能受到外部因素的影响，改变他们的最佳表现（发生在他们周围的事情，教练或他们的队友的评价，等等）。

在篮球运动中，比赛的停止可以分为三类：比赛期间当裁判停止比赛（判罚个人犯规、球出界等）、比赛暂停和半场休息时间。

1.比赛中的停止

在比赛停止期间，教练的行为可受益于以下建议：①他对球员的评论应该非常清晰、具体和简洁；②他评论的主要目的应该是将球员的注意力集中在即将积极参与比赛的关键方面，而不是停下来去分析之前片断中已经发生的事情；③他不应该没有特定目的说话或叫喊；如果他紧张或愤怒，应该使用另一个程序使自己平静下来；但如果没有必要，不要和球员说话；④他不应该不断地告诉球员如何行动；球员需要自主权，他们不能总是依赖教练。此外，如果教练经常纠正他们，许多球员会感到不舒服，这增加了他们的焦虑，导致他们表现更差；教练可以鼓励犯错误的球员，让他们集中精力在下一个积极比赛期间的任务。比赛停止期间教练应避免贬损、不赞成、沮丧的手势和评论；当执教年轻球员时，教练不应该使用这个时间或任何其他时间去侮辱或质疑裁判，而应接受和尊重裁判的权威和他的工作。

2. 暂停

对于比赛中的暂停时间可以适用这些相同的指导方针，因为有更多的时间可用，教练应该建立一个工作程序。

在暂停期间，教练可以遵循以下建议：①让球员习惯快速回到边线或球员席的位置；②允许球员用 15 秒钟的时间去喝水、擦汗水、放松一点，与此同时，教练决定他想对他们说什么；③确定在暂停期间唯一的谈话是主教练；不是助理教练也不是球员，只有主教练。否则，球员的注意力将会分散，他们将无法专注于教练决定做出的评论；④不要试图说太多，特别是对年轻球员；⑤不要说太快；要大力，但是不要太兴奋。使用完整的句子，给出清楚和准确的指示，可以使用球员能理解的词和短语；⑥当向球员讲话时，如果最后一个或几个片断不成功，则简要指出这一点，使得球员忘记它并集中于其他方面（例如，"忘记刚才的失误，让球员专注于从现在起要做什么"）；⑦然后，简要地强调教练认为最重要的正确的行为（例如，"球员现在的回防速度很快，能很好地防守，这一点要继续"）；⑧如果球队在暂停之前有一个良好的运行，教练应该强调与此有关的努力和集中于要做的事情（"你球传得很好，继续寻找没有防守的队友"）；⑨在简要强调了以前的主要行动之后，教练应该把注意力集中在下一个比赛期间应该优先考虑的行动上（例如，"你必须更快地移动才能获得球"）；⑩最后，教练应该说一些鼓励的话。

暂停是教育球员的非常好的机会，帮助他们提高，不论是个人和球队。不要浪费它们，而是要有效地使用它们。

3. 中场休息时

中场休息是比赛期间最长的停顿，因此，这时是教练可以直接干预的最好时刻。中场休息时，教练应与球员谈论如何在下半场提高他们的表现。首先，就像暂停一样，教练应该为半场休息制定流程，包括适合这一时期的所有活动，这样他将充分利用可用时间。

在与球员交谈之前，教练应该简单地思考他想告诉他们什么，半场休息是非常有价值的，不应浪费于教练的心情所决定的即兴演讲上，即使时间很短，教练也应该决定他的目标和策略，以便最好地利用这段时间休息。

当发出指示时，指令应该简练、准确、清晰，集中于球员应该在下半场表现的特定的行为。简而言之，教练应该提醒、纠正或强化上半场的行动，在临近结束时，教练对下半场提出非常具体的指示。上半场好的行为应该加强，以便在下半场重复出现：①竭尽全力的行为（在防守中的预判、跑快攻、盖帽等）；②专注于行为（不论攻、守时都能快速反应）；③控制的行为（把球控制好，不要把手臂放下以免造成个人犯规）；④合作的行为（发挥内线作用，和他一起配合，把球传给无人防守的队友，防守时说话、沟通，协防，等等）。

这样，肯定球员积极的行为将增强球员的自信心。在任何情况下，教练应该通过下半场的主要目标来结束他的谈话，并向球员传送一个乐观的信息来鼓励他们。在中场休息期间适当地组织会议以及聪明地使用换人的暂停会给教练控制比赛提供有力的帮助和增加胜利的机会。

作为一个球员，都喜欢平静和自信的教练。教练应认真地，尽量保持专注于自己的目标和比赛计划，记住自己是一个教练，在训练中和在比赛期间，尝试保持专注于比赛，教练可以告诉队员如何处理某些情况，在所有的时间中教练都要保持冷静。

思考题：

1. 篮球比赛前教练员主要侦测的内容有哪些？

2. 教练员制订参加篮球比赛方案包括哪些内容？

3. 篮球比赛中，教练员如何调配阵容？

4. 篮球比赛中，教练员何时选择暂停？解决什么问题？

第十章

篮球体能训练

【导读】体能是篮球运动员竞技能力的重要构成部分，高水平的体能是篮球技术有效发挥的基础，是篮球战术有效实现的保障，也是篮球智商形成的物质基础。本章重点介绍了现代篮球体能训练新理念、篮球体能训练计划制订和青少年体能训练相关知识。通过本章学习，读者能了解篮球运动员体能特征，掌握篮球体能测试内容和方法，并能够制订篮球体能训练计划。

现代篮球体能训练主要通过系统的动作准备、抗阻训练、能量代谢系统训练、快速伸缩复合训练、高水平的灵敏性及多向速度训练等，打造高水平的人体控制能力、移动能力、身体变向能力、身体在竖直方向和水平方向综合调控能力、身体加速和减速能力，以及在对抗外界干扰时的身体控制能力。现代精英篮球运动员专项体能的主要特征是：身体抗干扰能力强、爆发力强、灵敏性水平高、动作节奏感强、精细化动作控制能力强、身体重心控制力强。

第一节 现代篮球体能训练概论

一、现代体能训练发展概论

体能（pysical fitness），也称"体适能"，从20世纪50年代美国健康体育娱乐协会首先使用这个概念以来，人们对于它的理解有了不断的发展。1998年田麦久教授在《项群训练理论》中将运动员的竞技能力分为技能、体能、心理、智力四个方面。2000 年出版的《运动训练学》指出：运动员的体能是运动员机体的基本运动能力和竞技能力的重要组成部分，其发展水平是由身体形态、身体机能及运动素质所决定。这种"形态、机能和素质"的体能认知对体能训练实践产生深远的影响。袁守龙在研究国际体能训练发展趋势的基础上，提出了对身体运动功能训练的新观点，认为体能训练是以现实训练目标为牵引，不断提高神经系统募集肌肉群的输出功率，提高技术动作效率，优化训练效益；现代体能训练是以动作模式为基础，不断提高人体多种类、多平面、多系统的协同控制能力。

现代体能训练的关键因素是神经肌肉系统、能量代谢系统及动作模式。在体能训练实践中，我们需要根据项目特征来选择动作模式进行体能训练，但对项目特征的准确理解不应停留在专项运动的外形上，而应该深入到神经与肌肉的内在运动水平层面。运动项目的外在特征只能反映运动结果，而造成这种结果的原因主要在于机体的神经肌肉系统和能量代谢系统。因此，只有抓住了运动项目神经肌肉系统的工作模式化及能力代谢系统的特征，才能抓住项目的本质特征，只有基于对项目特征的深刻理解，才能选择适宜的动作模式进行高效的体能训练。在运动训练中，只有充分掌握运动过程中能量代谢系统的运转规律，才能制定出符合项目特点的训练负荷。

二、篮球运动员体能特征

篮球比赛的特点是大范围的移动和频繁的换位。如比赛中快速持球突破、传切配合、跳起争抢球、跳投、防守滑步、移动换位以及快速的攻防转换等，完成这些动作大都在 10 秒以内，且强度较大，因此 ATP-CP 系统是篮球运动中起主要作用的能量系统。一场高水平的篮球比赛，运动员移动大约 5000 米左右，一次犯规或罚球的时间磷酸原系统只能恢复一半，因此机体需要动用无氧糖酵解供能来完成，而糖原乳酸供能在 20~30 分钟内也只能恢复一半，比赛中运动员不时地会以慢跑、走动、暂停休息等形式进行调整与恢复，这种方式对运动员机体的有氧供能要求很高，可为运动员无氧磷酸原代谢系统的能量代谢以及乳酸的消除起到了积极的作用，并延缓了疲劳的出现。因此根据篮球运动竞赛特点，机体所需要的能源是以有氧代谢系统供能（约 15%）为基础，无氧代谢系统供能（约 85%）为主。

篮球作为一项高强度、高对抗的运动项目，运动员比赛中通过各种动作模式，在速度与平衡的博弈中实现时间与空间的优势，最终完成投篮。速度是肌肉的快速收缩表现，平衡则表现肌肉内与肌肉间的协调作用。如果说平衡能力是力量的基础表现形式，速度就是力量的高级表现形式。篮球运动员力量训练的最终目的具体表现在运动员足够强壮、跑得快、跳得高、变向快等方面，因此篮球运动是以最大力量为基础，以此提高运动员肌肉的神经支配能力；以力量速度和速度力量为核心，依此提高运动员的爆发能力。

篮球运动员动作模式的质量是灵活性与稳定性和谐共舞的结果，一名优秀的篮球运动员的灵敏能力的主要特征表现为：速度变换快；加速、减速和急停动作实效性强；身体运动方向变换准确；身体运动方式变换动作衔接流畅；预判正确和反应性动作快而有力；动作敏捷并协调省力。因此，篮球运动需要运动员具备灵活性和稳定性良好融合的身体控制能力。

第二节 篮球运动员体能测试与评价

测试和能力评价的方法对于全面评价篮球运动员体能至关重要，可以客观反映运动员的速度、力量、爆发力、灵敏和柔韧能力。篮球体能测试包括 FMS、平衡、耐力、力量、爆发力、速度、灵敏、柔韧和体型测量等，每种素质都包括大量测试方法，因此测试项目必须针对篮球项目和参与者特征来设置。

一、篮球运动员体能测试与评估需要考虑的问题

篮球体能测试内容和方法的选择主要根据篮球专项体能的要素，一个典型的测试内容包括上下肢力量测试、爆发力测试、速度和灵敏测试、心血管耐力、体成分和柔韧性，对于运动员评价，合适的测试内容取决于篮球项目的竞技需要，当确定评价内容后，就需要确定测试的信度、效度、专项性及篮球项目相关的评价。测试项目顺序安排是测试管理中需要重点考虑的问题，一般来说，首先安排最小疲劳的测试项目，运动技能较高的测试项目（灵敏）应安排在所有容易疲劳的测试项目前。任何导致运动员疲劳的测试项目都可能会影响后续测试项目的测试结果。当测试工作时间持续较长时，最疲劳的测试项目应安排在最后。测试结束后运动员个人测试结果要与以前测试结果进行比较，测试可以为评价运动员潜力、安排训练方法、确立训练目标和激励运动员提供参考。

二、美国篮球运动员体能测试方法

美国体能训练专家将篮球项目运动员所需要的体能分为速度、力量、灵敏、反应和快速起动五个组成部分，每种身体素质都有严格的专门训练方法。《NBA 体能训练》一书指出，篮球训练体能等级应从以下几个方面测定：①爆发力：纵跳；②

灵活性：20码跑；③身体素质：300码折返跑；④肌肉力量和耐力：俯卧撑、引体向上、仰卧起坐；⑤柔韧性：坐位体前屈；⑥身体组织：皮肤褶皱测试。并制定了各项目得分对照表，用来评价运动员的体能等级。美国NBA体能教练员协会确定了基本测试类别和方法：①下肢爆发力：原地纵跳、最大纵跳（助跑摸高）；②灵敏：限制区灵敏测试；③速度：四分之三场冲刺跑；④上肢力量：卧推；⑤柔韧性：坐位体前屈；⑥体能测试：边线之间4组17次跑、端线之间4组10次跑。《Preparing to Play Basketball》书中论述了篮球体能测试项目和方法：身体成分：身高、体重和身体脂肪含量；速度：半场冲刺跑、全场冲刺跑、见线折返；弹跳：原地摸高、纵跳摸高；力量和爆发力：半蹲、四分之一蹲和深蹲、斜板卧推、直板卧推、引体向上和高翻；柔韧：坐位体前屈。

近几年，随着身体运动功能性训练的兴起，功能动作筛查（FMS）成为评价运动员运动能力的重要方法，功能动作筛查是一项包含7个基本动作（深蹲、跨栏架步、直线弓箭步、肩部灵活性、主动直膝抬腿、躯干稳定俯卧撑、躯干旋转稳定性）的运动损伤风险筛查测试，通过观察运动员完成规定动作质量，体能训练师可以快速地发现身体在运动过程中存在的灵活性、稳定性或神经-肌肉控制力等问题，然后通过设计合理的纠正动作练习来矫正人体运动过程中存在的缺陷，从而重建动作模式，并降低运动损伤风险。

综上所述，美国体能训练已有40多年历史，制定了科学合理的体能训练评价体系，根据篮球项目特征，所测试的项目基本相同，并针对不同的群体制定了详细的评价标准，可以对运动员体能状况进行科学评估，值得国内体能测试借鉴。

第三节　篮球体能训练计划制订

篮球体能训练主要包括动作准备、抗阻训练、能量代谢系统训练、快速伸缩复合训练、灵敏素质训练和恢复再生训练。

一、动作准备训练计划制订

动作准备属于准备活动的一种新的模式，它是为满足运动员对日常训练和比赛的特殊要求而准备的一套有效的、系统的和个性化的练习方法。动作准备是预防运动损伤和提高竞技能力有效的训练手段之一。动作准备可以解决传统准备活动存在的诸如与专项结合不够紧密、神经兴奋动员不够、过度强调静态拉伸和跑步练习等问题。动作准备强调通过动态的方式进行强度递增的动作练习，这样能增加身体温度、有效伸展肌肉、增加关节活动度、激活肌肉本体感受功能，逐步提高神经系统的兴奋性。动作准备练习可以整合和强化人体运动的基本动作模式和符合运动专项需求的动作模式，建立起神经系统和肌肉系统之间的有效反馈，并且能提高动作的经济性，提升训练或比赛时的动作效率。

（一）动作准备的内容板块

1. 臀部激活（迷你带）：臀肌是人体中最大的单块肌肉，可以提供强大的力量和爆发力，是像发动机一样的动力源，同时臀部肌肉是维持脊柱功能的基础，也是连接上肢运动链和下肢运动链的中间枢纽。在动作准备中，通过臀部激活手段，促使臀部肌肉较为充分动员，从而在激活后主动参与到运动中去。臀部激活首先要求保持运动基本姿势，其次通过膝关节及踝关节上部套上迷你带，进行以髋关节为主要运动环节的动作。包括原地练习、纵行练习和横行练习。

2. 动态拉伸：是以动态的方式进行拉伸练习，强调是由各个基本的动作模式所组成：通常选择 4~8 个动作，每个动作在最大拉伸范围处仅保持 1~2 秒，有顺序地对全身各个主要肌群进行拉伸。实践中先对髋部各肌群的拉伸动作练习，再进行多关节参与的拉伸动作练习。

3. 动作技能整合：动作技能整合练习是基于动作模式的练习，优质的动作模式才是强大动作绩效的本源和动作安全的最佳保障。动作整合中强调在身体整体动力链的参与下，建立起在神经支配下各运动系统之间的联系，使得身体各环节有序地组合运动，从而强化整体的动作模式。包括基本姿势练习、快速伸缩复合准备练习和动作技能准备练习。

4. 神经激活：进行神经激活练习时，一般以运动基本姿势为基本起始动作，进行快速移动练习和反应练习，力求在短时间内完成尽可能多的动作重复次数，或依据口令做出相应的动作反应。包括原地练习、纵向练习、横向练习、旋转练习。

（二）动作准备计划案例

动作准备总体时间控制在 8~15 分钟，动作之间基本无间歇，练习之间转换时自然过渡，臀部激活选择 2~4 个动作，动态拉伸部分选择 4~8 个动作，动作技能整合和神经激活部分各选择 2~3 个动作。每个部分动作都只做 1~2 组，神经激活每个动作重复 10~15 次（身体每侧），动态拉伸部分每个动作 4~6 次，动作技能整合单边动作每边行进距离 10~20 米，神经激活每次持续 10 秒左右。动作选择要考虑篮球项目的特殊需求和将要进行训练课的主体训练内容，进行针对性的动作准备。动态拉伸的动作选择主要根据在主体训练中采用的动作模式和参与的肌肉而定。

表 10-1　动作准备技巧设计方案示例

序号	练习内容	动作选择	次数 / 时间	组数
1	臀部激活	迷你带—深蹲 迷你带—运动姿势纵向走	8 次 每边 5 次	1 组 1 组
2	动态拉伸	抱膝前进、后交叉弓步、脚后跟抵臀—手臂上伸、最伟大拉伸、反向腘绳肌拉伸、向后弓步 + 转体、侧弓步移动	每边 3~5 次	各 1 组
3	动作技能整合	纵向军步走、纵向垫步走 双腿基本姿势—跳蹲—成双腿运动姿势支撑 双腿基本姿势—跳蹲—成单腿运动姿势支撑	10~20 米行进距离 每边 5 次 每边 5 次	各 1 组 1 组 1 组
4	神经激活	快速反应—2 英寸碎步跑 快速反应—单侧快速提腿	3~8 秒 3~8 秒	2 组 2 组

二、抗阻训练计划制订

抗阻训练是篮球体能训练最重要的训练形式，通过增强肌肉力量、爆发力和速度、肌肉肥大、肌肉耐力、运动能力、平衡性和协调性来提高运动能力。

（一）抗阻训练的要素

抗阻训练要素包括：需求分析、训练动作选择、训练频率、训练动作的顺序、训练负荷与重复次数、训练量和休息时间。

1. 需求分析

篮球运动项目需要及特性评估包括：动作分析——躯干与肢体的动作模式与参与肌群；生理分析——肌力、爆发力、肌肉肥大与肌肉耐力的优先顺序；伤病分析——受伤的关节与肌肉部位，以及形成的原因；篮球运动其他特性分析——所需心肺耐力、速度、灵敏与柔韧。

2. 训练动作选择

篮球抗阻力训练动作必须与篮球项目运动参与肌群、躯干和肌体的动作模式、以及关节活动范围相似，且要使肌肉均衡发展，以减少不当训练引发的受伤危险。训练动作与真实的运动动作愈相似，正向迁移的可能性愈高。

3. 训练频率

训练频率是在一定期间内完成的训练课次数。训练频率的制定要充分考虑运动员的训练状态、运动季节、训练负荷、训练动作方式和目前同时进行的其他训练或活动。

4.训练动作的顺序

训练动作的顺序是指训练课中阻力训练动作的实施顺序。其安排依据视某一训练动作对另一训练动作执行品质与技术的影响而定。训练动作顺序的正确安排通常使运动员能以正确的技术、用最大的力量完成一组训练（有足够的休息时间或恢复时间之后）。

5.训练负荷

负荷是一组训练设定的总重量数，是阻力训练计划中最关键的部分。一个训练动作所能重复次数，与所举的负荷成反比关系，负荷越重，重复次数越少。负荷常以一次最大重复重量（1RM）次数的多少百分比表示，或以能举最多重复次数的最大重量来表示（见表10-2）。对于体能优异的运动员测试1RM时，常用的测试策略为：核心的训练动作采用1RM法，辅助的训练动作采用多RM法。当无法充分实施最大肌力测试时，测定10RM值应是次佳的选择。RM的范围与训练目标的关系为：若训练目标是肌力/爆发力，需采用相对较重的负荷；是肌肉肥大，应采用中等的负荷；是肌肉耐力，则采用较轻的负荷。低的多次最大重复的重量，会对肌力与最大爆发力的训练最有效果，而高的多次最大重复重量，则对肌耐力的改进效果较佳。

表 10-2 %1RM 与可能的重复次数

%1RM	可能的重复次数
100	1
95	2
93	3
90	4
87	5
85	6
83	7
80	8
77	9
75	10
70	11
67	12
65	15

6. 训练量

训练量（负荷量）是指训练课中举起的重量总数。而所谓组，是运动员停下来休息之前连续举起的次数组合。训练量的计算：组数 × 重复次数 × 每次的重量。单组的训练，可用于没有训练经验的运动员，或刚开始训练的前几个月，肌肉骨骼系统对单组做到疲劳的刺激最终会有所适应，因而需要多组的附加刺激。力量和爆发力核心训练动作应该是做多组，每组 6 次或 6 次以下的重复次数。爆发力训练量低于肌力训练。肌肉肥大采用中多次数，建议每个动作 3~6 组。肌肉耐力每组做多次重复（12 次以上），每个动作组数为 2~3 组。

7. 休息时间

休息时间是两组之间和训练动作之间，用于恢复所用的时间。休息时间的长度，应依据训练目标、相对举起的重量及运动员的训练状态而定。组间能够休息的时间与负荷重量密切相关，举的重量越重，组间所需的休息时间越长。肌力和爆发力训练因需要较重重量和较多重复次数，尤其是做下身或全身的结构性训练动作时，通常需要较长休息时间，一般 2~5 分钟；肌肉肥大训练经常采用短到中的组间休息时间，时间少于 1.5 分钟；肌肉耐力训练休息时间通常短于 30 秒。

（二）抗阻训练计划案例

1. 不同阶段训练计划安排

每个抗阻训练计划都应该有运动员个人的特点，都应该注明具体的抗阻练习、运动员的弱点、训练的重点、需要和针对的练习肌群。赛季结束后力量训练计划分为四天分练计划和三天全身训练计划。四天分练计划训练时间为周一和周四，周二和周五，可以任意选择练习上体和下体的时间。三天全身训练计划可以选择周一、三、五或二、四、六，训练要求间隔一天，三天练习肌群一样，但要求采用不同练习方法。赛季中抗阻训练计划分为全身训练计划、下肢训练计划、上肢训练计划、全身周期训练计划和组合训练计划。赛季训练计划要减少每个身体部位练习的数目，通常，每一肌群只安排一项练习。每周同一部位应尽力做两次抗阻训练，且赛季训练应适当减少练习的次数、频率和强度。全身性训练计划每周练习两天。赛季刚结束阶段 4 周的抗阻训练，主要是为了肌肉耐力打基础，计划 2~3 组，每组重复 15~20 次。

2. 抗阻训练计划案例

该计划案例是针对高中及高中以上孩子，通常情况下为安全起见，较年轻的运动员在训练时，应推举较轻的重量，每组可以重复次数（10~20 次）。

表 10-3 抗阻训练的六个阶段

	准备阶段	肌肉增生阶段	基本力量训练阶段	力量、能量储存阶段	赛季保持阶段	积极性休息阶段
组数	2~3	3~4	3~4	3~4	3	1~2
重复次数	15~20	8~12	4~6	2~3	10~8~6	15~20
强度	低	适中	高	高	适中	低
量	大	大	适中	低	适中	小

准备阶段是力量训练的开始阶段，目的是使身体能够安全适应下一阶段更高强度的力量训练建立一定的肌肉耐力基础，此阶段要求训练的强度低，但量大。肌肉增生阶段：一方面肌肉组织的增大，增加了肌肉力量和耐力加强的可能性；另一方面队员的无氧供能能力也得到增强，以便更快适应下一阶段的高强度训练。基本力量训练阶段：这一阶段是力量上升阶段，队员开始一些高强度大运动量的训练，为下一阶段做准备。力量和能量储存阶段：这一阶段是高强度、小运动量，通过减少次数并强调目标训练，使球员的疲劳感减轻，而体能得到加强，这一阶段要结合篮球项目特征，增加不稳定力量训练。

三、能量代谢系统训练计划制订

篮球运动能量代谢系统是以无氧供能为主、有氧供能为辅的混合性运动项目，因此体能教练员必须了解篮球运动员在比赛过程中的生理需求，才能设计更有效的训练计划。篮球项目的主要运动模式、运动的持续时间、运动的数量及练习休息比等都是制订合适的训练计划的关键性变量。

（一）能量供应和恢复

篮球运动是一项反复、快速、高强度爆发和短间歇的运动。在高强度的训练和比赛期间，能够快速恢复对运动员来说至关重要。体能好的运动员恢复快且在长时间的比赛中有较好的竞技状态。ATP-CP 能量系统大约在 30 秒内就恢复 50%，2~5 分钟内可完全恢复；乳酸能能量系统大约在 20~30 分钟内恢复 50%，1 小时左右可完成恢复。长时间理想恢复是由营养、酶的消耗和运动组织的损伤程度所决定的，长时间的恢复可能需要两天或更长时间。运动员在恢复期间，摄入含有丰富碳水化合物是运动员主要的能量物质膳食，或进行充分休息和合理的赛前训练，将有助于能量物质的补充和体能的恢复。

（二）能量代谢系统训练计划案例

1.不同阶段能量代谢系统训练安排

根据比赛设置安排，可把训练过程分为赛前、赛中和赛后。每个训练阶段都有各自的目的，赛前阶段的训练目的是能使体能在新赛季开始前得到最大程度的提高；赛中的目的是训练和比赛；赛后的训练目的是体能的恢复。每个阶段也都有各自的训练方式。赛前12周以200米和400米跑一般训练开始，逐步过渡到球场上具体的篮球专项体能训练。赛季中主要是以练习和比赛为主，练习方式是1~2小时高强度演练、竭力的训练、努力的奔跑和全力的防守。赛季结束后4周阶段的体能训练，主要是积极性恢复，可以参加一些棒球、网球、田径等活动，或健康性活动，像骑自行车、慢跑、游泳等，每周2~3次，每次20~40分钟跑步机跑步、爬楼梯等都是可以的。

2.赛前12周能量代谢系统训练计划案例

以12周赛前体能训练计划为例：训练在以400米中速跑开始，以短距离冲刺跑结束，每周安排两次体能训练课，还要结合两次弹跳力和灵活性训练。计划的前六周为快速跑（快速跑可以从400米的距离开始，然后逐渐减至100米，运用四分之三的全速），第七周开始全速跑，第八周上篮球场，训练内容包括快速跑、冲刺跑和有篮球练习（即场地有球练习）。

表10-4　12周赛前体能训练计划

周	日	练习	距离	休息时间
1	1	快速跑	4×400	3分钟
	2	快速跑	4×400	3分钟
2	1	快速跑	6×400	3分钟
	2	快速跑	4×400	3分钟
		快速跑	4×200	1.5分钟
3	1	快速跑	4×400	3分钟
		快速跑	4×200	1.5分钟
	2	快速跑	4×400	3分钟
		快速跑	6×200	1.5分钟
4	1	快速跑	12×200	1.5分钟
	2	快速跑	12×200	1.5分钟

周	日	练习	距离		休息时间
5	1	快速跑	8×200		1.5 分钟
		快速跑	8×100		45 秒
	2	快速跑	8×200		1.5 分钟
		快速跑	8×100		45 秒
6	1	快速跑	8×200		1 分钟
		快速跑	8×100		30 秒
	2	快速跑	8×200		1 分钟
		快速跑	8×100		30 秒
7	1	快速跑	2×100		30 秒
		快速跑	2×80		30 秒
		全速跑	12×60		30 秒
	2	快速跑	2×100		30 秒
		快速跑	2×80		30 秒
		全速跑	12×40		30 秒
8	1	快速跑	2×100		30 秒
		快速跑	2×80		30 秒
		全速跑	12×60		30 秒
	2	全场一次折返跑 ×2~3 次			1.5 分钟
		半场—全场折返跑 ×2~3 次			1.5 分钟
		60 秒边线折返跑 ×1 次			
9	1	快速跑	2×100		30 秒
		快速跑	2×80		30 秒
		全速跑	12×40		30 秒
	2	全场一次折折返跑 ×2~3 次			1.5 分钟
		半场—全场折返跑 ×2~3 次			1.5 分钟
		60 秒边线折返跑 ×2 次			3 分钟

周	日	练习	距离	休息时间
10	1	快速跑	2×100	30 秒
		全速跑	2×80	30 秒
		全速跑	2×60	25 秒
		全速跑	2×40	25 秒
		全速跑	2×20	25 秒
		全速跑	2×10	25 秒
		全速跑	2×20	25 秒
		全速跑	2×40	25 秒
		全速跑	2×60	25 秒
	2	全场一次折返跑 ×2~4 次		1 分钟
		半场—全场折返跑 ×2~3 次		1 分钟
		60 秒边线折返跑 ×2 次		3 分钟
11	1	全场一次折返跑 ×1 次		1 分钟
		半场—全场折返跑 ×1 次		1 分钟
		见线折返跑 ×2~3 次		1 分钟
		反向折返跑 ×2~3 次		1 分钟
		60 秒边线折返跑 ×2 次		2 分钟
	2	全场一次折返跑 ×2~4 次		1 分钟
		半场—全场折返跑 ×2 次		1 分钟
		见线折返跑 ×2~4 次		1 分钟
		反向折返跑 ×2~4 次		1 分钟
		60 秒边线折返跑 ×2 次		2 分钟

周	日	练习	距离	休息时间
12	1	全场一次折返跑 ×2 次		1 分钟
		半场—全场折返跑 ×2 次		1 分钟
		见线折返跑 ×2~4 次		1 分钟
		反向折返跑 ×2~4 次		1 分钟
		60 秒边线折返跑 ×2 次		2 分钟
	2	全场一次折返跑 ×2 次		1 分钟
		半场—全场折返跑 ×2 次		1 分钟
		见线折返跑 ×2~4 次		1 分钟
		反向折返跑 ×2~4 次		1 分钟
		60 秒边线折返跑 ×2 次		2 分钟

四、快速伸缩复合训练计划的制订

快速伸缩复合训练是指能够使肌肉在最短时间内发挥最大力量的练习。其主要通过预先拉长的肌肉、反向运动、助力运动等方式，利用肌肉和肌腱的弹性势能以及牵张反射，实现更加快速有力的向心运动。有效的快速伸缩复合训练将对肌肉发力和功率输出起到促进作用，快速伸缩复合练习被视为篮球专项运动的基础，通过提高产生力的速度来增强爆发力，通过提高储存和释放弹性的势能来增强反应力量；通过增强关节和身体连接处的力量，减少能量泄露和增加力的传递效果。快速伸缩复合训练本质上是无氧运动，利用磷酸肌酸能量系统，允许肌肉在一次爆发性运动前储存最大的能量，发挥最大的爆发力。

（一）快速伸缩复合训练的类型

快速伸缩复合训练按照身体部位可分为上肢练习、下肢练习和躯干练习。例如单腿跳是下肢快速伸缩复合练习，头上扔药球是上肢的快速伸缩复合练习，俄罗斯旋转抛接药球是躯干的快速伸缩复合练习。快速伸缩复合训练的下肢练习由双脚跳、交换跳、单脚跳三种基本跳跃方式组成。双脚跳最简单，交换跳的强度高于双脚跳，单脚跳强度最大，三种运动方式是从稳定的站立基础逐渐过渡到不稳定的过程，形成一定的难易进阶序列。在跳跃方向上，分为纵行、横向和旋转三类，难度逐级增加。在跳跃方式上，快速伸缩复合训练也需要逐步增加机体适应性，在训练中分为无反向式、有反向式和双接触式。无反向式是收缩环节前肌肉无拉长动作，例如静止下蹲起跳中，运动员先蹲好，然后起跳，起跳中主动肌无离心过程。有反向式是在收缩环节前肌肉有拉长动作，如从站立姿态迅速下蹲起跳，即下蹲后立即起跳的方式。该动作有一个快速下蹲的离心阶段，紧接着一个向心收缩的起跳，下蹲阶段使运动员的肌腱单位中储存了弹性势能，并刺激了牵张反射，因而增强了弹跳的爆发力。双接触式是在拉长环节后有一次地面接触，然后紧接着收缩双节，如垫步或助跑中起跳，其弹性势能的储存和牵拉放松法让肌肉牵拉更为有效，进而加快了离心阶段的收缩，使得纵跳更为有力、跳得更高。

（二）快速伸缩复合训练计划案例

设计快速伸缩复合训练应包括准备活动、练习动作等内容，需要对练习动作的强度、量、频率和休息时间等进行合理设定。影响下肢快速伸缩复合训练负荷强度的因素有地面接触点（单脚跳＞交换跳＞双脚跳）、运动方向（旋转＞横向＞纵行）、运动方式（双接触式＞有方向式＞无反向式）、运动速度（速度越快，练习负荷相应地加大）、练习高度（跳跃高度越高，练习负荷相应地加大）、练习负重（承受的负荷重量越大，练习负荷相应地加大）。快速伸缩复合训练的负荷量通常用一堂训练课中练习的组数和重复次数来表示，下肢练习中通常用每堂课脚触地的次数或距离表示。一般每堂课下肢开始训练量初级运动员为 10~20 次，中级运动员为 20~30 次，高级运动员为 30~40 次。在提高无氧功率的快速伸缩复合训练中，需要运动员以最大努力去完成练习，因而在练习中次与次之间、组与组之间、课与课之间，都要达到完全、充分的恢复。如果没有足够的恢复，接下来的练习可能变为有氧运动，动作质量和爆发力必定降低。例如跳深练习，次与次的恢复时间为 5~10 秒，组与组之间的恢复时间为 2~3 分钟，训练和休息的时间比例为 1∶5 到 1∶10 之间，一般针对同一块肌肉或同一肌群的快速伸缩复合练习需要 48~72 小时的恢复时间。因此负荷量适宜安排为：训练频率 / 时间——2~4 次 / 周，每次 10~15 分钟；动作数目——2~3 个动作；训练组数 / 次数——≤ 5~8 组 / ≤ 3~6 次；组间间歇——1~3 分钟；每天 / 每周次数——每天 20~25 次 / 每周 ≤ 120 次。

表 10-5　NBA 篮球运动员不同阶段快速伸缩复合训练计划

阶段	训练频率 / 时间	恢复时间	重复次数 / 组数	强度
赛季前	12 周，每周训练 1~2 次，每次 15~30 分钟	每两次训练课之间恢复时间为 48~72 小时，每两组练习间隔时间 2~4 分钟	每次训练课安排上半身或下半身快速伸缩复合训练总次数为 80~120 次	低强度

阶段	训练频率/时间	恢复时间	重复次数/组数	强度
赛季中	练习周期变化根据赛季长短、比赛日程安排、练习强度和比赛上场时间进行调整，每周训练1~2次，每次15~30分钟	每两次训练课之间的恢复时间至少为48小时，每组练习间隔时间为1~3分钟	年轻队员，每项上半身或下半身练习总数应为25~75次；老队员，总数应为50~100次	中、低强度
赛季后	赛季结束4周开始，持续4周，训练时间降低	恢复期应进行积极性休息活动	重复次数和组数均要降低	低强度
赛季休整期	一般12周，可根据比赛日程调整，每周训练2~3次，每次30~45分钟	每两次训练课之间的恢复时间为48小时，每组练习间隔时间为1~2分钟	年轻队员，每项上半身或下半身练习总数应为100~150次；老队员，总数应为150~200次	中、高强度

表 10-6　快速伸缩复合训练一周训练计划安排示例

天数	第一天（周一）	第二天（周二）	第三天（周四）	第四天（周五）
方向	直线练习	多方向练习	直线练习	多方向练习
动作1	跳箱双腿跳	横向交换跳	栏架双腿跳	横向交换跳
组数/次数	无反向式:1组×5次	有反向式:1组×每边5次	有反向式:1组×5次	有反向式:1组×5次
	有反向式:2组×5次	连续跳:3组×每边5次	双接触式:2组×5次	连续跳:3组×每边5次
动作2	栏架单腿跳	向内/外单脚跳	垂直跳	向内/外单脚跳
组数/次数	双接触式:2组×每边5次	双接触式:2组×每边5次	连续跳:2组×每边5次	双接触式:2组×每边5次
次数总计	25次	30次	25次	30次

五、灵敏性及多向速度训练计划制订

灵敏性是运动员面对刺激能够快速改变运动方式的能力。灵敏性是一种复合性的运动能力，需要高度整合多种生理系统与体能要素。包括快速的反应和起动能力，以及同时保持平衡与控制姿势时还要能往正确的方向上进行加速、减速，让身体尽可能快速改变运动方向的能力。具有良好灵敏性的运动员能降低受伤的风险，避开场上对方运动员的阻截，或者在接球、运球、投篮和防守对手时能够保持正确的运动技术。通常运动员在场上只有短暂的时机进行身体的调整以便进行加速或减速。这种复杂的机制要求在体能训练中要重点关注如何提高运动员的身体控制力。快速改变方向可能发生在身体处于各种稳定或不稳定姿势的时候，例如站立（单脚或双脚）、躺姿（俯卧或仰卧）、坐姿或跪姿这些不同的身体姿势。优秀运动员必须能在不同的情况下进行各种快速反应，流畅且快速地移动身体，这能让他在各自的运动项目中增加获胜的概率。

（一）灵敏性及多向速度训练的要素

灵敏性训练是多种训练方法的整合。因为灵敏性需要移动、协调性、平衡感、爆发力、最优化的肌肉伸缩效率、稳定性、正确的技术、肌肉力量（脚落地与蹬地时地面的力量）、柔韧性、身体控制力、足部功能性、突然加速与减速能力。灵敏性还包含有认知的成分，例如视觉观察、扫视速度和预判能力，可见灵敏性由以上这些元素共同组成。虽然肌肉力量和爆发力都是影响灵敏运动表现的关键元素，但单独来看它们和灵敏性的相关性并不高，因为灵敏性是这些所有元素的互相作用，而非少数几种能力所能单独形成的效果。因此灵敏性训练需要多种形式，包括力量、爆发力、冲刺能力、运动项目所需的灵敏能力、平衡感、协调性和柔韧性训练。

（二）灵敏性及多向速度训练计划案例

与快速伸缩复合训练类似，灵敏性及多向速度训练开始时都应着重在正确的技术与步伐，而且应从基本的训练动作开始，基本动作没有复杂的脚步与多变的方向。掌握基本的训练动作之后才能过渡到更具挑战性的进阶训练。训练的强度也应随着动作的复杂度而增加。对于冲刺训练来说，最好是在运动员掌握基本的冲刺技术以及冲刺能力已经有所提升（基础已建立）之后，才开始进行强度较高的超速训练和抗阻冲刺训练。训练冲刺动作最好在训练刚开始时，这时运动员的体能还处在最佳状态时，此时疲劳尚未累积到影响技术的正确性。对于灵敏性训练来说，应该先训练较少折返次数的基本动作。这些动作通常主要是一维的，而且仅由一或两种主要方法所组成。利用绳梯的训练也是如此，应该先熟练基本动作（跳格子和多次跳训练），之后再进展到较复杂、涉及多种脚步变化的训练动作。高强度的灵敏性训练需要更高的反应能力，包含复杂的动作形态，多变的方向与频繁的加速/减速过程，它同时也可以结合中高强度的增强式训练与基本的敏捷训练。

篮球运动灵敏性训练应尽量缩短练习的时间，其时间最好控制在 10~20 秒，每个训练都应包括多个方向变化练习，像冲刺跑、后退跑、滑步、单腿跳、小跳、变向、旋转和大跳等，训练应以热身和柔韧练习开始，以放松练习结束。一个好的灵敏性训练计划应包括以下几个方面：时间不长；需要至少 2~3 个变向移动；强调侧移动；将侧移动融入于前移和后移之中，衔接要快；包含反向自动；要求脚踝的灵活性。篮球运动员在赛季前和赛季后做灵活性训练可以收到理想的效果。

表 10-7　NBA 篮球运动员灵敏性训练不同阶段计划安排示例

阶段	内　容
赛季结束后	该阶段是运动员学习和发展各种新技术的重要阶段，整体的训练应以灵敏素质的练习为主，其练习应该安排 2~3 天
赛季前	该阶段灵敏素质训练继续进行，训练时间适当缩短，强度要相应增大，根据运动员自身情况需要，每周安排 1~2 次练习即可
赛季中	该阶段灵敏素质训练大大减少，可以只作为每天热身的一部分，具体练习次数根据运动员的不同需求来定

思考题：

1. 简述篮球运动员体能专项特征。

2. 篮球运动员体能测试与评估需要注意哪些问题？

3. 功能动作筛查（FMS）包括哪些内容？应该如何操作？

4. 篮球抗阻训练计划制订需要考虑哪些要素？

5. 请设计一套篮球动作准备方案。

6. 请设计一堂完整的篮球体能训练课。

7. 请设计一堂篮球抗阻训练课，目标是增大肌肉横截面积。

第十一章

小篮球运动

【导读】小篮球运动是适合12岁及以下少年儿童玩的运动项目，本章重点介绍小篮球比赛场地、器材、规则、方法以及小篮球教学目标、原则和方法等内容，通过本章学习，读者能够了解小篮球运动方法，并能够指导小篮球运动教学训练。

第一节　小篮球比赛方法

小篮球运动是专为12岁以下少年儿童设置的，使用简化的规则、缩小的球场和篮球、降低的篮架而进行的一项对抗性游戏项目。小篮球运动尊重少年儿童身心发育规律和人才培养规律，遵循篮球运动发展规律，让篮球运动走进少年儿童生活，健康身心，健全人格，旨在为不同年龄、不同能力的孩子提供运动机会，丰富他们的运动体验，提高他们参与篮球运动的热情。小篮球比赛是两个球队参加，每个球队的目的是将球投入对方球篮得分，并且阻止对方球队得分。比赛分为五对五比赛、四对四比赛、三对三比赛几种不同的形式。

一、小篮球五对五比赛

（一）场地

1. 球场

球场的表面应是平整坚实无障碍物的。球场尺寸可以根据当地设施而调整，标准的尺寸为长 28 米，宽 15 米。尺寸可以根据场地实际情况按比例缩减，在 26 米 ×14 米到 12 米 ×7 米的相同比例下变化。

2.线

所有的场地线必须为 5 厘米宽并且清晰可见，罚球线距篮板是 4 米。没有三分投篮线和区域。界线的长边叫作"边线"，短边叫作"端线"。

图 11-1　小篮球场地

（二）器材

1.篮板

每块篮板应为表面平整的、坚硬的木材或适宜的透明材料制成。篮板横宽为 1.2 米，竖高为 0.9 米。篮板上所有的线均为 0.05 米。

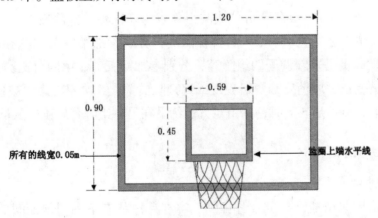

图 11-2　小篮板

2.球篮

根据不同年龄段，篮圈的高度是不同的。11~12 岁球篮的高度距离地板 2.75 米，9~10 岁的采用 2.60 米，7~8 岁的采用 2.35 米。

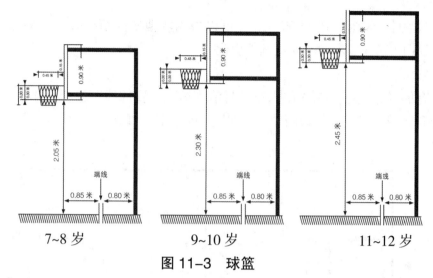

7~8 岁　　　　　9~10 岁　　　　　11~12 岁

图 11-3　球篮

3. 篮球

9~12 岁的孩子们应使用 5 号球，周长为 69~71 厘米并且重量在 470~500 克之间。8 岁和 8 岁以下的孩子们应使用 4 号球，周长为 62~66 厘米并且重量在 430~460 克。

（三）球队

1. 队员和替补队员

每队由 12 名球队成员组成：5 名场上队员和 7 名球队席上的替补队员，比赛中，5 名队员在场上并且可以被替换。一名有资格参赛的球队成员在场上，他是队员，否则他是一名替补队员。每队必须有一名教练员和一名队长，他可以由一名队员担任。比赛开始前，球队需到场 10 人方可比赛。

2. 上场分组情况

教练员应将本队的 12 名队员分成两组阵容，在比赛开始前报告给记录员。每组 6 名队员，其中 5 名场上队员、1 名替补队员，分别参加第一节比赛和第二节比赛。半时结束，教练员可重新调配两组阵容，分别参加第三节、第四节比赛。

由于队员受伤、取消比赛资格犯规或宣判队员个人 5 次犯规必须被替换下场，造成某一组场上队员不足 5 人时，则由对方教练员在另一组阵容中挑选队员替补上场。

（四）比赛通则

1. 比赛时间

比赛应由四节组成，每节 6 分钟。比赛在死球状态下和罚球期间应停止比赛计时钟。在上半时的第一节和第二节之间、下半时的第三节和第四节之间都应有 1 分钟的比赛休息期间。上、下半时之间的比赛休息期间应是 5 分钟。

2. 比赛结束和胜负得分

比赛计时钟结束信号响时，表明比赛结束。如果第四节结束时比分相等，应保持该比分且不进行加时赛。为了在小学阶段强调技术训练，让技术过硬的球队有更多赢得比赛的机会，因此如果第四节比赛时间结束时比分相等，则由每队第四节参赛的 5 名队员依次进行罚球，累积分多的队胜，如两队罚完球后比分依然相等，则采用一对一罚球方式，直至决出比赛胜负。

3. 得分

当一个活球从上方进入球篮并停留在球篮内或穿过球篮时是球中篮。

当有极少部分的球体在篮圈中并在篮圈水平面以下时，就认为球在球篮中。一次罚球中篮计 1 分。其余区域的任何投篮都计 2 分。由于参加小篮球比赛的队员力量小，远投容易造成错误的动力定型。为了掌握正确的投篮技术动作，减少比赛结果的偶然性，小篮球比赛删减了三分投篮。

在最后一次或仅有一次罚球中，球触及篮圈后，在球进入篮圈前被一名进攻队员或防守队员合法地触及，中篮计 2 分。

4. 暂停

不同于成人的比赛，小篮球比赛中比赛上、下半时分别只有一次可登记的暂停，时长 30 秒。目的是不过多的中断比赛，并培养小球员自己在场上的灵活应变能力和团队沟通协作能力。

（五）违例

时间违例

小篮球比赛中保留了 3 秒和 5 秒的限制，但由于队员年纪较小，对战术的执行和跑位相比成人会慢一些，为了给予充分的进攻时间，组织有效的进攻，鼓励积极主动的防守，同时为了简化比赛，便于操作，小篮球比赛删减了 8 秒钟进入前场的限定和 24 秒进攻时间的限定，但对于比赛中故意拖延时间的行为，裁判员会给与警告甚至取消球权的处罚。

（六）犯规

1. 侵人犯规

与成人比赛相同，小队员们不应通过伸展他的手、臂、肘、肩、髋、膝、脚或将身体弯曲成"不正常的姿势"去拉、阻挡、推、撞、绊对方队员，或阻止对方队员行进，也不应使用任何粗暴的战术。如果发生身体接触且造成了不公平的利益，违背规则意图，裁判员应宣判对该接触负有责任的队员侵人犯规，并将犯规登记在记录表上。

如果对没有做投篮动作的队员发生犯规，将球判给对方掷球入界。如果对正做投篮动作的队员发生犯规，而投篮不成功，则应判给两次罚球。但为了鼓励积极主动的防守，保持比赛流畅性，让比赛回归于游戏，如果对正做投篮动作的队员发生犯规，并且投篮成功，则不判给罚球，由对方在端线掷球入界开始比赛。

2. 违反体育运动精神犯规

违反体育运动精神的犯规是一起个人犯规，根据裁判员的判断，不在规则的精神和意图的范围内，合法地试图去直接抢球。

如果一名队员努力地去抢球造成了过分的接触（严重的犯规），则这个接触也要被判为违反体育道德的犯规。

一名队员被判罚两次违反体育道德的犯规，或累计一次违反体育道德犯规和一次技术犯规，将自动被取消比赛资格。

判给被违反体育道德的犯规的队员两次罚球，除非这名队员投篮并得分，随后由同一队在记录台对面的中线延长线掷球入界。

3. 取消比赛资格犯规

任何恶劣的违反体育道德的行为是取消比赛资格的犯规。判给对方两次罚球，随后由同一队在记录台对面的中线延长线掷球入界。

4. 技术犯规

除了成人比赛中关于技术犯规的规定以外，小篮球比赛还有如下的技术犯规处罚。

为了培养和增强小球员积极主动的防守意识，锻炼个人防守技术，为小球员今后打好防守基础，规定人盯人防守是小篮球比赛中唯一的防守形式，不允许任何形式的区域联防。违反"区域防守原则"规定，将给与防守队一次技术犯规，由进攻队获得一次罚球机会，随后由原进攻队在比赛中断处界线外掷球入界开始比赛。但不计入教练员犯规次数，教练员不会因累计两次技术犯规，被取消比赛资格。

由于大部分小球员在比赛中并不能充分贯彻教练员布置的进攻战术，比赛中常常在场地的某一处站立不动，这样就使人盯人防守有时和区域联防处于模糊状态，为了定义杜绝通过区域联防获利的行为，小篮球比赛增设了防守3秒的限定。即某防守球员站在本队限制区内防守时，没有去防守任何一位特定的进攻球员时，那么这位防守球员不得在限制区内停留超过持续的3秒钟。其判定依据是计时始于进攻球队在前场控制球时，任何防守球员位于限制区内，必须在3秒钟内处于积极防守一名对方球员的状态。其积极防守的含义是，距离一名进攻球员不超过一臂远，并处于防守的位置。如果违反了防守3秒的规则，将由进攻队获得一次罚球机会，随后由同一队在记录台对面的中线延长线掷球入界。判给防守3秒的球员技术犯规，个人累计技术犯规两次将被取消比赛资格。

（七）一般规定

1. 队员5次犯规

一名队员发生了5次侵人犯规和技术犯规，应立即离开比赛，必须被替补队员替换的规则要求。

2. 全队犯规处罚状态

为了鼓励积极主动的防守，减轻队员心理压力，简化比赛保持比赛流畅性，小篮球规则删减了全队犯规处罚。

（八）记录表

小篮球比赛记录表

小篮球大梦想

比赛队
A队
B队

比赛名称
______
比赛编号 ______
日期 ______
时间 ______
地点 ______

比赛裁判员
主裁判员 ______
副裁判员 ______

A 队 ______

颜色 ______ 暂停 □ □

上场队员				队员姓名	号码	犯规次数				
1	2	3	4			1	2	3	4	5

教练员

助理教练员

B 队 ______

颜色 ______ 暂停 □ □

上场队员				队员姓名	号码	犯规次数				
1	2	3	4			1	2	3	4	5

教练员

助理教练员

A		B		A		B	
	1	1			41	41	
	2	2			42	42	
	3	3			43	43	
	4	4			44	44	
	5	5			45	45	
	6	6			46	46	
	7	7			47	47	
	8	8			48	48	
	9	9			49	49	
	10	10			50	50	
	11	11			51	51	
	12	12			52	52	
	13	13			53	53	
	14	14			54	54	
	15	15			55	55	
	16	16			56	56	
	17	17			57	57	
	18	18			58	58	
	19	19			59	59	
	20	20			60	60	
	21	21			61	61	
	22	22			62	62	
	23	23			63	63	
	24	24			64	64	
	25	25			65	65	
	26	26			66	66	
	27	27			67	67	
	28	28			68	68	
	29	29			69	69	
	30	30			70	70	
	31	31			71	71	
	32	32			72	72	
	33	33			73	73	
	34	34			74	74	
	35	35			75	75	
	36	36			76	76	
	37	37			77	77	
	38	38			78	78	
	39	39			79	79	
	40	40			80	80	

如何完成记录表

1. 书写球员姓名和对应球衣号码。
2. 在每节比赛开始当球员进入场地开始进行比赛后在正确空格中记“X”。
3. 侵人犯规记“P”、违反体育道德的犯规记“U”、取消比赛资格的犯规记“D”、技术犯规记“T”。
4. 包含罚球的任何犯规，应在“P”“U”“D”或“T”的旁边加上相应的罚球次数（1、2）来表示。
5. 裁判员准予某队请求暂停后，用“X”划掉暂停栏相应的格子。
6. 累计比分记4个格：其中2格为A队，2格为B队。之后的得分记录，首先，投篮得分用“/”记录，罚球用“●”记录；其次，书写球员号码在标识“/”“●”旁边相应的空白区。
7. 每节比赛结束后，在表格提供的对应位置记录每节得分和最终比分。
8. 在记录表上签字确认并加签其他记录台工作人员。

得分		
第1节	A ______	B ______
第2节	A ______	B ______
第3节	A ______	B ______
第4节	A ______	B ______
决胜期	A ______	B ______

最后比分
A ______ B ______
胜队
______

签字
记录员 ______
计时员 ______
副裁判员 ______
主裁判员 ______

图 11-4 小篮球比赛记录表

二、小篮球四对四比赛

（一）球场

正式比赛场地宽12米、长15米，如利用现有标准尺寸场地比赛时，距离中线处需要有2米缓冲区。基层比赛可以使用宽14米、长15米半个标准篮球场地。罚球线距离端线内沿4米。

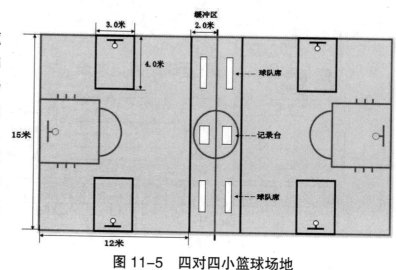

图 11-5　四对四小篮球场地

（二）球队

每支球队应由6名队员组成。其中4名为场上队员，2名为替补队员。比赛开始前，球队必须保证4名队员在场上，比赛预定开始时间5分钟以后，仍不足4名队员一方按照弃权处理。

（三）比赛的开始

比赛在中场跳球开始。跳球后，未在场上获得控制球的球队，应优先拥有下一次交替拥有球权。第二节比赛由拥有交替球权的队在记录台对侧边线中点掷球入界开始。每队必须有4名队员在场上才能开始比赛。

（四）得分

与成人比赛一样，小篮球的四对四比赛中，每次投篮中篮计2分，每次罚球中篮计1分。不同的是没有三分球。

（五）友爱原则

小篮球四对四的比赛增设了友爱规则。即在比赛中，某队领先对方20分或20分以上，裁判员将宣布该队获胜，并保持比分。虽然比赛胜负已分，但比赛应该继续，可以选择下列方法之一完成比赛。比赛继续进行，违例、犯规宣判和替换照常，两队后续的得分不再累加。或者两队互换球员继续完成比赛。也可以继续比赛但改变分值，即增大落后球队或减小获胜球队每次投篮得分的分值。

（六）比赛时间和比赛胜者

比赛时间分为两节，每节 6 分钟，在死球状态下和罚球期间应停止计时钟。第 1 节比赛结束，两队互换球篮。如果常规比赛时间结束时，比分相等，将不进行决胜期的比赛，只进行一对一罚球，先领先 1 分的球队获胜，其方法和小篮球五对五比赛一样。

（七）犯规／罚球

对正在做投篮动作的队员犯规，应判给两次罚球。对正在做投篮动作的队员犯规，如果球中篮应计得分，不再追加罚球。一名队员发生了 4 次侵人犯规和技术犯规，裁判员应通知其本人立即离开比赛，他必须被替补队员替换。

（八）拖延比赛

拖延或消极比赛（即不尝试得分）应判违例。

如果不主动积极尝试进攻球篮，裁判员应以最后 5 秒钟倒计时报数的方式警告该队。

（九）暂停

小篮球四对四比赛中，不允许暂停。

（十）替换及分组原则

教练员应将本队的 6 名队员分成两组阵容，并遵循每名队员每场比赛至少上场一整节（连续 6 分钟）的时间的分组原则。第一节比赛 4 名场上队员，两名替补队员，半时结束，教练员重新调配两组阵容，两名替补队员必须在第二节的比赛中上场。另外两名队员可在下半场自由替换。在比赛开始前，运动队需到场 4 名队员方可开始比赛，如果某队在比赛开始前只有 4 名或 5 名队员到场，则对方教练员可以选派相同数量的本队队员出场进行比赛。

U10 混合组的分组原则是比赛开始前，运动队需到场 4 人（至少 1 名女队员）方可开始比赛。每节比赛至少有一名女队员在场上参赛。比赛中，如该队场上参赛女队员因 4 次犯规、受伤或其他原因不能继续比赛，替换她的队员必须是女队员，如果该队没有合格参赛资格的女队员，则只能 3 名队员继续完成比赛。

三、小篮球比赛半场三对三

（一）球场

小篮球三对三标准场地，宽15米、长11米。也可以使用传统小篮球场的半个比赛场地。

图 11-6 三对三小篮球场地

（二）球队

每支球队应由4名队员组成（其中3名为场上队员、1名为替补队员）。比赛开始前，球队必须保证3名队员在场上，比赛预定开始时间5分钟以后，仍不足3名队员一方按照弃权处理。比赛期间，教练员不可进入比赛场地，可以在观众席进行指导。

（三）比赛开始

比赛开始前，双方球队应同时进行热身。双方球队以掷硬币的方式决定第一次球权归属。获胜一方可以选择拥有比赛开始时的球权或拥有可能进行的决胜期开始时的球权。每队必须有3名队员在场上才能开始比赛。

（四）得分

每次投篮中篮和罚球中篮均计1分。

（五）比赛时间 / 比赛胜者

常规的比赛时间为5分钟，在死球状态下和罚球期间应停止计时钟。在双方完成一次交换球后，当进攻队员获得防守队员的传球时，应立即重新开动计时钟。然而，如果在常规比赛时间结束之前，某队率先得到11分（也可根据年龄采用7分、9分）以上则获胜。如果常规比赛时间结束时比分相等，则进行决胜期比赛，在决胜期中率先取得1分的球队获胜。

（六）犯规和罚球

对正在做投篮动作的队员犯规，应判给一次罚球。对正在做投篮动作的队员犯规，如果球中篮应计得分，不再追加罚球。所有的技术犯规判给对方一次罚球以及随后的球权；所有的违反体育道德的犯规判给对方两次罚球以及随后的球权。执行技术犯规或违反体育道德的犯规产生的罚球之后，比赛将以互为对方队员之间在场地罚球线延长线以上交换球的方式继续进行。

（七）如何打球

在每一次投篮中篮或最后一次罚球中篮后（除非某队拥有随后的球权）：非得分队的一名队员在场内球篮下方（而非端线以外），将球运或传至场地罚球线延长线以上的任意位置继续进行比赛。此时，防守队不得在球篮下方的"限制区"内抢断球。

在每一次投篮没有中篮或最后一次罚球没有中篮后（除非某队拥有随后的球权）：如果进攻队抢到篮板球，则可以继续投篮，不必将球转移至罚球线延长线以上。如果防守队抢到篮板球，则必须将球转移到罚球线延长线以上（通过运球或传球的方式）。

如果防守队通过抢断或者封盖获得控制球，则必须将球转移到罚球线延长线以上（通过运球或传球的方式）。

死球状态下给予任一队的球权，应以双方在罚球线延长线以上交换球开始。即，一次罚球线延长线以上（防守队与进攻队队员之间）的传递球。

若罚球线延长线以上队员的双脚都不在罚球线延长线以下，也没有踩踏罚球线及延长线，则被认为处于"罚球线延长线以上"。

发生跳球情况时，由之前场上的防守队获得球权。

（八）拖延比赛

拖延或消极比赛（即不尝试得分）应判违例。

如果不主动积极尝试进攻球篮，裁判员应以最后5秒钟倒计时报数的方式警告该队。

（九）替换

当球成死球并且双方完成交换球或执行罚球之前，允许任一队替换队员。

替补队员在其队友离开场地并与之发生身体接触后，方可进入比赛场地。替换只能在球篮对侧的中线外进行。替换无须临场裁判员或记录台人员发出信号。

（十）暂停

比赛中不允许暂停。

（十一）取消比赛资格

队员累计两次违反体育运动精神的犯规、两次技术犯规或累计一次违反体育运动精神的犯规和一次技术犯规，将被取消比赛资格。

四、小篮球比赛裁判员执裁理念

（一）要清楚执裁一场小孩子们的比赛与执裁一场成人比赛完全不同。

（二）合理运用规则，保护好孩子们。

（三）注重孩子们比赛精神的培养，适时进行教育，引导孩子们尊重规则、尊重对手、尊重裁判员。

（四）不要过多地干扰比赛进程，让孩子们充分享受比赛的乐趣。

（五）在执裁过程中保持乐于引导的态度，耐心地为孩子们解释在比赛中的任何违例和犯规行为。

（六）在指明比赛中的违例和犯规行为时，要保持前后一致、公正客观。

（七）始终保持积极和令人愉快的态度，使用恰当的语言。

（八）与教练员保持良好的沟通，彬彬有礼，共同为孩子们树立榜样。

（九）在任何情况下都要确保比赛的公平竞争。

（十）引导孩子们执行赛前、赛后礼仪。

第二节　小篮球教学

小篮球教学是小学体育的重要组成部分，是实现小学体育教学任务的重要环节之一。因此，小篮球教学必须从小学体育整体教学任务出发，深入贯彻落实全民健身国家战略，推进健康中国建设，厚植以青少年为根基的篮球人口，让篮球运动更好满足人民群众对美好生活的需求，帮助学生在篮球运动中享受乐趣、增强体质、健全人格、锤炼意志，促进学生身心健康发展。

一、小篮球教学任务

（一）落实立德树人根本任务和坚持"健康第一"教育理念，以发展学生运动能力、健康行为和体育品德等核心素养为引领，通过小篮球运动教学，促进学生身心健康、体魄健康、全面发展。

（二）落实"教会、勤练、常赛"要求，注重小篮球"学、练、赛"一体化教学，坚持课内外有机结合，指导学生学会基本运动技能、体能和小篮球运动技能，激发小学生参与篮球运动兴趣，体验小篮球的魅力，提高小学生的健康水平和形成良好的体育品德。

（三）加强小篮球运动课程教学内容的整体化设计，建立结构化的小篮球知识内容体系，把基本运动技能、体能、健康技能以及小篮球运动技能等有机融合，构建系统化和整体化的小篮球教学内容。

（四）创新教学方式改革，从"教师中心"向"学生中心"转变，从"以知识与技能为本"向"以学生发展为本"转变，打破传统技能传习式教学方式，创设多元化复杂的运动情境，创新基于比赛的小篮球教学方式，让学生在愉悦的学习情境中自主学习、探究学习和合作学习。

（五）探索教学评价改革，充分发挥评价的激励和反馈功能，围绕核心素养，创新评价主体多元、评价内容多维、评价方法多样的综合评价体系；注重过程性评价和终结性评价，既关注基本运动技能、体能、小篮球专项技能，又关注健康知识、行为和意识养成以及学习态度、体育品格的形成，积极探索增值性评价，健全综合评价。

二、小篮球教学目标

（一）运动能力目标

享受小篮球乐趣，积极参与小篮球项目的游戏和比赛，形成运动兴趣；培养正确的身体形态和动作模式，发展体能水平，掌握小篮球运动基础知识和基本原理，理解小篮球规则；经常观看各类篮球比赛，并能简要分析比赛中的现象和问题，形成积极的体育态度。

（二）健康行为目标

了解小篮球运动促进健康的重要性，积极参与校内外小篮球运动，形成体育锻炼的意识和习惯；掌握常见运动损伤知识与处理方法，并运用到运动实践中；理解小篮球运动对心理健康的积极影响，学会调控自己的情绪，积极应对挫折和失败，保持良好心态；主动同他人交流与合作，学会适应自然环境。

（三）体育品德目标

积极参加小篮球运动，当遇到困难或挑战自我身体极限时，在保证安全的前提下能够克服困难，坚持到底，与同伴一起顽强拼搏；遵守小篮球游戏和比赛规则，尊重对手、尊重教练员和裁判员，诚实守信，公平竞争；充满自信，尊重他人，具有较好的竞赛礼仪，能正确看待成败。

三、小篮球教学原则

（一）面向全体与关注个体差异相结合

小篮球教学中应充分注意到学生的身体条件、兴趣爱好和运动技能等方面的个体差异，要根据学生的共性特征和个体差异性确定学习目标和评价方法，保证绝大多数学生能够完成学习目标，使每个学生都能体验到小篮球的乐趣。

（二）发展身体活动能力与增强体质相结合

小篮球教学中，知识、能力、意识与增强体质是相辅相成的。要注意小篮球运动的特点，将小篮球技能和竞赛作为锻炼身体的有效手段，在技术、技能传授的过程中，合理地安排练习密度和强度，以利于促进学生身心全面发展。

（三）理论与实践相结合

充分指导学生动体与动脑相结合，使科学锻炼能力在理论与实践的结合中得到提高。如：教学中有目的地结合教学内容，介绍小篮球运动规律、规则的基础知识，引导学生在游戏和竞赛中学习、掌握安全运动的方法，增强自我保护意识，懂得安全、有序地进行小篮球运动。

（四）课内与课外相结合

小篮球教学仅仅只有课堂教学是不够的，还需要结合相应的课外活动进行。课外活动具有较强的灵活性和选择性，积极开展课外小篮球活动可以满足学生不同的兴趣和需求，有利于发挥学生的特长和弥补课堂教学的不足。

四、小篮球教学要求

（一）注重运动环境的安全

小篮球作为身体对抗项目，存在一定的风险性。从事教学的体育教师应当定期对场地和器材进行检查，无论是组织教学、课余活动还是训练比赛都要确保学生的身心安全。

（二）注重传授基本技战术的应用

向学生传授小篮球的基本技战术时，体育教师要时刻想到篮球运动是一项积极的身体活动游戏，因此要确保他们从学习和参与中获得乐趣。这就要求体育教师根据学生的年龄特征及小篮球的发展规律，合理选择教材、教法，以帮助学生在学习中发挥出自己的最大的潜能。

（三）注重传授篮球规则知识

在进行技能教学的基础上，体育教师还要向学生介绍小篮球运动基本竞赛规则（如在教授行进间运球时，介绍带球走、两次运球和携带球违例等规则），并且在教学过程中找机会带领学生学习这些规则。

（四）注重结构化的技战术教学理念

引导学生关注知识与技能的整体性、结构性和关联性，注重提高学生在游戏比赛情境中运用知识与技能的能力，尽量避免单一、孤立的知识和技能的传授。

（五）注重培养学生优良品格

优良品格包括认真学习、充满爱心、诚实有礼、拼搏进取、勇于担当责任等。这些品格养成的重要性丝毫不亚于技能提升的重要性。例如，在教授学生如何打比赛时，体育教师要强调与同伴配合、遵守规则、尊重对手，指导学生在规则允许的范围内夺取胜利，并使他们了解自己在球队胜利中所发挥的作用。

五、传统技能传习式教学方法

传统技能传习式教学方法是以教师为中心、以技术为核心，对比赛所需的技巧和技术进行分析然后向小学生传授这些技巧和技术，指导小学生能将这些技术运用到比赛中。通常是准备活动后，教练员传授篮球基本技术或高级技术，然后通过一个或多个训练活动重复练习这种技术。也可能是多个技术技能的重复练习，中间会穿插一些战术技能指导，通过一系列训练活动来练习，接着小学生进行一些练习赛，教练员希望练习赛中，小学生能够运用训练活动中练习的技术和技能。如果训练期间没有足够的身体素质练习，训练结束时会增加一些体能训练。传统技能传习式教学方法倾向于教练员以命令方式传授技术和战术，教练员传授技能，组织练习，提供反馈，对于训练比赛和练习比赛指导相对较少，因此该教学方法存在以下缺陷。

（一）过于强调技术技能

教练员过于强调技术技能的教学和练习，其代价是妨碍了传授和练习战术技能所需的决策技能，学习技术技能的训练活动占据大部分训练时间，这样重复枯燥练习减少了小学生自己思考和决策的时间，虽然组织恰当的技术练习对技术运用有价值，但是实战经历对发展技术和战术技能更有益。

（二）过于强调直接指导

传统技能传习式教学的主要策略是教练员直接指导，直接告诉小学生如何操作技能，虽然直接指导是向小学生传授所学技能的有效方法，但是不太适合发展运动中问题解决和决策中所需的思维技能。

（三）盲目练习

以传统方式传授篮球技术和战术技能，往往脱离比赛情境，小学生通过训练学习到的基本技能很难运用到比赛中，因为他们没有在类似比赛情境中做足够的练习。经验表明，小学生不能自然察觉练习之间的相似性，不能将训练中所学运用到比赛情境中。像比赛一样练习，才更可能像练习一样比赛。

（四）枯燥

传统技能传习式教学方法过于依赖非比赛情境的训练，而且很枯燥，有时缘于小学生花费大量时间站队，有时因练习仅是冗长乏味的重复，枯燥练习设计取消或减少了小学生如同在真实比赛情境中解决问题的机会。

六、基于比赛的小篮球教学方法

基于比赛的小篮球教学方法是以学生为中心、以比赛为核心，有指导发现学习的教学方法。即学习小篮球比赛要通过类似比赛的练习活动创造现实的和愉悦的学习情境，当小学生理解了他们在比赛中所必须的战术时，他们会积极地发展执行这些战术所需的技术技能。也就是说，以更加整体的方式学习打篮球，首先注重帮助小学生理解比赛是什么，然后帮助他们学习怎样比赛，通过这种方式，小学生主动发现比赛中需要做什么，教练员再帮助他们理解已经体验到的内容，有了教练员指导，小学生可以发现他们需求的技术，进而提高阅读比赛情境的能力。因此教练员在小篮球教学过程中构建类似比赛情境至关重要，一般通过三种方式构建。

（一）变更比赛

小篮球变更比赛关键在于重新设计比赛，改变规则、队员数量、场地大小、比赛时间、比赛节奏等。（见表 11-1）

表 11-1　小篮球变更比赛方式情境设计

加入特殊球员	进攻时加入 防守时加入 从底线进来 从对角线进来
改变规则	禁止运球 女生必须碰球后才能投篮 女生可以带球走 要传给所有的人后才能投篮 给特殊球员投第一球

场地限制	禁止进入区 仅能在此区投篮 不得从此区过半场 不得在此区进行防守
改变器具	改变球的大小、弹性、轻重 改变篮框的高低、数量 放置障碍物
增减人数	三对三或四对四 进攻时增减一人 防守时增减一人

（二）专注比赛

小篮球专注比赛是通过解释练习赛的目的让小学生在练习时注重比赛的关键要素，提问，冷冻重放，讨论。例如专注抢前场篮板球、挡拆配合等。

（三）提升比赛

小篮球提升比赛是通过在练习期间赋予挑战，使用给弱者以有利条件的技术使比赛水平接近。

基于比赛的小篮球教学步骤：

1. 进行变通的比赛：强调对比赛的某些条件作出限制，指导队员通过比赛发现某种战术。

2. 帮助队员理解比赛：定格关键时刻比赛，通过冷冻重放，针对发现的错误提出问题。

3. 传授比赛技术：当队员意识到技术在比赛中的重要性，通过专门的练习传授该技术。

4. 在另外一个比赛情景中练习技术：学习完技术后，设置一个不均衡的比赛场景进行检验，建议采用均衡的比赛。

思考题：

1. 简述小篮球比赛有哪些与成人篮球比赛不同的要求？

2. 小篮球比赛可以培养少儿哪些体育品德？

3. 简述小篮球教学要求。

4. 举例设计基于比赛的小篮球教学方法。

第十二章

三人篮球运动

【导读】三人篮球运动是篮球运动发展的重要表现形式，已经成为篮球比赛的重要赛事之一。本章重点介绍了三人篮球运动发展、竞赛规则和裁判方法，通过本章的学习，学生能够了解三人篮球运动发展过程，掌握三人篮球的竞赛规则和裁判方法，并能够按照规则进行比赛和执法比赛。

第一节　三人篮球运动发展简介

三人篮球运动最早出现在 20 世纪 60 年代的美国街头。作为街头篮球的一种最主要的表现形式，该项目对于场地设施要求比较简单，其场地一般设在公园和街头，竞赛形式随意，只要街上的人愿意，可以任意几人组成一队参加比赛，在强节奏感的音乐伴奏下，参与者可以全身心地投入到运动中去，达到娱乐、健身等目的。20世纪 90 年代在德国法兰克福举办的首届世界三人篮球锦标赛以及 1992 年在德国举办的首届阿迪达斯街头篮球挑战赛标志着街头篮球开始步入国际化的道路。自 2007年起国际篮联（FIBA）着重发展三对三篮球并致力于向全世界的推广。在筹备 2010年新加坡青奥会的过程中，FIBA 集中精力统一创立和改编世界三对三篮球比赛规则，而青奥会也检验了三对三篮球成为全球性赛事的可行性。2011 年以后是三人制篮球进入快速发展的时期，2012 年国际篮联制定官方三人制篮球竞赛规则，2012 年 6 月的球员社区和比赛 3×3planet 网络平台的推出，拉开了国际篮联 3×3 篮球故事的序幕。在希腊举办了第一届三人制篮球世界锦标赛，随后又在西班牙举办第二届三人制篮球世青赛，这些都是三人篮球迈向国际舞台的重要一步。近年来，三对三篮球运动在国际篮联积极推动下在世界许多国家蓬勃发展，三对三篮球世界锦标赛、三对三 U18 世锦赛、FIBA3×3 世界巡回赛（三对三大师赛）等已经形成品牌赛事。目前，三对三篮球是青奥会、亚青会、亚沙会正式比赛项目，2018 年亚运会成为正式比赛项目，世界学生联合会每年也举办世界大中学生三人篮球赛。2017 年 6 月 9 日国际奥林匹克委员会官方宣布三人篮球成为 2020 年夏季奥运会比赛项目。

三人篮球运动是在篮球运动基础上创立的，所以该项运动技术既具有篮球运动技术的基本特征，同时又有着其自身特点，因场地大、人数少、攻守转换节奏快，个人技术更容易发挥，个人攻击在比赛中作用明显，主要技术包括移动技术（跑、跳、急停、转身、滑步等无球动作方法）、控制和支配球技术（运球、传接球、投篮等有球动作方法）和争夺球技术（抢球、打球、断球、抢篮板球等动作方法），以及这些技术动作组合。三人篮球比赛是随着球权的控制与争夺，双方在每回合 12 秒的时间内不断攻守转换的过程，三人战术表现在队员位置的部署、球和人移动路线、攻击区域、配合时机、层次和变化等，包括三人进攻战术配合和防守战术配合，常用进攻战术配合有传切配合、突分配合、策应配合、掩护配合（有球掩护和无球掩护），常用防守战术配合有关门配合、夹击配合、补协防配合、防守掩护配合（挤过配合、穿过配合、绕过配合、交换防守配合、延误防守配合）等。

当今世界三人篮球比赛正朝着"高、快、强、准"的方向发展，突出表现在球员身材高、个人技术全面、对抗性强、攻守转换快、注重速度与高度统一。世界强队均体现出攻守兼备、各位置实力平均、内外均衡特点，进攻在全队整体配合前提下，更注重个人能力发挥，形成随机配合、机动灵活打法，防守则表现出"硬、狠、紧、近"的特点，队员个人技术全面，技术特点突出，得分手段多样化，得分能力强，特别是外线得分增多。

三对三篮球运动在我国的发展是从 20 世纪 90 年代中期开始。2013 年 7 月，国家体育总局篮球中心正式成立了三人篮球办公室。2014 年，三人制篮球在世界范围内广泛流行，是广大青少年最为喜爱的运动项目之一。经过几十年的发展，三人制篮球已经呈现出与五人制篮球不同的表现方式。2015 年是中国三对三篮球联赛的赛事元年，联赛激励了大量对篮球心怀渴望的年轻人加入，参与这场精彩绝伦的年度篮球挑战。

2018 年亚运会三对三比赛中国男女篮双夺冠。2019 年三人篮球世界杯比赛中，中国女篮勇夺冠军，成为我国篮球项目在世界大赛中的首个世界冠军。2021 年东京奥运会上，三人篮球项目男女各 8 支队伍参赛，最终拉脱维亚男篮和美国女篮夺得冠军，中国女子三人篮球队勇夺铜牌。

第二节 三人篮球比赛规则

一、比赛场地和用球

（一）比赛场地

1. 比赛场地

比赛应在拥有一个球篮的篮球比赛场地上进行。标准的三人篮球比赛场地面积应为 15 米（宽度）×11 米（长度）。场地须具有一个标准篮球场尺寸的区域，包括一条罚球线（5.80 米）、一条两分球线（6.75 米）以及球篮正下方的一个"无撞人半圆区"。可以使用传统篮球场的半个比赛场地。

所有级别的比赛应统一使用三人篮球比赛官方专用球：6 号球大小，7 号球的重量。

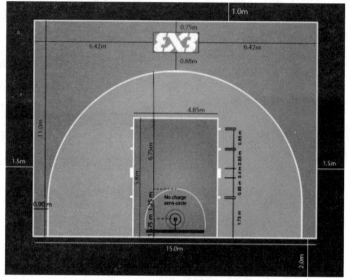

图 12-1 三人篮球比赛场地

2. 界线 / 界外区域

比赛场地由底线（球篮后方）、端线（球篮对侧）和边线组成的界线所界定。这些线不是比赛场地的一部分。

比赛场地外围应设额外的界限区，即端线外 1 米，边线外 1.5 米（场地受限时至少 1 米）和底线外 2 米。

记录台和座椅应置于左侧（面向球篮时）端线的后方。记录台一侧需提供两个座位（每队 1 个）给替补队员（图 12-2）。

特殊情况下（场地受限时），记录台可以切入端线一角（图 12-3）。

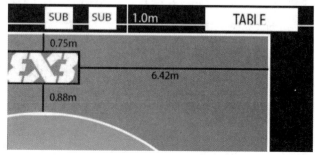

图 12-2 记录台和替补席

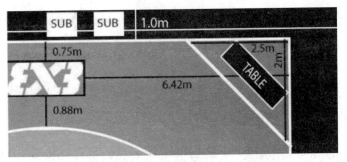

图 12-3　记录台和替补席——场地受限

（二）比赛用球

三人制篮球正式比赛是采用 6 号球大小、7 号球重量的比赛用球。

二、球队

每支球队应由 4 名队员组成（其中 3 名为场上队员、1 名为替补队员）。不允许教练员在比赛场地、替补席或者在场外提供比赛指导，队员在比赛期间与场外任何人员不恰当的互动或者队员同教练员之间任何形式的交流都被认为是缺乏体育精神的行为，应给予该队一次警告，其后续类似行为将导致技术犯规。

三、裁判团队

比赛裁判团队应由 2 名临场裁判员、3 名记录台人员和 1 名赛事监督（如到场）组成。

四、比赛的开始

比赛开始前，双方球队应同时进行热身，双方球队以掷硬币的方式决定第一次球权归属，获胜一方可以选择拥有比赛开始时的球权或拥有可能进行的决胜期开始时的球权，每队必须有 3 名队员在场上才能开始比赛。

五、得分

每次从圆弧线以内区域出手中篮，计 1 分。每次从圆弧线以外区域出手中篮，计 2 分。每次罚球出手中篮，计 1 分。

任何情况下，防守球队在控制球后如果在没有把球转移出圆弧线而投入球篮，那么就发生了没有出圆弧线而形成未清洁球违例，球中篮将被取消，包含控制球情况下的拍击和补篮。

六、比赛时间／比赛胜者

（一）比赛时间

常规的比赛时间为 10 分钟，在死球状态下和罚球期间应停止计时钟。

以下情况应开启比赛计时钟：在交换球情况中，在完成交换球程序后，进攻队员可处理球时；在最后一次成功的罚球后，新的进攻球队控制球时；在最后一次不成功的罚球后，活球状态下球触及任何场上队员或被任何场上队员触及时。

（二）比赛胜者

在常规比赛时间结束之前，某队率先得到 21 分或以上则获胜。"突然死亡"规则仅适用于常规的比赛时间（不适用于可能发生的决胜期）。

如果常规比赛时间结束时两队比分相等，则应进行决胜期比赛，决胜期开始前应有 1 分钟的休息时间，在决胜期中率先取得 2 分的球队获胜。

如果在预定的比赛开始时间，某队在赛场准备比赛的队员不足 3 人时，该队因弃权而告负。在基层比赛该规则不强制执行。在因弃权而告负的情况下，比赛得分应登记为 w—0 或 0—w（"w"表示胜方）。当计算球队平均得分时，胜队该场比赛结果不应被计算在内，而负队计算平均得分时，该场比赛按 0 分计算。某队因恶意弃权而告负时，可以取消其比赛资格。在一次赛事中，如果某队弃权两次或缺赛，该队应该被取消比赛资格并登记为 DQF。

如果某队在比赛结束前离开场地或所有队员受伤和／或取消比赛资格，则该队因缺少队员而告负。在此情况下，胜队可以选择保留该得分或以对方弃权处理，同时，因缺少队员而告负的球队，在任何情况下，得分都登记为 0。如果胜队选择比赛以对方弃权处理，当计算队伍平均得分时，该场得分不应被计算在内。某队因缺少队员告负应被取消比赛资格。

七、替换

当球成死球并且双方完成交换球或执行罚球之前，允许任一队替换队员。替补队员在其队友离开场地并与之发生身体接触后，方可进入比赛场地。替换只能在球篮对侧的端线外进行，替换无须临场裁判员或记录台人员发出信号。

八、暂停

每支球队拥有 1 次暂停机会，死球状态下任一队员均可以请求暂停。每次暂停应持续 30 秒钟。暂停和替换只能在死球期间进行，在活球情况下不可暂停和替换。

若进行媒体转播，主办方可决定是否运用两次媒体暂停，在所有比赛中，两次媒体暂停机会分别为比赛计时钟显示 6∶59 和 3∶59 后的第一次死球期间。

九、如何打球

（一）交换球

1. 交换球定义

死球状态下给予任一队的球权，应以双方在场地顶端的圆弧线外交换球开始。即一次场地顶端圆弧外（防守队与进攻队队员之间）的传递球。

2. 交换球规则

进攻队员在比赛场地顶端的圆弧线后（面向篮板）进行交换球（双脚既不在圆弧线内也不在线上）。

防守队员面向进攻队员站立，应以正常的篮球传球方式将球递交或反弹给对方，允许进攻队员控制球。

交换球时，进攻队员和防守队员之间应保持合理的距离（大约 1 米）。在世界级的国际篮联三人篮球赛事中，3×3 地标可用来作为进攻和防守队员之间距离的标准（双方队员在地标的两条长边相对而站，但不能触及地标）。

在比赛期间，如果防守和进攻队员在正确的位置上进行交换球，裁判员不需要介入。如果队员没有在正确的位置上（或错误地执行交换球），裁判员应直接将球传给防守队员，并且确保交换球正确进行。

常规比赛时间或加时赛开始的时候，交换球应由裁判员管理。

（二）清洁球

1. 清洁球定义

清洁球是一种比赛方式，新的进攻队获得第一次球权后，需从圆弧线后开始尝试投篮。若圆弧外队员的持球队员双脚都不在圆弧线内，也没有踩踏圆弧线，则被认为"处于圆弧线外"。则该队员被认定为已经清洁球。

2. 清洁球规则

（1）每次投篮中篮或最后一次罚球中篮之后（除非某队拥有随后的球权），则非得分队的队员在场内球篮下方（而非端线以外），通过将球运或传至场地圆弧线外的任意位置的方式继续比赛。

不允许防守队员在球篮下方的"无撞人半圆区"进行防守。

当队员的任一脚都不在圆弧线内或线上时，才被认为是"处于圆弧线外"。

（2）在每次投篮没有中篮或最后一次罚球没有成功后（除非某队拥有随后的球权）。如果进攻队员抢到篮板球，他可以继续尝试投篮得分，不需要将球转移到圆弧线外。如果防守队员抢到篮板球，他必须将球转移至圆弧线外（通过运球或传球的方式）。

（3）如果防守队抢断或封盖获得球，必须将球转移至圆弧线外（通过运球或传球的方式）。

3. 清洁球罚则

如果未清洁球之前，球离开了尝试投篮队员的手，这是"未清洁球"违例，球中篮无效。应判给对方一次交换球。

（三）跳球情况的球权

发生跳球情况时，由之前场上的防守队获得球权。

（四）背打3秒规则

清洁球后，一名进攻队员在圆弧线内，不能背对或侧对球篮运球超过持续3秒钟。

（五）12秒进攻规则

一名队员在场上获得控制活球时；交换球中，当交换球完成，球已在进攻队员手中时；每次成功的投篮和最后一次罚球之后，球在非得分队队员的手中时，该队必须在12秒之内尝试投篮。

一次12秒内投篮的构成：

在进攻计时钟的信号发出前，球必须离开队员的手，而且球离开了队员的手后，必须触及篮圈或进入球篮。

如果比赛场地没有安装进攻计时钟，并且某队未积极尝试进攻球篮，裁判员应示意进攻队最后5秒钟且以大声读秒，并辅以手势警告该队。

十、犯规／罚球

（一）侵人犯规的罚则

1. 对没有做投篮动作的队员发生犯规

由非犯规的队执行交换球重新开始比赛。如果犯规的队处于全队犯规处罚状态，则按照相关条款执行罚则。

如果控制活球队的队员或拥有球权队的队员发生了一次侵人犯规，应判对方队员执行一次交换球。

2. 对正在做投篮动作的队员犯规的罚则

对正在做投篮动作的队员犯规，如果球中篮应计得分，并追加1次罚球。若此时全队犯规累计达7次以上，应判给两次罚球。

对正在做投篮动作的队员在圆弧线内被犯规，如果球未中篮判给1次罚球。若此时全队犯规累计达7次以上，应判给两次罚球。

对正在做投篮动作的队员在圆弧线外被犯规，如果球未中篮判给两次罚球。

3. 全队犯规累计处于处罚状态下的罚则

全队犯规是指该队队员或替补队员被判罚的侵人犯规、技术犯规、违反体育运动精神的犯规或取消比赛资格的犯规。某队全队犯规已发生了6次时，该队处于全队犯规处罚状态。队员不因个人犯规的次数被判出局。

全队累计第七、第八和第九次犯规，判给对方两次罚球。全队累计第十次及随后的犯规，判给对方两次罚球和球权。此条款也适用于违反体育运动精神的犯规和对在做投篮动作队员的犯规，技术犯规不适用。

（二）双方犯规罚则

双方犯规的处理永远是双方的罚则相抵消，不论球队犯规状态或犯规为队员的第一次或第二次违体犯规。抵消双方球队的相等罚则后，将球权判给原先控制球的队或应获得球权的队，进攻计时钟不应复位，若任一队既没有控制球也没有球权时，一次跳球情况发生。将球权判给最后一次进行防守的球队，重置12秒钟进攻计时。

（三）技术犯规的罚则

1. 延误比赛的行为

除了5人制篮球规则中关于技术犯规的条款适用于三人制篮球比赛规则之外，三人制篮球对通过下列方式延误比赛的行为第一次出现要进行警告，第二次出现要判罚技术犯规。

投篮或罚球成功时，在球穿过球篮之后故意地触及球或阻碍新的进攻队立即拿球。

投篮或罚球成功时，在球穿过球篮之后，没有防守队伍阻碍的情况下，故意不立即拿球。

投篮或罚球成功后，在无撞人半圆区内积极防守。

阻碍交换球或罚球程序的迅速执行。

与比赛场地之外的人进行不恰当的互动或比赛过程中队员和教练员之间任何形式的交流。

2. 技术犯规的罚则

一次技术犯规应登记一次全队犯规。技术犯规的罚则应总是立即执行并优先于其他罚则。所有的技术犯规总是判给对方 1 次罚球，完成 1 次罚球后，判罚技术犯规时控制球的队或拥有球权的队应执行交换球程序，比赛按照下述方式进行：

如果宣判了防守球队技术犯规，则对方进攻计时钟应复位到 12 秒；

如果宣判了进攻球队技术犯规，则该队将拥有发生犯规时剩余的进攻时间。

当登记了一名队员两次技术犯规时，不取消他本场剩余比赛的资格。

表 12-1　技术犯规罚则

防守队员技术犯规	进攻队员技术犯规	没有球队拥有球权
1 次罚球	1 次罚球	1 次罚球
进攻队球权	进攻队球权	最后一次防守队拥有球权
复位进攻计时钟至 12 秒	进攻计时钟不复位	复位进攻计时钟至 12 秒
技术犯规的罚则应总是立即执行并优先于其他罚则		

（四）违反体育运动精神的犯规的罚则

应登记犯规队员一次违反体育运动精神的犯规并登记两次全队犯规。

队员第一次违反体育运动精神的犯规应判给对方两次罚球，但不给予球权。若队员的第一次违反体育运动精神的犯规是对正在做投篮动作的队员犯规，且球中篮，得分有效，并判给对方两次罚球。

队员第二次违反体育运动精神的犯规应判给对方两次罚球和球权。若队员的第二次违反体育运动精神的犯规是对正在做投篮动作的队员犯规，且球中篮，得分有效，并判给对方两次罚球和球权。

当一名队员被登记了两次违反体育运动精神的犯规时，应该取消他本场剩余比赛的资格。

表 12-2　违返体育运动精神的犯规的罚则

队员违反体育运动精神的犯规	全队犯规 1~6 次	全队犯规 7~9 次	全队犯规 10 次及以上
第一次	两罚	两罚	两罚一掷
第二次	两罚一掷	两罚一掷	两罚一掷

（五）取消比赛资格的犯规的罚则

应给犯规者登记一次取消比赛资格的犯规并登记两次全队犯规。

每当犯规者依据这些规则的各个条款被取消比赛资格，他应离开比赛场地。

如果是一起非身体接触犯规则判给对方任一队员两次罚球，随后执行交换球。

如果是一起身体接触犯规则判给被侵犯的队员两次罚球，随后执行交换球。

一名球队成员被取消本场比赛的资格，也可能被竞赛组织者继续取消整个赛事的参赛资格。

十一、球队的名次排列

下列原则将适用于小组赛和整个赛事的球队排名（巡回赛排名除外）。

如果球队在比赛相同阶段战绩相同，应按照下述步骤依次进行比较。每个步骤只能被使用一次。如果两队在一步比较之后依旧无法分出名次，则进行下一步的比较：

获胜场次最多（或胜率最多，如果出现小组之间比赛场次数量不同的情况）。

两队之间的比赛结果（只考虑胜负，仅适用于小组内排名）。

场均得分最多（不考虑因对方弃权而获胜的得分）。

如果经上述三个步骤的比较后，依旧相同，则具有更高种子队排位的球队名次列前。

十二、12 岁以下组别规则

对于 12 岁以下组别的比赛，建议对规则进行如下调整：

在可能范围内，将球篮高度降至 2.60 米

加时赛率先得分的球队获胜。

不使用进攻计时钟。如果某队不主动进攻球篮，裁判员应用计数最后 5 秒的方式进行警告。

因累计犯规次数进入处罚状态的规则不再适用。除对投篮动作的犯规、技术犯规和违反体育运动精神的犯规外，所有犯规均以交换球的方式进行处罚。

不准予暂停。

比赛可依据规则第 8.7 条所给予的灵活性进行组织，可酌情适用。

第三节　三人篮球比赛裁判方法

一、裁判员落位与职责

（一）追踪裁判（T）落位与职责

1.保持在场内落位，除非球靠近边线或球篮对侧的边线；

2.记录台对侧；

3. 主动调整位置以保持开角；

4. 关注比赛时间和进攻时间；

5. 做得分手势。

（二）前导裁判（L）落位与职责

1. 靠近底线的场外；

2. 记录台同侧；

3. 保持躯干与篮筐前沿 45°；

4. 主动调整位置以保持开角；

5. 关注比赛时间。

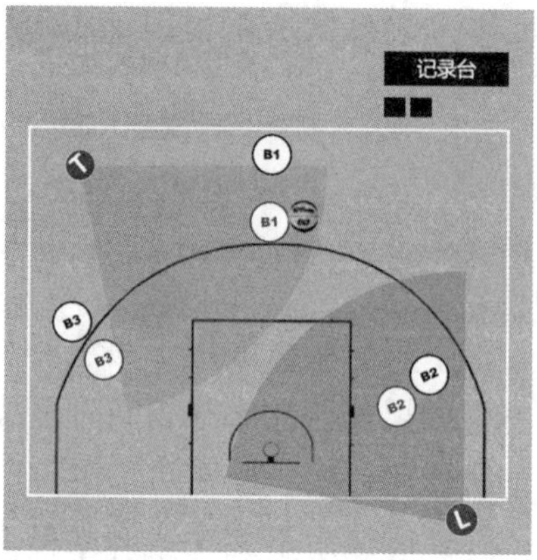

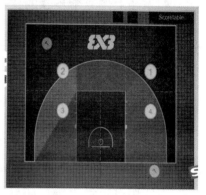

图 12-4　三人篮球比赛裁判员观察区域

二、裁判员区域分工

追踪裁判 T——负责绿色区域的覆盖。主要负责高位的区域，运用执裁防守的原则，积极寻找开角。

前导裁判 L——负责蓝色区域的覆盖。前导裁判主要负责低位的区域，运用执裁防守的原则，积极寻找开角。

追踪裁判和前导裁判的共管区是红色区域。追踪裁判和前导裁判对共管区的违犯都有责任。

图 12-5　三人篮球比赛裁判员区域分工

三、基本裁判方法

（一）球出界手势

1. 原控制球队的球权：裁判员手指应指向球篮方向。

2. 对方球权：裁判员手指应指向中线方向。

（二）交换球

除比赛开始，裁判员需要执行交换球程序。如需要裁判员执行交换球程序，裁判员应先将球递交给防守队员，防守队员再将球递交给进攻队员。在比赛中，裁判员不主动介入交换球程序。交换球交由队员自我管理，裁判员无须递交球，交换球通常是在比赛计时钟没有开启的情况。

（三）清洁球

队员没清洁球就尝试得分时，给手势和语言提醒，在球离手瞬间宣判违例。

清洁球手势（如图 12-6）。

图 12-6　抬手示二指从左到右移动

（四）背打 3 秒

在队员开始背打 3 秒时，裁判员需给出清晰的读表手势。

（五）延误比赛

当某队发生第一次延误比赛的情况时，裁判员应采用手势和口语警告该球队。之后，他需与同伴建立目光联系。因为下次再发生需判罚，可能发生是在对方的区域。当该队再次发生延误比赛的行为时，裁判员应立即判罚该队技术犯规。

（六）换人

在换人时，队员可以在死球期间自行替换，不用向裁判员和记录台汇报。球中篮不是死球情况，裁判员要注意观察队员替换的时机和程序是否合法。

（七）暂停

暂停只能发生在死球期间，正常暂停由球队提出，球中篮不是死球情况。某队暂停时，裁判员应鸣哨做出暂停手势（同五人制裁判法），6'59" 与 3'59" 之后的第一个死球时是媒体暂停，裁判员应鸣哨同时做出媒体暂停手势给出暂停，暂停期间裁判员应观察是否有非法指导（如图 12-7、12-8）。

暂停　　　　　　　　　　　　　　媒体暂停

图 12-7　成 "T" 形食指示之　　　图 12-8　握紧右拳握紧
　　　　　　　　　　　　　　　　　　　　　左拳并垂直转动

（八）宣判犯规

裁判员宣判普通犯规或技术犯规时无须报号换位，与记录台建立目光联系即可。

裁判员宣判违反体育运动精神的犯规和取消比赛资格的犯规时需向记录台报告队员号码、犯规性质和罚则。

在通常情况下，裁判员在场上不要交换位置。

四、记录表记录方法

记录员应在挑边程序（掷硬币）后，登记哪支球队拥有比赛开始的球权。

累计分的记录方法：

对任一有效的一分球投篮得分画一斜线（右手画"/"，左手画"\"）；

对任一有效的罚球得分涂一实圆（●）；

对任一有效的二分球投篮画一圆圈套住。

然后，在新的得分总数同一侧的空格内，（在新的"/"或"\"或"●"）登录投篮或罚球得分的队员号码。

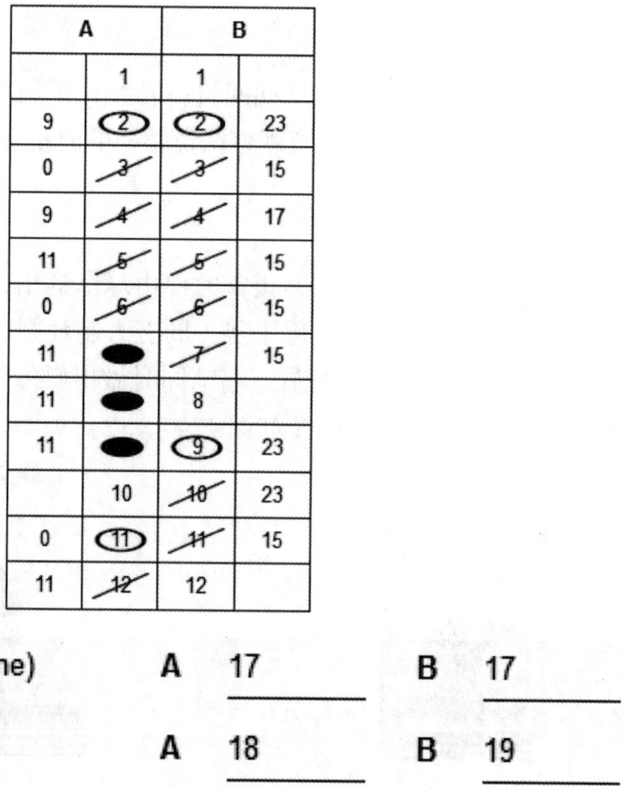

	A		B	
	1		1	
9	②Ⓞ		②Ⓞ	23
0	3		3	15
9	4		4	17
11	5		5	15
0	6		6	15
11	●		7	15
11	●		8	
11	●		⑨Ⓞ	23
	10		10	23
0	⑪Ⓞ		11	15
11	12		12	

Score (after regular time)　　　A　17　　B　17

Score (after overtime)　　　　A　18　　B　19

图 12-9　记录表记录方法示意图

国际篮球联合会
FIBA 3X3 记分表

A队		B队	

| 比赛 | | 日期 | | 裁判 | #1 |
| 比赛场次 | | 时间 | | 场地 | #2 |

A队 _____

暂停	全队犯规		累积比分			

全队犯规

1 2 3 4 5 6
7 8 9
10+

球员	No.	非体育道德行为 1 2

	A	B		A	B
	1	1		13	13
	2	2		14	14
	3	3		15	15
	4	4		16	16
	5	5		17	17
	6	6		18	18
	7	7		19	19
	8	8		20	20
	9	9		21	21
	10	10		22	22
	11	11		23	23
	12	12			

B队 _____

暂停 全队犯规

1 2 3 4 5 6
7 8 9
10+

球员	No.	非体育道德 1 2

| 总得分 | (常规时间后) | A _____ | B _____ |
| 总得分 | (加时赛后) | A _____ | B _____ |

签名

裁判

记分员 _____

计时员 _____

12" 秒计时员 _____

比赛抗议请求： [ ] 提出抗议

(球队代表)

图 12-10 三人篮球比赛记录表

思考题：

1. 三人篮球比赛场上哪些情况必须清洁球?

2. 三人篮球比赛中攻守转换有何要求?

3. 简述三人篮球比赛如何决定排定名次?

第十三章

篮球科学研究

【导读】篮球运动科学研究是认识篮球运动规律的重要途径和方法。本章重点介绍了篮球运动科学研究的基本程序、方法、写作规范以及评价等内容，通过本章学习，学生能够从篮球领域进行选题，并掌握篮球科研基本方法，能够规范撰写篮球科研论文。

篮球运动科学研究是在篮球运动领域内，揭示运动中的各种现象，探索其本质及其发展规律，并利用这些规律为篮球运动发展服务的实践活动。篮球科学技术的进步是推动篮球运动发展的动力，振兴篮球运动也必须依靠科学技术的进步。因此，加强篮球运动科学研究工作，对促进我国篮球事业的发展具有极其重要的意义。

第一节　篮球科学研究的基本程序

科学研究活动是人类能动地认识世界和改造世界的过程。对于一个具体的研究课题来说，从选题开始到研究工作结束，是一个不断深化的认识过程，在整个过程中，必须按一定的程序完成各项工作。篮球科学研究大致由提出问题、建立假说、验证假说及导出结论四个基本环节构成。

一、选题

（一）研究课题的主要来源

篮球科学研究的大量课题来源于篮球运动实践中所遇到的共性问题、疑难问题、亟待解决的问题。因此选题的基本途径应是：

1. 从篮球运动教学、训练、管理中碰到的实际问题中提出问题

人们对篮球运动中许多现象尚不能解释，需要深入探讨，只要留心观察、善于发现和联想，就能发现具有研究价值的课题。

2. 从文献中发现问题

文献资料是前人创造、积累的科学成果，记录了研究人员对有关问题的研究事实、数据及观点。学习这些资料既可了解有关问题的历史、现状及前沿动态，开阔眼界，启发思路，又可从资料中发现前人研究的薄弱环节及尚未研究的问题，从而寻找到新课题。

3. 从当前篮球运动改革与发展趋势中发现问题

社会主义市场经济的确立，促进了我国篮球运动的改革与发展，随之产生了一系列亟待解决的新问题。宏观方面有我国篮球运动各项制度改革的指导思想、基本模式、主要对策、篮球运动各项制度改革与运行机制等，微观方面有推动我国篮球运动发展的内因与外因研究、我国篮球运动的现状分析与开拓、我国篮球市场问题的探讨等。

（二）选题的原则

1. 需要性原则

社会需要是科学发展的根本动力，要使选题具有研究价值就必须从社会的需要出发。选择篮球科研课题一定要面向篮球运动实践，适应篮球事业发展的需要。

2. 创造性原则

创造是科学研究的灵魂，也是篮球科学研究选题的根本原则，只有创新才能推动科学进步。要使所选择的课题是前人尚未研究或未完全解决的问题，以保证研究成果具有突破性与独创性。

3. 科学性原则

选题必须具有科学理论依据。科学上的任何重大发现，都是在前人研究成果的基础上进一步取得的。因此，选题必须以事实为依据，以科学理论为基础，综合考虑课题在经济上、科学原则上的合理性及技术上的可行性。

4. 可行性原则

主要是指研究者选题时应从本人所具备的主客观条件出发，全面考虑研究课题

的可行性。客观条件包括研究活动所需要的各种资料、仪器、设备、经费、时间等；主观条件包括研究人员掌握本课题有关科学理论知识的程度，有关研究方法、手段、经验及研究能力等。

二、研究资料的收集与整理

（一）收集研究资料

研究资料是验证假说、论证问题、形成科学理论所需要的科学事实，是研究工作所要完成的重要内容。研究资料包括文献（情报）资料和科学事实两大类。文献资料是前人积累的科学理论与研究成果的记录的间接经验。研究人员只有紧紧围绕研究课题，尽可能多地收集文献资料，才能充分了解本课题的学术背景与前沿动态，才能为验证假说、论证观点提供有力的依据。科学事实是直接来自社会实践来自篮球运动实践活动和具体事实，它为研究课题提供直接的研究材料，是科学研究中验证假说，提出新发现、新规律、新理论的先决条件。科学事实表现形式多样，可以是各类实验中获取的原始数据、事例反映的记录，也可以是观察、调查获得的第一手情况记录、数字、问卷材料、录音、录像、图片等。在收集资料的过程中必须坚持客观性与全面性，注意鉴别资料有效程度与可靠程度。这一阶段的工作既要有科学理论与方法的正确指导，又要求研究者具有勤奋顽强、勇于探索、不怕艰苦的精神，这样才能获取丰富可靠的研究材料。

（二）整理研究资料

对通过实验观察、调查访问、临场统计、查阅文献资料所收集到的大量原始、零乱的研究材料，必须经过数理统计与逻辑处理，才能为验证假说、形成科学理论提供有效可靠的依据。

对于文献资料和（定性类）经验事实，主要采用系统方法和各种逻辑方法进行加工整理。首先，对资料进行汇总、分类、检验、筛选。而后结合研究的任务，运用比较、类比、归纳演绎、分析、综合等方法进行加工整理，揭示事物可能存在的联系与规律，得出研究问题的观点与结论。对于各种实验、测量观察中直接获取的数据应进行统计处理。运用各类指标数据的处理结果，对研究假设中的某些问题进行抽象判断与检验验证假说，提出结论，揭示规律。

这一阶段是验证假说的后期阶段，资料的加工整理是理性概括、逻辑分析和创造性加工的过程，这一过程基本完成了对研究假说的检验工作。

三、撰写科学论文

学术论文是科学研究的总结，是科研成果的反映。不同学科的论文其格式与结构不尽相同，但大体上都由以下几部分组成。

（一）摘要

作为整篇论文的前序，为读者提供研究所要解决的问题，采用的方法，得到的结果、结论，以及创新点的简短概括。读者通常先阅读摘要，然后判断是否值得花费时间下载、阅读全文，以弥补只阅读题名的不足。摘要担负着吸引读者和介绍论文主要内容的重要任务。无须查阅全文就可以被参考，能为科技文献检索数据库的建设和维护提供方便。

（二）英文摘要

英文题目的实词首字母大写，英文摘要时态的运用应以简练为佳，常用一般现在时、一般过去时，少用现在完成时、过去完成时，基本不用进行时和其他复合时态。作者所做工作用过去时，结论用现在时。多使用主动语态。

（三）关键词

关键词是为了满足文献标引或计算机检索及国际联机检索工作的需要，而从论文题名、摘要、层次标题以及正文中选出来的用以反映论文主题概念的关键性词或词组，是论文文献检索的标识。关键词标引一般选择办法为：纵观和通阅全文，对论文进行主题分析，弄清论文的主题概念和中心内容；尽可能从论文题名、层次标题、摘要及正文的重要段落中选出与主题概念一致的词、词组，通常位于摘要之后，3~5 个较为合适。

（四）选题依据

选题依据（或问题的提出、前言）这部分是论文的引言，它属于整篇论文的引论部分（开场白），介绍论文写作的背景、目的、主要研究成果以及与前人工作的关系等，交代目前的研究热点、存在的问题及作者所做工作的意义，目的是引导读者进入论文的主题，让读者对论文中将要阐述的内容有心理准备。对引言的篇幅无硬性的统一规定，应视论文篇幅及内容表达需要来确定。

首先，要扼要地叙述为什么要研究这个课题，这个课题的意义何在。其次，要综述研究问题的历史和现状，前人研究了哪些问题，还有哪些问题没有解决。最后，要阐述研究的范围及研究的任务。引言部分内容应简要说明研究背景、研究问题、研究工作的目的及意义、研究工作的范围、研究设想和实验设计、预期结果等。应言简意赅，不要与摘要雷同，不要写成摘要的注释。

（五）研究对象与方法

对研究对象的说明要清楚指出研究的主体，研究对象的数量、来源。研究方法部分要详细、完整地说明研究所要采用的方法。采用实验方法要有实验方案，包括理论依据、施加因素、实验对象、效应观察指标和操作步骤等。采用观察统计、调查访问方法时要署名并讲述清楚对象、内容、时间及具体方法等。

（六）结果与分析

结果是论文中最为关键的部分，是整篇论文的立足点及价值所在。全文的一切结论、结语由结果得出，一切分析、讨论由结果引发，一切推理、判断由结果导出。结果通常包括以下内容：结果的介绍（指出结果在哪些插图、表格或相关表述中列出）；结果的描述（描述重要的实验或观测结果）；结果的评论（对结果的说明、解释及与模型或他人结果的比较）。分析或讨论是用来对结果给出意见或进行辩论，目的在于阐述结果的意义，说明与前人所得结果不同的原因，根据研究结果继续阐述作者自己的见解。分析讨论的重点在于对研究结果的解释和推断，说明作者的结果是否支持或反对某种观点、是否提出新的问题或观点等。

（七）结论与建议

结论是理论分析和实验结果的逻辑发展，是整篇论文的归宿。结论必须准确、鲜明、完整，必须与研究的课题内容相结合，必须在理论分析的基础上经过归纳、推理形成总的观点。内容部分主要包括：研究结果所揭示的原理、规律，所说明和解决的理论与实际问题；研究的创新点，对已有研究成果的补充、修改和证实；研究工作与他人（包括作者自己）已有研究工作的异同；获得的研究成果及其理论意义与实用价值；研究的局限性、遗留未予解决或尚待解决的问题，解决这些问题的可能的关键点、方向及基本思路；对进一步深入研究或相关课题的建议和意见，指明可能的应用前景及需要进一步深入研究的方向。

（八）参考文献

科学论文列举参考文献是科研工作者严肃的科学态度及研究工作具有广泛充分依据的反映。凡引用其他作者的观点和研究成果，都应在参考文献中说明出处。应按顺序列出论文中所参考或引证的文献资料，注明编号、作者姓名、文献名称、有关章节和页次等。

第二节　篮球科学研究方法

　　所谓科学研究方法，是人们发现新现象、提出新理论的手段，是在科学活动中运用科学的实践与理论思维的技巧。

　　随着现代科学技术对体育科学技术的渗透，以及随着体育运动的不断发展和人们对体育认识的日益深化，促使体育科学研究向深度和广度方面迅速发展，并逐渐形成了适合体育自身要求的研究方法。目前，观察法、调查法、实验法、逻辑方法、数学方法和"三论"方法等均已在体育科学领域中得到广泛的应用，同样也在篮球运动科学研究中成为探索篮球运动发展规律的有力工具。

一、观察法

　　观察法是在自然条件下，通过人的感官或科学仪器，根据预定的目的，有计划地对研究对象进行系统考察，从而获得科学事实和资料，并运用有关方法加以整理，从现象到本质，从感性上升到理性，最后获得规律性认识的一种研究方法。

　　篮球运动科学研究中通常采用的临场技术统计，就是通过一些测量工具（目前常用的有计算机）对比赛进行定量描述的方法。摄像法则是利用智能手机照相机、摄像机、电影摄影来记录所观察到的事物和现象，而后深入观察分析的一种研究方法。

二、调查法

　　调查法是研究者通过直接观察或间接了解研究对象的各种方式去收集反映研究对象的材料，是当前篮球运动科学研究常用的一种方法。根据调查对象的数量与范围的大小，可分为普通调查、典型调查、抽样调查等类型；根据调查的性质和内容，又可分为现状调查、回顾调查等。调查方式有访问调查法、问卷调查法、特尔菲（专家调查）法等。

　　（一）访问调查法

　　也称"研究性谈话调查法"，是通过有目的的谈话寻求研究资料的方法。访问调查法的步骤：

　　1.取样

　　根据被访问的总体特征和研究目的，决定抽样方法，决定访问的样本。

2.制定访问时的提问提纲。

3.进行访问。

访问者要先表明身份、单位和访问目的等。

4.记录答案，及时整理。

（二）问卷调查法

问卷调查是一种书面形式的调查，它是以卷面形式提出若干问题来询问被调查对象，然后对所得材料进行分析的研究方法。问卷调查法的步骤：

1.问卷的设计

调查问卷的内容应包括三个部分，即问卷的标题、问卷的说明部分和调查问题项目部分。调查问题部分，结构形式大体上有问题罗列式（陈述式）和表格式两种，也可将这两种形式结合运用。

（1）问卷的标题与说明部分。问卷的标题要反映调查内容，名称要确切、一目了然。问卷的开头应有一段简单的文字说明，简要讲明调查的目的、意义及请求对方帮助与支持，而后解释某些调查问题的概念和含义，说明回答问题的形式、要求与意见和建议填写在何处，是否署名填答，请求填完问卷寄回的时间期限。最后应注明自己的姓名、工作或学习单位、邮编、地址、联系电话。措辞应谦虚并对接受调查者表示感谢。

（2）确定调查内容。问卷中所调查的问题，应紧紧围绕课题的研究任务及材料来确定，而后对问题进行合乎逻辑的分解，使之成为明确的、互相独立的具体小问题。问题应简明，在排列上应注意将同类性质问题排在一起，可用一小标题领题，并按问题的复杂程度由浅入深、先易后难排列，将简单的问题、容易的问题和对后面问题有启发意义的问题排在前头，而开放的问题和敏感的问题排在后面，检查成套可行性的问题不要排在一起。问题排列顺序要有逻辑性。

（3）确定回答问题的方式。根据调查问卷问题提问的形式不同，回答方式也不同。对开放型（自由式）问题可根据被调查者的认识自由回答。这类问题多用于面访调查提纲，被调查者具有较高的文化素养与学识水平。对封闭式问卷，调查者只能在规定好的几个答案中选择一个，或把答案分为几个层次让被调查者按其重要程度排出顺序。

2.问卷的信度和效度检验

问卷的信度即问卷的可靠性，效度是问卷的有效性，问卷信度是效度的前提。调查结果的信度与效度对结论推导的真实性有至关重要的作用，因此，保证问卷的信度与效度是研究者必须掌握的技巧。

为保证问卷的信度与效度，必须注意以下几个方面：

（1）设计问卷内容时，首先，要阅读有关文献资料与专业书籍，并经专家评定。

其次，为避免设计的内容有所遗漏，应采取开放式与封闭式相结合的回答方式。最后，正式调查前，通过小样本或小范围的预调查，以验证其可行性与有效性。

（2）进行信度与效度检验。

信度一般是指所测得的数据的可靠程度，即调查材料反映在对象实际情况的可靠、真实程度。

信度检验：通常以相关系数表示，常用的计算方法有两种。第一种是"测量再测量"方法，用测量与再测量的相关系数估价可靠性。第二种是折半法，即采用"分半信度"法求问卷的"内部一致性系数"。此方法一般用于态度量表的信度检验。

效度检验：常见的问卷效度有内容效度与结构效度两种。内容效度是指问卷的内容是否反映了研究课题所需要的全部材料。检验方法有两种：一种是表面效应检验，或称"逻辑分析检验"，它是请有关专家全面审核评价问卷的内容性能，从问卷内容上和逻辑关系上看问卷是否符合调查的目的、任务与研究的需要。另一种是评定量表方法，即分别对问卷内容的各大问题及其范围加以定量评定（评分），然后算出每个评分者的效度分数，最后求出全部专家总的平均效度分数。

结构效度是指问卷调查结果与问卷中问题的结构特征之间的对应程度。具体操作方法可在问卷调查前将问卷设计排列的问题打乱后随意排列，然后在小范围内（15人左右）请专家逐一判断每一问题属于哪一类问题，以及各类问题构成的总体结构是否与主题相一致，如果专家判断问题分类正确率达80%以上，且总体结构与调查主题相符合，则问卷的结构效度是有效的。

三、实验法

实验法是研究者利用一定的物质手段，人为地控制、模拟自然现象，排除非实验因素的干扰，突出主要因素，在特定的条件下通过实践探索自然规律的一种研究方法。实验的类型很多，主要有定性实验、定量实验、对照实验、模拟实验等。

任何科学实验都包括三个基本因素，即施加因素、实验对象和实验效应。

施加因素又称"处理因素"，即在实验中为揭示实验对象可能发生某种变化的突出因素，如提高投篮命中率实验中的某种训练手段与方法等。施加因素必须使之成为规范稳定的、可操作实施的一些内容、方法、手段等。

实验对象泛指实验课题所涉及的全部对象，即实验研究的总体。从实验对象总体中抽出实验个体就称之为"实验样本"，它是实施实验的受试者。

实验效应是指通过实验后施加因素对受试者的作用。为了解释施加因素在受试样本产生的效应，就必须通过一定的指标来进行观测，以便确定实验的效应程度。选择指标必须遵循指标的有效性、指标的客观性、指标的代表性及指标的标准化等原则，才能保证观测结果的正确性和可靠性。

第三节　篮球科研论文写作规范

一、论文整体材料的基本结构和基本要求

（一）目录页

目录页由论文有关材料的序号和名称组成；目录中包括中英文摘要、正文三级标题、参考文献、附件、致谢等。

（二）前置部分：包括中英文摘要和关键词等

1. 论文摘要是对论文内容不加注释和评论的简短陈述，应说明论文的主要研究方法、研究结果和结论，字数一般不少于200字，须译成英文。

2. 关键词应选择3~5个，须译成英文。

（三）主体部分：包括引言、正文、结论和参考文献等

1. 引言：要简要说明研究工作的意义、选题依据，应包含文献综述内容。

2. 正文：要对研究对象有清晰交代，对研究方法有明确说明，对研究内容与研究结果有确切的表述；通过对研究结果进行讨论分析形成论点、导出结论。结论部分应当准确、完整、精练，可以在结论部分提出建议、设想和尚待解决的问题。正文内容必须实事求是、客观真实、层次分明、合乎逻辑、结构严谨、语言流畅，符合本学科、本专业的有关要求。论文中的用语、符号、缩语、图表等应当规范、准确，符合学术论文的有关标准。引用他人资料要有标注，如引用未标注视为抄袭。

3. 参考文献：按引用文献的顺序列于结论之后，来源应是近期文献。重要参考文献必须全部列入，一般文献列入不超过10条。

4. 毕业论文全文字数不少于5000字。

（四）附件部分：包括调查问卷、数据统计结果等

1. 真实可信；

2. 对论文有补充、佐证作用；

3. 能体现作者一定程度的工作量；

4. 附必要的调查表、观察表、实验设计方案等。

二、毕业论文格式要求

（一）自然科学类论文格式要求

1. 题目
黑体 3 号，居中，两行时应上下左右对称居中。

2. 作者与指导教师
宋体小 4 号，居中。作者与题目之间空一行，指导教师与摘要之间空二行。

3. 摘要和关键词
"摘要"二字用黑体小 4 号顶格，二字之间空一格，然后是"："号，冒号后写摘要内容，宋体小 4 号。摘要内容第二行的第一个字顶格，以下各行依此类推。"关键词"黑体小 4 号顶格，然后是"："号，冒号后写关键词宋体小 4 号，关键词之间为"；"号。英文摘要和关键词放在中文摘要和关键词之后，与中文摘要、关键词的格式相同，字体为 Times New Roman。英文摘要与中文关键词之间空一行。

4. 正文（"引言"二字和一级标题为黑体小 4 号，其余为宋体小 4 号）
第一部分：引言，一般不用序号，通常引言根据所要表达的内容占用一至两个自然段。论文综述置于引言之中。（从引言页右下角开始标注页码，之前部分不需要页码）

第二部分：内容一般为"研究对象与方法"，序号为"1"，书写时"1"顶格，然后空一格接着写"研究对象与方法"。"研究对象与方法"的第一部分内容是"研究对象"，序号为"1.1"，书写时"1.1"顶格，然后空一格接着写"研究对象"。"研究对象"的具体内容须另起一行空两格进行书写。"研究对象与方法"的第二部分内容是"研究方法"，序号为"1.2"，具体内容序号为"1.2.1""1.2.2""1.2.3"等，书写格式同样是序号顶格，然后空一格接着写具体内容。（凡是带题号的一行需顶格写，另起一行时需空两格）

第三部分：内容是"结果与分析"，序号是"2"，具体内容的序号根据表达意思及表达层次的不同可以是"2.1""2.1.1""2.1.2""2.1.3"；"2.2""2.2.1""2.2.2""2.2.3"；"2.3"等，书写格式与"研究对象与方法"的书写格式相同。

第四部分：内容是"结论与建议"，序号是"3"，其中结论为 3.1；建议为 3.2。序号和书写格式可依第二、三部分类推。

（二）社会科学类论文格式要求

1. 题目
黑体 3 号，居中，两行时应上下左右对称居中。

2. 作者与指导教师

367

宋体小 4 号，居中。作者与题目之间空一行，指导教师与摘要之间空二行。

3. 摘要和关键词

"摘要"二字用黑体小 4 号顶格，二字之间空一格，然后是"："号，冒号后写摘要内容，宋体小 4 号。摘要内容第二行的第一个字顶格，以下各行依此类推。"关键词"黑体小 4 号顶格，然后是"："号，冒号后写关键词宋体小 4 号，关键词之间为"；"号。英文摘要和关键词放在中文摘要和关键词之后，与中文摘要、关键词的格式相同，字体为 Times New Roman。英文摘要与中文关键词之间空一行。

4. 正文（引言两字和一级标题为黑体小 4 号，其余为宋体小 4 号）

引言部分：一般不用序号，通常引言根据所要表达的内容占用一至两个自然段。论文综述置于引言之中。（从引言页右下角开始标注页码，之前部分不需要页码）

其余部分：序号层次为"一、""（一）""1.""（1）"。序号前空两格进行书写。

（三）其他问题的基本要求

1. 参考文献

"参考文献"四字一般不设序号列于正文之后，为黑体 5 号顶格，然后是"："号。文献条目另起一行，序号顶格为"［1］［2］……（宋体 5 号）。文献内容一行写不下时写两行，第二行的第一个字须与文献内容第一行的第一个字对齐。

［1］专著：序号 . 作者 . 文献题名［M］. 版本（第一版不标注）. 出版地：出版者，出版年 .

［2］期刊：序号 . 作者 . 文献题名［J］. 刊名，年，卷（期）：起止页码 .

说明：［M］为图书

　　　　［J］为期刊

　　　　［N］为报纸

　　　　［C］为论文集

注：文中表格均须用"三线式"，表题用黑体 5 号，放在表格上方居中，表格内容字体为宋体 5 号。文中插图要清晰、明了，能够准确表达意图，图题用黑体 5 号，放在图下方居中，插图内容字体为宋体 5 号。文中引用他人资料须有标注，标注形式是：在引用的资料后接上标注括号，括号内标明资料援引参考文献的序号。

2. 附件

如有调查问卷，附于论文后，另起一页输入。附件部分须标注页码，并在论文目录中标明。附件内容统一为宋体 5 号。

3. 论文用纸、字型、字号

论文及相关材料均须用 A4 纸，字体、字号按论文格式要求确定。

字间距：标准。

行间距：固定值 20 磅。

页边距：上、下、右边距各为 2.5cm，左边距为 2.7cm。

页码：在页面右下方插入页码。

三、沈阳体育学院本科毕业论文样本

自然科学类论文格式样本

高水平篮球运动员多目标追踪能力的脑功能和结构特征研究

（3号黑体，居中）

（空一行）

体育教育专业 ×××（居中，宋体小 4 号）

指导教师 ×××（居中，宋体小 4 号）

（空二行）

摘要：（黑体小 4 号）高水平篮球运动员多目标追踪能力 …（宋体小 4 号）

关键词：（黑体小 4 号）高水平篮球运动员；多目标；追踪能力；脑功能（宋体小 4 号）

（空一行）

Study on Brain Function and Structural Characteristics of High-level Basketball Players'Multi-target Tracking Ability

（3号 Times New Roman 字体，居中）

（空一行）

Abstract：High-level basketball players'multi-target tracking ability…

（小 4 号 Times New Roman 字体）

Key words：Children participate physical education integration

（空二行）

引言（黑体小 4 号）

□□××××××××××××××××××××××××××××
×××××××××××××××××××××××（宋体小 4 号）

1□研究对象与方法（黑体小 4 号）

1.1□研究对象（宋体小 4 号）

□□×××××××××××××××××××××

1.2□研究方法（宋体小 4 号）

1.2.1 □ ×××××××××××
1.2.2 □ ×××××××××××
1.2.3 □ ×××××××××××
2 □ 结果与分析
2.1 □ ×××××××
2.1.1 □ ×××××××
□□ ××××××××××××××××××××
2.1.2 □ ××××××
□□ ×××××××××××××××××
2.2 □ ×××××××××××
2.2.1 □ ×××××××××
□□ ×××××××××××××××××××××× ［1］，××。
2.2.2 □ ×××××××××××
□□ ×××××××××××× "×××××××" ［2］，×××××××。
3 □ 结论与建议
3.1 □ 结论
3.1.1 □ ××××××××××××××××××××××
3.1.2 □ ××××××××××××××××××××××
3.2 □ 建议
3.2.1 □ ××××××××××××××××××××××
3.2.2 □ ××××××××××××××××××××××××

参考文献：（黑体 5 号）（注释放在参考文献中按其序号写出）
［1］专著：序号 . 作者 . 文献题名［M］. 版本（第一版不标注）. 出版地：出版者，出版年 .

（宋体 5 号）

［2］期刊：序号 . 作者 . 文献题名［J］. 刊名，年，卷（期）：起止页码 .
例：
［1］卢元镇 . 体育社会学［M］. 北京：高等教育出版社，2001 .
［2］刘江，赵杰，等 . 浅谈体育教育专业人才的培养［J］. 首都体育学院学报，1998（4）：12~15 .
说明：［M］为图书［J］为期刊［N］为报纸［C］为论文集
注：1. 正文中的表格均为"三线式"，表格与插图的字体用宋体 5 号。表题为黑体 5 号，放在表格上方居中；图题为黑体 5 号，放在图的下方居中。
2. 论文的格式请以此为标准。

附件一：调查问卷（或调查提纲）
附件二：实验设计方案
附件三：外文资料译文

社会科学类论文格式样本

青少年篮球俱乐部营销策略研究

（3号黑体，居中）
（空一行）
体育教育专业（居中，宋体小4号）
指导教师（居中，宋体小4号）
（空二行）

摘要：（黑体小4号）儿童参与体育呈现多种时代特征，主要表现为健康、运动与成长相联系，参与体育过程与享受运动目标相统一，休闲、娱乐及交往等拓展性运动成为儿童参与体育的新需求。要促进和满足儿童参与体育，体育教育应当实现在范围、内容、资源方面的整合。（宋体小4号）
关键词：（黑体小4号）儿童；参与；体育；整合（宋体小4号）
（空一行）

Children'sParticipation in the Physical Education and the Integration of the Education
（3号 Times New Roman 字体，居中）
（空一行）

Abstract：（小4号 TimesNew Roman 字体加粗）Children's Participation in the Physical...（小4号 Times New Roman 字体）
Key words：Children participate physical education integration
（空二行）

□□××（引言）（宋体小4号）
□□一、××××××××（黑体小4号）
□□（一）××××××（宋体小4号）
□□1.××××××××××××××××××××××××××××××××××

实用篮球运动教程（left margin vertical text）

□□（1）×××××××××××[1]×××××××××（宋体小4号）

□□（2）××××××××××××[2]××××××××××

□□（3）×××××××××××××××××××××××

□□2.××××××××××××××××××××××××××

××××××××××××

□□（二）×××××××

□□（三）×××××××

□□二、××××××××××××××××××××（黑体小4号）

□□三、××××××××××××××××××××××

□□四、××××××××××××××××××××

参考文献：（黑体5号）（注释放在参考文献中按其序号写出）

[1]专著：序号.作者.文献题名[M].版本（第一版不标注）.出版地：出版者，出版年.（宋体5号）

[2]期刊：序号.作者.文献题名[J].刊名，年，卷（期）：起止页码.

例：

[1]卢元镇.体育社会学[M].北京：高等教育出版社，2001.

[2]刘江，赵杰，等.浅谈体育教育专业人才的培养[J].首都体育学院学报，1998（4）：12—15.

说明：[M]为图书[J]为期刊[N]为报纸[C]为论文集

注：1.正文中的表格均为"三线式"，表格与插图的字体用宋体5号。表题为黑体5号，放在表格上方居中；图题为黑体5号，放在图的下方居中。

2.论文的格式请以此为标准。

附件一：调查问卷（或调查提纲）

附件二：外文资料译文

第四节　篮球科学研究成果的评价

科研成果是研究人员辛勤劳动的结晶，也是国家的重要财富，做好科研成果的评价不仅关系到正确评定科研人员的劳动成果，而且直接关系到科研成果的推广和应用。随着现代科学的发展和体育科研管理水平的提高，体育科研成果的评价正向着科学化、定量化和统一标准化发展。体育成果一般表现为体育科学理论研究成果、体育应用技术研究成果和软科学（主要指科技情报管理决策、战略研究等）研究成

372

果。对体育科学理论研究成果和软科学研究成果主要通过评审的方式进行评价，对体育应用技术成果一般采用鉴定的方式进行评价。但不论以何种方式进行评价，都应遵循以下原则。

一、科学研究成果评价原则

（一）综合评价原则

综合评价是指对科研成果的学术价值、技术价值、经济价值和社会价值等方面进行全面的评价。

（二）实践检验的原则

即各种科研成果的学术价值、经济价值和社会价值都要经过一段时间的实践检验，取得足够的、正确的参数，并与国内外同类研究对比、鉴别，才能得出正确的评价。

（三）实事求是原则

评价科研成果必须有实事求是的科学态度。对成果探索的深度、功能、适用范围要如实评价。要正确区分继承与创新问题，重视实际数据，才能做出公正的评价。

（四）保密原则

参与评价的人员有保密责任，对成果的具体资料、技术指标、各种参数应保密，不许私自扩散。

二、篮球科学研究评价的标准

由于不同学科和专业的科研成果各有特点，因此，评价的标准也不尽相同，但一般都应考虑以下几个方面的内容。

（一）学术价值

它是指成果的理论价值，具体包括以下几点：一是存在的社会现象的特性和规律在篮球运动发展中有重大意义；二是提出的论点具有先进性；三是修正或补充传统理论。

（二）技术价值

指某些训练方法、手段和仪器设备的开发研究对提高篮球运动水平、促进篮球运动发展具有现实意义与实际作用。

（三）经济价值

指研究的成果推广应用后产生的经济效益，或能为发展篮球事业节约资金。

（四）社会价值

社会价值即社会影响，在篮球科研中那些能获得比赛成绩的成果和能促进全民健身的成果均有良好的社会价值。

思考题：

1. 篮球科研论文选题主要来源有哪些？

2. 篮球学术论文一般包括哪几部分？

3. 篮球常用科研方法有哪些？

4. 篮球科学研究的基本程序包括哪些？

参考文献

[1] 郭永波.篮球［M］.北京：北京体育大学出版社，2007

［2］全国体育院校教材委员会审定.篮球运动教程［M］.北京：人民体育出版社，2001.

［3］孙民治.篮球运动教程［M］.北京：人民体育出版社，2007.

［4］王家宏.球类运动——篮球（第三版）［M］.北京：高等教育出版社，2015.

［5］《篮球大辞典》编辑委员会.篮球大辞典［M］.北京：人民体育出版社，1993.

［6］孙民治.现代篮球高级教程［M］.北京：人民体育出版社，2004.

［7］王世安.篮球［M］.北京：北京体育大学出版社，1998.

［8］韩国太.篮球教学训练游戏［M］.北京：人民体育出版社，2006.

［9］美国运动教育计划.青少年篮球教与练［M］.虞重干，张军献，译.北京：人民体育出版社，2008.

［10］李宇载.篮球技战术阶梯训练法图解［M］.许博，徐广林，译.北京：人民体育出版社，1997

［11］皮特·纽维尔，斯文·奈特.篮球中锋位置技术与训练［M］.张学龄，译.北京：人民体育出版社，2011.

［12］陈文彬.探索中国篮球发展之道——中国篮球理论与实践［M］.中国篮球博物馆，2009.

［13］孙民治.现代篮球运动教学与训练［M］.北京：人民体育出版社，2003.

［14］宋占军.小篮球教学［M］.北京：同心出版社，2012.

［15］张秀华，刘玉林.篮球系统战术［M］.北京：人民体育出版社，2005.

［16］王家宏.新中国篮球运动发展史［M］.北京：人民体育出版社，2005.

［17］李杰凯.运动项目广义进化规律与体育教学原理［M］.北京：高等教育出版社，2010.

［18］中国篮球协会.中国篮球教练员岗位培训A级教程［M］.北京：人民体育出版社，2007.

［19］刘丹.球类运动训练理念批判［M］.北京：北京体育大学出版社，2006.

［20］叶国雄，陈树华.篮球运动研究必读［M］.武汉：武汉出版社，1998.

［21］崔鲁祥.篮球教练员岗位培训教材（高级）［M］.北京：人民体育出版社，2019.

［22］杨改生.中国篮球运动发展研究［M］.郑州：河南大学出版社，2014.

［23］郭士强，刘光宇，崔鲁祥.怎样打篮球［M］.北京：人民体育出版社，2017.

［24］田麦久，刘大庆.运动训练学［M］.第1版.北京：人民体育出版社，2012.

［25］布朗.运动表现的肌力与体能训练［M］.吴慧君，何立安，林文朗等，译.台北：易利图书有限公司，2015.

［26］国家体育总局训练局国家队体能训练中心.身体功能训练动作手册［M］.北京：人民体育出版社，2015.

［27］仓石平著.篮球进攻技术训练［M］.孙守正，赵子江，杨铁黎，译.北京：人民体育出版社，2003.

［28］中国篮球协会.中国男篮备战奥运会训练方法选编［M］.北京：人民体育出版社，2011.

［29］洛克.篮球训练法［M］.高博，译.北京：人民体育出版社，2013.

［30］杨茂功，由世梁，崔鲁祥.篮球竞赛规则与裁判法问答（修订版）［M］.北京：人民体育出版社，2016.

［31］中国篮球协会.篮球规则（2020）［M］.北京：北京体育大学出版社，2020.

［32］中国篮球协会.国际篮联裁判员手册［M］.北京：北京体育大学出版社，2021.

［33］瑞恩马丁斯.成功运动教练学［M］.台湾运动生理暨体能学会，译.艺轩图书出版社，2013.

［34］中国篮球协会.三人篮球规则［M］.北京：北京体育大学出版社，2018.

［35］中华人民共和国教育部.义务教育体育与健康课程标准（2022年版）［M］.北京：北京师范大学出版社，2022.

［36］中国篮球协会.中国青少年篮球教学训练指导手册［M］.北京：北京体育大学出版社，2021.

［37］篮球运动教程编写组.篮球运动教程［M］.北京：北京体育大学出版社，2013.

［38］中国篮球协会.小篮球教师指导手册［M］.北京：北京体育大学出版社，2022.

［39］雷纳·马滕斯著.执教成功之道［M］.钟秉枢，译.北京体育大学出版社.2007.